PROBLEMAS DE SISTEMAS OPERATIVOS

Segunda Edición

Autores:
Jesús Carretero Pérez
Félix García Carballeira
Fernando Pérez Costoya

Prólogo

Los sistemas operativos son una parte esencial de cualquier sistema de computación, por lo que todos los planes de estudio de Informática incluyen uno o más cursos sobre sistemas operativos. La mayoría de libros de sistemas operativos usados en estos cursos, incluyen gran cantidad de teoría general y aspectos de diseño, pero no muestran claramente cómo se usan.

Aunque existen varios libros buenos sobre teoría general de sistemas operativos, no ocurre lo mismo con los libros de problemas, que son prácticamente inexistentes. Este libro está pensado como un complemento al libro de teoría "Sistemas Operativos: una visión aplicada", si bien se puede usar de forma independiente o como complemento a cualquier otro libro de teoría de Sistemas Operativos. En él se presentan problemas resueltos que abarcan todos los aspectos fundamentales de los sistemas operativos, tales como procesos, planificación de procesos, gestión de memoria, comunicación y sincronización de procesos, entrada/salida y sistemas de archivos. Además, en cada tema, se muestra una pequeña introducción teórica al mismo necesaria para resolver los problemas del tema.

Organización del libro

El libro está organizado en nueve temas, cuyo índice se muestra debajo. Su contenido cubre problemas sobre todos los aspectos de gestión y programación de un sistema operativo. El sistema operativo usado como ejemplo en la mayoría de los ejemplos es LINUX/UNIX, pero también se usa Windows en algunos problemas.

Los temas son los siguientes:

Introducción a los sistemas operativos

En este tema se presentan los conceptos fundamentales sobre sistemas operativos y se resuelven problemas relacionados con dichos conceptos. Los problemas resueltos son fundamentalmente teóricos, aunque también se ponen algunos ejemplos concretos de programación con llamadas al sistema.

Procesos

El proceso es la entidad más importante de un sistema operativo moderno. En este tema se estudian los conceptos básicos de procesos y se presentan alrededor de treinta problemas relacionados con los procesos y gestión, la información asociada a los mismos, sus posibles estados y las señales y temporizadores que pueden ser asociados a un proceso. Además, se estudia en este capítulo el concepto de thread (*thread*) y su influencia sobre los aspectos anteriores del sistema. Todo ello se complementa con ejemplos de uso en POSIX y Windows NT. En conjunto este capítulo es el más voluminoso del libro, dada la importancia del concepto en los sistemas operativos.

Planificación de procesos

En este tema se presentan varios problemas resueltos relativos a los posibles estados que puede tener un proceso dentro de un sistema operativo y los mecanismos que usa el sistema operativo para planificar la ejecución de los procesos en la computadora. Los problemas varían desde preguntas con alto contenido teórico hasta las trazas detalladas de planificación de procesos.

Gestión de memoria

Gestionar la memoria de forma eficiente es un aspecto fundamental de cualquier sistema operativo. En este tema se presentan problemas resueltos relacionados con los requisitos de la gestión de memoria, el modelo de memoria de un proceso, cómo se genera dicho modelo y diversos esquemas de gestión de memoria, incluyendo la memoria virtual.

Comunicación y sincronización de procesos

2

Los procesos no son entidades aisladas, sino que en muchos casos cooperan entre sí y compiten por los recursos. En este tema se presentan problemas resueltos sobre los mecanismos de comunicación y sincronización de procesos que incluyen los sistemas operativos, así como de gestión de la concurrencia. En este tema se muestran los principales mecanismos usados en sistemas operativos, tales como tuberías, semáforos o el paso de mensajes, así como algunos aspectos de implementación de los mismos.

Interbloqueos

Los problemas de este capítulo se centran en estudiar las comunicaciones, el uso de recursos compartidos y las sincronizaciones como causas de bloqueos mutuos entre procesos, o interbloqueos, así como las soluciones posibles para este problema. En este capítulo se presenta el concepto de interbloqueo, así como los principales métodos de modelado de interbloqueos y se guía al lector a los mismos mediante problemas didácticos.

Entrada/Salida

La relación de la computadora con el mundo exterior supone el uso de periféricos y dispositivos de entrada/salida muy variados, lo que complica mucho todos los aspectos de la entrada/salida. En este tema se presentan problemas resueltos sobre gestión de dispositivos de entrada/salida (E/S) conectados al computador, la programación de entrada/salida usando llamadas al sistema, manejo de relojes y terminales, etc.

Gestión de archivos y directorios

Sin duda alguna los archivos y directorios son la parte más visible del sistema operativo, desde el punto de vista del usuario. En este tema, al igual que en otros, los problemas resueltos muestran el uso de los servicios de archivos y directorios existentes en POSIX y Win32 y ejemplos de programas para acceder a estos objetos. Los problemas se complementan con explicaciones teóricas cuando es necesario.

Programación de shell scripts

Este tema, novedoso en nuestra trilogía, se ha incluido en ella porque ha sido incluido recientemente en los currículos de Sistemas Operativos publicados por la ACM y el IEEE. Los shell scripts son una herramienta muy potente de generación de utilidades de gestión, e incluso de aplicaciones, que se basa en el uso programado de los mandatos del sistema operativo. En este capítulo se muestra la teoría básica de shell scripts, la sintaxis de un shell de UNIX y LINUX y un conjunto de problemas resueltos que permiten al lector obtener unos conocimientos básicos de programación de shell scripts.

Materiales Suplementarios

Existe una página Web con materiales suplementarios para el libro, situada en la dirección: http://arcos.inf.uc3m.es/~ssoo-va. En esta página Web se puede encontrar el siguiente material:

- **Información sobre el libro**, como el prólogo, tabla de contenidos, capítulos de ejemplo en PDF, erratas, etc.
- **Información de los autores** y dirección de contacto.
- **Material para el profesor**, como figuras del libro, transparencias, etc. Incluye también información sobre el libro de teoría y de prácticas de Sistemas Operativos de los mismos autores.

Comentario de los Autores

Es un placer para nosotros poder presentar este texto a las personas interesadas en los sistemas operativos, su diseño y su programación. La elaboración de este texto ha supuesto un arduo trabajo para nosotros, pero la posibilidad de complementar el libro de teoría de Sistemas Operativos escrito por nosotros y la necesidad detectada entre nuestros alumnos nos condujo en su momento a decidir la conveniencia de este libro. Creemos que el resultado final hace que el esfuerzo realizado haya merecido la pena.

Este libro es un texto didáctico y aplicado, que puede ser usado tanto independientemente como complementando a los libros de teoría de sistemas operativos existentes en el mercado. Todos los programas que incluyen ejemplos con código fuente han sido cuidadosamente compilados y enlazados en los dos entornos en que estaban disponibles: Visual C y gcc.

Nos gustaría mostrar nuestro agradecimiento a todas las personas que han colaborado en este texto con su ayuda y sus comentarios.

Jesús Carretero Pérez
Félix García Carballeira   **Fernando Pérez Costoya**

Departamento de Informática
Escuela Politécnica Superior
Universidad Carlos III de Madrid
Madrid, España

Departamento de Arquitectura y
de Sistemas Informáticos
Facultad de Informática
Universidad Politécnica de Madrid
Madrid, España

4

Tabla de Contenido

LISTA DE FIGURAS

9

1. INTRODUCCIÓN A LOS SISTEMAS OPERATIVOS

En este capítulo se presentan ejercicios relacionados con conceptos generales de sistemas operativos, lo que correspondería con un capítulo de introducción a esta materia. El capítulo tiene como objetivos básicos que el alumno resuelva problemas y preguntas relacionados con los conceptos básicos de los Sistemas Operativos y que resuelva problemas usando llamadas al sistema. Los problemas están graduados de menor a mayor complejidad, de forma que se puedan adaptar a distintos niveles de conocimiento.

1.1 Conceptos básicos de Sistemas Operativos

En este apartado se presentan una serie de conceptos generales sobre sistemas operativos. En él no se pretende realizar una presentación exhaustiva de los mismos, puesto que este tipo de información se puede encontrar en cualquier libro general de sistemas operativos. El objetivo es recordar algunos conceptos básicos que permitan abordar los distintos problemas planteados a lo largo del libro. En primer lugar, se definen las funciones del sistema operativo para, a continuación, pasar a describir los componentes básicos del mismo, así como los diversos tipos de organización que presenta. Por último, se explica cómo se produce la activación del sistema operativo y, concretamente, cómo se lleva a cabo una llamada al sistema.

1.1.1 Funciones del sistema operativo

Un *sistema operativo* (SO) es un programa que tiene encomendadas una serie de funciones diferentes cuyo objetivo es simplificar el manejo y la utilización de la computadora, haciéndola segura y eficiente. Las funciones clásicas del sistema operativo se pueden agrupar en las tres categorías siguientes:

- Gestión de los recursos de la computadora.
- Ejecución de servicios para los programas.
- Ejecución de los mandatos de los usuarios.

Con respecto a su faceta de gestor de recursos, hay que tener en cuenta que en una computadora actual suelen coexistir varios programas, del mismo o de varios usuarios, ejecutándose simultáneamente. Estos programas compiten por los recursos de la computadora, siendo el sistema operativo el encargado de arbitrar su asignación y uso. Como complemento a la gestión de recursos, el sistema operativo ha de garantizar la protección de unos programas frente a otros y ha de suministrar información sobre el uso que se hace de los recursos.

Por lo que se refiere al sistema operativo como máquina extendida, éste ofrece a los programas un conjunto de servicios o **llamadas al sistema** que pueden solicitar cuando lo necesiten, proporcionando a los programas una visión de máquina extendida. Los servicios se pueden agrupar en las cuatro clases siguientes: ejecución de programas, operaciones de E/S, operaciones sobre archivos y detección y tratamiento de errores.

Por último, el sistema operativo también es un elemento que proporciona la interfaz de usuario del sistema. El módulo del sistema operativo que permite que los usuarios dialoguen de forma interactiva con el sistema es el intérprete de mandatos o *shell*.

1.1.1 Componentes del sistema operativo

Como se muestra en la Figura 1.1, se suele considerar que un sistema operativo está formado por tres capas: el núcleo, los servicios y el intérprete de mandatos o shell.

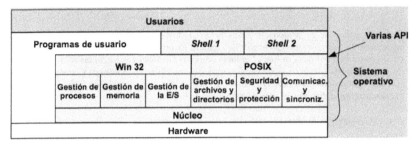

Figura 1.1 Componentes del sistema operativo

El núcleo es la parte del sistema operativo que interacciona directamente con el hardware de la máquina. Las funciones del núcleo se centran en la gestión de recursos, como es el procesador, tratamiento de interrupciones y las funciones básicas de manipulación de memoria.

Los servicios se suelen agrupar según su funcionalidad en varios componentes, cada uno de los cuales se ocupa de las siguientes funciones:

• Gestión de procesos, encargada de la creación, planificación y destrucción de procesos.

• Gestión de memoria, componente encargada de saber qué partes de memoria están libres y cuáles ocupadas, así como de la asignación y liberación de memoria según la necesiten los procesos.

• Gestión de la E/S, se ocupa de facilitar el manejo de los dispositivos periféricos.

• Gestión de archivos y directorios, se encarga del manejo de archivos y directorios y de la administración del almacenamiento secundario.

• Comunicación y sincronización entre procesos, encargada de ofrecer mecanismos para que los procesos puedan comunicarse y sincronizarse.

• Seguridad y protección, este componente debe encargarse de garantizar la identidad de los usuarios y de definir lo que pueden hacer cada uno de ellos con los recursos del sistema.

Por lo que se refiere a la interfaz de usuario, el sistema operativo puede incluir varios intérpretes de mandatos, unos textuales y otros gráficos.

1.1.2 Estructura del sistema operativo

Un sistema operativo es un programa grande y complejo que está compuesto, como se ha visto en la sección anterior, por una serie de componentes con funciones bien definidas. Cada sistema operativo estructura estos componentes de distinta forma:

• Sistemas operativos monolíticos. Un sistema operativo de este tipo no tiene una estructura clara y bien definida. Todos sus componentes se encuentran integrados en un único programa (el sistema operativo) que ejecuta en un único espacio de direcciones. En este tipo de sistemas todas las funciones que ofrece el sistema operativo se ejecutan en modo núcleo.

• Sistemas por capas. En un sistema por capas, el sistema operativo se organiza como una jerarquía de capas, donde cada capa ofrece una interfaz clara y bien definida a la capa superior y solamente utiliza los servicios que le ofrece la capa inferior. La principal ventaja que ofrece este tipo de estructura es la modularidad y la ocultación de la información, lo que facilita enormemente la depuración y verificación del sistema.

• Modelo cliente-servidor. En este tipo de modelo, el enfoque consiste en implementar la mayor parte de los servicios y funciones del sistema operativo en procesos de usuario, dejando sólo una pequeña parte del sistema operativo ejecutando en modo núcleo. A esta parte se le denomina *micronúcleo* y a los procesos que ejecutan el resto de funciones se les denomina *servidores*. La ventaja de este modelo es la gran flexibilidad que presenta. Cada proceso servidor sólo se ocupa de una funcionalidad concreta, lo que hace que cada parte pueda ser pequeña y manejable. Esto a su vez facilita el desarrollo y depuración de cada uno de los procesos servidores. En cuanto a las desventajas, citar que en estos sistemas presentan una mayor sobrecarga en el tratamiento de los servicios que los sistemas monolítico

1.1.3 Activación del sistema operativo

Una vez presentadas las funciones y componentes del sistema operativo, es importante describir cuáles son las acciones que activan la ejecución del mismo. El sistema operativo es un servidor que está a la espera de que se le encargue trabajo. El trabajo del sistema operativo puede provenir de las siguientes fuentes:

- Llamadas al sistema emitidas por los programas.
- Interrupciones producidas por los periféricos.
- Condiciones de excepción o error del hardware.

Cuando es un proceso en ejecución el que desea un servicio del sistema operativo ha de utilizar una instrucción TRAP, que genera la pertinente interrupción. En los demás casos será una interrupción interna (una excepción) o externa (proveniente de un dispositivo de entrada/salida) la que reclame la atención del sistema operativo.

Cuando se programa en un lenguaje de alto nivel, como el C, la solicitud de un servicio del sistema operativo se hace mediante una llamada a una función (por ejemplo, fork(), que es el servicio POSIX para la creación de un nuevo proceso). No hay que confundir esta llamada con el servicio del sistema operativo. La función fork del lenguaje C no realiza el servicio fork, simplemente se limita a solicitar este servicio del sistema operativo. En general estas funciones que solicitan los servicios del sistema operativo se componen de:

- Una parte inicial que prepara los parámetros del servicio de acuerdo con la forma en que los espera el sistema operativo.
- La instrucción TRAP que realiza el paso al sistema operativo.
- Una parte final que recoge los parámetros de contestación del sistema operativo, para devolverlos al programa que hizo la llamada.

Estas funciones se encuentran en una biblioteca del sistema y se incluyen en el código en el momento de su carga en memoria. Para completar la imagen de que se está llamando a una función, el sistema operativo devuelve un valor, como una función real. Al programador le parece, por tanto, que invoca al sistema operativo como a una función. Sin embargo, esto no es así, puesto que lo que hace es invocar una función que realiza la solicitud al sistema operativo. La Figura 1.2 muestra todos los pasos involucrados en una llamada al sistema operativo, indicando el código que interviene en cada uno de ellos.

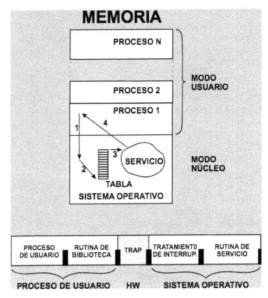

Figura 1.2 Pasos de la llamada al sistema operativo

1.2   Ejercicios resueltos

Ejercicio 1.1

¿Cuáles son las principales funciones de un sistema operativo?

Solución

El sistema operativo es un programa que se encarga de recubrir el hardware para facilitar el uso de la computadora, lo que lleva a cabo mediante la realización de tres funciones principales:

1. Gestión de los recursos del sistema.

2. Ejecución de servicios para programas.

3. Ejecución de programas por parte de los usuarios.

1. Gestión de recursos hardware. Esta función es desempeñada por el núcleo del sistema operativo, que debe ocuparse de asignar los recursos de la computadora a los programas en ejecución, así como de evitar que unos programas accedan a los recursos de los otros y de llevar la contabilidad de los recursos consumidos por cada programa. Tiene como principal tarea **administrar** los diferentes procesos que pueden estar en ejecución en la máquina simultáneamente. Lo más importante es saber, mediante las estructuras adecuadas, que recursos están libres y cuáles ocupados. Atendiendo a esto deberá asignar a los procesos en ejecución, dependiendo de la prioridad de cada uno, unos recursos determinados y recuperar, para su aprovechamiento, los que han quedado libres porque un proceso ha terminado. El sistema operativo deberá también hacerse cargo de que los procesos no accedan a los recursos asignados a otros, velando así por la **seguridad del sistema**. Por último, el sistema debe **medir** la cantidad de recursos que se están usando en cada momento, lo que se usa frecuentemente para monitorizar.

14

2. Ejecución de servicios para los programas. Esta función se lleva a cabo en la capa denominada de servicios o llamadas al sistema que permite que la ejecución de los programas sea mas cómoda. Estas llamadas se encargan de:

    a. Ejecutar y destruir procesos.

    b. Facilitar la entrada / salida y las operaciones sobre los archivos.

    c. Detectar y tratar los errores detectados por el hardware.

       El sistema operativo ofrece principalmente cuatro tipos de **servicios**, o **llamadas al sistema**; servicios para **lanzar programas** y convertirlos en procesos, pararlos y abortarlos. Debido a la complejidad de las operaciones de entrada/salida con los periféricos, el S.O. provee los servicios necesarios para **facilitar la comunicación entre los procesos y los dispositivos** externos (abrir, cerrar, leer, etc...). Para trabajar con **archivos** el sistema operativo ofrece servicios similares a los de E/S, pero con un nivel de abstracción mayor. Además el sistema se encarga de **tratar los posibles errores** que pueda detectar el hardware.

3. Ejecución de los mandatos de los usuarios. El S.O. se encarga también de la **interacción de la computadora con los usuarios**, esto lo lleva a cabo mediante **shells**. Las shells pueden ser de línea de **mandatos**, como puede ser el bash de UNIX, o **gráficas** como la de Windows. Las shells por línea de mandato obligan al usuario a aprender todos los mandatos, mientras que las gráficas son mucho más intuitivas. La shell se comporta como un bucle infinito repitiendo la siguiente secuencia:

    a. Espera una orden del usuario.

    b. Una vez recibida una orden la analiza y en caso de ser correcta la ejecuta.

    c. Una vez concluida la orden vuelve a la espera.

Ejercicio 1.2

¿Qué diferencia existe entre un mandato y una llamada al sistema?

Solución

Una llamada al sistema es un servicio que ofrece el sistema operativo a un programa como interfaz de programación, mientras que un mandato es un programa de usuario que utiliza llamadas al sistema para dar servicios de alto nivel solicitados por un usuario al S.O. (desde una shell u otra interfaz usuario).

       El mandato permite que los usuarios dialoguen de forma interactiva con el sistema a través del interprete de mandatos, o shell. Las llamadas al sistema son un conjunto de servicios que el sistema operativo ofrece a los programas que se pueden solicitar cuando se necesiten.

       La diferencia esencial entre mandato y llamada al sistema es que el mandato es la forma utilizada por los usuarios para comunicarse con el sistema y la llamada al sistema es el método usado por el programador para comunicar su programa con el sistema.

Ejercicio 1.3

¿Qué tipo de diseño tiene el sistema operativo LINUX?

    A.- De máquinas virtuales.

    B.- Monolítico.

    C.- Jerárquico (por capas).

    D.- Cliente-Servidor.

Solución

Un sistema por capas tiene una estructura bien diferenciada y un conjunto de servicios bien diferenciados por cada capa (Figura 1.3). Estos servicios se pueden implementar como procesos separados o no, pero sólo se puede acceder a sus servicios a través de una interfaz bien definida, a través de la cual se aplica el principio de ocultación de la información.

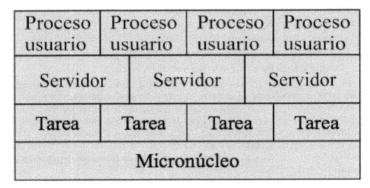

Figura 1.3 Estructura de un sistema operativo por capas

El sistema operativo LINUX tiene un diseño monolítico, ya que todo su núcleo está generado como un único proceso y dentro del mismo se puede acceder a cualquier parte mediante una llamada a función. Tampoco tiene ninguna estructura de diseño clara por capas o de otro tipo (Figura 1.4).

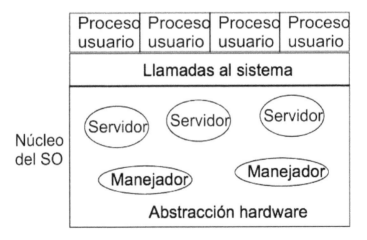

Figura 1.4 Estructura de un sistema operativo monolítico

Ejercicio 1.4

¿Qué caracteriza más a un Sistema Operativo?

A.- El intérprete de mandatos.

B.- Las llamadas al sistema.

C.- Los mandatos.

D.- Sus bibliotecas de programación.

16

Solución

Lo que más caracteriza a un Sistema Operativo son sus llamadas al sistema que proporcionan la visión externa del mismo. El intérprete de mandatos no es sino un programa que ejecuta los mandatos que recibe de los usuarios. Los mandatos a su vez no son sino programas que usan las llamadas al sistema para obtener servicios del sistema operativo.

- En UNIX y LINUX, la interfaz de llamadas al sistema es la definido en el estándar POSIX.

- En Windows, la interfaz nativa de llamadas al sistema se denomina Win32, aunque también da soporte a la interfaz POSIX.

La respuesta correcta es pues la B.

Ejercicio 1.5

¿Cuál de las siguientes técnicas hardware tiene mayor influencia en la construcción de un sistema operativo? Razone su respuesta

    A.- Microprogramación del procesador.

    B.- Cache de la memoria principal.

    C.- DMA.

    D.- RISC.

Solución

La técnica hardware más influyente a la hora de construir un sistema operativo es DMA (respuesta C), debido a que:

- La microprogramación del procesador no afecta en absoluto a la construcción de un S.O.

- La caché de la memoria principal afecta a nivel hardware.

- La reducción de instrucciones que supone RISC frente a CISC implica una programación distinta de los niveles inferiores del S.O. y parte de los manejadores.

Sin embargo, el DMA permite que los manejadores de los dispositivos de E/S realicen el proceso de transferencia de datos de estas unidades de E/S a la memoria principal de forma automática y bajo el control de la propia unidad de E/S. Esto permite ahorrar tiempo de CPU, al no existir la E/S programada, tiempo que se puede dedicar a ejecutar procesos distintos a los que realizan la E/S. El DMA facilita mucho las técnicas de multiprogramación.

Ejercicio 1.6

Definir los términos visión externa e interna de un sistema operativo. ¿Cuál de las dos determina mejor a un sistema operativo concreto? ¿Por qué?

Solución

La visión interna de un sistema operativo es la estructura de dicho sistema operativo. Un sistema operativo puede tener diferentes estructuras tales como monolítica, por capas o con un modelo cliente-servidor.

La visión externa de un sistema operativo es el conjunto de servicios que dicho sistema operativo ofrece al usuario que lo está utilizando, la interfaz que el sistema operativo da al usuario.

En cuanto a cuál de las dos determina mejor a un sistema operativo concreto, la respuesta es la visión interna, porque determina la forma funcional del sistema operativo, es decir, cómo es sistema operativo considerado las llamadas al sistema, la entrada/salida, el control de proceso, la gestión de archivos y directorios, la temporización y sincronización, la protección, la planificación de recursos, etc. Estos son, por definición, los componentes principales de un sistema operativo y, por tanto, será dicha visión (interna) la que mejor determine un sistema operativo concreto. Así, UNIX y Windows, por ejemplo, se diferencian, principalmente, por sus diferentes visiones internas (uno es monolítico mientras que el otro es cliente-servidor).

Ejercicio 1.7

¿El intérprete de mandatos de UNIX es interno o externo? Razone su respuesta con un ejemplo.

Solución

Los intérpretes de mandatos de UNIX son externos y se denominan shells. Sin embargo, algunos mandatos se tienen que implementar como internos al propio intérprete de mandatos debido a que su efecto sólo puede lograrse si es el propio intérprete el que ejecuta el mandato. La Figura 1.5 muestra estos conceptos:

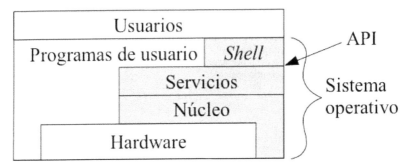

Figura 1.5 API del sistema operativo e intérprete de mandatos

Por ejemplo, el mandato para borrar un archivo, que en UNIX es `rm <nombre del archivo>`, lo que hace es ejecutar el programa de borrar un archivo directamente, sin analizar la línea de mandatos tecleada por el usuario.

En MS-DOS el intérprete de mandatos es interno. Por ejemplo, la orden de borrar un archivo es del nombre del archivo. En MS-DOS el intérprete es un único programa, éste lee la línea de mandatos, determina de qué mandato se trata y luego salta a la línea del programa que realiza esa acción.

Ejercicio 1.8

¿Cuántas instrucciones de la siguiente lista deben ejecutarse exclusivamente en modo núcleo?
1. Inhibir todas las interrupciones.
2. Escribir en los registros de control de un controlador de DMA.
3. Leer el estado de un controlador de periférico.
4. Escribir en el reloj de la computadora.
5. Provocar un trap o interrupción software.
6. Escribir en los registros de la MMU.

Solución

- Inhibir todas las interrupciones.
  La información de la inhibición de interrupciones se suele poner en el registro de estado. Esta parte del registro de estado sólo se puede modificar en modo núcleo. Por tanto, para inhibir todas las interrupciones se debe estar en modo núcleo.
- Escribir en los registros de control de un controlador de DMA.
  Se debe ejecutar en modo núcleo, para asegurar la protección de los dispositivos periféricos.
- Leer el estado de un controlador de periférico.

Se debe ejecutar en modo núcleo para impedir el acceso directo de los usuarios a la información de los periféricos. Al utilizar un dispositivo de E/S para acceder a periféricos es necesario haber mandado primero una señal al microprocesador, que produce una interrupción (pasando a modo núcleo) y da paso al dispositivo E/S. Esta es una cuestión de seguridad, ya que los dispositivos periféricos deben estar encapsulados por el sistema operativo.

- Escribir en el reloj de la computadora.

Se debe ejecutar en modo núcleo, porque sólo a través del sistema operativo se puede acceder al hardware de la maquina.

- Provocar un TRAP o interrupción software.

La instrucción TRAP se ejecuta en modo de usuario para pasar a modo núcleo. Se pasa a modo núcleo porque se provoca una interrupción por parte de la instrucción.

- Escribir en los registros de la MMU.

Se debe ejecutar en modo núcleo, ya que es el sistema operativo quien se encarga de realizar la gestión de la memoria virtual.

Por tanto, de todas las operaciones descritas, cinco se deben ejecutar en modo núcleo y una en modo usuario.

Ejercicio 1.9

¿Cuál de las siguientes combinaciones **no** es factible?

    A.- Spooling en un sistema monousuario.
    B.- Procesamiento por lotes con multiprogramación.
    C.- Tiempo compartido sin multiprogramación.
    D.- Multiprogramación en un sistema monousuario.

Solución

Un sistema multitarea no tiene porqué ser multiusuario: en caso de que no lo sea todo el tiempo de la CPU, estará disponible para la ejecución de los procesos del único usuario de la máquina; en caso contrario, el tiempo de ejecución de la CPU se repartirá en partes (más o menos iguales) entre los diferentes usuarios de la máquina. En cualquier caso el sistema tendrá la capacidad de ejecutar varios procesos "a la vez" sean del usuario que sean.

En un sistema multiusuario se puede hacer spooling sin ningún problema, ya que el spooling consiste en delegar trabajos de impresión y hacerlos en un cierto orden. Un sistema monousuario puede ser multiproceso sin problema. Es el caso de UNIX y LINUX cuando arrancan en modo monousuario. Luego, se puede implementar bien el spooler.

En un sistema multiprogramado se puede hacer procesamiento por lotes sin problema. Se puede construir un lote con varios programas y ejecutarlo de forma no interactiva.

Sin embargo, un sistema de tiempo compartido, aunque no es estrictamente necesario, sí es muy recomendable que sea multitarea (la inmensa mayoría de los S.O. actuales son de este tipo). Esto se debe a que un S.O. multiusuario debe ir lanzando procesos `login` a medida que se van conectando usuarios a la máquina. Estos procesos deben estar ejecutándose a la vez para permitir que varios usuarios permanezcan al mismo tiempo en el sistema (de ahí que deba ser multitarea). Igual que ocurre con el proceso login, ocurre con el resto de procesos que se ejecuten en el mismo sistema; es decir, en caso de que usuarios diferentes estén ejecutando diferentes procesos (caso muy corriente), estos deben compartir el tiempo de la CPU para que todos los usuarios obtengan un buen servicio.

La multiprogramación se puede implementar perfectamente en un sistema monousuario que sea multiproceso. La solución correcta es pues la C.

Ejercicio 1.10

¿Cuál de los siguientes mecanismos hardware no es un requisito para construir un sistema operativo multiprogramado con protección entre usuarios? Razone su respuesta.

    A.- Memoria virtual.

B.- Protección de memoria.

C.- Instrucciones de E/S que sólo pueden ejecutarse en modo núcleo.

D.- 2 modos de operación: núcleo y usuario.

Solución

La respuesta correcta es la primera: <u>Memoria Virtual</u>, ya que si bien es necesario tener una gran cantidad de memoria principal, esto no hace necesario la utilización de mencionado servicio.

En cambio las restantes opciones sí son necesarias. La protección de memoria se hace necesaria en cuanto queremos proteger la imagen de memoria de un proceso frente a la intromisión de otro, que puede ser de un usuario distinto. La ejecución de instrucciones de E/S en modo núcleo se hace necesaria por varios motivos, uno de ellos es que necesitamos que estos procesos los ejecute el SO para que mientras se realizan, pueda poner en ejecución otro proceso, y así aprovechar al máximo el tiempo de ejecución. Finalmente los dos modos de operación se hacen necesarios por seguridad, ya que al trabajar varios usuarios, así como diversos procesos, si solo hubiera un modo de ejecución, un proceso podría ejecutar cualquier instrucción sobre cualquier elemento del computador con las consecuencias en cuanto a seguridad que ello implicaría.

Ejercicio 1.11

¿Dónde es más compleja una llamada al sistema, en un sistema operativo monolítico o en uno por capas? ¿Cuál es más difícil de modificar?

Solución

Una llamada al sistema es más compleja en un sistema operativo estructurado por capas, debido a su estructura, en la que todos los componentes residen en espacios de direcciones diferentes. Cada uno de ellos se encuentra en una capa que ofrece una interfaz clara a la capa superior y recibe los servicios que a su vez le ofrece la capa que tiene por debajo. Debido a esto cuando hacemos una llamada al sistema, esta tiene que ir pasando de capa en capa antes de ejecutarse, lo que supone una mayor complejidad y una mayor inversión de tiempo.

Por el contrario, en los sistemas operativos monolíticos todos los componentes se ubican en el mismo espacio de direcciones, produciendo un programa muy grande en el que todas las funciones se encuentran en el mismo nivel. La llamada al sistema es más sencilla, y por tanto más rápida, ya que no tenemos que pasar por capas para comunicar al usuario con el núcleo, como en los sistemas operativos estructurados, sino que accedemos directamente.

El problema de los sistemas operativos monolíticos es que al estar todo contenido en el mismo nivel cuesta mucho hacer modificaciones. El sistema operativo no tiene una estructura clara y bien definida y todos sus componentes se encuentran en él, de manera que la modificación se hará sobre un gran programa que constará de múltiples funciones cuya modificación produciría problemas ya que dentro de las mismas se producen llamadas a otras funciones.

Ejercicio 1.12

¿Cómo se solicita una llamada al sistema operativo?

Solución

Se solicita mediante un mecanismo de interrupciones. Cuando un proceso en ejecución la solicita, éste utiliza una instrucción TRAP que genera una interrupción. Como se muestra en la Figura 1.6, la rutina de tratamiento de la interrupción de TRAP usa una tabla interna del S.O. para determinar qué rutina activar dependiendo de cuál es la llamada solicitada.

Cuando se programa en un lenguaje de alto nivel, la solicitud de servicios al sistema operativo se hace mediante una llamada a una función determinada, que se encarga de generar la llamada al sistema y el trap correspondiente.

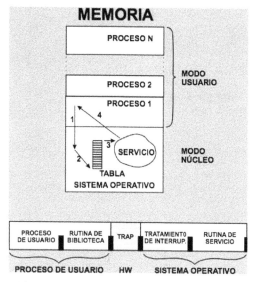

Figura 1.6 Realización de una llamada al sistema

Ejercicio 1.13

Sea un sistema multitarea sin memoria virtual que tiene una memoria principal de 24 MB. Conociendo que la parte residente del sistema operativo ocupa 5 MB y que cada proceso ocupa 3 MB, calcular el número de procesos que pueden estar activos en el sistema.

Solución

Teniendo en cuenta que el sistema operativo ocupa 5MB, únicamente disponemos de 19MB para procesos.

Al no tener Memoria Virtual, cada proceso debe estar cargado completamente en memoria. Por tanto podemos tener (19 / 3) 6 procesos simultáneos. Por tanto podrán estar **6 procesos activos como máximo** y queda desperdiciado 1 MB en memoria principal.

La Tabla 1.1 muestra una posible disposición de los procesos en memoria principal.

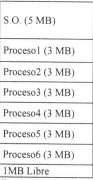

| S.O. (5 MB) |
| Proceso1 (3 MB) |
| Proceso2 (3 MB) |
| Proceso3 (3 MB) |
| Proceso4 (3 MB) |
| Proceso5 (3 MB) |
| Proceso6 (3 MB) |
| 1MB Libre |

Tabla 1-1 Distribución de procesos en memoria

Ejercicio 1.14

¿Qué es **falso** acerca de una llamada al sistema?

A.- Se implementa con un trap.

B.- Su interfaz se ofrece como una rutina de biblioteca.

C.- Produce un cambio a modo supervisor.

D.- Produce siempre un cambio de contexto.

Solución

La solución A es correcta, ya que siempre que hay una llamada al sistema se produce un trap (como se ha visto en ejercicios anteriores).

La solución B también es correcta, ya que de hecho los usuarios no suelen usar directamente las llamadas al sistema, sino bibliotecas más sofisticadas que suelen proporcionar los fabricantes del S.O. Estas bibliotecas suelen ser código en el que se confía.

La C es también correcta ya que una llamada al sistema supone entrar a ejecutar en el espacio del núcleo del S.O., para lo que hay que tener cambiar el procesador a modo de supervisor para poder ejecutar las instrucciones que sólo se pueden ejecutar en ese modo.

La D es falsa. Una llamada al sistema no tiene porqué producir un cambio de contexto, excepto si es bloqueante. En este último caso, siempre se suele producir un cambio de contexto para aprovechar el tiempo de bloqueo del proceso con otro proceso.

Ejercicio 1.15

¿Qué contiene una entrada de la tabla de vectores de interrupción?

A.- El nombre de la rutina de tratamiento.

B.- La dirección de la rutina de tratamiento.

C.- El número de la interrupción.

D.- El nombre de la tarea del SO que trata la interrupción.

Solución

La tabla de vectores de interrupción contiene, para cada entrada, la dirección de la rutina de tratamiento de esa interrupción. La posición en la tabla se corresponde con el número de la interrupción.

El tratamiento de interrupción, esquemáticamente, sigue los siguientes pasos:

1. Detección de existencia de interrupción. Se comprueba al final de cada instrucción máquina. Si hay interrupción pendiente, la unidad de control activa un bit del registro de estado.

2. Usando el número de interrupción como índice se entra al vector de interrupción.

3. Salto a la rutina de interrupción, cuya dirección es el contenido del elemento del vector de interrupción.

4. Ejecución de la rutina de tratamiento de interrupción. Para garantizar la seguridad entre los distintos usuarios, todas las rutinas de tratamiento deben estar en el espacio del S.O.

Luego la solución correcta es la B.

Ejercicio 1.16

¿Cómo indica UNIX a un programa C el tipo de error que se ha producido en una llamada al sistema? ¿Y Windows?

A.- Con uno de los parámetros de la llamada.

B.- Con una señal.

C.- Con un valor negativo en el resultado de la función llamada al sistema.

D.- Con un valor negativo en el resultado de la función llamada al sistema y una variable global de error.

Solución

En POSIX, cuando una llamada al sistema se ejecuta con éxito, se devuelve un 0, mientras que en caso de error se devuelve un −1. Cuando se devuelve este valor −1, se almacena en la variable `errno` el código del error, que después será reconocido según su definición en el archivo `errno.h`. Por tanto, se indica el error con un valor negativo en el resultado de la función llamada al sistema y una variable global de error (respuesta D).

El procedimiento en Windows (Win32) es muy similar. En este caso, la gestión del valor devuelto se hace mediante una variable `bool` de 32 bits, que devuelve `true` (éxito) o `false` (error). Se puede obtener su valor con la llamada al sistema `GetLastError`.

Ejercicio 1.17

¿Qué es mejor para un sistema con varios terminales?
A.- Un sistema operativo por lotes sin spooling.

B.- Un sistema operativo por lotes con spooling.

C.- Un sistema de tiempo real.

D.- Un sistema multiusuario.

Solución

La respuesta correcta es la D, ya que el hecho de tener spooling no es útil para manejar terminales. Los spooler son procesos que gestionan recursos únicos (como la impresora) de forma ordenada mediante una cola de peticiones, técnica que se podría aplicar a una cola de terminales, pero que lo haría muy incómodo y de respuesta lenta.

Un sistema de tiempo real no sería muy adecuado para la tarea, aunque se podría usar. El problema de esta solución es que los planificadores de tiempo real no se adecúan bien a ejecución de procesos bajo demanda de usuarios.

Los sistemas multiusuario están pensados y diseñados para manejar varios usuarios, cada uno de los cuáles tiene, al menos, un terminal. Los planificadores en rodaja y la gestión de interrupciones permiten manejar bien varios terminales sin que los usuarios noten discontinuidades.

Ejercicio 1.18

¿Qué código se ejecuta con las interrupciones inhibidas?
A.- Ninguno, ya que podrían perderse interrupciones.

B.- Todo el código del sistema operativo.

C.- Ciertas partes críticas del código del sistema operativo.

D.- El código de los procesos del administrador del sistema que tengan la prioridad máxima.

Solución

Sólo se inhiben las interrupciones para ejecutar ciertas partes críticas del sistema operativo, por lo que la respuesta correcta es la C.

La respuesta A no es válida porque hay porciones críticas de código del sistema operativo en que es necesario inhibir las interrupciones para no tener problemas. Una de estas porciones es aquella en que se hace el tratamiento básico de la interrupción. Otra es el cambio de contexto.

La respuesta B no es correcta, porque si se inhibieran las interrupciones en todo el sistema operativo, los procesos no podrían ser interrumpidos cuando estuvieran ejecutando el código del núcleo, lo que causaría que se retrasase considerablemente el tratamiento de la insterrupciones, pudiéndose incluso perder alguna.

La respuesta D no es correcta porque el administrador es un usuario especial, pero es sólo un usuario más. Cualquier proceso es interrumpible.

Ejercicio 1.19

¿Qué característica es común entre un UNIX monolítico y uno basado en micronúcleo?

A.- La interfaz a las aplicaciones de los servicios del sistema.

B.- La modularidad de su estructura.

C.- La forma de implementar los servicios del sistema.

D.- El mecanismo de interacción entre las partes del sistema.

Solución

De las cuatro soluciones anteriores, la única que comparten un sistema operativo monolítico y uno en micronúcleo es la A, es decir, la interfaz a las aplicaciones de los servicios del sistema. En el caso de sistemas compatibles POSIX, todos ellos ofrecen las llamadas al sistema POSIX, independientemente de cómo estén diseñados e implementados, de la modularidad de su estructura y del mecanismo de interacción entre las partes del sistema.

Ejercicio 1.20

¿Qué es falso acerca de UNIX?

A.- Es un sistema operativo de tiempo real.

B.- Es un sistema operativo de tiempo compartido.

C.- Es un sistema operativo con multiprogramación.

D.- Es un sistema operativo interactivo.

Solución

UNIX no es un sistema de tiempo real. Un sistema de tiempo real es aquel que permite ejecutar procesos de forma determinista asegurando plazos de ejecución. UNIX no lo permite ni es determinista.

UNIX es un sistema operativo de tiempo compartido, con multiprogramación e interactivo.

Ejercicio 1.21

Considere un sistema con un espacio lógico de memoria de 128 K páginas con 8 KB cada una, una memoria física de 64 MB y direccionamiento al nivel de byte. ¿Cuantos bits hay en la dirección lógica ? ¿Y en la física?

Solución

1 página ocupa 8 KB, por lo que para direccionar los datos de una página harán falta:

$$8KB * 1024 = 8192B = 2^{13} \rightarrow 13 \text{ bits.}$$

Por otra parte, hay 128Kpáginas = 128*1024 = 131072 páginas = 2^{17}. Luego necesitaremos 17 bits para direccionar la página.

Luego hacen falta 17 bits para el número de página + 13 bits para el offset de la página.

Es decir, la dirección lógica ocupará 17 +13 = 30 bits.

La dirección física necesita 13 bits para el offset de la página de 8 Kbytes. Puesto que el tamaño de la memoria física es de 64 Mbytes, el número de marcos de página será:

$$64 * Kbytes * Kbytes / 8 * Kbytes = 8 \text{ Kpáginas} = 2^{13} \rightarrow 13 \text{ bits.}$$

24

Luego, la dirección física ocupará 13+13 = 26 bits.

Ejercicio 1.22

Sea una computadora con memoria virtual y un tiempo de acceso a memoria de 70 ns. El tiempo necesario para tratar un fallo de página es de 9 ms. Si la tasa de aciertos a memoria principal es del 98% ¿Cuál será el tiempo medio de acceso a una palabra en esta computadora?

Solución

Dado que 1 ns es 10^{-9} sg, así como que 1 ms es 10^{-3} sg, el tiempo medio de acceso a memoria en segundos será el que sigue:

Tasa de aciertos = 0.98

Tiempo de acceso a memoria = $70*10^{-9}$ sg

Tasa de "fallos" = 0.02

Tiempo para tratar 1 fallo = $9*10^{-3}$ sg

Luego:

$$Tma = [0.98*(70*10^{-9})] + [0.02*(2*70*10^{-9} + 9*10^{-3})] = 1.8007149*10^{-4} \text{ sg.}$$

Nota: Este 2 este se pone porque si hay un fallo de página hay que acceder 2 veces a memoria; una para el fallo y otra para el acierto tras cargar la página.

Ejercicio 1.23

Sea un sistema de memoria virtual paginada con direcciones lógicas de 32 bits que proporcionan un espacio lógico virtual de 2^{20} páginas y con una memoria física de 32 MB. ¿Cuánto ocupará la tabla de marcos de página si cada entrada de la misma ocupa 32 bits?

Solución

Para saber cuanto ocupa la tabla de marcos de página habrá que averiguar el número de entradas de la tabla de páginas.

2^{20} páginas implica que harán falta 20 bits para indicar el numero de página dentro de la dirección virtual. Como las direcciones son de 32 bits, se usan los 12 bits restantes para direccionar el desplazamiento de la página. Luego las páginas son de 4 Kbytes.

Si la memoria física es de 32 Mbytes = 32*Kbytes*Kbytes, el número de marcos es de:

32 * Kbytes * Kbytes / 4 Kbytes = 8 Kpáginas

Si cada entrada de la tabla de marcos ocupa 32 bits, es decir 4 bytes, el tamaño de la tabla de marcos de página será:

Smp = 8 * 1024 * 4 = 32 Kbytes.

Ejercicio 1.24

El dueño de un archivo UNIX, `juan`, tiene uid = 12 y gid = 1. El archivo tiene un modo de protección `rwxr-x---`. Otro usuario, `pepe`, con uid = 6 y gid = 1 intenta ejecutar el archivo ¿Qué ocurrirá?

Solución

En la tabla siguiente se muestran los permisos de los usuarios:

Usuario	uid	gid	dueño	grupo	mundo
juan	12	1	rwx	r-x	---

pepe	6	1	???	r-x	---

Tabla 1-2 Permisos del archivo

Como el usuario y el dueño del archivo están en el mismo grupo, el usuario puede ejecutar el archivo sin ningún problema.

Ejercicio 1.25

¿Qué ventajas tiene escribir un sistema operativo utilizando un lenguaje de alto nivel?

Solución

La ventaja principal es su portabilidad: el sistema operativo puede ser utilizado en una amplia gama de computadoras. Al sustituir el ensamblador (o aun mejor, el código máquina), que solo sirve para una gama de procesadores concreta, por un lenguaje independiente del procesador, se puede compilar dicho código, manteniéndose el código fuente inalterable, para un amplio número de plataformas. Siempre hará falta ensamblador de cada procesador para unas pocas tareas de muy bajo nivel (cambio de contexto, entrada/salida básica, etc.), pero se pasa de miles o millones de líneas en ensamblador a unos pocos cientos.

También se podría destacar la facilidad a la hora de construir y mantener el código. Un ejemplo de esto es que todos los errores de sintaxis los da por sí solo el compilador, de tal forma que el programador solo se tiene que ocupar de un numero más reducido de errores.

Otra ventaja es que se pueden construir módulos nuevos para el sistema operativo de forma sencilla y eficiente usando el lenguaje de alto nivel. Estos módulos son totalmente transportables.

Ejercicio 1.26

En un sistema UNIX, un directorio contiene los siguientes archivos, con los propietarios y bits de protección que se indican:

archivo	prop	grupo	protección
prog	juan	alumnos	rwx--x---
datos	juan	alumnos	rw-rw-r--

El archivo `prog` contiene el código ejecutable del siguiente programa:

```
main ()
{
    int fd;
    char c;
    if ( (fd = open ("datos", O_WRONLY)) >= 0)
    {
        while ((c = read (0, &c, 1)) == 1)
            write (fd,&c,1);
        close(fd);
    }
    else
        printf ("No puedo abrir el archivo \n");
}
```

a) ¿Qué ocurrirá si la usuaria `ana` ejecuta `prog`?

b) ¿Hay alguna forma de asegurar que se puede abrir el archivo datos sin modificar sus bits de protección?

Solución

a)
Si la usuaria `ana` pertenece al grupo `alumnos`, podrá abrir el archivo datos. En caso contrario, no podrá y la operación `open` será errónea.

b)
Se puede asegurar que todo el que ejecute el programa `prog` podrá abrir el archivo `datos` si se pone activo el bit `SETUID` o `SETGID` del archivo `prog`.

Ejercicio 1.27

Escribir una función C que reciba el nombre de un archivo como parámetro y lo copie por la salida estándar, de forma similar al mandato **cat** de UNIX. Si recibe como parámetro un puntero nulo deberá leer de la entrada estándar.

La declaración de la función podría ser:

```
int visualizar (char *s)
```

Solución

```
#define STDIN 0
#define STDOUT 1
#define BUFSIZE 512
visualizar (s)
char *s;
{
    char buffer [BUFSIZE];
    int cnt;
    int fd;
    if (s)
        fd = open (s,O_RDONLY);
    else
        fd = dup(STDIN);
    while ( cnt = read (fd, buffer, BUFSIZE)> 0)
        write (STDOUT, buffer, cnt);
    close (fd);
}
```

Ejercicio 1.28

Escribir una función en C sobre UNIX que copie un archivo en otro. El nombre original y el destino son parámetros de la función. El archivo destino debe tener unas protecciones que le permitan ser leído por cualquier usuario, pero sólo ser modificado por el propietario.

Las condiciones de error a registrar son las siguientes:

- El archivo no puede abrirse
- El archivo destino no puede ser creado
- El proceso de copia no ha terminado bien

Solución

```
#include <fcntl.h>
```

27

```
#define BUFSIZE         512     /*tamaño de las tiras a leer*/
#define PERM           0644     /*permisos para creación de archivo*/
int copyfile (char *name1, char *name2)   /*copia name1 a name2*/
{
    int infile, outfile, nread;
    char buffer [BUFSIZE]
    if ( (infile = open(name1, O_RDONLY) ) < 0 )
        return(-1); /* no puede abrirse */
    if ( (outfile = creat (name2, PERM) ) < 0 ) {
        close (infile);
        return (-2); /* no puede crearse */
        }
    /*lectura de name1 BUFSIZE caracteres de una vez*/
    while( (nread = read(infile, buffer, BUFSIZE) ) > 0 )
    {
        /*escribir el buffer al archivo de salida*/
        if (write (outfile, buffer, nread) < nread)
        {
            close(infile);
            close(outfile);
            return (-3);       /* error al escribir */
        }
    }
    if (nread==-1)
        return (-4);           /* error al leer */
    close(infile);
    close(outfile);
    return(0);
}
```

Ejercicio 1.29

Escribir una función en C sobre UNIX que reciba como argumento un nombre de archivo y un modo de creación específico y que cree dicho archivo con el modo indicado. En caso de error, debe mostrar un aviso por la salida de error.

Nota: Obsérvese que puede haber definida una máscara de creación, por lo que antes de crear el archivo hay que quitar dicha máscara.

Solución

```
#include <stdio.h>
#include <errno.h>
int crear (camino,modo)
    char *camino;
    int mode;
{
```

28

```
int masc, desfich;
masc = umask(0);
/* creación del archivo */
if((desfich = creat(camino, modo) ) <0)
    perror ("error en creación");
/* restauración de la máscara antigua */
umask(masc);
/* devuelve el descriptor de archivo */
return(desfich);
}
```

Ejercicio 1.30

Escribir un programa en C que cree un archivo y escriba "hola" en el mismo usando llamadas al sistema.

Solución

```
#include <unistd.h>
#include <stdlib.h>
#include <stdio.h>
#include <string.h>
#include <fcntl.h>

int main ( int argc, char *argv[] )
{
    int fd1 ;
    char str1[10] ;
    int nb ;

    fd1 = open ("/tmp/txt1",O_CREAT|O_RDWR, S_IRWXU);
    if (-1 == fd1) {
        perror("open:");
        exit(-1);
    }
    strcpy(str1,"hola");
    nb = write (fd1,str1,strlen(str1));
    printf("bytes escritos = %d\n",nb);
    close (fd1);
    return (0) ;
}
```

Ejercicio 1.31

Escribir un programa en C que lea el archivo del Ejercicio 1.30 y lo escriba por pantalla usando llamadas al sistema.

Solución

```
#include <unistd.h>
#include <stdlib.h>
#include <stdio.h>
#include <string.h>
#include <fcntl.h>

int main ( int argc, char *argv[] )
```

29

```
{
    int   fd1 ;
    char str1[10] ;
    int nb, i ;

    fd1 = open  ("/tmp/txt1",O_RDONLY );
    if (-1  == fd1) {
        perror("open:");
        exit(-1);
    }
    i=0;
    do {
        nb = read  (fd1,&(str1[i]),1);
        i++;
    } while (nb != 0) ;
    str1[i] = '\0';
    printf("%s\n",str1);
    close  (fd1);
    return (0);
}
```

Ejercicio 1.32

Escribir un programa en C que defina el registro tipoRegistro con dos campos:
- nombre: un vector de 30 caracteres ;
- codigo: un número entero de 32 bits ;

El programa debe escribir una lista de tres registros tipoRegistros. Si no existe el fichero, lo crea y si existe añade al final.

Solución

```
#include <stdio.h>
#include <sys/types.h>
#include <sys/stat.h>
#include <fcntl.h>
#include <stdlib.h>
#include <string.h>

int main ( int argc, char *argv[] )
{
    struct
    {
        int codigo;
        char nombre[30];
    } registro ;
    typedef struct registro tipoRegistro ;

    int file1 ;
    tipoRegistro registro1 ;
    long posicion1 ;
    char nombreFich[30]="filereg.dat" ;

    /* Abrir fichero */
    file1 = open (nombreFich,O_APPEND|O_WRONLY) ;
    if (-1 != file1) {
        printf ("El fichero ya existe, añado al final\n");
    }
    if (-1 == file1) {
        printf ("El fichero no existe\n");
```

```
                    printf ("Se va a crear el fichero\n");
                    file1=open (nombreFich, O_CREAT| O_WRONLY, S_IWUSR|S_IRUSR)
;
                    if (-1 == file1) {
                         printf ("Error en la creación :1\n");
                         exit (-1);
                    }
          }

          /* Escribir registros */
          registro1.codigo=1;
          strcpy (registro1.nombre, "nombre uno");
          write (file1, &registro1, sizeof (registro1) );

          registro1.codigo++;
          strcpy (registro1.nombre, "nombre dos");
          write (file1, &registro1, sizeof (registro1) );

          registro1.codigo++;
          strcpy (registro1.nombre, "nombre tres");
          write (file1, &registro1, sizeof (registro1) );

          /* Imprimir la posición */
          posicion1 = lseek(file1,0,SEEK_CUR) ;
          printf ("Estoy en la posición %d del fichero\n", posicion1 );
          /* Cerrar fichero */
          close(file1);
} /* fin de main */
```

Ejercicio 1.33

Escribir un programa en C que defina el registro tipoRegistro con dos campos:
   • nombre: un vector de 30 caracteres ;
   • codigo: un número entero de 32 bits ;
Lea los registros del archivo escrito en el ejercicio anterior e imprima su contenido por pantalla.
Si no se puede abrir el archivo debe dar un mensaje de error.

Solución

```
#include <stdio.h>
#include <sys/types.h>
#include <sys/stat.h>
#include <fcntl.h>
#include <stdlib.h>
#include <string.h>

int main ( int argc, char *argv[] )
{
     struct
     {
          int codigo;
          char nombre[30];
     } registro ;
     typedef struct registro tipoRegistro ;

     int file1 ;
     tipoRegistro registro1 ;
     int bytes_leidos;
     char nombreFich[30]="filereg.dat" ;
```

31

```
    file1 = open (nombreFich, O_RDONLY) ;
    if (file1 == -1) {
        fprintf (stderr, "No se ha podido abrir el fichero\n");
        exit (-1) ;
    }
    bytes_leidos = read (file1, &registro1, sizeof(registro1));
    while ( bytes_leidos !=0 ){
        printf ("registro leído -> código:%d: nombre:%s:\n",
        registro1.codigo,
        registro1.nombre);
        bytes_leidos = read (file1, &registro1, sizeof(registro1));
    }
    close(file1);
} /* fin de main */
```

Ejercicio 1.34

Escriba un programa en C que abra un archivo, lea el primer carácter del mismo, lo imprima en la pantalla y cieere el archivo. Use las llamadas al sistema read/write.

Solution

```
#include <stdio.h>
#include <unistd.h>
#include <stdlib.h>
#include <sys/types.h>
#include <sys/stat.h>
#include <fcntl.h>

#define N 1

int main()
{
  int fd,n;
  char buf[N];

  /* Open an existing file read only */
  if ((fd=open("archivo_lectura ",O_RDONLY,0666))<0) {
        perror("File does not exist\n");
        exit(1);
  }

  while ((n=read(fd,buf,N))>0)
    printf("Read from file character %c \n",buf[0]);
    if (n<0) {
      perror("Read error occurred");
      return -1;
    }
    else
      close(fd);
    return 0;
```

```
}
```

Ejercicio 1.35

Escriba un programa en C que cree un archivo con permisos de escritura. Escriba "abc" al principio del archivo, salte 100 caracteres hacia el final, y escriba "ABC" después. Cierre luego el archivo. ¿Cuál es la longitud total del archivo? ¿Cuál es el contenido en la posición 60 del archivo?

Solución

```c
#include <unistd.h>
#include <sys/types.h>
#include <sys/stat.h>
#include <fcntl.h>
#include <stdio.h>
#include <stdlib.h>


int main(void)
{
  int fd;
  char buf1[]="abc";
  char buf2[]="ABC";

  if ( (fd=creat("archivo_hueco ",0666))<0)
  {
    perror("error creating the file");
    exit(1);
  }

  if ( write(fd,buf1,3)< 0) {
    perror("write error");
    exit(1);
  }

  if( lseek(fd,100,SEEK_CUR) < 0) {
     perror("seek error");
     exit(1);
  }

  if ( write(fd,buf2,3) <0) {
    perror("write error");
    exit(1);
  }


  if (close(fd)<0){
    perror("close error");
```

```
    exit(1);
  }

  return 0;
}
```

Longitud total del archivo = 3 + 100 + 3 = 106

El contenido del archivo en la posición 60 es desconocido, ya que no hemos escrito nada. El valor podría ser 0, ya que el SO inicializa cada bloque a 0 cuando se asigna a un proceso, pero no podemos estar seguros.

2. PROCESOS

En este capítulo se presentan los problemas relacionados con la gestión de procesos en sistemas operativos. El capítulo tiene tres objetivos básicos: mostrar al lector algunos conceptos básicos de procesos desde el punto de vista de usuario, mostrar los servicios para procesos que da el sistema operativo y proponer un conjunto de problemas que permita cubrir los aspectos básicos y de diseño de procesos y threads. Los problemas están graduados de menor a mayor complejidad, de forma que se puedan adaptar a distintos niveles de conocimiento.

Nota: En este capítulo se habla indistintamente de threads, hilos o threads para referirse a los distintos flujos de ejecución dentro de un proceso.

2.1 Conceptos básicos de procesos

Todos los programas cuya ejecución solicitan los usuarios lo hacen en forma de procesos, de ahí la importancia de conocerlos en detalle. El proceso se puede definir como un **programa en ejecución** y de una forma un poco más precisa como la unidad de procesamiento gestionada por el sistema operativo.

El sistema operativo mantiene una tabla de procesos, dentro de la que se almacena un **bloque de control del proceso BCP** por cada proceso. Por razones de eficiencia la tabla de procesos se construye normalmente como una estructura estática, que tiene un determinado número de BCP, todos ellos del mismo tamaño.

El BCP contiene la información básica del proceso (Figura 2.1), entre la que cabe destacar la siguiente:

- Información de identificación. Esta información identifica al usuario y al proceso. Como ejemplo, se incluyen los siguientes datos:

  - Identificador del proceso.

  - Identificador del proceso padre en caso de existir relaciones padre-hijo como es el caso de UNIX.

  - Información sobre el usuario (identificador de usuario, identificador de grupo).

- Estado del procesador. Contiene los valores iniciales del estado del procesador o su valor en el instante en que fue interrumpido el proceso.

- Información de control del proceso. En esta sección se incluye diversa información que permite gestionar al proceso. Destacaremos los siguientes datos:

  - Información de planificación y estado.
    - Estado del proceso.
    - Evento por el que espera el proceso cuando está bloqueado.
    - Prioridad del proceso.
    - Información de planificación.
  - Descripción de los segmentos de memoria asignados al proceso.
  - Recursos asignados, tales como:
    - Archivos abiertos (tabla de descriptores o manejadores de archivo).
    - Puertos de comunicación asignados.
  - Punteros para estructurar los procesos en colas o anillos. Por ejemplo, los procesos que están en estado de listo pueden estar organizados en una cola, de forma que se facilite la labor del planificador.
  - Comunicación entre procesos. El BCP puede contener espacio para almacenar las señales y para algún mensaje enviado al proceso.

Algunos sistemas operativos, como UNIX y LINUX, mantienen de forma explícita una estructura jerárquica de procesos mediante una relación padre-hijo —un proceso sabe quién es su padre, que lo creó—, mientras que otros sistemas operativos como el Windows NT no la mantienen.

El entorno del proceso consiste en un conjunto de variables que se le pasan al proceso en el momento de su creación. El entorno está formado por una tabla NOMBRE-VALOR que se incluye en la pila del proceso. El NOMBRE especifica el nombre de la variable y el VALOR su valor. Un ejemplo de entorno en UNIX es el siguiente:

```
PATH=/usr/bin:/home/pepe/bin
TERM=vt100
HOME=/home/pepe
PWD=/home/pepe/libros/primero
```

En este ejemplo PATH indica la lista de directorios en los que el sistema operativo busca los programas ejecutables, TERM el tipo de terminal, HOME el directorio inicial asociado al usuario y PWD el directorio actual de trabajo. Los procesos pueden utilizar las variables del entorno para definir su comportamiento. Por ejemplo, un programa de edición responderá a las teclas de acuerdo al tipo de terminal que esté utilizando el usuario, y que viene definido en la variable TERM.

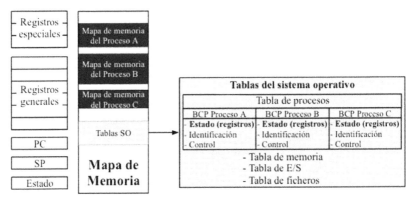

Figura 2.1 Información de los procesos en el sistema operativo

2.2 Threads

Un *thread* es un programa en ejecución (flujo de ejecución) que comparte la imagen de memoria y otras informaciones con otros threads. Como muestra la Figura 2.2, un proceso puede contener un solo flujo de ejecución, como ocurre en los procesos clásicos, o más de un flujo de ejecución (threads).

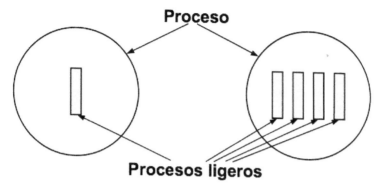

Figura 2.2 Estructura de un proceso sin y con threads

Desde el punto de vista de la programación, cada thread se define como una función cuya ejecución se puede lanzar en paralelo con otras. El hilo de ejecución primario o thread primario corresponde a la función `main`.

Cada thread tiene informaciones que le son propias y que no comparte con otros threads. Las informaciones propias se refieren fundamentalmente al contexto de ejecución, pudiéndose destacar las siguientes:

- Contador de programa.
- Pila.
- Registros.
- Estado del thread (ejecutando, listo o bloqueado).

Todos los threads de un mismo proceso comparten la información del mismo, en concreto comparten: espacio de memoria, variables globales, archivos abiertos, procesos hijos, temporizadores, señales y semáforos y contabilidad.

Es importante destacar que todos los threads de un mismo proceso comparten el mimo espacio de direcciones de memoria, que incluye el código, los datos y las pilas de los diferentes threads. Esto hace que no exista protección de memoria entre los threads de un mismo proceso, algo que sí ocurre con los procesos convencionales.

El thread puede estar en uno de los tres estados de ejecutando, listo para ejecutar y bloqueado. Cada thread de un proceso tiene su propio estado, pudiendo estar unos bloqueados, otros listos y otro en ejecución.

2.2.1 Diseño con threads

La utilización de threads ofrece las ventajas de división de trabajo que dan los procesos pero con una mayor sencillez, lo que se traduce en mejores prestaciones. En este sentido es de destacar que los threads comparten memoria directamente, por lo que no hay que añadir ningún mecanismo adicional para utilizarla, y que la creación y destrucción de threads requiere mucho menos trabajo que la de procesos.

Las ventajas de diseño que se pueden atribuir a los threads son las siguientes:

- Permite separación de tareas. Cada tarea se puede encapsular en un thread independiente.
- Facilita la modularidad, al dividir trabajos complejos en tareas.
- Aumenta la velocidad de ejecución del trabajo, puesto que aprovecha los tiempos de bloqueo de unos threads para ejecutar otros.

El paralelismo que permiten los threads unido a que comparten memoria (utilizan variables globales que ven todos ellos) lleva a la programación concurrente. Este tipo de programación tiene un alto nivel de dificultad, puesto que hay que garantizar que el acceso a los datos compartidos se haga de forma correcta. Los principios básicos que hay que aplicar son los siguientes:

- Hay variables globales que se comparten entre varios threads. Dado que cada thread ejecuta de forma independiente a los demás, es fácil que ocurran accesos incorrectos a estas variables.
- Para ordenar la forma en que los threads acceden a los datos se emplean mecanismos de sincronización como el `mutex`, que se describirá en el capítulo 5. El objetivo de estos mecanismos es impedir que un thread acceda a unos datos mientras los esté utilizando otro.
- Para escribir código correcto hay que imaginar que los códigos de los otros threads que pueden existir están ejecutando cualquier sentencia al mismo tiempo que la sentencia que estamos escribiendo.

2.3 Señales

Las señales tienen frente al proceso el mismo comportamiento que las interrupciones tienen frente al procesador, por lo que se puede decir que una señal es una interrupción al proceso. El proceso que recibe una señal se comporta de la siguiente forma:

- El proceso detiene su ejecución en la instrucción de máquina que está ejecutando.
- Bifurca a ejecutar una rutina de tratamiento de la señal, cuyo código ha de formar parte del propio proceso.
- Una vez ejecutada la rutina de tratamiento, sigue la ejecución del proceso en la instrucción en el que fue interrumpido.

El origen de una señal puede ser un proceso o el sistema operativo.

Un proceso puede enviar una señal a otro proceso que tenga el mismo identificador de usuario (uid), pero no a los que lo tengan distinto. Un proceso también puede mandar una señal a un grupo de procesos, que han de tener su mismo uid.

El sistema operativo también toma la decisión de enviar señales a los procesos cuando ocurren determinadas condiciones. Por ejemplo, las excepciones de ejecución del programa (el desbordamiento en las operaciones aritméticas, la división por cero, el intento de ejecutar una instrucción con código de operación incorrecto o de direccionar una posición de memoria prohibida) las convierte el sistema operativo en señales al proceso que ha causado la excepción.

2.3.1 Tipos de señales

Dado que las señales se utilizan para indicarle al proceso muchas cosas diferentes, existen una gran variedad de ellas. A título de ejemplo se incluyen aquí unas pocas categorías de señales

- Excepciones hardware.
- Comunicación.
- E/S asíncrona

2.3.2 Efecto de la señal y armado de la misma

Como se ha indicado anteriormente, el efecto de la señal es ejecutar una rutina de tratamiento, pero para que esto sea así, el proceso debe tener armada ese tipo de señal, es decir, ha de estar preparado para recibir dicho tipo de señal.

Armar una señal significa indicarle al sistema operativo el nombre de la rutina del proceso que ha de tratar ese tipo de señal, lo que se consigue en POSIX como veremos con el servicio `sigaction`.

Algunas señales admiten que se las ignore, lo cual ha de ser indicado por el proceso al sistema operativo. En este caso el sistema operativo simplemente desecha las señales ignoradas por ese proceso. Un proceso también puede enmascarar diversos tipos de señales. El efecto es que las señales enmascaradas quedan bloqueadas (no se desechan), a la espera de que el proceso las desenmascare.

Cuando un proceso recibe una señal sin haberla armado o enmascarado previamente, se produce la acción por defecto, que en la mayoría de los casos consiste en matar al proceso.

2.4 Servicios de procesos

En esta sección se describen los servicios del sistema operativo necesarios para hacer los problemas que se proponen en las secciones siguientes. En el caso de los procesos, los servicios suelen ser restringidos, siendo más extensos para el caso de threads.

Esta sección describe los principales servicios que ofrece POSIX para la gestión de procesos, threads y planificación. También se presentan los servicios que permiten trabajar con señales y temporizadores

2.4.1 Servicios POSIX para la gestión de procesos

En esta sección se describen los principales servicios que ofrece POSIX para la gestión de procesos. Estos servicios se han agrupado según las siguientes categorías: identificación de procesos, el entorno de un proceso, creación de procesos y terminación de procesos.

Identificación de procesos

POSIX identifica cada proceso por medio de un entero único denominado *identificador de proceso* de tipo `pid_t`. Los servicios relativos a la identificación de los procesos son los siguientes:

Obtener el identificador de proceso

Este servicio devuelve el identificador del proceso que realiza la llamada. Su prototipo en lenguaje C es el siguiente:

`pid_t` **getpid**`(void);`

Obtener el identificador del proceso padre

Devuelve el identificador del proceso padre. Su prototipo es el que se muestra a continuación.

`pid_t` **getppid**`(void);`

Obtener el identificador de usuario real

Este servicio devuelve el identificador de usuario real del proceso que realiza la llamada. Su prototipo es:

`uid_t` **getuid**`(void);`

Obtener el identificador de usuario efectivo

Devuelve el identificador de usuario efectivo. Su prototipo es:

`uid_t` **geteuid**`(void);`

Obtener el identificador de grupo real

Este servicio permite obtener el identificador de grupo real. El prototipo que se utiliza para invocar este servicio es el siguiente:

`gid_t` **getgid**`(void);`

Obtener el identificador de grupo efectivo

Devuelve el identificador de grupo efectivo. Su prototipo es:

`gid_t` **getegid**`(void);`

El entorno de un proceso

El entorno de un proceso viene definido por una lista de variables que se pasan al mismo en el momento de comenzar su ejecución. Estas variables se denominan variables de entorno, y son accesibles a un proceso a través de la variable externa `environ`, declarada de la siguiente forma:

```
extern char **environ;
```

Obtener el valor de una variable de entorno

El servicio **getenv** permite buscar una determinada variable de entorno dentro de la lista de variables de entorno de un proceso. La sintaxis de esta función es:

```
char *getenv(const char *name);
```

Definir el entorno de un proceso

El servicio **setenv** permite fijar el entono de un proceso. La sintaxis de esta función es:

```
char *setenv(char **env);
```

Gestión de procesos

Crear un proceso

La forma de crear un proceso en un sistema operativo que ofrezca la interfaz POSIX es invocando el servicio fork. El sistema operativo trata este servicio realizando una clonación del proceso que lo solicite. El proceso que solicita el servicio se convierte en el proceso padre del nuevo proceso, que es, a su vez, el proceso hijo.

El prototipo de esta función es el siguiente:

```
pid_t fork();
```

Ejecutar un programa

El servicio exec de POSIX tiene por objetivo cambiar el programa que está ejecutando un proceso. En POSIX existe una familia de funciones exec, cuyos prototipos se muestran a continuación:

```
int excl(char *path, char *arg, ...);

int execv(char *path, char *argv[]);

int execle(char *path, char *arg, ...);

int execve(char *path, char *argv[], char *envp[]);

int execlp(char *file, const char *arg, ...);

int execvp(char *file, char *argv[]);
```

Terminar la ejecución de un proceso

Cuando un programa ejecuta dentro de la función main la sentencia return(valor), ésta es similar a exit(valor). El prototipo de la función exit es:

```
void exit(int status);
```

Esperar por la finalización de un proceso hijo

Permite a un proceso padre esperar hasta que termine la ejecución de un proceso hijo (el proceso padre se queda bloqueado hasta que termina un proceso hijo). Existen dos formas de invocar este servicio:

```
pid_t wait(int *status);

pid_t waitpid(pid_t pid, int *status, int options);
```

Ambas llamadas esperan la finalización de un proceso hijo y permiten obtener información sobre el estado de terminación del mismo.

Suspender la ejecución de un proceso

Suspende al proceso durante un número determinado de segundos. Su prototipo es:

```
int sleep(unsigned int seconds)
```

El proceso se suspende durante un número de segundos pasado como parámetro. El proceso despierta cuando ha transcurrido el tiempo establecido o cuando se recibe una señal.

2.5   Servicios POSIX de gestión de threads

En esta sección se describen los principales servicios POSIX relativos a la gestión de threads. Estos servicios se han agrupado de acuerdo a las siguientes categorías:

*   Atributos de un thread.
*   Creación e identificación de threads.
*   Terminación de threads.

Atributos de un thread

Cada thread en POSIX tiene asociado una serie de atributos que representan sus propiedades. Los valores de los diferentes atributos se almacenan en un objeto atributo de tipo `pthread_attr_t`. Existen una serie de servicios que se aplican sobre el tipo anterior y que permiten modificar los valores asociados a un objeto de tipo atributo. A continuación se describen las principales funciones relacionadas con los atributos de los threads.

Crear atributos de un thread

Este servicio permite iniciar un objeto atributo que se puede utilizar para crear nuevos threads. El prototipo de esta función es:

```
int pthread_attr_init(pthread_attr_t *attr);
```

Destruir atributos

Destruye el objeto de tipo atributo pasado como argumento a la misma. Su prototipo es:

```
int pthread_attr_destroy(pthread_attr_t *attr);
```

Asignar el tamaño de la pila

Cada thread tiene una pila cuyo tamaño se puede establecer mediante esta función cuyo prototipo es el siguiente:

```
int pthread_attr_setstacksize(pthread_attr_t *attr, int
stacksize);
```

Obtener el tamaño de la pila

El prototipo del servicio que permite obtener el tamaño de la pila de un proceso es:

```
int pthread_attr_getstacksize(pthread_attr_t *attr, int
stacksize);
```

Establecer el estado de terminación

El prototipo de este servicio es:

```
int pthread_attr_setdetachstate(pthread_attr_t *attr,
int detachstate);
```

Si el valor del argumento `detachstate` es `PTHREAD_CREATE_DETACHED`, el thread que se cree con esos atributos se considerará como independiente y liberará sus recursos cuando finalice   su   ejecución.   Si   el   valor   del   argumento   `detachstate`   es `PTHREAD_CREATE_JOINABLE`, el thread se crea como no independiente y no liberará sus recursos cuando finalice su ejecución. En este caso es necesario que otro thread espere por su finalización. Esta espera se consigue mediante el servicio `pthread_join`, que se describirá más adelante.

Obtener el estado de terminación

Permite conocer el estado de terminación que se especifica en un objeto de tipo atributo. Su prototipo es:

```
int pthread_attr_getdetachstate(pthread_attr_t *attr,
int *detachstate);
```

41

Creación, identificación y terminación de threads

Los servicios relacionados con la creación e identificación de threads son los siguientes:

Crear un thread

Este servicio permite crear un nuevo thread que ejecuta una determinada función. Su prototipo es:

```
int pthread_create(pthread_t *thread, pthread_attr_r
*attr,          void * (*start_routine) (void *), void *arg);
```

El primer argumento de la función apunta al identificador del thread que se crea, este identificador viene determinado por el tipo pthread_t. El segundo argumento especifica los atributos de ejecución asociados al nuevo thread. Si el valor de este segundo argumento es NULL, se utilizarán los atributos por defecto, que incluyen la creación del proceso como no independiente. El tercer argumento indica el nombre de la función a ejecutar cuando el thread comienza su ejecución. Esta función requiere un sólo parámetro que se especifica con el cuarto argumento, arg.

Obtener el identificador de un thread

Un thread puede averiguar su identificador invocando este servicio, cuyo prototipo es el siguiente:

```
pthread_t pthread_self(void)
```

Esperar la terminación de un thread

Este servicio es similar al wait, pero a diferencia de éste, es necesario especificar el thread por el que se quiere esperar, que no tiene porqué ser un thread hijo. El prototipo de la función es:

```
int pthread_join(pthread thid, void **value);
```

La función suspende la ejecución del thread llamante hasta que el thread con identificador thid finalice su ejecución. La función devuelve en el segundo argumento el valor que pasa el thread que finaliza su ejecución en el servicio pthread_exit, que se verá a continuación. Únicamente se puede solicitar el servicio pthread_join sobre threads creados como no independientes.

Finalizar la ejecución de un thread

Es análogo al servicio exit sobre procesos. Su prototipo es:

```
int pthread_exit(void *value)
```

Incluye un puntero a una estructura que es devuelta al thread que ha ejecutado la correspondiente llamada a pthread_join, lo que es mucho más genérico que el parámetro que permite el servicio wait.

2.6 Servicios POSIX de señales

En esta sección se describen los principales servicios POSIX relativos a la gestión de señales. Los más importantes son el envío y la captura de señales.

Algunas señales como SIGSEGV o SIGBUS las genera el sistema operativo cuando ocurren ciertos errores. Otras señales se envían de unos procesos a otros utilizando el siguiente servicio:

Enviar una señal

Permite enviar una señal a un proceso. El prototipo de este servicio en lenguaje C es el siguiente:

```
int kill(pid_t pid, int sig);
```

Envía la señal sig al proceso o grupo de procesos especificado por pid.

Armado de una señal

El servicio que permite armar una señal es:

```
int sigaction(int sig, struct sigaction *act,
```

```
struct sigaction *oact);
```

Esta llamada tiene tres parámetros: el número de señal para la que se quiere establecer el manejador, un puntero a una estructura de tipo `struct sigaction` para establecer el nuevo manejador y un puntero a una estructura también del mismo tipo que almacena información sobre el manejador establecido anteriormente.

Espera por una señal

Cuando se quiere esperar la recepción de una señal se utiliza el siguiente servicio `pause`. Este servicio bloquea al proceso que la invoca hasta que llegue una señal. Su prototipo es:

```
int pause(void);
```

Este servicio no permite especificar el tipo de señal por la que se espera, por lo tanto, cualquier señal no ignorada saca al proceso del estado de bloqueo.

Activar un temporizador

Para activar un temporizador se debe utilizar el servicio:

```
unsigned in alarm(unsigned int seconds);
```

Esta función envía al proceso la señal `SIGALRM` después de pasados el número de segundos especificados en el parámetro `seconds`. Si `seconds` es igual a cero se cancelará cualquier petición realizada anteriormente.

2.7 Aspectos de implementación de procesos

En esta sección se presentan brevemente algunos conceptos fundamentales sobre la implementación interna de los procesos.

2.7.1 Modo de operación del sistema operativo

El sistema operativo se encarga de crear la abstracción de proceso, lo que implica, evidentemente, que él no es a su vez un proceso. El sistema operativo se activa al arrancar el sistema pero, una vez hechas las iniciaciones correspondientes, pasa el control al primer proceso, que, precisamente creó durante esta fase inicial, y, a partir de ese momento, se convierte en una entidad pasiva que ofrece servicio a los procesos, que son las únicas entidades activas del sistema. De esta forma, superada la fase inicial, siempre hay un proceso ejecutando en el sistema, aunque sea el proceso nulo. Por tanto, se considera que son los procesos los que ejecutan el código del sistema operativo, como si éste fuera una gran biblioteca de servicios dirigida por eventos. Cada proceso tendrá dos modos de ejecución:

- Modo usuario: ejecutando el código del programa correspondiente con el procesador en modo no privilegiado.
- Modo sistema o núcleo: ejecutando el código del sistema operativo con el procesador en modo privilegiado debido a la ocurrencia de algún tipo de interrupción.

Típicamente, se pueden distinguir cuatro tipos de interrupciones: interrupciones de dispositivos, excepciones (por ejemplo, división por cero), llamadas al sistema (*traps*) e interrupciones software.

Las llamadas al sistema y las excepciones tienen carácter síncrono y están directamente vinculadas con el proceso que está ejecutando en modo sistema la rutina de tratamiento correspondiente, ya que fue dicho proceso el que solicitó la llamada o causó la excepción. Dado que la rutina de tratamiento se ejecuta en el contexto del proceso, tendrá acceso al mapa de memoria del proceso si lo requiere (por ejemplo, una llamada al sistema que abre un archivo requiere acceder al mapa del proceso para obtener el nombre del archivo). Asimismo, dentro de la rutina de tratamiento puede bloquearse, si así requiere, el proceso realizando un cambio de contexto a otro proceso (por ejemplo, durante una excepción de fallo de página o una llamada de lectura de un archivo, se bloquea el proceso mientras se realiza la operación de lectura del disco).

Las interrupciones de los dispositivos y las interrupciones software son de carácter asíncrono. Por tanto, aunque se considere que la rutina de tratamiento la está ejecutando en modo sistema el proceso interrumpido, éste no está vinculado con la ocurrencia de la interrupción (ni la solicitó ni la causó), por lo que no tiene sentido bloquear al proceso ni acceder a su mapa, aunque éste accesible. Es conveniente explicar que el concepto de interrupción software (también denominado "trap asíncrono" o "llamada diferida") consiste en una instrucción que sólo puede ejecutarse en modo sistema y que causa una interrupción de prioridad mínima, que sólo se activará cuando el procesador vuelva a modo no privilegiado. Este mecanismo no está implementado en todos los procesadores, pero se puede simular por software. Como se verá más adelante, su utilidad proviene de que permite diferir tareas del sistema operativo (por ejemplo, cambios de contexto) hasta que terminen otras labores del sistema operativo.

2.7.2 Cambios de contexto

La ocurrencia de cualquier tipo de interrupción causa que el proceso ejecute la rutina de tratamiento correspondiente en modo sistema. Cuando termina la rutina, el proceso vuelve al modo de ejecución previo, que será modo usuario a no ser que la rutina de tratamiento se activara de forma anidada con una o más rutinas previas. En esta situación, por tanto, no hay un cambio de proceso, sino de modo de ejecución. Sin embargo, puede ocurrir que durante la rutina de tratamiento se decida que debe bloquearse el proceso actual (por ejemplo, un proceso hace una llamada al sistema que requiere leer del disco) o que, aunque no se bloquee, se detecte que es más conveniente ejecutar otro proceso (por ejemplo, llega una interrupción del disco que desbloquea un proceso más urgente que el que está ejecutando actualmente). En esta situación se produce un cambio de contexto (o sea, un cambio de proceso): un proceso en modo sistema deja de ejecutar salvándose su contexto de ejecución y se recupera el contexto del proceso seleccionado que continuará su ejecución en el punto que se quedó la última vez, que deberá ser también en modo sistema. En resumen, un cambio de contexto es un cambio del proceso asignado al procesador que se produce durante una activación del sistema operativo que cambia el estado de dos procesos: el proceso en ejecución pasa a bloqueado o listo y el proceso al que se le transfiere el control pasa de listo a estar en ejecución. Dependiendo de a qué estado transite el proceso que deja el procesador, se distinguen dos tipos de cambio de contexto muy diferentes tanto en su motivación como en sus consecuencias:

- Cambio de contexto voluntario: Se produce cuando el proceso en ejecución pasa al estado de bloqueado debido a que tiene que esperar por algún tipo de evento. Sólo pueden ocurrir dentro de una llamada al sistema o excepción. No pueden darse nunca en una rutina de interrupción, ya que ésta generalmente no está relacionada con el proceso que está actualmente ejecutando. Obsérvese que el proceso deja el procesador puesto que no puede continuar.
- Cambio de contexto involuntario: Se produce cuando el proceso en ejecución tiene que pasar al estado de listo ya que debe dejar el procesador por algún motivo (por ejemplo, debido a que se le ha acabado su rodaja de ejecución o porque hay un proceso más urgente listo para ejecutar). Nótese que en este caso el proceso podría seguir ejecutando.

2.7.3 Sincronización dentro del sistema operativo

El sistema operativo es un programa con un alto grado de concurrencia. Esto puede crear problemas de sincronización muy complejos. A continuación, se analizan dos tipos de escenarios donde pueden aparecer problemas de sincronización mostrando de qué manera se suelen afrontar cada uno de ellos.

El primer escenario sucede cuando ocurre una interrupción con un nivel de prioridad superior, mientras se está ejecutando código del sistema operativo vinculado con el tratamiento de una llamada, una excepción o una interrupción. Se activará la rutina de tratamiento correspondiente, que puede entrar en conflicto con la labor que ha dejado a medias el flujo de ejecución interrumpido. Puede ocurrir una condición de carrera que deje corrupta la lista. La solución habitual es elevar el nivel de interrupción del procesador durante el fragmento correspondiente para evitar la activación de la rutina de interrupción conflictiva.

En el segundo escenario, sucede que, mientras se está realizando una llamada al sistema, se produce un cambio de contexto a otro proceso (por ejemplo, debido a que se ha terminado la rodaja del proceso actual). Este proceso a su vez puede ejecutar una llamada al sistema que entre en conflicto con la llamada previamente interrumpida. Se produce, por tanto, la ejecución concurrente de dos llamadas al sistema. Esta situación puede causar una condición de carrera. Para evitar estos problemas, la mayoría de los sistemas operativos difieren el cambio de contexto involuntario hasta que termine todo el trabajo del sistema operativo. De esta forma, se evitan las llamadas al sistema concurrentes. La cuestión es cómo implementar este esquema de cambio de contexto retardado. La solución más habitual es utilizar la interrupción software: cuando dentro del código de una llamada o una interrupción se detecta que hay que realizar, por el motivo que sea, un cambio de contexto involuntario, se activa la interrupción software. Dado que se trata de una interrupción del nivel mínimo, su rutina de tratamiento no se activará hasta que el procesador pase a modo no privilegiado. Por tanto, es la rutina de tratamiento de la interrupción software la que se encargará de realizar el cambio de contexto involuntario, que se producirá justo cuando se pretendía: en el momento que el sistema operativo ha terminado su trabajo.

Nótese que está solución no es adecuada para multiprocesadores, ya que en este caso hay paralelismo real entre las llamadas, ni para sistemas de tiempo real, puesto que no garantiza plazos de activación para los procesos de alta prioridad.

Por último, conviene resaltar que el mecanismo de interrupción software también se usa para diferir ciertas labores poco urgentes vinculadas a una determinada interrupción de dispositivo, de manera que se ejecuten dentro de la rutina de tratamiento de la interrupción software, en vez de en la rutina de interrupción original.

2.7.4   Consideraciones sobre la implementación de *threads*

Actualmente, todos los sistemas ofrecen a sus usuarios un modelo de threads para desarrollar sus aplicaciones. Sin embargo, hay que resaltar que es bastante complejo incorporar este modelo a un sistema operativo ya existente pero que no implementa esta abstracción, como ocurre con la mayoría de sistemas UNIX. Es necesario revisar cómo afecta esta nueva entidad al resto de las existentes en el sistema y rediseñar una parte importante del mismo. Ante esta dificultad se han planteado distintas alternativas:

*   Threads de usuario o de biblioteca: Implementar los threads en una biblioteca, sin que el sistema operativo conozca su existencia.
*   Threads de sistema o de núcleo: Una implementación completa de los threads dentro del sistema operativo, rediseñando todas las partes afectadas por el cambio.
*   Procesos de peso variable. Permite implementar threads dentro del sistema operativo sin requerir revisar profundamente el diseño del mismo. Se trata de una extensión de la llamada `fork` que permite controlar qué recursos comparten el padre y el hijo y cuáles son realmente un duplicado. Para implementar threads habrá que especificar un alto grado de compartimiento entre el padre y el hijo.

2.8   Ejercicios resueltos

Ejercicio 2.1

¿Es un proceso un archivo ejecutable? Razone su respuesta.

Solución

Un proceso puede decirse que es un archivo ejecutable en ejecución. Cuando un usuario pide la ejecución de un archivo ejecutable, el sistema operativo se encarga de crear un proceso, ejecutarlo y destruirlo en el momento preciso.

Además, hay que tener en cuenta que de un mismo archivo ejecutable pueden crearse varios procesos. Por ejemplo, varios usuarios pueden haber pedido al sistema operativo la ejecución de un mismo programa simultáneamente, lo que crearía varios procesos de un mismo archivo ejecutable.

Por tanto, no puede decirse que un proceso sea un archivo ejecutable, pero sí que un archivo ejecutable tiene información clave para la ejecución de un proceso.

Un proceso es pues un programa en ejecución, mientras que un archivo ejecutable es el objeto que almacena el código del proceso, es decir, incluye la siguiente información:

- Identificador de que es un ejecutable.
- Estado inicial de los registros.
- Tamaño del código y de los datos.
- El código del programa.
- Los datos con valor inicial.

Ejercicio 2.2

¿Cómo se hace en POSIX para que un proceso cree otro proceso que ejecute otro programa? ¿Y en Win32?

Solución

En POSIX son necesarios dos servicios:

1. Crear un proceso: se invoca al servicio fork, que realiza una clonación del proceso que lo solicite pasando este a ser el proceso padre del nuevo proceso (proceso hijo).

2. Ejecutar un programa: se invoca al servicio exec, cuyo objetivo es cambiar el programa que está ejecutando un proceso.

Así, el servicio fork crea un nuevo proceso de uno original, y el servicio exec hace que el proceso hijo ejecute otro programa distinto al del padre.

En Win32 el servicio CreateProcess (que es un servicio similar a la combinación fork-exec de POSIX) crea los procesos. Win32 no permite a un proceso cambiar su imagen de memoria y ejecutar otro programa distinto. Este servicio crea a un proceso nuevo y su thread principal, ejecutando el archivo ejecutable especificado en la llamada al servicio.

Ejercicio 2.3

¿Cuándo un proceso entra en estado zombie?

A.- Cuando muere su padre y él no ha terminado todavía.

B.- Cuando muere su padre sin haber hecho wait por él.

C.- Cuando él muere y su padre no ha hecho wait por él.

D.- Cuando él muere y su padre no ha terminado todavía.

Solución

La solución correcta es la C.

En el estándar POSIX todo proceso proviene de otro excepto uno llamado init. El ciclo de vida de un proceso cualquiera es el siguiente:

- En un momento dado un proceso al que llamaremos padre, decide crear otro proceso. Por tanto ejecuta el servicio fork() y se crea una copia de su imagen de memoria con distinto pid (identificador de proceso) que llamaremos hijo. El contenido de la imagen de memoria del padre, del hijo, de ambos o de ninguno puede cambiar mediante llamadas a la familia de servicios exec, pero el proceso padre siempre será el padre del proceso hijo.

- Cuando el proceso hijo termina, debe informar de este hecho a su proceso padre. Para que el padre pueda tratar este evento debe estar esperando la terminación de ese hijo concreto mediante waitpid() o el de cualquiera de sus hijos mediante wait(). Cuando el hijo envía su estado de terminación al padre se liberan todos sus recursos.

- Si por algún motivo, cuando el hijo termina el padre no esta esperando surge el problema de que el hijo no puede transmitirle su estado de terminación y debe seguir existiendo hasta que el padre ejecute el `wait()`. En este caso se dice que el proceso hijo esta en estado zombie. Puede ser un problema en el caso que el padre no ejecute nunca el `wait()` ya que el proceso hijo no se liberara jamás, ocupando espacio en memoria inútilmente.

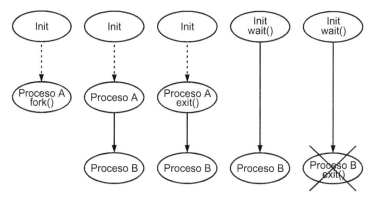

Figura 2.3 Creación de un proceso huérfano adoptado por init

En el estándar POSIX un proceso pasa a estado zombie cuando su función ha finalizado pero no se han liberado sus recursos debido a que el padre no ha ejecutado un `wait()`. No se puede liberar el BCP donde se almacena la información de quién es el padre del proceso hasta que se le pueda informar de que el proceso ha finalizado.

En el caso de que el padre termine sin haber ejecutado `wait()`, surge el problema de que hacer con sus hijos, tanto los que están en estado zombie como los que no. Este problema se soluciona asignando a todos los procesos huérfanos un proceso padre que se sabe seguro que existe. En el caso de POSIX, la norma es asignarlos como padre al proceso INIT, como se puede ver en la Figura 2.3.

Ejercicio 2.4

¿Cuál de las siguientes afirmaciones acerca de la llamada al sistema `exec` es falsa?

A.- Permite ejecutar mandatos con cualquier número de argumentos.

B.- Si funciona bien devuelve 0.

C.- Puede cambiar el identificador efectivo de usuario.

D.- Sólo retorna si va mal.

Solución

La respuesta falsa es la B. Si la llamada `exec` va bien, el código del proceso que se ejecuta suplanta al del proceso padre que lo ha ejecutado. Por tanto, cuando la llamada `exec` termina, la siguiente instrucción que se ejecuta es del nuevo proceso y nunca puede volver al anterior, salvo si el mandato `exec` se ejecuta de forma incorrecta.

Ejercicio 2.5

¿Qué información, entre otras, comparten un proceso A y su hijo B después de ejecutar el siguiente código?

```
Proceso A
if (fork()!=0)
```

47

```
        wait (&status);
    else

        execve (B, parámetros, 0);
```

Solución

Cuando el proceso A invoca al servicio `fork`, el Sistema Operativo realiza una clonación de este proceso en el estado que tenía al realizar la llamada. Aunque el proceso hijo tiene su propio identificador e imagen de memoria, ésta es una copia de la del padre.

Cuando el proceso hijo llama a `exec` no se crea un nuevo proceso, si no que se permite que éste proceso ejecute un programa distinto con parámetros `parametros` y entorno `envp` (0 en este caso). El Sistema Operativo procede salvando el entorno de proceso y algunas informaciones del BCP, y se carga la imagen de memoria que corresponda al proceso B. Esta ejecución provoca un vaciado del proceso hijo y una carga del ejecutable `B`.

Este nuevo proceso hijo ya no tiene que ver con su padre excepto en los siguientes aspectos:

- La relación de padre-hijo.
- Los identificadores de usuario y grupo.
- Las tablas de archivos abiertos que tenía el padre, que ahora están compartidas. Estos archivos abiertos se pueden usar para hacer trabajo en común o como una forma de comunicación. Un ejemplo claro de este uso, es la utilización habitual de la llamada `pipe` antes de un `fork` y un `exec` para crear canales de comunicación.

Ejercicio 2.6

¿Cuál de los siguientes elementos no forma parte de la imagen del proceso?
   A.- Contador de programa.
   B.- Tabla de páginas del proceso.
   C.- El puntero de posición de un archivo.
   D.- Puntero de pila.

Solución

Dentro de la información que el sistema guarda como imagen del procesos se puede considerar la siguiente:

- Estado del procesador: contenido de los registros del modelo de programación.
   - o Está formado por el contenido de todos sus registros:
      - Registros generales
      - Contador de programa
      - Puntero de pila
      - Registro de estado
      - Registros especiales
   - o Cuando un proceso está ejecutando su estado reside en los registros del computador. Cuando un proceso no ejecuta su estado reside en el BCP
- Imagen de memoria: contenido de los segmentos de memoria en los que reside el código y los datos del proceso
- Contenido del bloque de control del proceso (BCP).
   - o Información de identificación
      - PID del proceso, PID del padre
      - ID de usuario real (uid real)

- ID de grupo real (gid real)
- ID de usuario efectivo (uid efectivo)
- ID de grupo efectivo (gid efectivo)
  - o Estado del procesador
  - o Información de control del proceso
    - Información de planificación y estado
    - Descripción de los segmentos de memoria del proceso
    - Recursos asignados (archivos abiertos, ...)
    - Comunicación entre procesos.
    - Punteros para organizar los procesos en listas o colas.

Fuera de la información expuesta queda:

- Tabla de páginas: Se pone fuera del BCP.
  - o Describe la imagen de memoria del proceso
  - o Tamaño variable
  - o El BCP contiene el puntero a la tabla de páginas
  - o La compartición de memoria también requiere que sea externa al BCP
- Punteros de posición de los archivos
  - o Si se añaden a la tabla de archivos abiertos (en el BCP) no se pueden compartir
  - o Si se asocian al nodo-i se comparte siempre
  - o Por tanto, se ponen en una estructura común a los procesos y se asigna uno nuevo en cada servicio OPEN

La Figura 2.4 muestra la información asociada a un proceso.

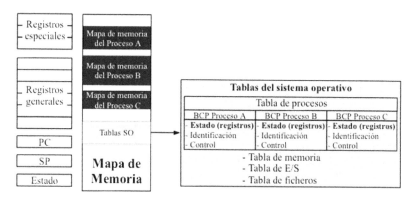

Figura 2.4 Información de un proceso

Ejercicio 2.7

Señale cuál de los siguientes atributos es compartido entre todos los hilos (Threads) de un mismo proceso.

A.- Una pila de ejecución.

B.- Un estado de ejecución (ejecutando, listo, etc.).

C.- Un contexto de ejecución donde salvar cuando no se esté en ejecución.

D.- Un código ejecutable.

Cuando se crean varios hilos en un proceso, todos ellos tienen su propia pila de ejecución, su propio estado de ejecución y su propio contexto de ejecución donde salvar el contexto del hilo cuando no esté en ejecución.

Sin embargo, todos los hilos comparten los segmentos de código y de datos del proceso. Por tanto, la solución correcta es la D, puesto que los hilos comparten el código ejecutable del proceso.

Ejercicio 2.8

¿Qué cambio de contexto tardará menos?
  A. El producido entre dos threads del mismo proceso implementados en el espacio de usuario.
  B. El producido entre dos threads de procesos distintos implementados en el espacio de usuario.
  C. El producido por dos threads del mismo proceso implementados en el núcleo.
  D. El producido por dos threads de distintos procesos implementados en el núcleo.

Los threads, Threads o hilos, se pueden implementar de dos formas:
  1. Usando una biblioteca de usuario. En este caso, el sistema operativo no es consciente de la existencia de los hilos dentro del proceso de usuario. Por tanto, cuando uno de ellos se bloquea, hay dos opciones:
      a. La causa del bloqueo no llega al sistema operativo. En este caso es como si no existiera, ya que la biblioteca permite que se continúe ejecutando otro hilo del mismo proceso. Es el caso en el que un hilo se bloquea en un semáforo interno al proceso. En este caso, no hay cambio de contexto desde el punto de vista del sistema operativo.
      b. La causa del bloqueo del hilo llega al sistema operativo. En este caso el sistema operativo percibe el bloqueo de todo el proceso y, cuando lo quita de la CPU, realiza un cambio de contexto completo del proceso. Es el caso en el que un hilo ejecuta una llamada al sistema bloqueante, como `read`.
  2. Como Threads del núcleo. En este caso, el núcleo es consciente de los procesos y tiene sus propias estructuras para almacenarlos. Generalmente, además de la tabla de procesos, hay una tabla de Threads, donde se guarda el estado de cada hilo. Por tanto, cuando un hilo se bloquea hay dos opciones:
      c. Que se pueda dar paso a otro del mismo proceso. En este caso, basta con cambiar el estado del hilo en ejecución por su nuevo "hermano", pero el grueso de la información del proceso seguirá siendo válida. El cambio de contexto será de nanosegundos o pocos microsegundos.
      d. Que haya que dar paso a un hilo de un proceso distinto. En este caso, hay que cambiar el contexto del proceso de forma similar a (b), pero es más rápido porque ya estamos dentro del núcleo. En general costará cientos de microsegundos.

Por tanto, la solución correcta es la A.

La Figura 2.5 muestra un ejemplo de procesos con threads y sus posibles estados y causas de bloqueo.

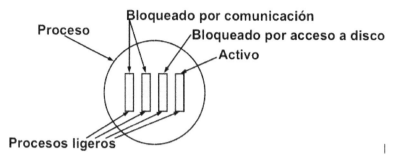

Figura 2.5 Posibles estados de un thread en un proceso

Ejercicio 2.9

Cuando se crea un nuevo thread, éste tiene acceso a:
A.- Una copia del segmento de datos del proceso.
B.- No tiene acceso al segmento de datos del proceso.
C.- El segmento de datos del proceso.
D.- El segmento de datos del proceso pero marcándolo previamente como copy-on-write.

Solución

Todos los hilos de un proceso comparten el segmento de datos del proceso al que pertenecen, no una copia del mismo. Por tanto la respuesta correcta es la C.

Ejercicio 2.10

¿Siempre se produce un cambio de contexto cuando se produce un cambio de proceso? Razone su respuesta.

Solución

Sí siempre que se trate de procesos independientes. No cuando se trata de Threads. Como se ha dicho en el problema anterior, puede haber casos en que se cambie de un thread a otro que no supongan cambios de contexto (hilos implementados con bibliotecas de usuario) y cambios de contexto que no supongan cambios de proceso (hilos del mismo proceso pero creados en el núcleo).

Ejercicio 2.11

¿Qué sucede cuando un proceso recibe una señal? ¿Y cuando recibe una excepción?

Solución

Se puede decir que una señal es una interrupción software al proceso. El proceso se comporta de la siguiente forma cuando recibe una señal:
1. El proceso detiene su ejecución en la instrucción máquina que está ejecutando.
2. Ejecuta una rutina de tratamiento de la señal mediante un código que forma parte del proceso o mediante un tratamiento por defecto que proporciona el sistema operativo. El tratamiento por defecto del sistema operativo suele ser matar el proceso que ha recibido la señal. Para evitar esto se puede usar la llamada al sistema `signal` (o `sigaction`) para crear un tratamiento de señal. Este tratamiento es específico para cada señal que se

quiera tratar. Cuando se ha recibido la señal y se ha tratado, su tratamiento se ha consumido, por lo que es necesario "rearmarlo" para atender las ocurrencias subsiguientes de la señal. Este es el comportamiento tradicional en UNXI, pero se puede especificar en la llamada `sigaction` que el "rearme" sea automático.

3. Cuando acaba la rutina de tratamiento, continua con la ejecución del proceso de la instrucción máquina. Si estaba ejecutando una llamada al sistema, esta se interrumpe y devuelve un −1.

Las señales pueden proceder de otro proceso o del sistema operativo.

Cuando ocurre una excepción, el sistema operativo toma el control e indica la excepción al proceso. Si el proceso había capturado la excepción, la ejecución salta al código de la rutina de tratamiento de excepción. Si no existiera tratamiento para la misma, aborta la ejecución del proceso. Habitualmente, las excepciones suelen estar vinculadas a la ejecución de una función y dicha función termina después de tratar dicha excepción, sin que en ningún caso se retorne a la instrucción que se estaba ejecutando cuando se recibió la excepción. Las excepciones se entienden mejor como tratamiento de un error o situación anómala.

Ejercicio 2.12

Escriba una función en C sobre UNIX que permita ejecutar un mandato desde un programa. En caso de que no pueda ejecutarse el mandato, debe dar un mensaje de aviso y retornar al programa sin fallo. Posible declaración:

```
int sistema (char *nombre, char *argv)
```

La ejecución del mandato se hará mediante un proceso hijo. Durante la ejecución de este proceso hijo, el proceso padre no deberá ser interrumpido por las señales generables desde teclado. El proceso hijo deberá mantener el tratamiento de señales original del padre.

Solución

```c
#include <signal.h>
int sistema (char *nombre, char *argv)
{
    int pid, status, (*del)(), (*quit)();

    /* padre ignora senyales y */
    /* recupera nombres de rutinas de tratamiento de señales */
    /* para que el mandato se ejecute con el mismo tratamiento de */
    /* señales que había antes de llamar a la función. Importante */
    /* recordar que las señales que estén capturadas pasan a tener */
    /* asociadas la acción por defecto después del execvp /*
    del = signal (SIGINT, SIG_IGN);
    quit = signal (SIGQUIT, SIG_IGN);

    pid=fork();
    switch (pid)
    {
        case 0:
            signal (SIGINT, del);
            signal (SIGQUIT, quit);
                .
```

```
            /* no se conservan después del execv */
            execvp (nombre, argv);
            perror ("al hacer exec");
            /* si el hijo no puede ejecutar el programa */
            exit (1);
        case -1:
            /* fallo del fork() */
            status = -1;
            break;
        default:
            /* padre espera el fin del hijo */
            wait(&status);
    }
    signal (SIGINT, del);
    signal (SIGQUIT, quit);
    return(status);
}
```

Ejercicio 2.13

En un sistema UNIX, supóngase que se tiene un proceso que crea un proceso hijo y queda esperando a que éste finalice. Sin embargo, por requisitos del sistema, no puede estar esperando más de 10 segundos. Una vez pasado este tiempo, deberá abortar al proceso hijo. Escriba el código en C del proceso padre.

Solución

```
#include <signal.h>
int pid;
main()
{
    int status, s_wait, trata_alarma();
    pid=fork();
    if (pid!=0)
    {
        signal(SIGALARM, trata_alarma);
        alarm(10);
        wait(&status);
        alarm(0);
    }
    else
    {
        execl("aux_kill", "aux_kill", 0);
        exit(1);
    }
}
```

53

```
int trata_alarma()
{
    kill (pid, SIGKILL);
}
```

Ejercicio 2.14

¿Qué diferencia existe entre bloquear una señal e ignorarla en POSIX?

Solución

Cuando una señal es ignorada por un proceso, el sistema operativo no transmite la señal al proceso. Para ignorar una señal basta con darle un tratamiento definido por SIG_IGN en la llamada al sistema signal (o sigaction). Un ejemplo son los programas que ignoran la señal SIGINT, que, típicamente, origina el teclado cuando se pulsa CTRL-C, para evitar que se pueda matar al proceso.

Sin embargo, cuando una señal es bloqueada, se almacena en el BCP asociado al proceso, la información necesaria para que la señal sea tratada cuando el proceso la desbloquee. Cuando ocurra esto último, el sistema operativo enviará de nuevo la señal al proceso basándose en la información almacenada en el BCP. La señal no será enviada al proceso hasta que sea desbloqueada.

Para bloquear una señal, se define una máscara de señales mediante la llamada al sistema sigprocmask con un argumento SIG_BLK. Para desbloquearla, se usa el argumento SIG_UNBLOCK. También se puede especificar en sigaction qué señales se bloquearán automáticamente ante la ocurrencia de una determinada señal.

Si un proceso quiere obtener las llamadas bloqueadas pendientes de entrega, debe usar la llamada al sistema sigpending.

NOTA: Enmascarar una señal implica fijar un rango en la ejecución del programa para el cual una señal quedará bloqueada.

Ejercicio 2.15

Escribir un programa en C que active unos manejadores para las señales SIGINT, SIGQUIT y SIGILL. Las acciones a ejecutar por dichos manejadores serán:

a) Para SIGINT y SIGQUIT, abortar el proceso con un estado de error.

b) Para SIGILL, imprimir un mensaje de instrucción ilegal y terminar.

Solución

```
#include <signal.h>
#include <stdio.h>
void main(void){
    struct sigaction act;
    sigset_s mask;

    act.sa_handler = abortar_proceso;
    sigemptyset(&act.mask);
    sigaction(SIGINT,&act, NULL);
    sigaction(SIGQUIT,&act, NULL);
    act.sa_handler = msg_y_terminar;
    sigemptyset(&act.mask);
    sigaction(SIGILL,&act, NULL);
```

```
/* resto del programa */

void abortar_proceso (void){
  exit(1);
}


void msg_y_terminar (void){
  printf("Instrucción ilegal\n");
  exit(1);
}
```

Ejercicio 2.16

Responder a las siguientes preguntas sobre las llamadas al sistema `wait` de POSIX y `WaitForSingleObject` de Win32 cuando ésta se aplica sobre un manejador de proceso.

a) ¿Cuál es la semántica de estas llamadas?

b) Indicar en qué situaciones puede producirse cambio de proceso y en qué casos no.

c) Describir los pasos que se realizan en estas llamadas al sistema desde que se llama a la rutina de biblioteca hasta que ésta devuelve el control al programa de usuario. Indicar cómo se transfiere el control y parámetros al sistema operativo, cómo realizaría su labor el sistema operativo y cómo devuelve el control y resultados al programa de usuario.

Solución

a) Para `wait` de Posix

```
pit_t wait (int *status)
```

Permite a un proceso padre esperar hasta que termine la ejecución de un proceso hijo.

Para `waitForSingleObject` de Win32

```
DWORD WaitForSingleObject (Handle hObject, DWORD
       dwTimeOut)
```

Bloquea al proceso hasta que el proceso con manejador `hObject` finalice su ejecución.

b) Se producirán cambios de proceso cuando el proceso padre pase a bloqueado por la llamada `wait`. En este caso pasaría a ejecutar el proceso hijo. Cuando este proceso hijo finalice su ejecución, el proceso padre dejará de estar bloqueado y continuará su ejecución.

Para Win32 y su llamada `WaitForSingleObject` se producirá un cambio de proceso por el tiempo especificado en `dwTimeOut`. Un proceso permanecerá bloqueado durante este tiempo mientras ejecuta otro. Si el tiempo concluye o el proceso con el manejador termina su ejecución se continúa ejecutando el proceso antes bloqueado.

c) Cuando se hace una llamada a `wait`, ésta suspende la ejecución del proceso padre, que se queda bloqueado hasta que finaliza la ejecución de uno de sus procesos hijos. Esta función devuelve el valor del identificador del proceso hijo que ha finalizado. Si `status` es distinto de `null`, entonces se almacena en esta variable información relativa al proceso que ha terminado.

Otra situación se produce cuando un proceso hijo ha terminado su ejecución y se encuentra con que el padre no esta bloqueado con un `wait`. Este proceso hijo almacenará su información en el BCP del hijo hasta que el padre la adquiera con el servicio wait. A este proceso hijo se le llama zombie.

La ultima situación se produce cuando un proceso con hijos termina antes que éstos. Estos procesos huérfanos pasarían a cargo del proceso init.

En la llamada WaitForSingleObject para Win32 se bloquea un proceso hasta que el proceso con manejador hObject termine su ejecución. En el argumento dwTimeOut se especifica el tiempo máximo que el proceso quedara bloqueado. Un valor de 0 hace que la función vuelva inmediatamente después de comprobar si el proceso terminó su ejecución. Un valor INFINITE hace que el proceso quede bloqueado hasta que no termina la ejecución del proceso con manejador hObject.

Ejercicio 2.17

Escriba un programa que utilice los servicios de Win32 para temporizar la ejecución de un proceso, da tal forma que programe un temporizador y prepare una llamada para esperar hasta que se cumpla el mismo.

Solución

Se ha supuesto que al proceso hijo, que ejecuta un pequeño programa con un bucle infinito para probar el temporizador (Hola.c), se le pasa como línea de mandatos los argumentos del main. Además, se utiliza las funciones GetMessage, TranslateMessage y DispatchMessage para gestionar los mensajes asociados al temporizador.

```c
// Programa temporizador

#include <windows.h>
#include <stdio.h>
#include <stdlib.h>
#include <malloc.h>


HANDLE hnd;

void  matar(){
  TerminateProcess(hnd,0);
  printf("\n");
  printf("Ha terminado el tiempo de ejecución del proceso");
}

void main(int argc,char **argv)
{
  static STARTUPINFO si;
  static PROCESS_INFORMATION pi;
  UINT tid;
  UINT tiempo=20;
  UINT idEvent=2;
  MSG msg;
```

```
if(argc == 2){
  if
  (!CreateProcess(NULL,argv[1],NULL,NULL,FALSE,0,NULL,NULL,&si,&pi)){
      printf ("Error al crear el proceso. Error: %x\n",
             GetLastError ());
      ExitProcess(0);
  }
  hnd= OpenProcess(PROCESS_ALL_ACCESS,FALSE,pi.dwProcessId);
  tid = SetTimer(NULL,NULL,tiempo,matar);

  msg.hwnd = NULL;
  if (GetMessage(&msg,NULL,NULL,NULL)!= 0 &&
             GetMessage(&msg, NULL, NULL, NULL) != -1){
    if (msg.message == WM_TIMER) msg.hwnd = NULL;
    TranslateMessage(&msg); // traducir códigos virtuales
    DispatchMessage(&msg);  // enviar el mensaje a la ventana

  }

  KillTimer(NULL,tid);
  WaitForSingleObject(hnd,INFINITE);
}
else printf("faltan argumentos");
/* el proceso acaba */
exit(0);
}
```

```
// Programa Hola de prueba
#include <stdio.h>
void main(){
  while(1 == 1){
    printf("Hola");
  }
}
```

Ejercicio 2.18

Conteste a las siguientes preguntas:

    a) ¿Por qué se incluye en el espacio del núcleo el código para gestión de procesos y las tareas manejadores de dispositivos? ¿Sería posible ejecutar alguno de estos elementos fuera de dicho espacio? Explique brevemente cómo.

    b) ¿Qué es un trap? ¿Por qué se utiliza este mecanismo para realizar llamadas al sistema?

Solución

    a)

En procesadores con modo núcleo y modo usuario, el código que se encuentra dentro del núcleo del sistema operativo se ejecutará en modo núcleo. Si el procesador soporta estos dos modos, el código del núcleo se ejecuta en modo privilegiado.

Determinadas operaciones, como acceso a zonas de memoria, acceso a registros especiales del procesador y acceso al hardware de dispositivos de entrada/salida, sólo se pueden hacer en modo núcleo. Por esta razón la capa más baja del sistema operativo deberá ejecutar en este modo para poder realizar funciones como cambio de contexto, gestión de interrupciones y, eventualmente, acceso a dispositivos de E/S.

Los servidores, manejadores y tareas del sistema operativo ejecutan en el núcleo para poder acceder a los dispositivos de E/S. Sin embargo, podrían ejecutarse fuera del núcleo. En este caso se deberían apoyar en la capa inferior para comunicarse con los dispositivos de E/S. Así se podría mandar un mensaje a una dirección especial que el núcleo interpretaría como una orden para coger los parámetros del mensaje y cargarlos en los registros de un dispositivo de E/S, de forma similar a como se pasa una llamada al sistema.

b)

Un `trap` es una interrupción síncrona que se genera desde el software. Su función principal es pasar de modo usuario a modo núcleo bajo control absoluto del sistema operativo e informar de errores detectados por el hardware. Cuando el usuario ejecuta una llamada al sistema, que deba tratar el núcleo, se ejecuta un trap. Este genera una interrupción que es tratada por una rutina de tratamiento dentro del núcleo y a continuación se trata la llamada, con el procesador en modo privilegiado.

Ejercicio 2.19

En un sistema UNIX se quiere programar un proceso que lea de un archivo de usuarios, denominado "`/etc/users`" para ver si un usuario está dado de alta en el sistema. El formato de línea de dicho archivo es:

```
struct user {
    char nombre[32];
    char descripción[256]; }
```

Dicho proceso debe leer sin verse afectado por las señales SIG_INT y SIG_QUIT, pero debe poner un temporizador de 20 segundos. En caso de que venza el temporizador, debe imprimir un mensaje de error y terminar.

Se pide programar dicho proceso, resaltando claramente las llamadas al sistema. Se supone que el nombre del usuario a buscar se recibe como argumento.

Solución

La solución propuesta es la siguiente.

```
/* Proceso que busca un usuario dentro del archivo "/etc/users"  */
#include  <stdio.h>      /* biblioteca entrada/salida estándar */
#include  <signal.h>     /* biblioteca de manejo de señales */
#include <string.h>      /* biblioteca de manejo de strings */

typedef struct user{
    char nombre [32] ;
    char descripcion[256];
} user_t;
/* variables globales. Descriptor de archivo y de usuario */
inf fd;
```

```
user_t       usuario;
void print_mens (char *mens)    {
    char mensaje [128];
    strcpy (mensaje, mens);
    write (STDOUT,  mensaje, sizeof(mensaje)) ;
}
/* Funcion que se dispara si vence la alarma */
void temporizador (void) {
    print_mens("ERROR: temporizador vencido. Usuario no localizado"};
    close (fd);
    exit(1) ;
}


/*  Cuerpo principal del proceso */
void main (int argc, char ** argv) {
    int n;

    /* comprobación del número de argumentos */
    if (argc != 2) {
        print_mens ("USE: buscar_usuario 'nombre'");
        exit (1);
    }
    /* Tratamiento de Señaales y Alarma*/
    signal (SIG_INT, SIG_IGN);
    signal (SIG_QUIT, SIG_IGN);
    signal (SIG_ALRM, temporizador);
    alarm (20);

    /* Apertura archivo */
    fd = open ("/etc/users", O_RDONLY);
    if (fd  < 0) {
        print_mens ("ERROR al abrir el archivo /etc/users");
        exit (2);
   }
    /* Busqueda del usuario */
    while ( ( n = read(fd, &usuario, sizeof(user_t))) > 0) {
        if (!strcmp(usuario.nombre,argv[1])) {
            print_mens ("El usuario existe");
            close(fd);
            exit (0);
        }
    }
    /* El usuario no se ha encontrado */
```

```
    close (fd);
     if ( n == 0) {
         print_mens ("ERROR: usuario no encontrado ");
         exit (3);
     }
     else {
         print_mens ("ERROR al leer el archivo /etc/users ");
         exit (4);
     }
}
```

Ejercicio 2.20

Un sistema controla el nivel de líquido de un depósito a través de una válvula de salida. Dicho sistema consta de dos procesos: uno que controla la válvula, denominado "controlador", y otro que registra la posición de dicha válvula para efectos estadísticos, denominado "estadísticas".

El proceso controlador se comporta de la siguiente manera: crea el proceso estadísticas, llama a la función control y, cuando ésta termina, manda una señal (SIGTERM) al proceso estadísticas.

El proceso estadísticas se comporta de la siguiente manera: abre el archivo datos.dat para escritura y, a continuación, a intervalos de 1 segundo, llama a la función leer_valvula, que devuelve un entero que representa la posición de la válvula en ese momento, y escribe este valor en el archivo. En caso de que reciba una señal SIGTERM debe tratarla cerrando el archivo y acabando la ejecución.

Escriba el código de los dos procesos en lenguaje C para un sistema UNIX, especificando claramente todas las llamadas al sistema que sea necesario utilizar.

NOTA: Se supone que las funciones control y leer_valvula están ya escritas.

Solución

```
/* ########## proceso controlador #################### */
#include <signal.h>
main()
{
    int pid;
    if ((pid=fork()) != 0)
    {    /* es el padre, recibe el pid del hijo */
        control ();
        kill (pid, SIGTERM);
    }
    else/* es el hijo, ejecuta estadísticas */
    {
        execl("estadísticas", "estadísticas", 0);
        exit(1);
    }
}/* fin del proceso controlador */

/* ########## proceso estadísticas ####################### */
```

Problemas de sistemas operativos

```
#include <signal.h>
#include <fcntl.h>
#define TRUE 1


int fd; /* descriptor del archivo */


void tratar_SIGTERM ()
/* tratamiento de la señal SIGTERM que envía el controlador */
{
    close (fd); /* cierra el archivo */
    exit (0); /* acaba la ejecución con estado correcto */
}
main ()
{
    int valor, func_nula(), tratar_SIGTERM();
    signal (SIGTERM, tratar_SIGTERM); /* tratamiento señal */
    signal(SIGALRM, funcion_nula);
   /* abrir el archivo */
    fd = open ("datos.dat", O_WRONLY | O_APPEND);
    /* O_WRONLY y O_APPEND constantes definidas en fcntl.h */
    while (TRUE) /* bucle de registro */
    {
        valor = leer_valvula ();
        write (fd, &valor, sizeof(int));
        alarm (1); /* fijar alarma en 1 segundo */
        pause(); /* espera señal */
        signal(SIGALRM, funcion_nula);
    }
}
int funcion_nula() {
    return(0);
}
```

NOTA: La parte de lectura y escritura de valores puede también hacerse en una función que trate la señal de alarma, siendo el resultado igualmente válido.

Ejercicio 2.21

Se tiene un sistema con dos procesos generadores de números enteros, dos procesos que escriben estos valores en dispositivos externos (O1 y O2) y un proceso de control. Además, existe un proceso de sincronización que recibe números enteros de los procesos generadores y los manda a uno de los procesos escritores, dependiendo del estado de una variable de control.

Inicialmente, se mandan los datos a O1. Cada vez que se recibe un mensaje del proceso de control el proceso sincronizador cambia el proceso escritor al que se envían los datos. Estos procesos se comunican mediante mensajes (el paso de mensajes usa el principio de cita o *rendezvous*).

Se pide:

a) Escribir el proceso de sincronización.

b) Escribir uno de los procesos generadores, suponiendo que el valor entero necesario es proporcionado por la función: `int generar_entero ()`

c) Escribir uno de los procesos escritores, suponiendo que los datos se escriben en una impresora (`/dev/lp`).

Nota: suponga una estructura de mensaje como la siguiente:

```
typedef struct { int origen, contenido; } mensaje;
```

Solución

a) Proceso sincronizador.

```
sincronizador ()
{
    int turno = 0;        /* podria valer tambien 1 */
    mensaje m;
    while (TRUE)
    {
        receive(ANY, &m);
        if (m.origen == control)
            turno = 1-turno;
        else
        {
            m.origen = sincronizador;
            if (turno == 0) send(O1, &m);
            else send(O2, &m);
        }
    }
}
```

b) Proceso generador.

```
generador (int identificador)
{
    mensaje m;

    m.origen = identificador;
    while (TRUE)
    {
        m.contenido = generar_entero();
        send(sincronizador, &m);
    }
}
```

c) Proceso escritor.

```
O1 ()
```

62

```
{
    mensaje m;
    int fd;

    fd = open ("/dev/lp", O_WRONLY);
    while (TRUE)
    {
        receive(sincronizador, &m);
        write(fd, &m.contenido, size_of(int));
    }
}
```

Ejercicio 2.22

Se tiene un proceso `productor` y otro `consumidor`. El proceso consumidor debe crear al proceso productor y asegurarse de que está vivo. El proceso consumidor llama a una función (`leer_entero`), que le devuelve un valor entero, generado por el productor, y lo guarda en un archivo (`datos`). Si éste valor es cero, es señal de que el proceso productor ha muerto, por lo que deberá crear otro proceso con el mismo código.

El proceso consumidor debe leer un valor cada 10 segundos. Cuando haya leído cien valores, deberá matar al productor y acabar su ejecución.

Se supone que el proceso `productor` y la función `leer_entero` están ya escritos.

Solución

```
int leer_entero();
main ()    /* consumidor */
{
    int pid, fd, func_nula();
    int n_valores_leídos=0, valor_leído;
    if ((pid=fork()) == 0)
    {
        /* es el hijo, ejecuta productor */
        execl("productor", "productor", 0);
        exit(1);
    } /* fork */
    /* es el padre, recibe el pid del hijo */
    fd = creat("datos", 0640);
    signal (SIGALRM, funcion_nula);
    while (n_valores_leídos != 100)
    {
        alarm(10);
        pause();
        signal(SIGALRM, funcion_nula);
        valor_leído = leer_entero();
        if (valor_leído == 0)
        {
```

```
                if ((pid=fork()) == 0)
                { /* es el hijo, ejecuta productor */
                    execl("productor", "productor", 0);
                    exit(1);
                }
            }
            else
            {
                write(fd, &valor_leído, sizeof(valor_leído));
                n_valores_leídos = n_valores_leídos + 1; }
            }
        } /* while */
        close(fd);
        kill (pid, SIGTERM);
}

/* fin del proceso controlador */
int funcion_nula() {
    return(0);
}
```

Ejercicio 2.23

Sea un sistema controlado por un computador con UNIX como Sistema Operativo. El sistema a controlar está compuesto por un `sensor` y un `actuador`. El computador debe leer el sensor periódicamente y operar el actuador dependiendo del valor del sensor.

El software para controlar este sistema consta de dos procesos llamados "`sensor`" y "`actuador`". El proceso "`sensor`" crea primero el proceso "`actuador`" estableciendo una tubería (*pipe*) entre los dos. Luego el proceso "`sensor`" llamará con una periodicidad de 1 segundo a una función "`leer_sensor()`" que devolverá el valor del sensor en forma de entero. Luego el proceso "`sensor`" mandará al proceso "`actuador`" el valor leído a través de la tubería.

El proceso "`actuador`" crea inicialmente un archivo `datos.dat`. Luego empieza a leer de la tubería los datos enviados por el proceso "`emisor`". A continuación, hace lo siguiente con el dato: primero llama a la rutina "`actua(dato)`" pasándole como parámetro el dato; y segundo escribe el dato en el archivo `datos.dat` (La rutina "`actua(dato)`" activará el actuador dependiendo del parámetro).

Se pide escribir en C los procesos "`sensor`" y "`actuador`" especificando claramente las llamadas al sistema.

Nota: Se supone que las rutinas "`leer_sensor()`" y "`actua(dato)`" ya están escritas.

Solución

```
/* *****  Código programa sensor ********** */
#include <signal.h>
#define STDIN       0
#define STDOUT      1
```

```
#define TRUE           1
main()
{
    int valor, nula();
    int fd[2];
    pipe(fd);
    if (fork() != 0)
    {
        while (TRUE)
        {
            signal(SIGALRM, nula);
            alarm(1);
            pause();
            valor = leer_sensor();
            write(fd[1], &valor, sizeof(int));
        }
    }
     else
     {
        close(STDIN);
        dup(fd[0]);
        close(fd[1]);
        close(fd[0]);
        execl("actuador", "actuador", 0);
        exit(1);
    }
}

int nula() {
    return(0);
}

/* ******* Código del programa actuador ******* */
#define STDIN 0
#define O_WRONLY 1
#define TRUE 1
main()
{
    int valor;
    int fd;
    fd = open("datos.dat", O_WRONLY);
    while (TRUE) {
        read (STDIN, &valor, sizeof(int));
```

```
        actua(valor);
        write(fd, &valor, sizeof(int));
    }
}
```

Ejercicio 2.24

Dado el siguiente programa, denominado `crear_procesos1`:

```
#include <stdio.h>
main (int argc, char **argv)
{
    int num_proc, i, pid;

    num_proc = atoi (argv[1]);
    for (i=o; i<num_proc; i++) {
        pid = fork();
        if (pid == 0) {
            write (1, "Soy un proceso", 14); }
    }
}
```

Y el programa `crear_procesos2`:

```
#include <stdio.h>
main (int argc, char **argv)
{
    int num_proc, i, pid;

    num_proc = atoi (argv[1]);
    for (i=o; i<num_proc; i++) {
        pid = fork();
        if (pid == 0) {
            write (1, "Soy un proceso", 14); }
    }
}
```

Se pide:
a) Dibujar un esquema que muestre la jerarquía de procesos si el usuario ejecuta el mandato `crear_procesos1 3` y `crear_procesos2 3`.
b) ¿Pueden quedar procesos zombies?
c) ¿Qué ocurriría si el usuario ejecutara `crear_procesos1 50`? ¿Por qué? Modifique el programa para que esto no ocurra.

Solución

a)

La Figura 2.6 muestra la jerarquía de procesos generada por `crear_procesos1`, parte A de la figura, y por `crear_procesos2`, parte B de la figura.

Como puede verse, el proceso 1 crea un número de procesos igual a 2^n, mientras que el 2 crea un número de procesos igual a n, siendo n el parámetro de entrada de ambos procesos. En el caso pedido, n es 3.

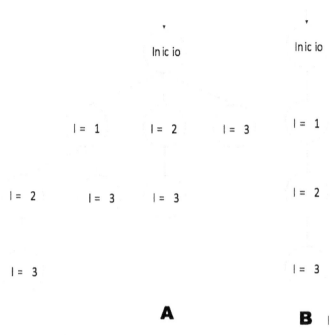

Figura 2.6 Jerarquía de los procesos 1 y 2

b)

En el caso de `crear_procesos1`, sí quedan procesos zombies porque los procesos padre terminan sin esperar a la ejecución de sus procesos hijo. Por tanto, los padres terminan sin hacer la llamada `wait` y los hijos no pueden terminar porque nadie recibe su señal de terminación SIGCHLD. Es necesario esperar a que el proceso `init` se convierta en su padre para que puedan terminar y dejen de ser zombies.

En el caso de `crear_procesos2`, la respuesta es que no deberían quedar procesos zombies, ya que el padre espera por los hijos haciendo una llamada `wait`. Ahora bien, si los procesos hijos terminan muy rápido, es posible que el padre todavía no haya llegado a ejecutar el `wait` y que temporalmente alguno de ellos quede en estado zombie.

c)

Lo que ocurriría si se ejecutase `crear_procesos1 50` es que el sistema debería crear 2^{50} procesos. Tal número de procesos no cabe en la tabla de procesos del sistema operativo, por lo que el sistema se bloquearía en espera de que se liberasen entradas para seguir la ejecución. Puesto que no habría entradas para nadie, tampoco sería posible ejecutar operaciones de mantenimiento, que necesitan nuevos procesos. Sería pues necesario rearrancar el sistema.

Para evitar que esto ocurra, no vale con hacer que los padres esperen por los procesos hijos. ¿Por qué? Porque la jerarquía de procesos resultante sería completamente distinta y el comportamiento del proceso sería muy distinto. En este caso, sólo se crearía un proceso hijo y nada más porque el padre se quedaría esperando a que terminara ese hijo.

Una solución sencilla es hacer un cálculo previo del número de procesos a crear y ver si sobrepasan el máximo permitido. En este caso se devuelve un error y ni siquiera se empieza el bucle de creación de procesos.

```
num_proc = atoi (argv[1]);
if ((2**num_proc) > MAX_PROC){
    printf ("No se puede crear tantos procesos \n");
    exit (-1);
    }
```

Esta solución permite evitar que se llena la tabla de procesos cortando la profundidad de la jerarquía de procesos creada.

Ejercicio 2.25

Dado el siguiente programa en C sobre UNIX:

```
main (argc, argv)
int argc;
char **argv;
{
    int i, s, f[2], prim=1;
    pipe(f);
    for (i=1; i<=argc; i++)
    {
        s=fork();
        if (s==0)
            prim=0;
        if ((i==argc) && prim)
        {
            close (0); dup (f[0]);
        }
        if ((i==argc) && (s==0))
        {
            close (1); dup (f[1]);
        }
    }
    ................
}
```

Se pide:
   a) Dibujar un esquema que muestre la jerarquía de procesos que se crea cuando se ejecuta el programa con argc igual a 3.
   b) ¿Cuántos procesos se crean si argc vale n?
   c) Mostrar en un diagrama similar al del primer apartado qué procesos tienen el descriptor 0 conectado al pipe y cuáles el descriptor 1.

a)

Un proceso generado en la enésima iteración (`i=n`) del bucle creará a su vez (`arg-n`) procesos. Por lo tanto, la jerarquía de procesos para `argc` igual a 3 es la que se muestra en la figura.

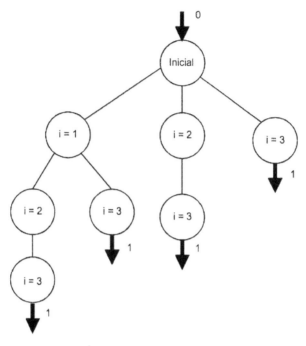

Figura 2.7 Árbol de creación de los procesos

b)

Si para `i` igual `m` existen `k` procesos, para `m+1` habrá `2k` procesos ya que cada proceso crea uno nuevo. Por lo tanto, para `argc` igual a `n` se crearán 2^n procesos.

c)

Para averiguar qué procesos tienen el descriptor 0 conectado al `pipe` es necesario analizar cuándo se cumple la primera sentencia condicional.

El único proceso que puede cumplir la condición es el inicial ya que el resto tienen la variable `prim` igual a 0. El proceso inicial realizará la redirección del descriptor 0 en la última iteración (`i==argc`). Puesto que en ese instante el proceso inicial ya ha creado todos sus hijos, dicha redirección no se heredará. En resumen, el proceso inicial es el único que tendrá el descriptor 0 conectado al `pipe`.

La redirección del descriptor 1 depende de la segunda sentencia condicional. Esta sentencia se cumplirá solamente para los procesos hijos (`s==0`) creados en la última iteración (`i==argc`). Por lo tanto, tendrán conectado el descriptor 1 al `pipe` los 2^{argc-1} procesos que corresponden a las hojas del árbol de la jerarquía de procesos. En la figura se muestran las redirecciones para `argc` igual a 3.

Ejercicio 2.26

a)

Se desea programar un "spooler" de ejecución, que "lance" los diferentes archivos ejecutables que se encuentren en el directorio pasado como parámetro de entrada.

El programa tendrá como nombre dispatcher y aceptará un único argumento, que contendrá el nombre del directorio. La llamada al programa se realizará del siguiente modo:

```
dispatcher nombre_dir
```

El comportamiento del programa será el siguiente:

1. Mira en el directorio nombre_dir para comprobar si existe algún archivo que ejecutar. (Se supone que todos los archivos que se encuentran en el directorio son ejecutables). En caso contrario, duerme durante 5 segundos y vuelve a intentar la lectura del directorio.

2. Si existe algún archivo, crea un proceso para realizar su ejecución.

3. Espera a que finalice la ejecución del mismo.

4. Borra el archivo.

5. Repite el proceso con cada uno de los archivos del directorio.

Suponga que ya existe una función leer_dir que, dado el descriptor de archivo de un directorio como parámetro de entrada, devuelve una tira de caracteres con el siguiente nombre de archivo que exista en este directorio. En caso de que se llegue al final del directorio, la función devuelve NULL. Dicha función no devuelve las entradas "." y "..".

```
char * leer_dir (int fd);
```

b)

Para aumentar el rendimiento de la aplicación, modifique el caso anterior de modo que el proceso dispatcher acepte 2 argumentos: nombre_dir (con el nombre del directorio donde se encuentran los archivos ejecutables) y num_procesos (número de procesos que se van a crear). Este proceso crea tantos procesos como los indicados por el argumento num_procesos. Cada uno de los procesos hijos realiza la siguiente tarea:

1. Lee una única entrada en el directorio, correspondiente a un archivo ejecutable.

2. Si no existe ninguna entrada en el directorio, el proceso duerme durante 5 segundos y vuelve a intentar la lectura.

3. Ejecuta el proceso correspondiente al archivo.

4. Borra el archivo.

5. Finaliza. (El proceso muere).

Cada proceso ejecuta un único archivo.

El proceso dispatcher comprueba que el número de procesos hijos nunca sea menor que el número dado por el argumento num_procesos. En caso contrario, crea el número de procesos necesario.

Se pide programar el proceso dispatcher y el código del proceso hijo.

c)

¿Qué problemas plantea la ejecución de la aplicación en el punto b? ¿Cómo podría solucionarse?

Solución

a)

Suponemos que el directorio donde se encuentran los archivos ejecutables forma parte del PATH (para los apartados a y b).

El código para la resolución del apartado a) sería:

```c
char *leer_dir (int fd); /* Declaración de la función leer_dir */

/* Proceso dispatcher */
void main (int argc, char *argv[])
{
    int fd, pid;
    char *ent_dir;

    /* Comprobación del número de argumentos */
    if (argc != 2)
    {
        printf(stderr,"Error. Uso: dispatcher nombre_dir");
        exit(1);
    }

    while (1)
     /* Se hace eternamente. Se trata de una especie de "demonio" */
    {
        /* abrimos el directorio determinado en modo sólo
            lectura*/
        fd = open(argv[1], O_RDONLY);
        /* Comprobamos que no ha habido error */
        if (fd < 0)
        {
            perror("open");
            exit(1);
        }
        /* leemos una entrada del directorio */
        ent_dir = leer_dir (fd);
        if (ent_dir == NULL)
        {
            /* En caso de que no haya entradas, el proceso
                duerme durante 5 seg.*/
            sleep(5);
        }
        else
        {
            /* creamos un proceso hijo que ejecute el programa
            y esperamos por él */
            pid = fork();
        switch (pid)
        {
        case -1: perror("fork");
```

```
                        exit(1);
                case 0: /* Hijo: Ejecuta el programa leído */
                        execlp(ent_dir, ent_dir,NULL);
                        /* Falla la llamada exec */
                        perror("execlp");
                        exit(1);
                default: /* proceso padre */
                        /* Espera por la finalización del hijo */
                        if (wait(&status) == -1)
                        {
                            perror("wait");
                            exit(1);
                        }
                        /* Borramos el archivo */
                        unlink(ent_dir);
            } /* switch */
        } /* else */

        /* cerramos el descriptor de archivo */
        close(fd);
    } /* while (1) */
} /* Fin programa principal */
```

b)

El programa dispatcher realiza los siguientes pasos:

1. Inicialmente lanza num_procesos procesos hijos, que se encargarán de comprobar si existen archivos ejecutables en el directorio y ejecutarlos en caso afirmativo
2. Espera a que muera un hijo, lanzando un proceso nuevo.

El código correspondiente sería:

```
char *leer_dir (int fd);    /* Declaración de la función leer_dir */
int dispatcher_hijo (void); /* Declaración de la función que ejecutan
                               los procesos hijos */

/* Proceso dispatcher */
void main (int argc, char *argv[])
{

    int fd, pid,i, num_procesos;
    char *ent_dir;

    /* Comprobación del número de argumentos */
    if (argc != 3)
```

```
    {
        printf(stderr,
            "Error. Uso: dispatcher nombre_dir num_procesos");
        exit(1);
    }
    /* Obtener el número de procesos a partir del argumento
    del programa principal */
    num_procesos = atoi(argv[2]);

    /* Creación de procesos inicial */
    for (i=0; i<num_procesos; i++)
    {
        pid = fork();
        switch (pid)
        {

        case -1: perror("fork");
              exit(1);

        case 0: /* Proceso hijo:
            if (dispatcher_hijo() == -1)
            {
                printf(stderr,"Fallo proceso hijo\n");
                exit(1);
            }
            else
            {
                exit(0);
            }
        default: /* proceso padre */
            /* No hace nada */
        }
    }
    /* Continua proceso padre */
    while (1) /* Se hace eternamente */
    {
        /* Esperar la finalización de los procesos hijos */
        if (wait(&status) == -1)
        {
            perror("wait");
            exit(1);
        }
        /* Ha muerto un hijo. Crear un nuevo proceso
```

```
            dispatcher_hijo */
            pid = fork();
            switch (pid)
            {
            case -1: perror("fork");
                  exit(1);
            case 0: /* Proceso hijo: */
                if (dispatcher_hijo() == -1)
                {
                      printf(stderr,"Fallo proceso hijo\n");
                      exit(1);
                }
                else
                {
                      exit(0);
                }
            default: /* Proceso padre */
                /* No haga nada. La espera se hace arriba */
            }
      } /* while (1) */
} /* main */

int dispatcher_hijo (void)
{
/* Lee una entrada y ejecuta el programa si hay alguno
   disponible y si no espera. Para ejecutar el programa,
   crea otro proceso hijo */

      char *ent_dir;
      int status, ret, fd;

   /* Abrir el directorio determinado en modo sólo lectura*/
   fd = open(argv[1], O_RDONLY);
   if (fd < 0)
   {
      perror("open");
      return (-1);
   }
 ent_dir = leer_dir (fd);

 /* Mientras no haya entradas en el directorio, el proceso duerme */
 while (ent_dir == NULL)
 {
```

74

```
            sleep(5);
            ent_dir = leer_dir(fd);
    }
    /* Crear el proceso para tratar la entrada del directorio */
    switch(fork())
    {
        case -1: perror("fork");
                    return (-1);
        case 0: /* Proceso que ejecuta el programa */
            execlp(ent_dir, ent_dir,NULL);
            /* Falla la llamada exec: */
            perror("execlp");
            return (-1);
        default: /* El proceso espera a que se ejecute el programa */
            ret = wait(&status);
            /* Borro el archivo */
            unlink(ent_dir);
            /* Cerrar el descriptor */
            close(fd);
            /* devuelvo ret /
            return ret;
    } /*switch*/
} /* dispatcher_hijo */
```

c)

El problema del apartado b viene dado por el hecho de que los procesos hijos realizan de forma concurrente la lectura de los archivos ejecutables y el borrado de la entrada correspondiente. Por lo tanto, podrían darse problemas de carrera (Varios procesos podrían ejecutar el mismo archivo. Un proceso podría intentar borrar un archivo, mientras otro lo está ejecutando).

Posibles soluciones:

1. Utilizar un semáforo para realizar la lectura y eliminación de la entrada del directorio en exclusión mutua.

2. El proceso padre realiza la lectura de la entrada del directorio y también borra el ejecutable. Los procesos hijos sólo ejecutan el código.

3. El proceso padre realiza la apertura del directorio. Los procesos hijos y el padre comparten el puntero al archivo. Al realizar la lectura del directorio, el puntero se actualiza para todos los procesos.

Ejercicio 2.27

¿Qué valor inicial toma el contador de programa en un FORK, en un EXEC y en un pthread_create? ¿Y el puntero de pila? ¿Cuál es el contenido inicial de la nueva pila para estas tres llamadas? ¿Qué valores iniciales tomarán los registros generales?

Solución

Se analiza, en primer lugar, qué valor toma el contador de programa en las llamadas especificadas:

- FORK. Dado que esta llamada crea un nuevo proceso que es un duplicado del proceso que la invoca, el valor inicial del contador de programa para este nuevo proceso es el mismo que el del proceso padre.
- EXEC. Puesto que esta llamada inicia la ejecución de un nuevo programa en el contexto del mismo proceso que la invocó, el contador de programa debe tomar un valor que corresponda con la primera instrucción del nuevo programa. Este valor estará contenido en la cabecera del ejecutable que contiene el programa.
- pthread_create. El valor inicial del contador de programa para el nuevo *thread* se corresponderá con la dirección, dentro del mapa de memoria actual, de la primera instrucción que ejecutará. Este valor se recibe como parámetro de la llamada y, normalmente, se corresponde con la dirección de comienzo de una función contenida en el programa actual.

A continuación, se analiza qué valor tomará el puntero de pila y cuál será el contenido inicial de la nueva pila para cada una de las tres llamadas:

- FORK. El puntero de pila inicial del hijo será una copia del que tiene el padre. El contenido de la pila será una copia de la del padre, ya sea una copia real o basada en *copy-on-write*. Nótese que, aunque el valor del puntero de pila sea el mismo, se corresponde con dos espacios lógicos de memoria independientes.
- EXEC. Esta llamada implica eliminar la pila actual del proceso y crear una nueva que contenga el entorno del proceso y los argumentos del programa. El puntero de pila apuntará justo encima de la información apilada.
- pthread_create. Cada *thread* debe tener asociada su propia pila que le permita almacenar los registros de activación de las llamadas a función que realice. Por tanto, en esta llamada se debe crear una pila para el nuevo *thread* que contendrá inicialmente el argumento que se le quiere pasar a dicho *thread*. Nótese que, además, se incluirá otra información como, por ejemplo, la necesaria para que, cuando termine la función asociada al *thread*, se le llame implícitamente a pthread_exit, en el caso de que el *thread* no lo haya hecho de forma explícita. El puntero de pila del nuevo *thread* quedará apuntando a esa información apilada. Hay que hacer notar que POSIX permite que se especifique en la propia llamada pthread_create una pila para el nuevo *thread*, que el programa habrá creado previamente antes de invocar a pthread_create. Si éste es el caso, la llamada pthread_create no crea una nueva pila, sino que usa la que ha recibido como parámetro, incluyendo en ella la información anteriormente comentada y haciendo que el puntero de pila apunte a dicha información.

Por último, se analiza qué ocurre con los valores almacenados en los registros de propósito general del procesador.

- FORK. Dado que el espacio de memoria del hijo es un duplicado del que posee el padre en el momento de invocar a esta función, los valores de los registros serán una copia de los del proceso padre. Nótese que los registros forman parte del mapa de memoria del proceso.
- EXEC. Puesto que se va a empezar la ejecución de un nuevo programa, no es necesario cargar ningún valor específico en los registros generales, ya que, normalmente, el programa no asumirá que existe ningún valor específico almacenado en los mismos. La propia ejecución del nuevo programa causará que los registros generales tomen los valores pertinentes.

76

- `pthread_create`. Dado que el nuevo *thread* comparte el espacio de memoria con el resto de *threads* del proceso, los valores de los registros deben ser una copia de los del *thread* padre.

Ejercicio 2.28

Considérese que se distinguen las siguientes operaciones internas del sistema operativo:

- Reservar y liberar una entrada de la tabla de procesos
- Rellenar/actualizar el BCP (se debe explicar en qué consiste la actualización)
- Insertar y eliminar un proceso de una cola de procesos
- Cambiar de contexto
- Planificar
- Leer e interpretar un ejecutable
- Crear pila (se debe especificar cuál es su contenido inicial)
- Crear una región de memoria (privada o compartida, asociada a un ejecutable o sin soporte)
- Compartir y duplicar una región
- Eliminar una región de memoria

Se pide especificar, basándose en las anteriores operaciones, cómo se llevan a cabo las siguientes llamadas:

a) FORK

b) EXEC

c) EXIT y WAIT (tenga en cuenta la sincronización asociada a la terminación de procesos en UNIX).

Solución

a) Las operaciones básicas asociadas al FORK serían las siguientes:

- Reservar una entrada de la tabla de procesos.
- Rellenar el BCP reservado copiando los valores del padre (esta copia incluye información como los registros salvados, los descriptores de ficheros o el tratamiento de las señales). Sin embargo, algunos campos del BCP deben tomar valores específicos para el hijo, tales como su identificador o la información relacionada con la contabilidad sobre el uso de recursos de cada proceso. Se pondrá al proceso en estado de listo para ejecutar.
- Con respecto a la gestión de memoria, por cada región de memoria del mapa del proceso padre:
  - o Si es de carácter compartido, se comparte entre el padre y el hijo.
  - o Si es de carácter privado, se duplica en el hijo, ya sea de manera inmediata o usando *copy-on-write*.
- Como resultado de las operaciones de memoria anteriormente comentadas, se ha creado implícitamente una nueva pila cuyo contenido es un duplicado de la pila del padre.
- Insertar el nuevo proceso al final de la cola de listos

b) Las operaciones básicas asociadas al EXEC serían las siguientes:

- Leer e interpretar la cabecera del ejecutable para obtener los datos de cada región. Esta operación de lectura conlleva el bloqueo del proceso mientras que se lee del disco la cabecera del ejecutable, a no ser que el bloque correspondiente estuviera almacenado en la caché del sistema de ficheros. Este bloqueo implicaría a su vez las siguientes operaciones:
  - o Poner al proceso en estado bloqueado.

        o Eliminar el BCP de la cola de listos e insertarlo en la cola de procesos bloqueados esperando la finalización de una operación sobre el disco.

        o Planificar y cambiar de contexto.

        o Cuando ocurra la interrupción que indica que ha terminado la operación del disco, el proceso será movido de la cola de bloqueados a la de listos y, cuando sea posteriormente elegido por el planificador, continuará procesando esta llamada EXEC.

- Eliminar las regiones del mapa actual, salvando previamente la información que corresponde con los argumentos y el entorno que recibirá el nuevo programa.
- Crear las regiones especificadas en el ejecutable de acuerdo con sus características específicas:
  - o Código: Permiso de lectura y ejecución, de carácter compartido y asociado al ejecutable.
  - o Datos con valor inicial: Permiso de lectura y escritura, de carácter privado y asociado al ejecutable.
  - o Datos sin valor inicial: Permiso de lectura y escritura, de carácter privado y sin soporte.
- Crear pila como una región con permiso de lectura y escritura, de carácter privado y sin soporte, cuyo contenido inicial serán los argumentos y el entorno pasados al nuevo programa.
- Actualizar el BCP del proceso especificando, entre otras cosas, la nueva información sobre el mapa de memoria y los nuevos valores del contador de programa (primera instrucción del nuevo programa) y del puntero de pila (apuntando a la nueva pila).

c) Las operaciones básicas asociadas al EXIT serían las siguientes:

- Eliminar las regiones del mapa actual y liberar otros recursos usados por el proceso (cerrar ficheros abiertos, liberar semáforos usados, etc.).
- Actualizar el BCP del proceso para reflejar esas operaciones y poner al proceso en estado *Zombie*. Asimismo, habría que actualizar el BCP de los procesos hijos para especificar que pasan a ser hijos directos del proceso init.
- Sincronización con el proceso padre:
  - o Si el proceso padre está bloqueado en WAIT
    - ▪ Eliminar de la cola de espera al proceso padre e insertarlo en la de procesos listos para ejecutar.
- Eliminar al proceso de la cola de procesos listos para ejecutar.
- Planificar y cambiar de contexto.

Las operaciones básicas asociadas al WAIT serían las siguientes:

- Si no hay ningún proceso hijo en estado *Zombie*
  - o Poner al proceso en estado bloqueado.
  - o Eliminar el BCP de la cola de listos e insertarlo en una cola de espera.
  - o Planificar y cambiar de contexto.
- Recoger información dejada por el proceso hijo ya terminado en su BCP (estado de terminación, contabilidad de su uso de recursos, etc.).
- Liberar la entrada de la tabla de procesos usada por el proceso hijo.

Ejercicio 2.29

En Linux existe una llamada denominada CLONE que generaliza el FORK convencional, permitiendo especificar que el padre y el hijo compartan realmente parte de su información, en lugar de tratarse de una copia. Puesto que se trata de un servicio destinado principalmente al soporte de threads, analice qué tipo de información debería ser compartida entre ambos y cuál no. ¿Cómo debería rediseñarse el BCP para implementar esta funcionalidad extendida de Linux?

Puesto que se trata de un servicio cuyo principal uso es el soporte de *threads*, se debería compartir la información del proceso que normalmente comparten los *threads*:

- Información sobre ficheros: los descriptores de ficheros abiertos, la máscara de creación de ficheros (umask), el directorio actual y el directorio raíz.
- El tratamiento de las señales.
- El mapa de memoria.

Es importante resaltar que, para conseguir una semántica adecuada para la implementación de *threads*, es necesario que realmente se comparta esta información, no siendo suficiente el uso de un duplicado de la misma. Así, si, por ejemplo, un proceso abre un fichero, un proceso hijo creado mediante CLONE deberá poder acceder al fichero abierto por el padre usando el mismo descriptor. Nótese que este comportamiento no se da con un proceso hijo creado con FORK. Por lo que se refiere el mapa de memoria, éste debería ser realmente compartido entre el padre y el hijo en el caso del CLONE (no se usaría, por tanto, *copy-on-write*), de manera que, si un proceso proyecta un fichero, éste estuviera también accesible al proceso hijo en el mapa de memoria compartido.

Por lo que se refiere a qué información no debe compartirse, sería aquélla que es específica de cada proceso, o sea, la que en un sistema con *threads* fuera propia de cada *thread*. Se podría resaltar la siguiente:

- La copia de los registros.
- El estado del proceso.
- Temporizadores.

Por último, con respecto al BCP, sería necesario rediseñarlo de manera que sea válido tanto para procesos creados con FORK como mediante CLONE. Para ello, se puede hacer que los campos que corresponden con información a compartir (CLONE) o a duplicar (FORK) no almacenen el valor en sí, sino una referencia (puntero) al mismo. Así, si se trata de una llamada CLONE, sólo habrá que hacer que el puntero correspondiente del BCP referencie al mismo objeto que el del padre (o sea, copiar el puntero). Si se trata de un FORK, habrá que reservar una nueva zona de memoria para almacenar el campo, hacer un duplicado del campo correspondiente del padre y hacer que el puntero en el BCP del hijo apunte a la nueva zona reservada.

A continuación, usaremos como ejemplo la máscara de creación de ficheros (umask). Supongamos que en el BCP original está definida de la siguiente manera:

```
struct BCP {
    ......
    int umask;
    ......
}
```

En el BCP rediseñado, la definición de este campo usaría un puntero:

```
struct BCP_nuevo {
    ......
    int *umask;
    ......
```

```
}
```

En la llamada CLONE el tratamiento de este campo sería el siguiente:

```
clone() {
    ......
    hijo->umask=padre->umask;
    ......
}
```

Mientras que en la llamada FORK, se realizaría de la siguiente forma:

```
fork() {
    ......
    hijo->umask=malloc(sizeof(int));
    *hijo->umask=*padre->umask;
    ......
}
```

Ejercicio 2.30

El diseño original de UNIX limita la concurrencia dentro del S.O. Esta estrategia tiene ventajas y desventajas.

a) En el lado positivo, facilita la programación del S.O. Proponga un ejemplo que avale esta afirmación.

b) En el lado negativo, limita drásticamente el uso de UNIX en entornos con características de tiempo real. En estos entornos es muy importante minimizar la latencia de activación de un proceso de alta prioridad (el tiempo que transcurre desde que un proceso de máxima prioridad pasa al estado de listo para ejecutar, hasta que realmente empieza a ejecutar). Explique por qué el diseño original de UNIX no favorece este requisito y analice cómo afectan, en caso de que así sea, a esta latencia de activación factores tales como el número de interrupciones existentes, el tiempo del tratamiento de cada interrupción y de cada llamada al sistema u otros factores que considere relevantes.

Solución

Antes de responder directamente a las preguntas planteadas, conviene recordar que el diseño original de UNIX, al igual que el de muchos otros sistemas operativos de propósito general, no permite que haya cambios de contexto involuntarios mientras se están procesando llamadas al sistema o interrupciones.

a) Esta restricción facilita enormemente el control de las condiciones de carrera que se pueden dar entre llamadas al sistema ya que elimina la posibilidad de que éstas se ejecuten concurrentemente.

Así, por ejemplo, supóngase que el siguiente fragmento corresponde con el código de la llamada al sistema que crea un proceso:

```
crear_proceso(...) {
    ..........
    pos=BuscarBCPLibre();
    tabla_procesos[pos].libre=false;
    ..........
}
```

Sin esta limitación, podría ocurrir un cambio de contexto involuntario (por ejemplo, por fin de rodaja) justo después de que la función `BuscarBCPLibre` se haya ejecutado pero antes de poner la entrada correspondiente de la tabla de procesos como ocupada. El proceso activado por el cambio de contexto involuntario podría invocar también la llamada `crear_proceso` con lo que habría dos llamadas ejecutándose concurrentemente. Esta segunda invocación de `crear_proceso` causaría una condición de carrera ya que seleccionaría la misma posición de la tabla de procesos que la llamada interrumpida.

Gracias a la restricción de no realizarse cambios de contexto involuntarios mientras se están procesando llamadas al sistema, se eliminan este tipo de problemas facilitando la programación del sistema operativo.

b) Debido a esta restricción, el cambio de contexto involuntario no se realiza justo en el momento en el que se produce el evento correspondiente, sino que su realización se retrasa hasta que termine todo el tratamiento de llamadas o interrupciones que esté en curso. Así, si una determinada rutina de interrupción desbloquea a un proceso de máxima prioridad, este proceso pasará a listo, pero el cambio de contexto en sí deberá esperar a que se ejecute todo el tratamiento de labores del sistema que pueda estar activo en ese momento. Téngase en cuenta que la interrupción "desbloqueadora" puede ser de máxima prioridad y, por tanto, pueden haberse anidado en ese momento distintas labores del sistema operativo:

- Un proceso de baja prioridad realiza una llamada al sistema.
- Justo al principio de la llamada, se produce una interrupción que detiene el tratamiento de la llamada y causa la activación de la rutina de interrupción correspondiente.
- Justo al principio de la rutina de interrupción correspondiente, se produce una interrupción de un nivel de prioridad superior.
- Así sucesivamente, hasta que llega la interrupción de máxima prioridad "desbloqueadora". En ese momento se desbloquea al proceso de máxima prioridad pero el cambio de contexto se diferirá hasta que terminen todas las rutinas anidadas.

Así, la latencia de activación del proceso de máxima prioridad queda afectada por la duración de las rutinas de tratamiento de las diversas interrupciones, así como por la duración de una llamada al sistema (en el peor de los casos, se vería afectado por la llamada al sistema más larga).

Nótese que, para ser precisos, esta latencia no estaría acotada ya que podrían ocurrir un número ilimitado de interrupciones que harían que el cambio de contexto se aplazara indefinidamente, aunque, evidentemente, esto no es lo normal ya que generalmente el tiempo entre interrupciones de un mismo dispositivo es apreciablemente mayor que el tiempo de tratamiento de la interrupción.

Ejercicio 2.31

Se plantean dos cuestiones sobre el uso de las interrupciones software por parte del sistema operativo:

a) Explique cómo se usa este mecanismo para llevar a cabo los cambios de contexto y qué ventajas y desventajas tiene su utilización frente a realizarlos de forma directa.

b) Un uso adicional de este mecanismo está vinculado al tratamiento de las interrupciones de los dispositivos. Explique cómo se usa este mecanismo para esta labor y qué ventajas presenta sobre el tratamiento convencional.

Solución

Las interrupciones software son un mecanismo disponible en algunos procesadores que consiste en una instrucción especial, que sólo puede ejecutarse en modo privilegiado, que causa una interrupción de mínima prioridad. A continuación, se analizan las dos cuestiones planteadas en el enunciado, que se corresponden con dos usos típicos de este mecanismo.

a) Este mecanismo se suele usar para realizar los cambios de contexto de tipo involuntario. Este tipo de cambios de contexto ocurre cuando, durante la ejecución de una llamada al sistema o una interrupción de un dispositivo, se produce una situación en la que el proceso en ejecución debe dejar el procesador a otro proceso en estado de listo para ejecutar, aunque el mismo siga estando listo para ejecutar.

La principal dificultad de este tipo de cambios es que pueden producirse asíncronamente, mientras el proceso en ejecución está en modo sistema. Por tanto, la realización directa del cambio de contexto puede causar que se interrumpa una llamada al sistema o la ejecución de una rutina de interrupción sin terminar su trabajo, lo que puede causar problemas de sincronización dentro del propio sistema operativo.

El uso de las interrupciones software permite diferir el cambio de contexto involuntario hasta que haya terminado toda la actividad actual del sistema operativo. Para ello, en lugar de hacer directamente el cambio de contexto, se activa la interrupción software. Dado que esta interrupción tiene la mínima prioridad, sólo se tratará cuando haya terminado todo el trabajo actual del sistema operativo: justo antes de que se vuelva a modo usuario. Dentro de la rutina de tratamiento de la interrupción software se realizará el cambio de contexto pendiente.

Como se comentó previamente, la principal ventaja del uso de este mecanismo para realizar los cambios de contexto involuntarios es simplificar el código del sistema operativo en lo que se refiere a su sincronización interna, ya que evita la posibilidad de que haya concurrencia entre llamadas al sistema.

En el lado negativo, esta estrategia de cambio de contexto diferido no es adecuada para sistemas de tiempo real, en los que se requiere que cuando se desbloquea un proceso de alta prioridad, desaloje inmediatamente al proceso en ejecución. Asimismo, esta solución no es aplicable a multiprocesadores, donde diferir el cambio de contexto no alivia los problemas de sincronización ya que, en este caso, siempre puede haber llamadas al sistema ejecutándose en paralelo.

b) Otro uso adicional de las interrupciones software es el aplazamiento de algunas de las operaciones vinculadas con una interrupción. Hay que tener en cuenta que mientras se ejecuta una rutina de interrupción, están inhibidas todas las interrupciones de ese nivel de prioridad y de niveles inferiores. Es importante, por tanto, minimizar el tiempo que dura la rutina de tratamiento y, para ello, se puede hacer uso del mecanismo de la interrupción software.

La estrategia consiste en dejar dentro de la rutina de interrupción sólo aquellas operaciones que son realmente urgentes, mientras que el resto se difieren para que sean ejecutadas en un contexto en el que las interrupciones estén permitidas. Para ello, la rutina de tratamiento, una vez realizadas las operaciones urgentes, activa la interrupción software y termina. Será en el tratamiento de la interrupción software cuando se lleven a cabo las operaciones pendientes. La principal ventaja, por tanto, es reducir al mínimo el tiempo en el que las interrupciones están inhibidas, consiguiendo con ello un sistema con mejor tiempo de respuesta y más interactivo.

Ejercicio 2.32

Analice cuál sería el comportamiento de la llamada al sistema `fork` en un sistema operativo con *threads* respondiendo a las siguientes cuestiones:

a) Explique qué ocurriría cuando un *thread* realiza esta llamada.

b) Detalle qué modificaciones habría que hacer en la implementación convencional del `fork` (correspondiente a un sistema sin *threads*) para adaptarlo a un sistema con *threads*.

Solución

La llamada `fork` en un sistema UNIX convencional (sin *threads*) implica crear un proceso que es un duplicado del proceso que la invoca: básicamente, hay que duplicar el BCP y el mapa del proceso (realmente, el mapa no se copia gracias al uso de la técnica del *copy-on-write*). En un sistema con *threads* se debe mantener esta semántica. A continuación, se analiza cómo se verá afectada esta llamada cuando se "trasplanta" a un sistema con *threads*.

a) Dado que el proceso hijo es un duplicado del padre, la aplicación directa de esta semántica a un sistema con *threads* lleva a que el nuevo proceso tenga los mismos *threads* que el proceso padre, tal que cada uno de ellos es una copia del *thread* correspondiente del padre y se encuentra, por tanto, en su mismo estado y situación.

Así, cuando un *thread* T de un proceso invoca a fork, se creará un proceso hijo que tiene los mismos *threads* que el padre, entre ellos una copia del *thread* T que empezará a ejecutar justo después de la llamada fork, que, por cierto, le devolverá un 0.

Aunque no siga exactamente la semántica de crear un duplicado del padre, sería admisible una implementación alternativa en la que el proceso hijo sólo tuviera un flujo de ejecución inicial (el *thread* implícito inicial), que sea una copia del *thread* que hace la llamada.

b) La implementación convencional del fork debería modificarse de manera que, además de copiar el BCP y el mapa de memoria, se copien los BCTs de todos los *threads* del proceso padre.

Por lo que se refiere a la solución alternativa, habría que copiar el BCP y el mapa del padre, pero sólo el BCT del *thread* que realizó la llamada fork, que se convertiría en el único *thread* (el *thread* implícito) de este nuevo proceso.

Ejercicio 2.33

Analice cuál sería el comportamiento de la llamada al sistema exec en un sistema operativo con *threads* respondiendo a las siguientes cuestiones:

a) Explique qué ocurriría cuando un *thread* realiza esta llamada.

b) Detalle qué modificaciones habría que hacer en la implementación convencional del exec (correspondiente a un sistema sin *threads*) para adaptarlo a un sistema con *threads*.

Solución

La implementación convencional del exec debería modificarse de manera que se terminarán implícitamente los *threads* liberando sus BCTs, para, a continuación, crear el *thread* implícito vinculado al nuevo programa. Realmente, no sería estrictamente necesario liberar todos los BCTs, ya que uno de ellos puede usarse para el *thread* implícito.

Ejercicio 2.34

Se plantea incluir *threads* en un sistema operativo que no los proporciona usando una implementación basada en procesos de peso variable.

a) ¿Qué ventajas y desventajas presenta este estrategia frente a la implementación convencional de los *threads*?

b) Supóngase un programa que crea un proceso usando fork, tal que, justo a continuación, tanto el proceso padre como el hijo crean dos *threads*. Para cada una de las alternativas analizadas (implementación basada en procesos de peso variable frente a la convencional), muestre qué estructuras usa el sistema operativo para gestionar los procesos y *threads* generados por el programa.

Solución

Los procesos de peso variable constituyen una modificación sobre el diseño original de UNIX. Se trata de una extensión de la llamada fork que permite controlar qué recursos comparten el padre y el hijo y cuáles son realmente un duplicado. Esta extensión constituye una forma alternativa de implementar *threads* en un sistema frente a la implementación más convencional. A continuación, respondiendo a las preguntas del enunciado, se analizan comparativamente estas alternativas.

a) La principal ventaja de implementar *threads* mediante el uso de procesos de peso variable es que simplifica notablemente las modificaciones que hay que realizar en el sistema operativo para incluirlos. No hay que introducir un nuevo concepto ni las estructuras de datos que conlleva (BCTs, listas de *threads* en vez de listas de procesos, planificación de *threads* en lugar de procesos, etc.). Se mantiene sólo el concepto de proceso pero con la posibilidad de especificar el grado de compartimiento entre los procesos.

La desventaja es que con esta solución hay un mayor gasto de recursos. Para hacer patente este inconveniente, téngase en cuenta que en un sistema convencional de *threads* la información que comparten los *threads* del mismo proceso se almacena en el BCP del mismo. Sin embargo, en la solución basada en procesos de peso variable, esta información compartida será referenciada desde los BCPs de los procesos que la comparten gastándose, al menos, un espacio de memoria adicional: los punteros que hay en los BCPs para referenciar a dicha información.

b) En el caso de un sistema convencional de *threads*, el sistema operativo usa las siguientes estructuras de datos para almacenar la información de los procesos y *threads* generados en el ejemplo planteado en el enunciado:

- BCP para el proceso padre que referencia a 3 BCTs, que corresponden con el *thread* implícito y los dos *threads* creados posteriormente.
- BCP para el proceso hijo que también referencia a 3 BCTs, que corresponden con el *thread* implícito y los dos *threads* creados posteriormente.

En cambio, en la implementación basada en procesos de peso variable, las estructuras serán:

- BCP para el proceso padre.
- BCP para el primer *thread* creado por el proceso padre. Comparte recursos (mapa de memoria, ficheros abiertos, etc.) con el BCP anterior.
- BCP para el segundo *thread* creado por el proceso padre. Comparte recursos con los BCPs anteriores.
- BCP para el proceso hijo. No comparte recursos con los BCPs anteriores. Contiene un duplicado de la información existente en el BCP del padre cuando creó al hijo.
- BCP para el primer *thread* creado por el proceso hijo. Comparte recursos con el BCP anterior.
- BCP para el segundo *thread* creado por el proceso hijo. Comparte recursos con los dos BCPs anteriores.

3. PLANIFICACIÓN DE PROCESOS

En este capítulo se presentan los problemas relacionados con la planificación de procesos en sistemas operativos. El capítulo tiene tres objetivos básicos: mostrar al lector algunos conceptos básicos de planificación de sistemas operativos desde el punto de vista de usuario, describir los servicios que da el sistema operativo y proponer un conjunto de prácticas que permita cubrir los aspectos básicos de planificación de procesos.

3.1 Conceptos básicos de planificación de procesos

3.1.1 Estados del proceso

De acuerdo con la Figura 3.1, un proceso puede estar en determinadas situaciones (procesamiento, listo y espera), que se denominan estados. A lo largo de su vida el proceso va cambiando de estado, según evolucionan sus necesidades.

Como se puede observar en la Figura 3.1, no todos los procesos activos de un sistema multitarea están en la misma situación. Se diferencian, por tanto, tres estados básicos en los que puede estar un proceso, estados que se detallan seguidamente:

- **Ejecución**. En este estado se encuentra el proceso que está siendo ejecutado por el procesador, es decir, que está en fase de procesamiento. En este estado el estado del proceso reside en los registros del procesador.

- **Bloqueado**. Un proceso bloqueado está esperando a que ocurra un evento y no puede seguir ejecutando hasta que termine el evento. Una situación típica de proceso bloqueado se produce cuando el proceso solicita una operación de E/S. Hasta que no termina esta operación el proceso queda bloqueado. En este estado el estado del proceso reside en el BCP.

- **Listo**. Un proceso está listo para ejecutar cuando puede entrar en fase de procesamiento. Dado que puede haber varios procesos en este estado, una de las tareas del sistema operativo será seleccionar aquel que debe pasar a ejecución. El módulo del sistema operativo que toma esta decisión se denomina **planificador**. En este estado el estado del proceso reside en el BCP.

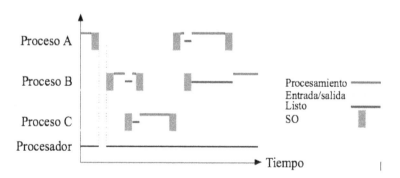

Figura 3.1 Ejemplo de ejecución en un sistema multitarea

Es importante resaltar que cualquier transición en el estado de un proceso está vinculada a la activación del sistema operativo. Sin embargo, nótese que no toda activación del sistema operativo causa un cambio de estado. De manera similar, aunque un cambio de contexto requiere el cambio del estado de dos procesos, el proceso en ejecución pasa a bloqueado o listo y el proceso al que se le transfiere el control pasa de listo a estar en ejecución, no todo cambio de estado produce un cambio de contexto.

3.1.2 Planificador y activador

El planificador forma parte del núcleo del sistema operativo. Entra en ejecución cada vez que se activa el sistema operativo y su misión es seleccionar el proceso que se ha de ejecutar a continuación.

El activador también forma parte del sistema operativo y su función es poner en ejecución el proceso seleccionado por el planificador.

3.2 Planificación

El objetivo de la planificación de procesos y procesos ligeros es el reparto del tiempo de procesador entre los procesos que desean y pueden ejecutar. El **planificador** es el módulo del sistema operativo que realiza la función de seleccionar el proceso en estado de listo que pasa a estado de ejecución, mientras que el **activador** es el módulo que pone en ejecución el proceso planificado. También es importante la planificación de entrada/salida. Esta planificación decide el orden en que se ejecutan las operaciones de entrada/salida que están encoladas para cada periférico.

3.2.1 Expulsión

La planificación puede ser con expulsión o sin ella. En un sistema sin expulsión un proceso conserva el procesador mientras lo desee, es decir, mientras no solicite del sistema operativo un servicio que lo bloquee. Por tanto, sólo se producen cambios de contexto voluntarios. Esta solución minimiza el tiempo que gasta el sistema operativo en planificar y activar procesos, pero tiene como inconveniente que un proceso puede monopolizar el procesador (imagínese lo que ocurre si el proceso, por error, entra en un bucle infinito).

En los sistemas con expulsión, el sistema operativo puede quitar a un proceso del estado de ejecución aunque éste no lo solicite. Por tanto, puede haber tanto cambios de contexto voluntarios como involuntarios. Esta solución permite controlar el tiempo que está en ejecución un proceso, pero requiere que el sistema operativo entre de forma sistemática a ejecutar para, así, poder comprobar si el proceso ha superado su límite de tiempo de ejecución. Como sabemos, las interrupciones sistemáticas del reloj garantizan que el sistema operativo entre a ejecutar cada pocos milisegundos, pudiendo determinar en estos instantes si ha de producirse un cambio de proceso o no.

3.2.2 Colas de procesos

Para realizar las funciones de planificación, el sistema operativo organiza los procesos listos en una serie de estructuras de información que faciliten la búsqueda del proceso a planificar. Es muy frecuente organizar los procesos en colas de prioridad y de tipo.

La Figura 3.2 muestra un ejemplo con 30 colas para procesos interactivos y 2 colas para procesos *batch*. Las 30 colas interactivas permiten ordenar los procesos listos interactivos según 30 niveles de prioridad, siendo, por ejemplo, el nivel 0 el más prioritario. Por su lado, las dos colas *batch* permiten organizar los procesos listos *batch* en dos niveles de prioridad.

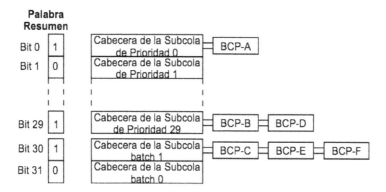

Figura 3.2 Ejemplo de colas de planificación

Se puede observar en la mencionada figura que se ha incluido una palabra resumen. Esta palabra contiene un 1 si la correspondiente cola tiene procesos y un 0 si está vacía. De esta forma se acelera el planificador, puesto que puede saber rápidamente donde encontrará procesos listos.

3.2.3 Objetivos de planificación

El objetivo de la planificación es optimizar el comportamiento del sistema. Ahora bien, el comportamiento de un sistema informático es muy complejo, por tanto, el objetivo de la planificación se deberá centrar en la faceta del comportamiento en el que se esté interesado. Entre los objetivos que se suelen perseguir están los siguientes:

- Reparto equitativo del procesador.
- Eficiencia (optimizar el uso del procesador).
- Menor tiempo de respuesta en uso interactivo.
- Menor tiempo de espera en lotes (*batch*).
- Mayor número de trabajos por unidad de tiempo (*batch*).
- Cumplir los plazos de ejecución de un sistema de tiempo real.

La mayoría de estos objetivos son incompatibles entre sí, por lo que hay que centrar la atención en aquel que sea de mayor interés. Por ejemplo, una planificación que realice un reparto equitativo del procesador no conseguirá optimizar el uso del mismo. Hay que notar que algunos objetivos están dirigidos a procesos interactivos, mientras que otros lo están a procesos *batch*.

3.2.4 Algoritmos de planificación

Los siguientes son algunos de los algoritmos de planificación más usuales:

FIFO

En este caso la cola de procesos en estado de listo está ordenada de acuerdo al instante en que los procesos pasan a estado de listo. Los que llevan más tiempo esperando están más cerca de la cabecera. Nótese que sólo puede haber cambios de contexto voluntarios.

Cíclica o *Round-robin*

El algoritmo cíclico está diseñado para hacer un reparto equitativo del tiempo del procesador, por lo que está especialmente destinado a los sistemas de tiempo compartido. El algoritmo se basa en el concepto de **rodaja** de tiempo. En este algoritmos, además de cambios de contexto voluntarios, puede haber cambios involuntarios cuando se le termina la rodaja a un proceso. Nótese que este cambio de contexto involuntario, en la mayoría de los sistemas operativos, se difiere para disminuir los problemas de sincronización usándose para ello el mecanismo de la interrupción software.

Prioridades

En el algoritmo de prioridades se selecciona para ejecutar el proceso en estado de listo que tenga la máxima prioridad. Aunque puede haber versiones no expulsivas de este algoritmo, generalmente, se usan versiones expulsivas en las que puede haber cambios de contexto involuntarios cuando se desbloquea un proceso con mayor prioridad que el actual, utilizándose también en este caso el mecanismo de la interrupción software.

3.3 Ejercicios resueltos

Ejercicio 3.1

Indique cuál de estas operaciones no es ejecutada por el activador:
A.- Restaurar los registros de usuario con los valores almacenados en la tabla del proceso.
B.- Restaurar el contador de programa.
C.- Restaurar el puntero que apunta a la tabla de páginas del proceso.
D.- Restaurar la imagen de memoria de un proceso.

Solución

La acción D, restaurar la imagen de memoria del proceso, no se lleva a cabo en la activación. En un sistema con memoria virtual, parte de la imagen, que corresponde con el conjunto residente, está directamente disponible en memoria, mientras que el resto se irá restaurando a medida que se produzcan fallos de página y se va trayendo a memoria. Inicialmente, basta con saber dónde está la tabla de páginas.

Ejercicio 3.2

¿Puede producirse un cambio de contexto en un sistema con un planificador basado en el algoritmo primero el trabajo más corto además de cuando se bloquea o se termina el proceso? Razone su respuesta.

Solución

No, ya que si no tenemos en cuenta las posibilidades de bloqueo y terminación del proceso, sólo nos quedaría la posibilidad de la expulsión, pero en esta política de planificación, esa operación queda descartada.

Ejercicio 3.3

¿Qué algoritmo de planificación será más conveniente para optimizar el rendimiento de la UCP en un sistema que sólo tiene procesos en los cuales no hay entrada/salida?

Solución

El algoritmo más adecuado para optimizar el rendimiento de la CPU es el FIFO, porque en este no tenemos que cambiar los procesos que se ejecutan. El proceso se queda hasta que termina su ejecución, a no ser que los procesos se bloqueen de forma voluntaria.

Ejercicio 3.4

¿Cuál de las siguientes políticas de planificación es más adecuada para un sistema de tiempo compartido?

A.- Primero el trabajo más corto.
B.- *Round-Robin*.
C.- Prioridades.
D.- FIFO.

Solución

Un sistema de **tiempo compartido** permite ejecutar varios procesos de distintos usuarios en el computador de forma concurrente, con lo que los usuarios tienen la sensación de que tienen todo el computador para cada uno de ellos. Para poder implementar estos sistemas de forma eficiente es imprescindible tener un sistema multiproceso y un planificador que permita cambiar de un proceso a otro según los criterios de la política exigida. Ahora bien, los criterios de la política de planificación influyen mucho sobre el comportamiento del computador de cara a los usuarios, por lo que es importante decidir qué política se debe usar en cada caso.

La política del **Primero Trabajo Más Corto** consiste en seleccionar para ejecución el proceso listo con tiempo de ejecución mas corto, por lo que exige conocer a priori el tiempo de ejecución de los procesos. Este algoritmo no plantea expulsión: el proceso sigue ejecutándose mientras lo desee. Además puede tener problemas de inanición de procesos. No es adecuado para sistemas de tiempo compartido.

Un algoritmo de planificación **FIFO** ejecuta procesos según una política "primero en entrar primero en salir": un proceso pasa al final de la cola cuando hace una llamada al sistema que lo bloquea y si esto no ocurre el proceso se ejecutará de forma indefinida hasta que acabe. No se plantea la expulsión del proceso: el proceso ejecuta hasta que realiza una llamada bloqueante al Sistema Operativo o hasta que termina. Este algoritmo es inadecuado para tiempo compartido porque no hay ninguna seguridad en cuanto al tiempo de respuesta a los usuarios, que puede ser muy lento.

La política de *Round Robin* realiza un reparto equitativo del procesador dejando que los procesos ejecuten durante las mismas unidades de tiempo (rodaja). Este mecanismo se encarga de repartir el tiempo de UCP entre los distintos procesos, asignando de forma rotatoria intervalos de tiempo de la UCP a cada uno de ellos. Esto algoritmo es especialmente adecuado para los sistemas de tiempo compartido por que se basa en el concepto de rodaja de tiempo y reparte su atención entre todos los procesos, lo que al final viene a significar entre todos los usuarios. Los procesos están organizados en forma de cola circular y cuando han consumido su rodaja de tiempo son expulsados y pasan a ocupar el último lugar en la cola, con lo que se ejecuta otro proceso. Con este mecanismo, los usuarios tienen la sensación de avance global y continuado, lo que no está garantizado con los otros algoritmos descritos.

Con la política de **Prioridades** se selecciona para ejecutar el proceso en estado listo con mayor prioridad. Se suele asociar a mecanismos de expulsión para que un proceso abandone el procesador cuando pasa a listo un proceso de mayor prioridad. Con esta política es necesario utilizar otros algoritmos para decidir qué proceso de cada cola de prioridad se elige: *Round Robin* en el sistema interactivo y FIFO en el sistema *batch*. Además, puede tener problemas de inanición de procesos. No es adecuado para tiempo compartido si no se asocian políticas de rodaja de tiempo a las colas de prioridad y no se evitan los posibles problemas de inanición. Sin embargo, en la mayoría de los sistemas operativos convencionales se usan planificadores basados en colas de prioridad con políticas de rodaja de tiempo y mecanismos de envejecimiento de procesos, lo que permite resolver los problemas citados. En este caso, sí es adecuado para sistemas de tiempo compartido.

Ejercicio 3.5

¿Cuál es el criterio de planificación más relevante en un sistema de tiempo compartido, el tiempo de respuesta o la optimización en el uso del procesador? Razone su respuesta.

Solución

Un sistema de planificación en un sistema de tiempo compartido, o multiusuario, debe ofrecer el mayor rendimiento a todos los usuarios, para hacer "pensar" a cada uno de ellos que está trabajando directamente sobre la máquina, y no sobre un terminal. Para ello el tiempo de respuesta de los procesos que ejecuten cada uno de los usuarios, debe ser lo suficientemente rápido para evitar esperas por parte de los usuarios. Por tanto, es más relevante un criterio de planificación orientado al tiempo de respuesta.

Ejercicio 3.6

¿Cuál de las siguientes transiciones entre los estados de un proceso no se puede producir en un sistema con un algoritmo de planificación no expulsivo?

A.- Bloqueado a listo.

B.- Ejecutando a listo.

C.- Ejecutando a bloqueado.

D.- Listo a ejecutando.

Solución

En un sistema con un algoritmo de planificación no expulsivo se pueden producir todas las transiciones entre estados exceptuando de **ejecutando a listo** ya que dicho sistema conserva el procesador mientras no solicite al sistema operativo un servicio que lo bloquee. Luego no podrá pasarse a ejecución sin pasar antes por bloqueado.

La Figura 3.3 muestra los estados de un proceso y las transiciones de uno a otro.

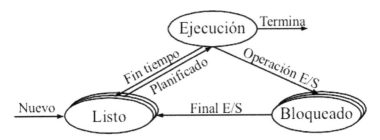

Figura 3.3 Estados de planificación de un proceso

Ejercicio 3.7

Sea un sistema que usa un algoritmo de planificación de procesos *round-robin* con una rodaja de tiempo de 100 ms. En este sistema ejecutan dos procesos. El primero no realiza operaciones de E/S y el segundo solicita una operación de E/S cada 50 ms. ¿Cuál será el porcentaje de uso de la UCP?

Solución

En un algoritmo de planificación de procesos *round-robin* los procesos están organizados en forma de cola circular. El primer proceso a ejecutar es el primero de la cola y se estará ejecutando hasta que se bloquee, bien porque solicite un servicio al sistema operativo o bien porque se acabe su tiempo máximo de ejecución (rodaja de tiempo). Si ocurre lo segundo el proceso pasará al final de la cola.

En el ejercicio, el proceso 1 comienza a ejecutar hasta que se acaba su rodaja de tiempo y se coloca al final de la cola. Seguidamente el proceso 2 pasa a ejecutarse hasta que solicita una operación de E/S a los 50 ms. Al solicitar un servicio al sistema operativo este proceso finaliza y se vuelve a colocar al final de la cola. Así se produce un bucle que durará hasta que acaben los procesos.

En la Figura 3.4 se puede observar el comportamiento de los dos procesos.

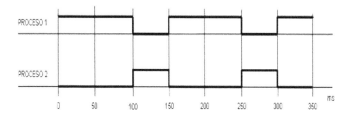

Figura 3.4 Cronograma de los dos procesos

Con esto podemos concluir que el porcentaje de uso de la UCP será el 100% ya que cuando no se está ejecutando uno de los procesos se está ejecutando el otro.

Ejercicio 3.8

Considere el siguiente conjunto de procesos planificados con un algoritmo *round-robin* con 1 u.t. de rodaja, ¿Cuánto tardan en acabar todos ellos?

Proceso.	Llegada.	Duración
P1	2	8
P2	0	5
P3	1	4
P4	3	3

Solución

El orden de llegada es: P2, P3, P1, P4. Llegadas separadas por una unidad de tiempo. Estructura de planificación de procesos: Cola circular con rodaja de una unidad de tiempo para cada proceso.

Se supondrá que al final de cada unidad de tiempo, primero se encola el proceso que ha acabado de ejecutar y después se encola el proceso que llegue en ese instante.

```
u(t) transcurridas------------------------>   0          1          2          3
P2 (5 ut)  P3 (4 ut)  P1 (8 ut)  P4 (3 ut)   P2 ejecuta
                                             P3 llega,  P2 ejecuta
                                                        P1 llega,  P3 ejecuta
                                                                   P4 llega,  P2 ejecuta


COLA--------------------------------------->   P2         P2P3       P3P2P1     P2P1P3P4
u(t) restantes----------------------------->   5          4--4       4--3--8    3--8--3--3


u(t) transcurridas------------------------>   4          5          6          7
```

91

	P1 ejecuta	P3 ejecuta	P4 ejecuta	P2 ejecuta
COLA-->	P1P3P4P2	P3P4P2P1	P4P2P1P3	P2P1P3P4
u(t) restantes------------------------------>	8--3--3—2	3--3--2—7	3--2--7--2	2--7--2--2
u(t) transcurridas------------------------->	8	9	10	11
	P1 ejecuta	P3 ejecuta	P4 ejecuta	P2 ejecuta
COLA-->	P1P3P4P2	P3P4P2P1	P4P2P1P3	P2P1P3P4
u(t) restantes------------------------------>	7--2--2--1	2--2--1--6	2--1--6--1	1--6--1--1
u(t) transcurridas------------------------->	12	13	14	15
	P1 ejecuta	P3 ejecuta	P4 ejecuta	P1 ejecuta
COLA-->	P1P3P4	P3P4P1	P4P1	P1
u(t) restantes------------------------------>	6--1--1	1--1--5	1--5	5

Tienen que transcurrir 12 unidades de tiempo para que el proceso P2 finalice. Tienen que transcurrir 14 unidades de tiempo para que P3 finalice. Tienen que transcurrir 15 unidades de tiempo para que P3 finalice. Para que finalice P1 tienen que transcurrir 15+5 unidades de tiempo.

Ejercicio 3.9

En un sistema que usa un algoritmo de planificación de procesos *Round-Robin*, ¿cuántos procesos como máximo pueden cambiar de estado cuando se produce una interrupción del disco que indica que se ha terminado una operación sobre el mismo?

Solución

El hecho de que el sistema use un algoritmo de planificación de procesos *Round-Robin* implica que va a haber un reparto equitativo del tiempo del procesador para la ejecución de los procesos.

Los procesos listos para ser ejecutados se almacenan en una cola. El proceso cabecera de la cola es el único en estado de ejecución. El algoritmo *Round-Robin* controla el tiempo que los procesos pueden estar en estado de ejecución. Si un proceso consume su rodaja de tiempo, éste es expulsado al último lugar de la cola y pasa a ejecutarse el proceso siguiente en la cola.

Si un proceso está bloqueado esperando una interrupción de disco, al recibirla, pasa de bloqueado a listo, incluyéndose en la lista de procesos listos para ejecutar.

Así pues, si en un sistema que usa un algoritmo de planificación de procesos *Round-Robin*, se produce una interrupción de disco que indica que se ha terminado una operación sobre el mismo, puede ocurrir que un proceso que estaba bloqueado, al recibir la señal causada por la interrupción pase a listo, colocándose en la última posición de la cola de procesos listos. Dadas las características de este algoritmo de planificación, el proceso en ejecución después de la interrupción de disco seguirá siendo el mismo puesto que un proceso sólo deja el procesador cuando se acaba su rodaja. Por tanto, sólo puede cambiar el estado de un proceso: el que estaba bloqueado esperando la finalización de la operación del disco, que pasará al estado de listo para ejecutar.

Ejercicio 3.10

Se tienen los siguientes trabajos a ejecutar:

Proceso	Unidades de tiempo	Prioridad
1	8	2

2	5	4
3	2	2
4	7	3

Los trabajos llegan en el orden 1, 2, 3 y 4 y la prioridad más alta es la de valor 1, se pide:
a) Escribir un diagrama que ilustre la ejecución de estos trabajos usando:
 1. Planificación de prioridades no expulsiva.
 2. Planificación cíclica con una rodaja de tiempo de 2.
 3. FIFO.
b) Indicar cuál es el algoritmo de planificación con menor tiempo medio de espera.

Solución

a) Diagramas de GANTT

1- Planificación con prioridades no expulsiva.

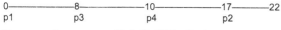

```
0————————8————————————10————————————17————————22
p1                p3              p4              p2
```
Tiempo medio espera   = (0+8+10+17)/4 = 8 u.t.
Tiempo medio respuesta = (8+10+17+22)/4 = 14,25 u.t.

2- Planificación con Round Robin (rodaja = 2).

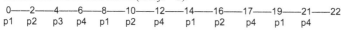

```
0————2————4————6————8————10————12————14————16————17————19————21————22
p1   p2   p3   p4   p1   p2    p4    p1    p2    p4    p1    p4
```
Tiempo medio espera   = (13+12+4+15)/4=11 u.t.
Tiempo medio respuesta = (21+17+6+22)/4=16,5 u.t.

3- Planificación FCFS

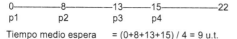

```
0————————8————————13————15————————22
p1          p2          p3    p4
```
Tiempo medio espera   = (0+8+13+15) / 4 = 9 u.t.
Tiempo medio respuesta = (8+13+15+22) /4 = 14.5 u.t.

b) Se observa que el caso con menor tiempo de espera es el de prioridades no expulsiva. Este tiempo resulta parecido al del FIFO. En realidad el ejemplo es muy sencillo y limitado para sacar ninguna conclusión general válida, puesto que sólo considera cuatro procesos que aparecen todos en el mismo instante.

Ejercicio 3.11

Supóngase un sistema operativo que sigue un modelo cliente-servidor (o sea, con arquitectura de tipo micronúcleo) en el que existe un proceso servidor FS (*File System*) encargado de la gestión de archivos y un proceso TD (tarea de disco) que realiza la función de manejador de disco. En este sistema, la prioridad de FS es mayor que la de un proceso de usuario y la de TD mayor que la del resto de procesos, incluyendo FS. En un determinado instante, en ese sistema se encuentran los dos siguientes procesos de usuario A y B, en este orden en la cola de procesos preparados, estando, además, todas las tareas y servidores bloqueados. Considérese que las características de ejecución de A y B son las siguientes:

Proceso A: 160 ms. CPU, 50 ms. E/S a disco, 50 ms. CPU.
Proceso B: 20 ms. CPU, 50 ms. E/S a disco, 60 ms. de CPU.

Se pide construir un diagrama de tiempos donde se muestre, a partir del instante en el que aparecen los procesos A y B en el sistema, los estados de estos dos procesos. Tenga en cuenta que la

E/S a disco implica usar el proceso FS (*File System*) y de la tarea del disco (TD). Supóngase que tanto el FS como la tarea del disco ejecutan en tiempo despreciable. Los procesos de usuario de este sistema operativo se multiplexan a intervalos de 100 ms.

Solución

Utilizando la siguiente notación:

TD	=	Tarea del disco (manejador del disco)
SF	=	Sistema de archivos
b	=	bloqueado
e	=	ejecutando
p	=	preparado
t	=	terminado
d	=	tiempo despreciable

La tabla de tiempos es la siguiente:

A	e	p	p	p	e	p	p	p	p	e	b	b	b	b	b	b	b	p	e	t
B	p	e	b	b	b	b	b	b	b	p	p	p	e	p	p	p	p	e	t	t
FS	b	b	e	b	b	b	b	e	b	e	b	e	b	b	b	e	b	e	b	b
TD	b	b	b	e	b	e	b	b	b	b	b	e	b	e	b	b	b	b	b	b
Tiempo	100	20	d	d	50	d	d	d	d	10	d	d	50	d	d	d	d	10	50	
Notas					(1)								(1)							

Notas: (1) Llegada de interrupción del controlador de disco.

Ejercicio 3.12

Supóngase un sistema operativo que sigue un modelo cliente-servidor (o sea, con arquitectura de tipo micronúcleo) en el que existe un proceso servidor FS (*File System*) encargado de la gestión de archivos y un proceso **tty** (tarea del terminal) que realiza la función de manejador del terminal. En este sistema, la prioridad de FS es mayor que la de un proceso de usuario y la de **tty** mayor que la del resto de procesos, incluyendo FS. Considérese en este sistema una situación con dos procesos de nivel de usuario, **A** y **B**, en este orden en la cola de preparados, con las siguientes necesidades de recursos:

Proceso A: 150 ms. CPU, lectura de un carácter por terminal, 250 ms. de CPU.

Proceso B: 200 ms. CPU, 50 ms. escritura en terminal, 100 ms. de CPU.

Supóngase que, en el instante inicial, el tampón (buffer) de entrada del terminal está vacío y que se teclea un carácter a los 200 ms. del instante inicial.

Se pide construir un diagrama de tiempos donde se muestre, a partir del instante en el que aparecen los procesos A y B en el sistema, los estados de estos dos procesos. Para la E/S se usa un proceso del sistema *FS* (File System) y la tarea del terminal (tty). Supóngase que tanto el FS como la tarea del terminal ejecutan en tiempo despreciable y que los procesos de usuario se multiplexan a intervalos de 100 ms.

Solución

Empleando la siguiente notación:

tty	=	Tarea del terminal (manejador del terminal)
SF	=	Sistema de archivos
b	=	bloqueado
e	=	ejecutando
p	=	preparado
t	=	terminado
d	=	tiempo despreciable

La tabla pedida es la siguiente:

tty	b	b	e	b	b	e	b	b	b	b	e	b	b	e	b	b	b	b	b
FS	b	b	b	b	e	b	e	b	b	e	b	e	b	b	e	b	b	b	b

A	e	p	p	e	b	b	b	p	p	p	p	p	e	p	p	e	p	e	t
B	p	e	p	p	p	p	p	e	e	b	b	b	b	b	b	p	e	t	t
t	100	100	d	50	d	d	d	50	50	d	d	d	50	d	d	50	100	150	
Nota		(1)		(2)			(3)	(4)	(5)			(6)	(7)					(8)	

Notas:

(1) Al teclear el carácter se produce una interrupción que activa durante un corto tiempo la tarea **tty**. Esta almacena el carácter en el tampón de entrada.

(2) Al invocar A la operación de lectura, obtiene el carácter previamente almacenado en el tampón (suponemos el terminal en modo carácter).

(3) Se ejecuta B porque A acaba de pasar a preparado y, por tanto, se ha situado al final de la cola.

(4) Se sigue ejecutando B al llegar la interrupción de reloj porque al principio de la anterior rodaja se estaba ejecutando un proceso distinto (A).

(5) Comienzo de la escritura de B. Suponemos un protocolo similar al de un disco, con un mensaje para desbloquear el sistema de archivos.

(6) Fin de escritura. La tarea de terminal envía el mensaje correspondiente a FS, y éste a B.

(7) Se ejecuta A porque B acaba de pasar a preparado. En cualquier caso, a A le correspondería aún otra rodaja de tiempo.

(8) Dado que el A es el único proceso activo al consumir la rodaja de 100 ms vuelve a obtener otra rodaja.

Comentario: Pueden hacerse distintas hipótesis sobre el funcionamiento del terminal, lo que daría lugar a otras soluciones correctas.

Ejercicio 3.13

Supóngase un sistema operativo que sigue un modelo cliente-servidor (o sea, con arquitectura de tipo micronúcleo) en el que existe un proceso servidor FS (*File System*) encargado de la gestión de archivos, un proceso *disk* que realiza la función de manejador del disco y un proceso *clock* que se encarga de toda la funcionalidad relacionada con el tiempo, como la gestión de temporizadores. En este sistema, la prioridad de FS es mayor que la de un proceso de usuario y la de las tareas *disk* y *clock* mayor que la del resto de procesos, incluyendo FS. En este sistema, hay dos procesos de nivel de usuario, **A** y **B**, en este orden en la cola de preparados, con las siguientes necesidades de recursos:

Proceso A: 150 ms. CPU, 60 ms. de E/S al disco, 30 ms. de CPU

Proceso B: 50 ms. CPU, 60 ms. de E/S al disco, 70 ms. de CPU

Supóngase que, en el instante inicial el motor del disco está parado y que faltan 10 ms. para que venza una rodaja de tiempo (100 ms) de planificación de la UCP.

Se pide construir un diagrama de tiempos donde se muestre, a partir del instante en el que aparecen los procesos A y B en el sistema, los estados de estos dos procesos, así los del sistema: proceso **FS** (*File System*), de la tarea del disco (*disk*) y de la tarea del reloj (*clock*). Supóngase que las tareas del sistema ejecutan en tiempo despreciable. Considérense solamente las activaciones de la tarea de reloj en las que vence una alarma, que el motor del disco tarda en arrancar 250 ms. y que los procesos de usuario se multiplexan a intervalos de 100 ms.

Solución

clock	b	b	b	b	b	b	B	e	b	b	b	b	b	b	b	b	b	b	b
floppy	b	b	b	b	e	b	B	b	e	b	e	b	e	b	e	b	b	b	b
FS	b	b	b	e	b	b	B	b	b	b	b	e	b	b	b	e	b	b	b
A	e	e	p	p	p	e	B	b	b	b	b	b	b	b	b	b	p	e	t
B	p	p	e	b	b	b	B	b	b	b	b	b	p	e	p	p	e	t	t
ms	10	100	50	d	d	40	210	d	d	60	d	d	d	60	d	d	10	30	d

b = bloqueado, e = ejecutando, p = preparado, t = terminado, d = tiempo despreciable

Ejercicio 3.14

En un sistema UNIX se quiere programar un proceso que lea de un archivo de usuarios, denominado "/etc/users" para ver si un usuario está dado de alta en el sistema. Dicho proceso debe leer sin verse afectado por las señales SIG_INT y SIG_QUIT, pero debe poner un temporizador de 20 segundos. En caso de que venza el temporizador, debe imprimir un mensaje de error y terminar.

a) Suponiendo que dos procesos (A y B) como el anterior son los únicos del sistema, que arrancan simultáneamente, que el proceso A encuentra el usuario en la segunda entrada del archivo y que el proceso B lo encuentra en la primera, escriba una traza de la ejecución de ambos procesos indicando en cada momento su situación con respecto al planificador.

b) Sea el siguiente proceso, único en el sistema, donde los dos threads se arrancan cuando se crean y tienen los mismos derechos de ejecución:

```
main()
{    thread_t  thid1, thid2;
     thr_create(crear_archivo, "fich1", 0777,  &thid1);
     thr_create(crear_archivo, "fich2", 0755,  &thid2);
     thr_join (thid1);
     thr_join (thid2);
}
```

```
int crear_archivo(char * nombre, mode_t modo)
{    int fd;
     struct stat buf;
     fd = creat (nombre, modo);
     res = fstat(fd, &buf);
     if (res == -1 )
         write(STDOUT, "Error en creat \n", 16);
     return(res);
}
```

Escriba una traza de la ejecución del proceso y de ambos threads indicando en cada momento su situación con respecto al planificador para los dos casos siguientes:

b.1) Los threads son de biblioteca.

b.2) Los threads son del núcleo.

NOTA: El planificador del sistema anterior tiene tres estados relevantes: ejecución (E), listo para ejecutar (L) y bloqueado (B) y utiliza una política *round-robin* con rodajas de 100 segundos. Las llamadas *open*, *close* y *fstat* tardan 2 segundos en ejecutarse y las llamadas *read*, *write* y *creat* tardan 4 segundos. La parte inicial de cada proceso tarda 1 segundo.

Solución

a) Se supone que la planificación de los procesos es FIFO o ROUND-ROBIN con una rodaja de tiempo muy grande (ej: 50 segundos). Con este esquema, el planificador actúa guiado por las llamadas al sistema que bloquean a los procesos que las emiten. Las no bloqueantes no son relevantes para el planificador.

A	E	B	B	E	B	B	B	B	E	B	B	B	B	E	B	B	B	E			
B	L	E	B	B	E	B	B	B	B	E	B	B	E	T							
Ti.	1	1	1	1	1	1	1	1	1	1	1	1	1	1	1	1	1				
Ev.	1	2		3	4			5	6			7	8			9					

1 - Inicio A y open A

2 - Inicio B y open B

3 - Read A. Primera vuelta.

4 - Read B. Primera vuelta.

5 - Read A. Segunda vuelta.

6 - Close B.

7 - Fin B.

8 - Close A.

9 - Fin A.

b) Se presentan dos casos dependiendo de si los procesos ligeros son de biblioteca o de núcleo.

b.1) Si los procesos ligeros son de biblioteca, el núcleo ve todos los threads situados en el proceso como un único flujo de ejecución. Por tanto, si un thread se bloquea por una llamada al sistema, todos los demás se bloquearán, aunque pudieran estar listos para ejecutar. Pr. muestra el estado global del proceso. Thp. muestra el flujo del thread principal.

Pr.	E	E	B	E	B	E	B	E	B	E	B	E	B	E	E	T
Thp.	E	B	B	B	B	B	B	B	B	B	B	B	B	B	E	T
Th1		E	B	L	L	E	B	L	L	E	B	L	L	E	T	T
Th2			L	E	E	B	L	L	E	B	L	L	E	B	L	E	T
Ti.	1	1	4	1	4	1	2	1	2	1	4	1	4			
Ev.	1	2		3		4		5		6		7		8	9	10	

1 - El proceso arranca los threads.

2 - Th1 hace creat.

3 - Th2 hace creat.

4 - Th1 hace fstat.

5 - Th2 hace fstat.

6 - Th1 hace write.

7 - Th2 hace write.

8 - Termina Th1.

9 - Termina Th2.

10 - Termina Pr.

b.2) Si los threads son de núcleo, la ejecución de llamadas bloqueantes al sistema operativo bloquean sólo al thread que efectúa dichas llamadas.

Pr./Thp	E	B	B	B	B	B	B	B	B	B	B	E	T
Th1.		E	B	B	E	B	B	E	B	B	E	T	
Th2.		L	E	B	B	E	B	B	E	B	B	E	T
Ti.	1	1	1	3	1	1	1	1	1	3	1		
Ev.	1	2	3		4	5		6	7		8	9	10

Los eventos son idénticos a los de b.1.

Ejercicio 3.15

Responda a las siguientes preguntas sobre la llamada al sistema n=wait(&status) del sistema operativo UNIX.

a) ¿Cuál es la semántica de esta llamada?

b) Indicar en qué situaciones produce cambio de proceso y en qué casos no.

c) Describir detalladamente los pasos que se realizan en esta llamada al sistema desde que se llama a la rutina de biblioteca hasta que ésta devuelve control al programa de usuario. (Indicar cómo se transfiere el control y parámetros al sistema operativo, cómo realiza su labor el sistema operativo y cómo devuelve control y resultados al usuario).

d) ¿Cuáles son los recursos mínimos que UNIX debe mantener (no liberar) de un proceso zombie?

Solución

a) La llamada al sistema `n=wait(&status)` permite a un proceso padre sincronizarse con la terminación de un proceso hijo. Si algún hijo ya ha terminado la llamada devuelve en el `pid` de alguno de los procesos hijos que ha terminado y en `status` el estado de terminación que dicho proceso hijo expresó en su llamada de terminación `exit(status)`. Si ningún hijo ha terminado el proceso padre se queda bloqueado hasta que algún hijo termine.

Cuando algún hijo termine se desbloqueará al proceso padre devolviendo en `n` y `status` la información descrita anteriormente. Si no tiene ningún hijo la llamada devuelve en `n` un error con valor negativo.

b) Esta llamada bloqueará al padre si tiene hijos pero ninguno ha terminado todavía. No bloqueará en el caso de que haya algún proceso hijo terminado o que no tenga hijos.

c) La rutina de biblioteca `wait` está escrita en ensamblador y se encarga de preparar los parámetros de la llamada (número de llamada y dirección de la variable `status`) en la pila del proceso o en ciertos registros generales y luego produce un *trap*.

Este *trap* es una interrupción síncrona que por hardware mete en la pila un contexto mínimo del proceso llamador consistente en el contador de programa y la palabra de estado y a continuación restaura el contador de programa y la palabra de estado que encuentra en el vector de interrupción correspondiente al *trap*.

Esto significa que se produce un salto incondicional a la dirección indicada en el vector de interrupciones que corresponde a una rutina de tratamiento de interrupción en el espacio del núcleo. Además se pasa de modo usuario a modo núcleo debido a la palabra de estado restaurada desde el vector de interrupción.

La rutina de tratamiento de la interrupción salva, antes de nada, el resto del contexto del proceso consistente en los registros generales, puntero de pila, etc. Luego extrae de la pila del proceso o de los registros la información de los parámetros de la llamada al sistema. Con el número de llamada indexa en una tabla de direcciones de rutinas de tratamiento de las diferentes llamadas al sistema y salta a la rutina correspondiente a la llamada `wait`.

La rutina de tratamiento de la llamada `wait` en términos generales debe realizar la siguiente labor:

- Recorre la tabla de procesos para ver si el proceso actual es padre de alguno de los procesos del sistema.
- Si no encuentra ninguno retornará un resultado de error a la rutina de tratamiento de interrupción que restaurará el contexto del proceso actual, pasará el resultado de error en la pila o en algún registro, pondrá en la pila el contexto mínimo salvado con el *trap* y ejecutará un `RETI` (retorno de interrupción).
- Si encuentra algún hijo terminado liberará los recursos ocupados por el hijo (memoria, tablas de control del proceso) y retornará a la rutina de tratamiento de la interrupción el valor de status del hijo terminado, que se encontrará en un campo del descriptor del proceso hijo, y el identificador de dicho proceso hijo. Al igual que en el punto anterior, la rutina de interrupción preparará los parámetros y retornará de interrupción.
- Si encuentra hijos pero ninguno ha terminado, el proceso actual (el padre) debe bloquearse produciéndose por tanto un cambio de proceso. Para ello se debe:
    - quitar al proceso actual de la cola de listos para ejecutar,
    - reflejar en su descriptor de proceso su estado de bloqueado,
    - mover al proceso actual a una cola de bloqueados,
    - llamar al planificador para que elija un nuevo proceso para ejecutar,

- reflejar en el descriptor del nuevo proceso su estado de ejecución,

- y retornar a la rutina de tratamiento de interrupción que, como en los puntos anteriores, restaurará el contexto del nuevo proceso y retornará de la interrupción.

Para el caso en que el proceso padre se bloquee, la ejecución de un `exit` por parte de un hijo lo desbloqueará. Los pasos que se realizarán son:

- La rutina que trata el `exit` mira si el proceso actual (un hijo) tiene a su padre bloqueado esperando por la terminación de un hijo.

- Si lo encuentra debe desbloquear al proceso padre cambiando la información de su descriptor de proceso y poniéndolo en la cola de listos para ejecutar y bloquearse el mismo (el hijo) después de ponerse en estado terminado.

- Esto último producirá un cambio de proceso cuyos pasos se han visto anteriormente.

Cuando vuelva a ejecutar el proceso padre mirará de nuevo si tiene algún hijo terminado y después de encontrarlo seguirá los mismos pasos descritos anteriormente.

d) El estado zombie es aquel en el que se encuentra un proceso hijo que ha terminado y cuyo padre no ha hecho todavía `wait` por él. En este estado un proceso no volverá a ejecutar y no necesitará ningún recurso. Lo único que debe permanecer es la información que necesite el padre para cuando haga el `wait`. Este información es bastante limitada y consiste en el `pid` del hijo, el `pid` de su padre (`ppid`), el estado de terminación del hijo (`status`) y alguna información de contabilidad y tiempos de ejecución. Todo esto se encuentra en el descriptor del proceso, por lo que podría ser lo único que se conservara del mismo hasta que el padre haga el `wait`.

Ejercicio 3.16

Considérese un sistema operativo que usa un algoritmo de planificación de procesos *round-robin* con una rodaja de 100 ms. Supóngase que se quiere compararlo con un algoritmo de planificación expulsiva por prioridades en el que cada proceso de usuario tenga una prioridad estática fijada en su creación. Dado el siguiente fragmento de programa, se pide analizar su comportamiento usando el planificador original y, a continuación, hacerlo con el nuevo modelo de planificación planteado. Para cada modelo de planificación, se deberá especificar la secuencia de ejecución de ambos procesos (se tendrán en cuenta sólo estos procesos) hasta que, o bien un proceso llame a la función P2 o bien el otro llame a P4.

NOTA: La escritura en una tubería no bloquea al escritor a no ser que la tubería esté llena (situación que no se da en el ejemplo). Además, en este análisis se supondrá que a ninguno de los dos procesos se les termina el cuanto de ejecución.

```
. . . . . .
f = open ("/dev/tty", O_RDONLY);
pipe(p);
/* crea un hijo (en el caso del planificador modificado de menor
   prioridad que el padre, en este caso la llamada sería:
           fork(LOWERPRIORITY)) */
if (fork()==0)
{
    P1(); /* procesamiento de 20 ms. */
    write (p[1], buf, t);
    P2();
    . . . . . .
}
else
{    /* lectura del terminal */
    read (f,but,t); /* estará disponible en 5 ms */
    P3(); /* procesamiento de 2 ms */
    read (p[0], buf, t);
    P4();
    . . . . . .
}
```

Solución

En primer lugar, se presenta la secuencia de ejecución para el algoritmo original:

* P. padre: ejecuta `fork` (no hay cambio de contexto ya que no se bloquea), inicia la lectura del terminal y se bloquea ya que los datos no están disponibles.
* P. hijo: comienza a ejecutar P1 (5ms).
* Datos del terminal disponibles: se pone en estado de listo para ejecutar el proceso padre pero, a continuación, sigue ejecutando el proceso hijo.
* P. hijo: continúa ejecutando P1 y después escribe en la tubería. Como no está llena no se bloquea y pasa a ejecutar P2.

  Siguiendo las especificaciones del enunciado, con esto termina la traza de la ejecución.

  A continuación, se muestra la secuencia de ejecución para el algoritmo modificado:

* P. padre: ejecuta `fork` (no hay cambio de contexto ya que el hijo es de menor prioridad), inicia la lectura del terminal y se bloquea ya que los datos no están disponibles.
* P. hijo: comienza a ejecutar P1 (5ms).
* Datos del terminal disponibles: se pone en estado de listo para ejecutar el proceso padre. Puesto que tiene mayor prioridad pasará a ejecutarse a continuación.
* P. padre: ejecuta P3 y lee de la tubería vacía, por lo que se bloquea y continúa ejecutando el proceso hijo.
* P. hijo: termina P1 y escribe en la tubería. Como no está llena, no se bloquea pero se desbloquea al proceso padre que tiene mayor prioridad. Por lo tanto, después del tratamiento de la lectura pasa a ejecutar el proceso padre.
* P. padre: ejecuta P4.

  Siguiendo las especificaciones del enunciado se termina la traza con esta situación.

Ejercicio 3.17

En un determinado sistema operativo los procesos se ejecutan en función de su prioridad. Cuando varios procesos tienen la misma prioridad se utiliza una política FIFO. En la siguiente tabla se especifica para cada proceso, su prioridad, su tiempo de llegada, el tiempo que necesitan para ejecutarse.

PROCESOS	PRIORIDAD	T. DE LLEGADA	T DE EJECUCIÓN
P1	2	0	500
P2	3	200	300
P3	1	300	400
P4	3	500	1000
P5	2	700	600

Se desea calcular:

a) El tiempo que cada proceso se mantiene en espera desde su llegada al sistema hasta que finaliza.
b) El tiempo de retorno de cada proceso (tiempo transcurrido desde que el proceso llega hasta que finaliza su ejecución).
c) El tiempo medio de espera y el tiempo medio de retorno.

   Realice estos cálculos para las dos situaciones siguientes:

   1. Planificación sin expulsión.
   2. Planificación con expulsión.

Solución

a) En el caso de planificación sin expulsión una vez que un proceso adquiere la UCP no la libera hasta que no ha finalizado su ejecución. La traza de la ejecución sería:

T	P1		P2		P3		P4		P5	
	Cons.	Pend.	Cons.	Pend.	Cons.	Pend.	Cons.	Pend.	Cons.	Pend.
0	0	500	0	0	0	0	0	0	0	0
200	200	300	0	300	0	0	0	0	0	0
300	300	200	0	300	0	400	0	0	0	0
500	500	0	0	300	0	400	0	1000	0	0
700	500	0	0	300	200	200	0	1000	0	600
900	500	0	0	300	400	0	0	1000	0	600
1500	500	0	0	300	400	0	0	1000	600	0
1800	500	0	300	0	400	0	0	1000	600	0
2800	500	0	300	0	400	0	1000	0	600	0

Cons.) Consumido. Pend.) Pendiente.

Para determinar el tiempo de retorno habrá que restar el momento en que el proceso ha terminado del momento en el que el proceso se ha iniciado:

$$T_{retorno} = T_{fin} - T_{inicio}$$

Para determinar el tiempo de espera habrá que deducir del tiempo de retorno el tiempo que el proceso ha pasado efectivamente en ejecución:

$$T_{espera} = T_{retorno} - T_{ejecucion}$$

Proceso	Tiempo de retorno	Tiempo de espera
P1	500 – 0 = 500	500 – 500 = 0
P2	1800 – 200 = 1600	1600 – 300 = 1300
P3	900 – 300 = 600	600 – 400 = 200
P4	2800 – 500 = 2300	2300 – 1000 = 1300
P5	1500 – 700 = 800	800 – 600 = 200
Media	5800/5 = 1160	3000/5 = 600

b) En el caso de planificación con expulsión, un proceso liberará la UCP si llega a la cola de procesos otro proceso con mayor prioridad.

La traza de ejecución sería:

T	P1		P2		P3		P4		P5	
	Cons.	Pend.	Cons.	Pend.	Cons.	Pend.	Cons.	Pend.	Cons.	Pend.
0	0	500	0	0	0	0	0	0	0	0
200	200	300	0	300	0	0	0	0	0	0
300	300	200	0	300	0	400	0	0	0	0
500	300	200	0	300	200	200	0	1000	0	0
700	300	200	0	300	400	0	0	1000	0	600
900	500	0	0	300	400	0	0	1000	0	600
1500	500	0	0	300	400	0	0	1000	600	0
1800	500	0	300	0	400	0	0	1000	600	0

T	P1		P2		P3		P4		P5	
	Cons.	Pend.	Cons.	Pend.	Cons.	Pend.	Cons.	Pend.	Cons.	Pend.
2800	500	0	300	0	400	0	1000	0	600	0

Los tiempos de retorno y de espera para cada proceso serán:

Proceso	Tiempo de retorno	Tiempo de espera
P1	900 – 0 = 900	900 – 500 = 400
P2	1800 – 200 = 1600	1600 – 300 = 1300
P3	700 – 300 = 400	400 – 400 = 0
P4	2800 – 500 = 2300	2300 – 1000 = 1300
P5	1500 – 700 = 800	800 – 600 = 200
Media	6000/5 = 1200	3200 / 5 = 640

Ejercicio 3.18

Se quiere dotar a un sistema operativo con procesos ligeros (LWP) y se duda entre usar bibliotecas "en espacio de usuario" o definirlos como servicios del núcleo.

a) ¿Cuáles son las diferencias entre unos y otros? ¿En qué circunstancias es un tipo mejor que otro?

b) El sistema operativo planifica por prioridad y con una rodaja de 100 ms para procesos de la misma prioridad. Si en un instante tenemos dos procesos listos para ejecutar (de la misma prioridad) cada uno con dos LWP (A1, A2, B1, B2), con el LWP A1 en ejecución y éste emite una llamada bloqueante al núcleo del sistema, ¿cómo quedan las colas de planificación en caso de que se use LWP de biblioteca o del núcleo? ¿Por qué?

c) ¿Cuál es la estructura de un proceso con LWP? ¿Hay algún segmento compartido por todos los LWP? En caso afirmativo, ¿qué problemas podrían existir y cómo podrían resolverse?

d) Se quiere implementar un servidor concurrente, para lo cual se usarán LWPs con modelo "*dispatcher-worker*". El maestro recibe peticiones de servicio a través de mensajes. Dicho maestro ejecuta un único servicio, denominado **servicio**, mediante un LWP. Esta función debe obtener los datos del mensaje, procesarlos mediante la función ya existente **dar_servicio**, devolver el resultado al cliente y terminar. Una vez creado el LWP de servicio y copiados los parámetros, el maestro queda libre para recibir más mensajes. Suponiendo definidas las primitivas **create_thread**, **destroy_thread**, **send**, **receive**, **lock** y **unlock**, y la estructura **mensaje**, programe en pseudocódigo el cuerpo principal del servidor y del **servicio** indicando claramente las llamadas al sistema y a las primitivas definidas.

NOTA: El paso de parámetros en el servidor se hace mediante copia del mensaje a través de memoria, por lo que es necesario evitar posibles conflictos de acceso.

Solución

a) Existen dos formas de implementar un paquete de procesos ligeros (LWP): en espacio de usuario y en el núcleo.

Si los LWP se implementan en "espacio de usuario" el núcleo no sabe nada acerca de su existencia por lo que los procesos son manejados como procesos clásicos con un único flujo de ejecución. En este modelo de implementación, las operaciones de los LWP se resuelven a nivel de biblioteca de usuario. Las ventajas de este modelo de implementación son las siguientes: se pueden implementar sobre un núcleo que no proporciona LWP ni estructuras específicas para su manejo, cada proceso puede usar su propio algoritmo de planificación para sus LWP, las operaciones sobre LWP no suponen un cambio de contexto por lo que son más rápidas, permiten un mayor crecimiento del número de LWP al no necesitar recursos del núcleo. El principal problema de este modelo es que, al no saber nada el núcleo de los LWP, no se puede planificar en base a ellos, ni tratar señales específicas de un LWP. Las llamadas al sistema bloqueantes afectarán a todo el proceso aunque éste tuviera algún LWP que pudiera ejecutar.

Si los LWP se implementan en "espacio de núcleo", el sistema operativo es capaz de manejar múltiples LWP dentro de un proceso tradicional, por lo que debe resolver los problemas de concurrencia, tratamiento de señales y planificación asociados a los LWP pertenecientes a un mismo proceso. Las ventajas principales de los LWP implementados en el núcleo son: se puede planificar en base a ellos, se puede tratar señales específicas de un LWP, las llamadas al sistema bloqueantes solo afectan al LWP que las emite. La principal desventaja es que todas las llamadas de los LWP deben convertirse en llamadas al sistema, suponiendo la ejecución de cada una de ellas un cambio a espacio del núcleo.

Los LWP implementados en el núcleo son mejores cuando se trata de programar aplicaciones que emiten llamadas bloqueantes y deben esperar una respuesta. En estos casos el uso de LWP permite obtener una mayor concurrencia sobre la base de aprovechar el tiempo de bloqueo de cada LWP. Un caso típico de mejora con LWP son muchos servidores del sistema operativo, cuyo índice de concurrencia es 1. Si se usasen LWP se podría manejar más de un servicio de forma simultánea, aunque habría que resolver los problemas de condición de carrera en las estructuras de datos compartidas y las funciones no reentrantes.

b) Se deben distinguir dos casos:

LWP en bibliotecas de usuario: el núcleo no sabe nada de LWP. Las colas de planificación sólo muestran procesos.

Situación inicial: A, B.

Situación final: B (proceso A bloqueado).

LWP en el núcleo: se puede planificar en base a LWP. Las colas de planificación muestran procesos y LWP.

Situación inicial: A (A1, A2), B (B1, B2).

Situación final: A (A2), B (B1, B2).

En este caso el proceso A sigue disfrutando de su rodaja de tiempo de ejecución, suponiendo que A1 no la ha agotado.

c) En el caso de procesos con LWP, la estructura varía según el modelo de implementación de estos. Para LWP en bibliotecas de usuario, la estructura de un proceso es la clásica de un proceso convencional, lo que incluye tres segmentos: código, datos y pila. Para LWP en el núcleo, la estructura de un proceso debe incluir varias pilas (una por LWP), lo que puede lograrse con varios segmentos de pila o subdividiendo el segmento de pila en porciones. En cualquier caso, conceptualmente, se puede suponer que la imagen del proceso incluye un segmento de código, uno de datos y un segmento de pila por cada LWP.

d) El código del servidor concurrente será el siguiente:

```
main()
{
    /* declaraciones */
    mutex m;
    /* inicializacion */
    /* bucle principal del servidor */

    while ( TRUE ){
       /* recibir peticion */
       if ( receive( server_queue, &mensaje ) < 0 )
       perror("Error en recepcion de peticion");
       else{
          /* extraer el código de operación*/
          switch (mensaje.operacion){
            case SERVICIO:
             lock( &m );
             create_thread( servicio, &mensaje );
             /* El servidor se bloquea sobre el mensaje esperando
                a que el
             LWP libere variable global antes de reutilizarla
             El LWP la habrá bloqueado.
```

```
                   */
                   lock( &m );
                   unlock( &m );
                   break;
               default:
                   send (mensaje.origen, error);
                   break;
           }
       }
}


servicio ()
{
    /* declaraciones */
    /* extraer parámetros del mensaje a la estructura
    local parámetros*/
    unlock( &m );
    resultado = dar_servicio (parametros);
    send (mensaje.origen, resultado);
    destroy_thread();
}
```

Ejercicio 3.19

En un sistema monolítico se desea incluir un servicio de comunicación por paso de mensajes que ofrezca los servicios Enviar(puerto, mensaje) y Recibir(puerto, mensaje) con la funcionalidad que indica su nombre. Se pretenden estudiar los aspectos de sincronización asociados a estas primitivas.

En el sistema existen las dos siguientes funciones internas para la gestión del bloqueo de un proceso a la espera de un evento y su posterior desbloqueo:

- Bloquear(proceso, lista): incluye el proceso en la lista de espera especificada correspondiente a un determinado evento, lo pone en estado bloqueado y realiza un cambio de contexto al proceso seleccionado por el planificador. Todo proceso bloqueado está incluido en alguna lista de espera.
- Desbloquear(lista): elimina el primer proceso bloqueado de la lista de espera especificada poniéndolo en estado listo.

Se consideran dos alternativas a la hora de diseñar este servicio: comunicación de tipo asíncrona (o sea, envío no bloqueante y uso de *buffering*) o de tipo síncrona (o sea, envío bloqueante y sin *buffering*). En ambos casos la recepción es bloqueante. Por simplicidad, se considera que todos los mensajes son del mismo tamaño y que, en el caso de comunicación asíncrona, el tamaño del *buffer* es ilimitado.

Se pide:

a) Para el caso de un modo asíncrono, especificar cómo se implementan los servicios Enviar y Recibir mostrando qué llamadas a Bloquear o a Desbloquear se realizan y bajo qué condiciones, así como en qué momento se realizan las copias del mensaje. Previamente se debe determinar qué lista o listas de espera estarán asociadas con cada puerto.

b) Lo mismo que en el apartado anterior pero para una comunicación de tipo síncrona.

c) Suponiendo que en el sistema se usa un algoritmo de planificación expulsivo basado en prioridades, analizar en qué puntos de los servicios Enviar y Recibir especificados en los dos apartados anteriores se pueden producir cambios de contexto y de qué tipo son los mismos (voluntarios o involuntarios). ¿Qué diferencia habría dependiendo de si se trata de un sistema operativo que no permita que haya concurrencia entre las llamadas al sistema (como, por ejemplo, Linux) y uno que sí lo permita?

Solución

a) Comunicación asíncrona. Asociado con cada puerto existirá una lista (a la que denominaremos `recibiendo`) donde se enlazarán los procesos bloqueados esperando recibir un mensaje por ese puerto. Además, habrá una lista de los mensajes pendientes de recibir por ese puerto (`mensajes`). Por simplicidad se supone que puede haber un número ilimitado de mensajes en dicha lista.

El *pseudocódigo* de `Enviar` sería el siguiente:

```
Enviar(puerto, mensaje)
{
    ppuerto=&tabla_puertos[puerto];

    /* copia el mensaje al final de la lista de mensajes */
    Copiar_ultimo(mensaje, ppuerto->mensajes);

    Si (ppuerto->recibiendo!=NULL)
        Desbloquear(ppuerto->recibiendo);
}
```

Y el *pseudocódigo* de `Recibir` el siguiente:

```
Recibir(puerto, mensaje)
{
    ppuerto=&tabla_puertos[puerto];

    Mientras (ppuerto->mensajes==NULL)
        Bloquear(proc_actual, ppuerto->recibiendo);

    /* copia el primer mensaje de la lista de mensajes a la
       dirección especificada en la llamada */
    Copiar_primero(ppuerto->mensajes, mensaje);
}
```

Nótese el uso de un bucle (`mientras`) para asegurarse de que cuando ejecuta un proceso después de haber estado bloqueado en `Recibir`, todavía queda algún mensaje disponible.

b) Comunicación síncrona. Asociado con cada puerto existirán dos listas. Una similar a la del apartado anterior (`recibiendo`) donde se enlazarán los procesos bloqueados esperando recibir un mensaje por ese puerto. Otra lista que contendrá los procesos que han mandado un mensaje pero están bloqueados esperando que un proceso lo lea (`mandando`). En este caso no habrá una lista de mensajes ya que la comunicación síncrona no usa *buffering*. Sin embargo, será necesario que en el BCP de cada proceso haya un campo (`buffer`) que contenga la dirección del *buffer* donde el proceso quiere recibir el mensaje, en el caso de un proceso bloqueado al recibir, o del *buffer* que contiene el mensaje, si se trata de un proceso bloqueado al mandar.

El *pseudocódigo* de `Enviar` sería el siguiente:

```
Enviar(puerto, mensaje)
{
    ppuerto=&tabla_puertos[puerto];
    Si (ppuerto->recibiendo==NULL) {
```

```
            /* se guarda la dirección donde se
               almacena el mensaje */
            proc_actual->buffer=mensaje;
            Bloquear(proc_actual, ppuerto->mandando);
        }
        Si no {
            /* obtiene el BCP del primer proceso
               en la lista recibiendo */
            pproc=ppuerto->recibiendo;
            /* copia mensaje al buffer donde
               dicho proceso lo espera */
            Copiar(mensaje, pproc->buffer);
            Desbloquear(ppuerto->recibiendo);
        }
    }
}
```

Y el *pseudocódigo* de Recibir el siguiente:

```
Recibir(puerto, mensaje)
{
        ppuerto=&tabla_puertos[puerto];
        Si (ppuerto->mandando==NULL) {
            /* se guarda la dirección donde se
               almacena el mensaje */
            proc_actual->buffer=mensaje;
            Bloquear(proc_actual, ppuerto->recibiendo);
        }
        Si no {
            /* obtiene el BCP del primer proceso
               en la lista mandando */
            pproc=ppuerto->mandando;
            /* copia mensaje desde el buffer del
               proceso remitente */
            Copiar(pproc->buffer, mensaje);
            Desbloquear(ppuerto->mandando);
        }
}
```

c) Al tratarse de un esquema de planificación expulsivo, se podrán producir cambios de contexto en dos situaciones:

- Cambios de contexto voluntarios cuando un proceso se bloquea.
- Cambios de contexto involuntarios cuando un proceso se desbloquea y tiene más prioridad que el proceso actual.

Por lo tanto, en el caso de una comunicación asíncrona se podrían dar los siguientes cambios de contexto:

o   En Enviar se puede producir un cambio de contexto involuntario si al desbloquear a un proceso receptor, éste tiene más prioridad que el proceso actual.

o   En Recibir se puede producir un cambio de contexto voluntario si se bloquea el proceso por no existir ningún mensaje pendiente.

Por lo que se refiere al caso de una comunicación síncrona se podrían dar los siguientes cambios de contexto:

- o   Como ocurría en el caso asíncrono, en Enviar se puede producir un cambio de contexto involuntario si al desbloquear a un proceso receptor, éste tiene más prioridad que el proceso actual. Además, podrá haber un cambio de contexto voluntario si el proceso se bloquea al no haber un proceso esperando el mensaje.
- o   Como ocurría en el caso asíncrono, en Recibir se puede producir un cambio de contexto voluntario si se bloquea el proceso por no existir ningún proceso intentado enviar un mensaje. Asimismo, se podría dar un cambio de contexto involuntario si al desbloquear a un proceso remitente, éste tiene más prioridad que el proceso actual.

El que se trate de un sistema operativo que permita llamadas concurrentes o no influiría en los cambios de contexto involuntarios. En el caso de un sistema que no lo permita, cuando se desbloquea un proceso con más prioridad que el actual, no se haría un cambio de contexto en ese instante sino que se retardaría hasta que el proceso actual termine la llamada al sistema en curso. Si se trata de un sistema que permita la ejecución concurrente de llamadas, el cambio de contexto se produciría justo en el momento de desbloquear al proceso.

Ejercicio 3.20

Sea un sistema que usa un algoritmo de planificación de procesos basado en prioridades con carácter expulsivo y que proporciona un mecanismo de comunicación asíncrono (envío no bloqueante pero recepción bloqueante). Se pretende analizar la traza de ejecución de dos procesos que usan un semáforo S con un valor inicial igual a 0 y tienen el siguiente perfil de ejecución:

Proceso P1 (alta prioridad)

1. Uso del procesador.
2. DOWN(S).
3. Uso del procesador .
4. SEND(Proceso 2, mensaje).
5. Uso del procesador.
6. Primer fallo de página sobre una determinada página de la región de código. Hay marcos libres.
7. Uso del procesador.
8. Primer fallo de página sobre una determinada página de la región de datos con valor inicial. No hay marcos libres y el marco elegido para el reemplazo está modificado.
9. Uso del procesador.
10. Primer fallo de página sobre una determinada página de la región de datos sin valor inicial. No hay marcos libres pero el marco elegido para el reemplazo no está modificado.
11. Uso del procesador.
12. Fallo de página por escritura en una página marcada como *copy-on-write*. Hay marcos libres.
13. Uso del procesador.
14. Fin del proceso.

Proceso P2 (baja prioridad)

1. Uso del procesador.
2. UP(S).
3. Uso del procesador durante un intervalo de tiempo muy pequeño.
4. RECEIVE(mensaje).
5. Uso del procesador durante un tiempo ilimitado.

Se pide:

a) Mostrar la traza de ejecución de los dos procesos especificando en qué momentos se activa el sistema operativo, el motivo de dicha activación (llamada al sistema, interrupción de un dispositivo o excepción) y, de manera breve, la labor que realiza el sistema operativo durante esta activación.

b) Analizar qué ocurriría con la ejecución de estos dos procesos si el semáforo estuviera iniciado con un valor igual a 1, el proceso 2 realizara un DOWN en vez de un UP y el proceso 1 tuviera menos prioridad que el 2. ¿Qué podría hacer el sistema operativo ante esta situación?

Solución

a) A continuación, se muestra la traza de ejecución:

- Empieza ejecutando P1 ya que tiene mayor prioridad.
- Se produce una llamada DOWN que, al encontrar el semáforo cerrado, bloquea al proceso llamando al planificador que selecciona P2. Se trata, por tanto, de un cambio de contexto voluntario.
- Ejecuta P2 hasta que realiza la llamada UP. Esta llamada desbloquea a P1 que, al tener mayor prioridad, pasa a ejecutar produciéndose un cambio de contexto involuntario.
- Ejecuta P1 y realiza la llamada SEND. Puesto que se trata de un envío asíncrono, el proceso no se bloquea, simplemente se copia el mensaje en un buffer del sistema.
- Sigue ejecutando P1 y se produce un fallo de página. El sistema operativo se activa debido a la excepción de fallo de página. La rutina de tratamiento encuentra un marco libre e inicia una operación en el disco para leer la página de código sobre el marco seleccionado. P1 resulta bloqueado y el planificador selecciona a P2. Se trata de un cambio de contexto voluntario, ya que el proceso no puede seguir.
- P2 ejecuta brevemente y realiza una llamada al sistema RECEIVE. Dado que hay un mensaje encolado, el proceso no se bloquea continuando su ejecución.
- Mientras está ejecutando P2, se produce una interrupción del disco que indica que ha terminado la operación de lectura. En la rutina de tratamiento se desbloquea a P1 que, al tener mayor prioridad, pasa a ejecutar produciéndose un cambio de contexto involuntario.
- P1 ejecuta y produce un segundo fallo de página. El sistema operativo se activa debido a la excepción de fallo de página. La rutina de tratamiento no encuentra un marco libre, selecciona una página para expulsar y, como está modificada, inicia una operación en el disco para escribir la página en el *swap*. P1 resulta bloqueado (dentro de la rutina del tratamiento del fallo de página) y el planificador selecciona a P2. Se trata de un cambio de contexto voluntario, ya que el proceso no puede seguir.
- Mientras está ejecutando P2, se produce una interrupción del disco que indica que ha terminado la operación de escritura que ha liberado un marco. La rutina de tratamiento de fallo de página asociada a P1 continúa desde el punto en el que se había quedado, iniciando una nueva operación de lectura en el disco de la página de datos con valor inicial requerida. El proceso P1, que ejecuta en modo sistema, vuelve a quedar bloqueado dentro de la rutina de tratamiento del fallo, seleccionándose de nuevo P2 para ejecutar.
- P2 sigue ejecutando hasta que llega la interrupción del disco. Esta indica que ha terminado la operación de lectura. En la rutina de tratamiento se desbloquea a P1 que, al tener mayor prioridad, pasa a ejecutar produciéndose un cambio de contexto involuntario.
- La ejecución de P1 causa un nuevo fallo de página. Como no hay marcos libres, se aplica el algoritmo de reemplazo que encuentra un marco no modificado. No se requiere, por tanto, una escritura al disco. Como se trata de una página de la región de datos sin valor inicial, tampoco se requiere leerla del disco. Simplemente, se rellena con ceros el marco seleccionado. No hay cambios de contexto.
- P1 continúa su ejecución y produce un fallo de página asociado a una página marcada como *copy-on-write*. La rutina encuentra un marco libre y realiza en él una copia de la página original. De nuevo, no hay cambios de contexto.

- P1 sigue ejecutando hasta que realiza una llamada al sistema (EXIT) para indicar que ha terminado su ejecución.
- El sistema operativo trata la llamada EXIT liberando los recursos del proceso y activando el planificador que selecciona a P2.
- P2 continúa ejecutando indefinidamente.

b) A continuación, se muestra la traza de ejecución siguiendo los nuevos supuestos:

- Empieza ejecutando P2 ya que tiene mayor prioridad.
- Se produce una llamada DOWN que, al encontrar el semáforo abierto, simplemente actualiza su valor y termina, no produciéndose ningún cambio de contexto.
- P2 ejecuta brevemente y realiza una llamada al sistema RECEIVE. Dado que no hay ningún mensaje, P2 se bloquea llamando al planificador que selecciona P1. Se trata, por tanto, de un cambio de contexto voluntario.
- P1 ejecuta y realiza una llamada DOWN que, al encontrar el semáforo cerrado, bloquea al proceso llamando al planificador. Puesto que no hay ningún proceso listo, el sistema se quedaría en ese estado indefinidamente.

Se ha producido una situación de interbloqueo debido al uso *conflictivo* de los recursos por parte de los procesos. Para tratar este tipo de situaciones, el sistema operativo podría usar una de las técnicas clásicas de tratamiento de interbloqueos (detección y recuperación, predicción o prevención) o simplemente ignorarlo.

Ejercicio 3.21

En cada activación del sistema operativo se produce una de las siguientes alternativas:

- No cambia el estado de ningún proceso.
- Cambia el estado de un proceso pero no hay cambio de contexto.
- Hay un cambio de contexto voluntario.
- Hay un cambio de contexto involuntario.

Se pide que analice cuáles de esas 4 alternativas pueden ocurrir para cada uno de los 3 tipos de activación del sistema operativo que se detallan a continuación, planteando en cada caso una situación que sirva como ejemplo. Supóngase que en el sistema se usa un algoritmo de planificación expulsivo basado en prioridades.

1. Interrupción de reloj.
2. Interrupción de disco.
3. Llamadas al sistema.

Solución

Se puede resaltar a priori que una interrupción nunca puede causar un cambio de contexto voluntario. Este tipo de cambios de contexto sólo pueden estar vinculados a una llamada al sistema que cause el bloqueo del proceso que la solicitó. Dado el carácter asíncrono de las interrupciones, la rutina de tratamiento de una interrupción ejecuta en el entorno de un proceso que no tiene relación con la misma, por tanto, no debe causar el bloqueo de dicho proceso. A continuación, se presenta el análisis de cada una de las situaciones planteadas.

a1) Con respecto a la interrupción de reloj, excepto el cambio de contexto voluntario, pueden darse las otras 3 alternativas:

- La mayoría de las interrupciones de reloj no causarán el cambio de estado de ningún proceso. Simplemente, realizan las labores típicas asociadas a la interrupción de reloj (actualizan la hora del sistema, realizan labores de contabilidad, etc.).

- Una interrupción de reloj puede desbloquear a un proceso que solicitó previamente "dormir" un determinado plazo de tiempo. Si el proceso desbloqueado es menos prioritario que el actual, sólo hay un cambio de estado.
- Puede producirse un cambio de contexto involuntario en el caso de que, siguiendo la situación planteada en el punto anterior, el proceso que se desbloquea al cumplirse su plazo sea más prioritario que el actual.

Nótese que si el algoritmo de planificación utilizado fuera *round-robin*, también podría darse un cambio de contexto involuntario asociado a una interrupción de reloj que marcase el fin de una rodaja.

a2) El caso de la interrupción de disco es muy similar al de la interrupción de reloj. La principal diferencia es que las interrupciones de reloj ocurren sistemáticamente, sin que ningún proceso las tenga que "solicitar". Una interrupción de disco, sin embargo, está vinculada con una operación de disco que se inició previamente. Por tanto, no puede darse la situación de que no se produzca un cambio en el estado de algún proceso. Por lo demás, las alternativas son similares al caso anterior:

- Una interrupción de disco desbloquea al proceso que solicitó la operación. Si el proceso desbloqueado es menos prioritario que el actual, sólo hay un cambio de estado.
- Si el proceso desbloqueado es más prioritario, se produce un cambio de contexto involuntario.

a3) En cuanto a las llamadas al sistema, se pueden presentar todas las alternativas:

- Una llamada al sistema puede no producir ningún cambio de estado. Por ejemplo, una llamada que obtiene el identificador de un proceso nunca produce un cambio de estado. Tampoco lo hacen llamadas como una que lea datos de un terminal o una que "baje" un semáforo siempre que haya datos disponibles o el semáforo esté "abierto", respectivamente.
- Una llamada puede producir un cambio de estado pero no un cambio de contexto en el caso de que desbloquee a un proceso menos prioritario que el actual. Por ejemplo, una llamada que "suba" un semáforo o una que escriba en una tubería pueden causar el desbloqueo de un proceso (o sea, un cambio de estado bloqueado a listo) siempre que hubiera un proceso bloqueado en el semáforo o en la tubería, respectivamente. Si el proceso que se desbloquea es menos prioritario que el actual, sólo habrá cambio de estado.
- Puede producirse un cambio de contexto involuntario en el caso de que, siguiendo la situación planteada en el punto anterior, el proceso que se desbloquea sea más prioritario que el actual.
- Por último, también se puede producir un cambio de contexto voluntario si la llamada bloquea al proceso que la solicita. Retomando los ejemplos planteados en el primer punto, llamadas como una que lea datos de un terminal o una que "baje" un semáforo producirán un cambio de contexto voluntario si no hay datos disponibles o el semáforo está "cerrado", respectivamente.

Ejercicio 3.22

Considérese un sistema con las siguientes características:

- 2 interrupciones externas: de teclado y de reloj, esta última tiene mayor prioridad.
- Sistema operativo no expulsivo (sin llamadas concurrentes); para ello se usa el mecanismo de interrupción software.
- Planificación expulsiva basada en prioridad con *round-robin* para procesos de igual prioridad.
- Hay paginación por demanda existiendo, por tanto, una excepción de fallo de página. Se supone que el código y datos del sistema operativo están residentes y no hay errores en el código del sistema operativo Por tanto, los fallos de página se corresponden siempre con accesos al mapa de memoria del proceso, aunque pueden producirse dentro de rutinas del sistema operativo cuando se intenta acceder desde ellas al mapa del proceso.

Se plantean las siguientes cuestiones sobre el nivel de anidamiento (o sea, el número de activaciones del sistema operativo anidadas; un nivel 0 corresponde con un proceso en modo usuario) que hay en el sistema en cada momento.

a1) Calcule cuál es el nivel máximo de anidamiento. A continuación, analice de forma razonada si puede ocurrir que la rutina de tratamiento de un fallo de página se anide dentro de las siguientes rutinas del sistema operativo: llamada al sistema, rutina de interrupción de teclado o rutina de interrupción software

a2) Cuando se produce un cambio de contexto, determine qué posibles niveles de anidamiento tendrá el proceso:

1. que deja el procesador en un cambio de contexto voluntario.

2. que deja el procesador en un cambio de contexto involuntario.

3. que obtiene el procesador en el cambio de contexto. Se debe distinguir si dicho proceso estaba previamente bloqueado o no. Además, para cada uno de estos dos casos (bloqueado o no), se debe explicar en qué punto de su ejecución estaba parado el proceso (o sea, adónde apuntaba la copia del contador de programa que estaba guardada en el BCP) en el momento de realizarse el cambio de contexto involuntario.

Solución

a1) El máximo nivel de anidamiento es 4 y corresponde con una situación en la que se produce la siguiente secuencia de eventos:

1. Se produce una llamada al sistema.

2. La llamada requiere el acceso al mapa de memoria del proceso (por ejemplo, una llamada *open* que intenta acceder al nombre del fichero o una llamada *read* o *write* que accede al buffer) y la página correspondiente no está residente. Se produce un fallo de página anidado.

3. Mientras se ejecuta la rutina de tratamiento del fallo, se produce una interrupción del teclado que causa la activación anidada de la rutina de tratamiento.

4. Durante la ejecución de la rutina, se genera una interrupción de reloj que, al ser de prioridad máxima, causa la activación inmediata de su rutina de tratamiento.

Con respecto al posible anidamiento del tratamiento de un fallo de página dentro de las rutinas planteadas en el enunciado:

1. Como se comentó previamente, durante la ejecución de una llamada al sistema se puede producir un fallo de página al intentar acceder al mapa del proceso.

2. La rutina de interrupción del teclado, como todas las interrupciones, tiene un carácter asíncrono. Esto implica que el proceso que está en ejecución cuando se activa la rutina de interrupción no está relacionado con la misma. Por tanto, el código de la rutina no va a acceder a su mapa de memoria y no se podrá producir un fallo de página.

3. Este mismo razonamiento es aplicable a la rutina de tratamiento de la interrupción software. Este tipo de interrupción de baja prioridad se usa para ejecutar de forma diferida las operaciones menos urgentes asociadas a una interrupción de mayor prioridad (entre ellas, acciones de planificación), por lo que tiene también carácter asíncrono y no accederá al mapa del proceso.

a2) A continuación, se analizan los posibles niveles de anidamiento del proceso cuando se produce un cambio de contexto en los casos planteados en el enunciado:

1. El cambio de contexto voluntario se produce dentro del ámbito de una llamada al sistema o dentro de un fallo de página. El nivel de anidamiento del proceso que deja el procesador en un cambio de contexto voluntario puede ser: o bien una sola activación del sistema operativo, si el proceso se ha bloqueado en una llamada al sistema o en un fallo de página producido en modo usuario, o bien dos activaciones, en el caso de que se haya bloqueado dentro del tratamiento de un fallo generado en modo privilegiado por una llamada al sistema.

2. Un cambio de contexto involuntario en un sistema que usa el algoritmo de planificación planteado ocurre o bien cuando se desbloquea un proceso de mayor prioridad que el que está ejecutando en ese momento, ya sea debido a una interrupción o a una llamada al

sistema, o bien cuando se le termina el turno al proceso en ejecución. Por tanto, la detección de que se requiere un cambio de contexto involuntario se puede dar en cualquier nivel de anidamiento desde 1 hasta 4. Sin embargo, dado que se trata de un sistema operativo no expulsivo, en ese instante sólo se activa una interrupción software, lo que conlleva que el cambio de contexto se difiera hasta que termine el anidamientos actual y se llevará a cabo dentro de la rutina de tratamiento de la interrupción software. Por tanto, sea cual sea el motivo del cambio de contexto involuntario, éste se produce con un nivel de anidamiento 1, que corresponde con el tratamiento de la interrupción software.

3. Si el proceso que obtiene el procesador en un cambio de contexto, ya sea voluntario o involuntario, estaba previamente bloqueado antes de pasar al estado de listo para ejecutar, su nivel de anidamiento, como se comentó en el apartado 1, puede ser igual a 1 o a 2. El proceso estará parado en la operación de cambio de contexto asociada al bloqueo y, por tanto, el contador de programa apuntará a la instrucción siguiente al cambio de contexto. Este bloqueo puede haberse producido dentro de una llamada al sistema (nivel 1) o durante la ejecución de la rutina de tratamiento de un fallo de página (nivel 1 ó 2) si se requiere la lectura o escritura de una página.

En el caso de que el proceso que obtiene el procesador haya estado previamente en ejecución, como se explicó en el apartado 2, se habrá detenido en una operación de cambio de contexto invocada desde la rutina de interrupción software, y continuará su ejecución con un nivel de anidamiento igual a 1. El contador de programa apuntará a la instrucción que sigue al cambio de contexto.

Como última posibilidad, se presenta la situación de un proceso recién creado. En este caso, el sistema operativo prepara el contexto inicial de ejecución del proceso de manera que comience ejecutando una rutina interna del sistema que luego da paso al código inicial del programa. Por tanto, la ejecución del proceso se inicia con nivel de anidamiento igual a 1.

4. GESTIÓN DE MEMORIA

En este capítulo se presentan ejercicios vinculados con la gestión de memoria. Se realiza, en primer lugar, un repaso de los conceptos teóricos requeridos, haciendo especial énfasis en los dos niveles de gestión de memoria presentes en un sistema operativo. Por un lado, el módulo que gestiona el mapa de memoria de cada proceso y las regiones que forman parte del mismo. Por otro lado, el módulo que reparte la memoria física disponible entre los procesos existentes, que es muy dependiente del hardware de gestión de memoria que proporciona cada procesador, y que, en los sistemas operativos de propósito general actuales, está muy ligado con el concepto de memoria virtual. A continuación, se plantean los ejercicios, empezando por cuestiones breves de aplicación directa de la teoría, aumentando gradualmente la complejidad hasta problemas de diseño que requieren un apreciable esfuerzo para su resolución.

4.1 Gestión del mapa de memoria de un proceso

El mapa de memoria de un proceso no es algo homogéneo sino que está formado por distintas regiones o segmentos. Cuando se activa la ejecución de un programa, se crean varias regiones dentro del mapa a partir de la información del ejecutable. Las regiones iniciales del proceso se van a corresponder básicamente con las distintas secciones del ejecutable. Cada región es una zona contigua que está caracterizada por la dirección dentro del mapa del proceso donde comienza y por su tamaño. Además, tendrá asociada una serie de propiedades y características específicas tales como las siguientes:

- Soporte de la región: dónde está almacenado el contenido inicial de la región. Se presentan normalmente dos posibilidades:
  - *Soporte en archivo.* Está almacenada en un archivo o en parte del mismo.
  - *Sin soporte* (también denominada región anónima). No tiene un contenido inicial.
- Tipo de uso compartido:
  - *Privada.* El contenido de la región sólo es accesible al proceso que la contiene. Las modificaciones sobre la región no se reflejan permanentemente en el soporte.
  - *Compartida.* El contenido de la región puede ser compartido por varios procesos. Las modificaciones en el contenido de la región se reflejan permanentemente en el soporte.
- Protección. Tipo de acceso a la región permitido. Típicamente se proporcionan tres tipos:
  - *Lectura.* Se permiten accesos de lectura de operandos de instrucciones.
  - *Ejecución.* Se permiten accesos de lectura de instrucciones.
  - *Escritura.* Se permiten accesos de escritura.
- Tamaño fijo o variable. En el caso de regiones de tamaño variable se suele distinguir si la región crece hacia direcciones de memoria menores o mayores.

Las regiones que presenta el mapa de memoria inicial del proceso se corresponden básicamente con las secciones del ejecutable más la pila inicial del proceso, a saber:

- Código (o texto). Se trata de una región compartida de lectura/ejecución. Es de tamaño fijo. El soporte de esta región está en la sección correspondiente del ejecutable.
- Datos con valor inicial. Se trata de una región privada ya que cada proceso que ejecuta un determinado programa necesita una copia propia de las variables del mismo. Es de lectura/escritura y de tamaño fijo. El soporte de esta región está en la sección correspondiente del ejecutable.
- Datos sin valor inicial. Se trata de una región privada, de lectura/escritura y de tamaño fijo (el indicado en la cabecera del ejecutable). Esta región no tiene soporte en el ejecutable ya que su contenido inicial es irrelevante.
- Pila. Esta región es privada y de lectura/escritura. Servirá de soporte para almacenar los registros de activación de las llamadas a funciones (las variables locales, parámetros, dirección de retorno, etc.). Se trata, por lo tanto, de una región de tamaño variable que crecerá cuando se produzcan llamadas a funciones y decrecerá cuando se retorne de las mismas. Típicamente, esta región crece hacia las direcciones más bajas del mapa de memoria. En el mapa inicial existe ya esta región que

contiene típicamente los argumentos y las variables de entorno especificados en la invocación del programa.

Los sistemas operativos modernos ofrecen un modelo de memoria dinámico en el que el mapa de un proceso está formado por un número variable de regiones que pueden añadirse o eliminarse durante la ejecución del mismo. Además de las regiones iniciales ya analizadas, durante la ejecución del proceso pueden crearse nuevas regiones relacionadas con otros aspectos tales como los siguientes:

- *Heap*. La mayoría de los lenguajes de alto nivel ofrecen la posibilidad de reservar espacio de memoria en tiempo de ejecución. En el caso del lenguaje C, se usa la función `malloc` para ello. Esta región sirve de soporte para la memoria dinámica que reserva un programa en tiempo de ejecución. Comienza, típicamente, justo después de la región de datos sin valor inicial (de hecho, en algunos sistemas se considera parte de la misma) y crece en sentido contrario a la pila (hacia direcciones crecientes). Se trata de una región privada de lectura/escritura, sin soporte (se rellena inicialmente a cero), que crece según el programa vaya reservando memoria dinámica y decrece según la vaya liberando.

- Archivos proyectados. Cuando se proyecta un archivo, se crea una región asociada al mismo cuyas características corresponden a las especificadas en la llamada al sistema que realiza la proyección.

- Memoria compartida. Cuando se crea una zona de memoria compartida y se proyecta, se crea una región asociada a la misma. Se trata, evidentemente, de una región de carácter compartido, cuya protección la especifica el programa a la hora de proyectarla.

- Pilas de *threads*. Cada *thread* necesita una pila propia que normalmente corresponde a una nueva región en el mapa. Este tipo de región tiene las mismas características que la región correspondiente a la pila del proceso.

Hay que resaltar que la carga de una biblioteca dinámica implicará la creación de un conjunto de regiones asociadas a la misma que contendrán las distintas secciones de la biblioteca (código y datos globales).

El sistema operativo mantendrá una **tabla de regiones** por proceso tal que cada entrada de esta tabla será un descriptor de la región y contendrá todas las características de la misma.

4.2 Esquemas de gestión de la memoria del sistema

En esta sección se analiza cómo se reparte la memoria del sistema entre los distintos procesos que están ejecutándose en un momento dado. A lo largo de esta sección, se presentarán diversos esquemas de gestión de memoria, desde los más primitivos, ya obsoletos, hasta los que se usan actualmente. Consideramos que este enfoque evolutivo puede permitir que el lector entienda mejor cómo se ha ido alcanzando el grado de sofisticación presente en los sistemas de hoy en día. Concretamente, se estudiarán los siguientes esquemas de gestión de memoria: asignación contigua, segmentación, paginación y segmentación paginada.

4.2.1 Esquemas de memoria basados en asignación contigua

Un esquema simple, y ya obsoleto, de gestión de memoria consiste en asignar a cada proceso una zona contigua de memoria para que en ella resida su mapa de memoria. Uno de estos posibles esquemas es la gestión contigua basada en **particiones dinámicas**. Con esta estrategia, cada vez que se crea un proceso, el sistema operativo busca un hueco en memoria de tamaño suficiente para alojar el mapa de memoria del mismo. El sistema operativo reservará la parte del hueco necesaria, creará en ella el mapa inicial del proceso y establecerá una función de traducción tal que las direcciones que genera el programa se correspondan con la zona asignada. Este esquema requiere un hardware de memoria relativamente simple. Típicamente el procesador tendrá dos registros *valla*, únicamente accesibles en modo privilegiado, que utilizará para tratar cada una de las direcciones que genera un programa: un registro límite, para comprobar que cada dirección que genera el proceso no es mayor que el valor almacenado en este registro, un registro base, cuyo valor sumará a la dirección obteniéndose con ello la dirección de memoria física resultante.

Con esta estrategia, según se van ejecutando distintos procesos, van quedando "fragmentos" en la memoria que, dado su pequeño tamaño, no podrían ser asignados a ningún proceso. A este problema se le denomina **fragmentación externa** y conlleva una mala utilización de la memoria por la progresiva fragmentación del espacio de almacenamiento.

4.2.2 Segmentación

La segmentación es una técnica hardware que intenta dar soporte directo a las regiones. Para ello, considera el mapa de memoria de un proceso compuesto de múltiples segmentos. Cada región se almacenará en un segmento. El hardware de gestión de memoria (MMU, *Memory Management Unit*) maneja una tabla de segmentos. Cada entrada de esta tabla mantiene, además de información de protección, el registro base y límite correspondientes a esa región. Una dirección lógica está formada por un número de segmento y una dirección dentro del segmento. La traducción consiste en acceder al número de segmento correspondiente y usar los registros base y límite almacenados en dicha entrada para detectar si el acceso es correcto y, en caso afirmativo, reubicarlo. Dado que cada segmento se almacena en memoria de forma contigua, este esquema presenta fragmentación externa. Además, debido al tamaño variable de los segmentos, no facilita la construcción de un esquema de memoria virtual. Todas estas deficiencias hacen que prácticamente no se use en los sistemas reales.

4.2.3 Paginación

Un esquema de paginación implica que el mapa de memoria de cada proceso se considera dividido en páginas. A su vez, la memoria principal del sistema se considera dividida en zonas del mismo tamaño que se denominan marcos de página. Un marco de página contendrá en un determinado instante una página de memoria de un proceso. La estructura de datos que relaciona cada página con el marco donde está almacenada es la **tabla de páginas**. La MMU usa esta tabla para traducir todas las direcciones que genera un programa. La figura 4.1 muestra cómo es este esquema de traducción.

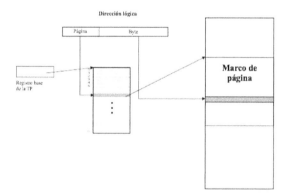

Figura 4.1 **Esquema de traducción de la paginación**

Cada entrada de la tabla de páginas, además del número de marco que corresponde con esa página, contiene información adicional tal como la siguiente:

- **Información de protección**. Un conjunto de bits que especifican qué tipo de accesos están permitidos. Típicamente, se controla el acceso de lectura, de ejecución y de escritura.

- **Indicación de página válida**. Un bit que especifica si esa página es válida, o sea, tiene una traducción asociada.

- **Indicación de página accedida (bit de referencia)**. La MMU activa este bit indicador cuando se accede a una dirección lógica que pertenece a esa página.

- **Indicación de página modificada**. La MMU activa este bit indicador cuando se escribe en una dirección lógica que pertenece a esa página.

Además de las tablas de páginas, el sistema operativo debe usar una estructura para almacenar el estado de ocupación de la memoria principal. Se trata de la **tabla de marcos de página** que permite conocer qué marcos están libres y cuáles están ocupados.

Por último, como se comentó en la primera sección del capítulo, será necesario que el sistema operativo almacene por cada proceso su **tabla de regiones,** que contenga las características de cada región especificando qué rango de páginas pertenecen a la misma.

4.2.3.1 Implementación de la tabla de páginas

El uso de una tabla de páginas para traducir las direcciones conlleva problemas de eficiencia y de consumo de espacio.

Por lo que se refiere a los problemas de eficiencia, dado que para acceder a la posición de memoria solicitada, la MMU debe consultar la entrada correspondiente de la tabla de páginas, se producirán dos accesos a memoria por cada acceso real solicitado por el programa. Esta sobrecarga es intolerable ya que reduciría a la mitad el rendimiento del sistema. Para solventar este problema, la MMU incluye internamente una especie de cache de traducciones llamada TLB (*Translation Lookaside Buffer*). Se trata de una pequeña memoria asociativa interna a la MMU que mantiene información sobre las últimas páginas accedidas. Existen dos alternativas en el diseño de una TLB dependiendo de si se almacenan identificadores de proceso o no. En el caso de que no se almacenen, cada vez que hay un cambio de proceso el sistema operativo debe invalidar la TLB ya que cada proceso tiene su propio mapa. Tradicionalmente, la TLB ha sido gestionada directamente por la MMU sin intervención del sistema operativo. Sin embargo, algunos procesadores tienen un diseño alternativo en el que la TLB es gestionada por el sistema operativo (**TLB gestionada por software**).

En cuanto a los problemas de consumo de espacio, una manera de afrontar el problema del gasto de memoria de las tablas de páginas es utilizar **tablas de página multinivel.** Con este esquema, en vez de tener una única tabla de páginas por proceso, hay una jerarquía de tablas. Existe una única tabla de páginas de primer nivel. Cada entrada de esta tabla apunta a tablas de páginas de segundo nivel. A su vez, las tablas de página de segundo nivel apuntan a tablas de página de tercer nivel. Así, sucesivamente, por cada nivel de la jerarquía. Las tablas de páginas del último nivel apuntan directamente a marcos de página. La ventaja de este modelo es que si todas las entradas de una tabla de páginas de cualquier nivel están marcadas como inválidas, no es necesario almacenar esta tabla de páginas. A la hora de traducir una dirección lógica, el número de página contenido en la misma se considera dividido en tantas partes como niveles existan.

Además, existen otras propuestas para afrontar este problema de consumo de espacio como son las tablas de página invertidas.

4.2.4 Segmentación paginada

Como su nombre indica, la segmentación paginada intenta recoger lo mejor de los dos esquemas anteriores. La segmentación proporciona soporte directo a las regiones del proceso y la paginación permite un mejor aprovechamiento de la memoria y una base para construir un esquema de memoria virtual.

Con esta técnica un segmento está formado por un conjunto de páginas y, por tanto, no tiene que estar contiguo en memoria. La MMU utiliza una tabla de segmentos, tal que cada entrada de la tabla apunta a una tabla de páginas. La figura 4.2 ilustra el proceso de traducción en este esquema.

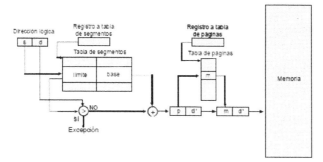

Figura 4.2 Esquema de traducción usando segmentación paginada

Es importante resaltar que, aunque la segmentación paginada ofrece más funcionalidad que la paginación, requiere un hardware más complejo que, además, no está presente en la mayoría de los procesadores. Por ello, la mayoría de los sistemas operativos están construidos suponiendo que el procesador proporciona un esquema de paginación.

4.3 Memoria virtual

En prácticamente todos los sistemas operativos modernos se usa la técnica de memoria virtual. La memoria en un sistema está organizada como una jerarquía de niveles de almacenamiento entre los que se mueve la información dependiendo de la necesidad de la misma en un determinado instante. La técnica de memoria virtual se ocupa de la transferencia de información entre la memoria principal y la secundaria. La memoria secundaria está normalmente soportada en un disco (o partición) que, dado que se implementa sobre un esquema de paginación, se le denominado dispositivo de paginación o de *swap*. El buen rendimiento del sistema de memoria virtual está basado en que los procesos presentan la propiedad de **proximidad de referencias**. Esta propiedad permite que un proceso genere muy pocos fallos aunque tenga en memoria principal sólo una parte de su imagen de memoria (**conjunto residente**). El objetivo del sistema de memoria virtual es intentar que la información que está usando un proceso en un determinado momento (**conjunto de trabajo**) esté residente en memoria principal. O sea, que el conjunto residente del proceso contenga su conjunto de trabajo. Algunos beneficios del uso de memoria virtual son los siguientes:

- Se produce un aumento del grado de multiprogramación al no ser necesario que todo el mapa de memoria de un proceso esté en memoria principal para poder ejecutarlo. Este aumento implica una mejora en el rendimiento del sistema. Sin embargo, si el grado de multiprogramación se hace demasiado alto, el número de fallos de página se dispara y el rendimiento del sistema baja drásticamente. A esta situación, que se explica más adelante, se le denomina **hiperpaginación**.

- Se pueden ejecutar programas más grandes que la memoria principal disponible.

4.3.1 Paginación por demanda

La memoria virtual se construye generalmente sobre un esquema de paginación por demanda. Cuando un proceso necesita acceder a una página que no está en memoria principal (a lo que se denomina **fallo de página**), el sistema operativo se encarga de transferirla desde la memoria secundaria. Si al intentar traer la página desde memoria secundaria, se detecta que no hay espacio en la memoria principal (no hay marcos libres), será necesario expulsar una página de la memoria principal y transferirla a la secundaria. Por lo tanto, las transferencias desde la memoria principal hacia la secundaria se realizan normalmente por expulsión.

Para construir un esquema de memoria virtual sobre un procesador que ofrezca paginación, se utiliza el bit de la entrada de la tabla de páginas que indica si la página es válida. Estarán marcadas como inválidas todas las entradas correspondientes a las páginas que no están residentes en memoria principal en ese instante. Dado que se utiliza el bit validez para marcar la ausencia de una página y este mismo bit también se usa para indicar que una página es realmente inválida (una página que corresponde a un hueco en el mapa), es necesario que el sistema operativo almacene información para distinguir entre esos dos casos y para determinar la ubicación de la página. Para ello, es suficiente consultar la tabla de regiones:

- Si la dirección no corresponde a ninguna región, se trata de un acceso inválido.
- Si corresponde a una región con soporte en fichero, la entrada de la tabla de regiones nos permite calcular en qué bloque de disco está almacenada la página y leerla del mismo. Sin embargo, si se trata de una región privada, la primera vez que se expulsa una página estando modificada, se escribe en el *swap*, puesto que los cambios no deben repercutir al soporte original, y a partir de ese momento, se leerá y escribirá en ese bloque de *swap*. Habitualmente, se usa la propia entrada de la tabla de páginas para guardar en qué bloque del *swap* está almacenada.
- Si corresponde a una región sin soporte (anónima) y se trata de una página que no se había accedido previamente, no hay que leer la página del disco: sólo hay que rellenar con ceros, por motivos de seguridad, el marco seleccionado. Sin embargo, la primera vez que se expulsa una página estando modificada, se escribe en el *swap*, y a partir de ese momento, se leerá y escribirá en ese bloque de *swap*. Habitualmente, se usa la propia entrada de la tabla de páginas para guardar en qué bloque del *swap* está almacenada.

La figura 4.3 muestra las distintas ubicaciones que puede tener una página.

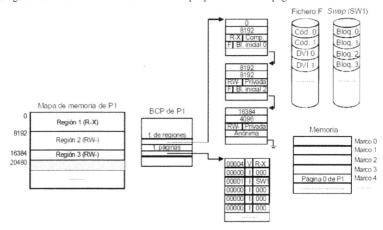

Figura 4.3 Posibles ubicaciones de una página

A continuación, se especifican los pasos típicos en el tratamiento de un fallo de página:

- La MMU produce una excepción y típicamente deja en un registro especial la dirección que causó el fallo.
- Se activa el sistema operativo que comprueba si se trata de una dirección correspondiente a una página realmente inválida o se corresponde con una página ausente de memoria. Si la página es inválida, se aborta el proceso o se le manda una señal. En caso contrario, se realizan los pasos que se describen a continuación.
- Se consulta la tabla de marcos para buscar uno libre.
- Si no hay un marco libre, se aplica el algoritmo de reemplazo para seleccionar una página para expulsar. El marco seleccionado se desconectará de la página a la que esté asociado poniendo como inválida la entrada correspondiente. Si la página está modificada, previamente hay que escribir su contenido a la memoria secundaria, si es una región privada o anónima, o al fichero correspondiente, en caso contrario.

- Una vez que se obtiene el marco libre, ya sea directamente o después de una expulsión, se inicia la lectura de la nueva página sobre el marco, o se rellena a ceros, y al terminar la operación se asocia la entrada correspondiente a la página para que esté marcada como válida y apunte al marco utilizado.

En un sistema de memoria virtual basado en paginación, hay básicamente dos políticas que definen el funcionamiento del sistema de memoria: política de reemplazo y política de asignación de espacio a los procesos.

4.3.2 Política de reemplazo

La política de reemplazo determina qué página debe ser desplazada de la memoria principal para dejar sitio a la página entrante. Las estrategias de reemplazo se pueden clasificar en dos categorías: reemplazo global y local. Con una estrategia de reemplazo global se puede seleccionar para satisfacer el fallo de página de un proceso un marco que actualmente tenga asociada una página de otro proceso. La estrategia de reemplazo local requiere que para servir el fallo de página de un proceso sólo puedan usarse marcos de páginas libres o marcos ya asociados al proceso.

A continuación, se describirán brevemente tres de los algoritmos de reemplazo más típicos (todos aplicables a políticas globales y locales): el algoritmo FIFO, el de la segunda oportunidad (o reloj) y el algoritmo LRU.

El algoritmo FIFO selecciona para la sustitución la página que lleva más tiempo en memoria. La implementación de este algoritmo es simple. Sin embargo, el rendimiento del algoritmo no es siempre bueno. La página que lleva más tiempo residente en memoria puede contener instrucciones o datos que se acceden con frecuencia. Además, en determinadas ocasiones este algoritmo presenta un comportamiento sorprendente conocido como la anomalía de Belady: ciertos patrones de referencias causan que este algoritmo tenga más fallos de página con más marcos de página asignados.

El algoritmo de reemplazo con segunda oportunidad es una modificación sencilla del FIFO que evita el problema de que una página muy utilizada sea eliminada por llevar mucho tiempo residente. Para ello, cuando se necesita reemplazar una página, se examina el bit de referencia de la página más antigua (la primera de la lista). Si no está activo, se usa esta página para el reemplazo. En caso contrario, se le da una segunda oportunidad a la página poniéndola al final de la lista y desactivando su bit de referencia. Por lo tanto, se la considera como si acabara de llegar a memoria. La búsqueda continuará hasta que se encuentre una página con su bit de referencia desactivado. Nótese que si todas las páginas tienen activado su bit de referencia, el algoritmo degenera en un FIFO puro. Para implementar este algoritmo se puede usar una lista circular de las páginas residentes en memoria, en vez de una lineal, debido a ello, a esta estrategia también se le denomina **algoritmo del reloj**.

El algoritmo LRU está basado en el principio de proximidad temporal de referencias: dado que es probable que se vuelvan a referenciar las páginas accedidas recientemente, la página que se debe reemplazar es la que no se ha referenciado desde hace más tiempo. El algoritmo LRU no sufre la anomalía de Belady. Pertenece a una clase de algoritmos denominados algoritmos de pila. La propiedad de estos algoritmos es que las páginas residentes en memoria para un sistema con n marcos de página son siempre un subconjunto de las que habría en un sistema con $n+1$ marcos. Hay un aspecto sutil en este algoritmo cuando se considera su versión global. A la hora de seleccionar una página no habría que tener en cuenta el tiempo de acceso real, sino el tiempo lógico de cada proceso. A pesar de que el algoritmo LRU es realizable y proporciona un rendimiento bastante bueno, su implementación eficiente es difícil y requiere un considerable apoyo hardware. Una implementación del algoritmo podría basarse en utilizar un contador que se incremente por cada referencia a memoria. Cuando se referencia a una página, el valor actual del contador se copia por hardware a la posición de la tabla correspondiente a esa página. Ante el fallo de página, el sistema operativo examina los contadores de todas las páginas residentes en memoria y selecciona como víctima aquélla que tiene el valor menor.

Además de los algoritmos propiamente dichos, hay que tener en cuenta dos aspectos que influyen sobre la política de reemplazo:

- *Buffering* de páginas. Esta estrategia consiste en mantener un conjunto de marcos de página libres. Cuando se produce un fallo de página se usa un marco de página libre, pero no se aplica el algoritmo de reemplazo. Esto es, se consume un marco de página pero no se libera otro. Cuando el sistema operativo detecta que el número de marcos de página disminuye por debajo de un cierto umbral, aplica repetidamente el algoritmo de reemplazo hasta que el número de marcos libres sea suficiente. Las páginas liberadas que no están modificadas pasan a la lista de marcos libres. Las páginas que han sido modificadas pasan a la lista de modificadas. Las páginas que están en cualquiera de las dos listas pueden recuperarse si vuelven a referenciarse.

- Retención de páginas en memoria. No todas las páginas residentes en memoria son candidatas al reemplazo. Se puede considerar que algunas páginas están "atornilladas" a la memoria principal. Como, por ejemplo, las páginas del propio sistema operativo.

4.4 Política de asignación de espacio

Es necesario determinar cuántos marcos de página se asignan a cada proceso. Existen dos tipos de estrategias de asignación: **asignación fija** o **asignación dinámica**.

Con asignación fija, se otorga a cada proceso un número fijo de marcos de página. Normalmente este tipo de asignación lleva asociada una estrategia de reemplazo local. El número de marcos asignados no varía ya que un proceso sólo usa para reemplazo los marcos que tiene asignados.

Con asignación dinámica, el número de marcos asignados a un proceso varía según las necesidades que tenga el proceso (y posiblemente el resto de procesos del sistema) en diferentes instantes de tiempo. Con este tipo de asignación se pueden usar tanto estrategias de reemplazo locales como globales.

Si el número de marcos de página asignados a un proceso no es suficiente para almacenar las páginas referenciadas activamente por el mismo, se producirá un número elevado de fallos de página. A esta situación se le denomina **hiperpaginación** (*thrashing*). Cuando se produce la hiperpaginación, el proceso pasa más tiempo en la cola de servicio del dispositivo de paginación que ejecutando. Dependiendo del tipo de asignación utilizado, este problema puede afectar a procesos individuales o a todo el sistema.

Si se usa una estrategia de asignación fija, cuando el número de marcos asignados al proceso no es suficiente para albergar su conjunto de trabajo en una determinada fase de su ejecución, se producirá hiperpaginación en ese proceso. Esto traerá consigo un aumento considerable de su tiempo de ejecución pero, sin embargo, el resto de los procesos del sistema no se ven afectados directamente.

Con una estrategia de asignación dinámica, el número de marcos asignados a un proceso se va adaptando a sus necesidades por lo que, en principio, no debería presentarse este problema. Sin embargo, si el número de marcos de página existentes en el sistema no son suficientes para almacenar los conjuntos de trabajo de todos los procesos, se producirán fallos de página frecuentes y, por lo tanto, el sistema sufrirá hiperpaginación. La utilización del procesador disminuirá drásticamente, puesto que aumenta el tiempo que dedica al tratamiento de fallos de página. Cuando se produce esta situación se deben suspender uno o varios procesos liberando sus páginas. Es necesario establecer una estrategia de control de carga que ajuste el grado de multiprogramación en el sistema para evitar que se produzca hiperpaginación.

4.5 Gestión del espacio de *swap*

Existen básicamente dos alternativas a la hora de asignar espacio de *swap* durante la creación de una nueva región:

- **Preasignación de *swap***. Cuando se crea la nueva región se reserva espacio de *swap* para la misma. Con esta estrategia, cuando se expulsa una página ya tiene reservado espacio en *swap* para almacenar su contenido.

- **Sin preasignación de *swap***. Cuando se crea una región no se hace ninguna reserva en el *swap*. Las páginas de la región se irán trayendo a memoria principal por demanda desde el soporte de la región. Sólo se reserva espacio en el *swap* para una página cuando es expulsada por primera vez.

Hay que resaltar que, con independencia del esquema usado, una página no tiene que copiarse al dispositivo de *swap* mientras no se modifique. Además, una vez asignado espacio de *swap*, ya sea anticipadamente o en su primera expulsión, la página estará siempre asociada al mismo bloque del dispositivo de *swap*. Nótese que, en el caso de una región compartida con soporte en un archivo, no se usa espacio de *swap* para almacenarla sino que se utiliza directamente el archivo que la contiene como almacenamiento secundario. De esta forma, los cambios realizados sobre la región son visibles a todas las aplicaciones que la comparten.

4.6 Operaciones sobre las regiones de un proceso

A continuación se analiza cómo se realizan las diversas operaciones sobre las regiones en un sistema con memoria virtual.

Creación de una región

Cuando se crea una región, no se le asigna memoria principal puesto que se cargará por demanda. El sistema operativo simplemente añade una entrada a la tabla de regiones para reflejar la existencia de la nueva región incluyendo todas las características de la misma. En caso de una región privada y con preasignación de *swap*, habrá que reservar espacio en el dispositivo en este momento.

El caso de la creación de la región de pila del proceso es un poco diferente ya que esta región tiene un contenido previo (los argumentos del programa) que no está almacenado en un archivo. Típicamente, se reserva uno o más bloques en el *swap* y se copia en ellos el contenido inicial de la pila.

Una vez creada una región, el tratamiento que se le da a la página cuando se expulsa y está modificada, va a depender de si es privada o compartida. Si la región es privada, se escribe en el *swap*. Sin embargo, si es compartida, se escribe directamente en el soporte para que todos los procesos puedan ver las modificaciones.

En la creación de la imagen inicial del proceso, se crean todas las regiones iniciales siguiendo el procedimiento que se acaba de describir y se marcan los huecos como páginas inválidas.

Liberación de una región

Cuando se libera una región, se debe actualizar la tabla de regiones para reflejar este cambio. Las páginas asociadas a la región hay que marcarlas como inválidas tanto para la MMU como para el sistema operativo. Habrá que decrementar el número de referencias tanto a los marcos de memoria como los bloques de *swap* que puedan contener información de la misma, liberándolos si ese contador de referencias llega a cero. La liberación de la región puede deberse a una solicitud explícita (como ocurre cuando se desproyecta un archivo) o a la finalización del proceso que conlleva la liberación de todas sus regiones

Cambio del tamaño de una región

Con respecto a una disminución de tamaño en una región, esta operación implica una serie de acciones similares a la liberación, pero que sólo afectan a la zona liberada. Por lo que se refiere a un aumento de tamaño, es similar a la creación: hay que comprobar que la región no se solapa con otra región y ajustar la longitud de la entrada de la tabla de regiones, así como reservar espacio en *swap* si se trata de una región privada y hay preasignación de *swap*.

Duplicado de una región

Esta operación está asociada al servicio `fork` de POSIX y no se requiere en sistemas operativos que tengan un modelo de creación de procesos más convencional. Cuando se produce una llamada a este servicio, se debe de crear un nuevo proceso que sea un duplicado del proceso que la invoca. Ambos procesos compartirán las regiones de carácter compartido que hay en el mapa del proceso original. Sin embargo, las regiones de carácter privado deben ser un duplicado de las regiones originales. Esta operación de duplicado es costosa ya que implica crear una nueva región y copiar su contenido desde la región original. Para agilizar esta operación, la mayoría de las versiones de UNIX han optimizado esta operación de duplicado usando la técnica del *copy-on-write* (**COW**), que intenta realizar un duplicado por demanda. Sólo se copia una página de la región cuando uno de los procesos la intenta modificar, mientras se comparte.

4.7 Proyección de archivos en memoria

La generalización de la técnica de memoria virtual permite ofrecer a los usuarios una forma alternativa de acceder a los archivos. El sistema operativo va a permitir que un programa solicite que se haga corresponder una zona de su mapa de memoria con los bloques de un archivo cualquiera, ya sea completo o una parte del mismo. En la solicitud el programa especifica el tipo de protección asociada a la región. Como se puede observar en la figura 4.4, el sistema operativo deberá añadir una entrada en la tabla de regiones que describa las características de la región.

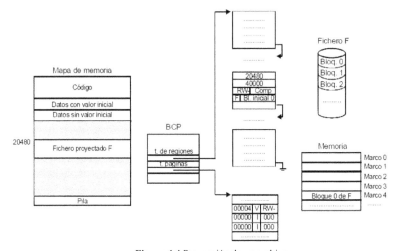

Figura 4.4 Proyección de un archivo

Una vez que el archivo está proyectado, si el programa accede a una dirección de memoria perteneciente a la región asociada al archivo, estará accediendo al archivo. El programa ya no tiene que usar los servicios del sistema operativo para leer y escribir en el archivo. El propio mecanismo de memoria virtual será el que se encargue de ir trayendo a memoria principal los bloques del archivo, cuando se produzca un fallo de página al intentar acceder a la región asociada al mismo, y de escribirlos, cuando la página sea expulsada estando modificada.

El acceso a un archivo mediante su proyección en memoria presenta numerosas ventajas sobre el acceso convencional basado en los servicios de lectura y escritura, puesto que se disminuye considerablemente el número de llamadas al sistema necesarias para acceder a un archivo, se evitan copias intermedias de la información y se facilita la forma de programar los accesos a los archivos.

4.8 Servicios de gestión de memoria

El estándar POSIX define servicios de gestión de memoria para realizar la proyección y desproyección de archivos (`mmap`, `munmap`). El servicio `mmap` tiene el siguiente prototipo:

```
caddr_t mmap (caddr_t direc, size_t longitud, int protec,
        int indicador, int descriptor, off_t despl);
```

El primer parámetro indica la dirección del mapa donde se quiere que se proyecte el archivo. Generalmente, se especifica un valor nulo para indicar que se prefiere que sea el sistema el que decida donde proyectar el archivo. En cualquier caso, la función devolverá la dirección de proyección utilizada.

El parámetro `descriptor` se corresponde con el descriptor del archivo que se pretende proyectar (que debe estar previamente abierto) y los parámetros `despl` y `longitud` establecen qué zona del archivo se proyecta: desde la posición `despl` hasta `desp + longitud`. El argumento `protec` establece la protección sobre la región que puede ser de lectura (`PROT_READ`), de escritura (`PROT_WRITE`), de ejecución (`PROT_EXEC`) o cualquier combinación de ellas. Esta protección debe ser compatible con el modo de apertura del archivo. Por último, el parámetro `indicador` permite establecer ciertas propiedades en la región:

- `MAP_SHARED`. La región es compartida. Las modificaciones sobre la región afectarán al archivo. Un proceso hijo compartirá esta región con el padre.

- `MAP_PRIVATE`. La región es privada. Las modificaciones sobre la región no afectarán al archivo. Un proceso hijo no compartirá esta región con el padre, sino que obtendrá un duplicado de la misma.

- `MAP_FIXED`. El archivo debe proyectarse justo en la dirección especificada en el primer parámetro, siempre que éste sea distinto de cero.

En el caso de que se quiera proyectar una región sin soporte (región anónima), en algunos sistemas se puede especificar el valor `MAP_ANOM` en el parámetro indicador. Otros sistemas UNIX no ofrecen esta opción pero permiten proyectar el dispositivo `/dev/zero` para lograr el mismo objetivo.

Cuando se quiere eliminar una proyección previa o parte de la misma, se usa el servicio munmap cuyo prototipo es:

```
int munmap (caddr_t direc, size_t longitud);
```

Los parámetros `direc` y `longitud` definen una región (o parte de una región) que se quiere desproyectar.

4.9 Ejercicios resueltos

Ejercicio 4.1

Sea un sistema de paginación con un tamaño de página P. Especifique cuál sería la fórmula matemática que determina la dirección de memoria física F a partir de la dirección virtual D, siendo la función `MARCO(X)` una que devuelve el número de marco almacenado en la entrada X de la tabla de páginas.

Solución

La fórmula que calcula la dirección física F a partir de la virtual D usando los parámetros especificados en el enunciado es la siguiente:

```
F = Traducción(D) = MARCO(D/P) * P + D%P
```

A continuación se explican los diversos términos que forman parte de la fórmula. En primer lugar, la división entera `D/P` calcula a qué página corresponde la dirección `D`. Al aplicar la función `MARCO` al valor resultante, se obtiene el número de marco donde está almacenada la página. La dirección física de comienzo del marco se obtiene multiplicando el valor devuelto en la función por el tamaño de página. Nótese que el marco 0 comienza en la dirección 0 de memoria física, el marco 1 en la dirección P y, así sucesivamente. Sólo falta sumar el desplazamiento de la dirección con respecto al inicio de la página, que se obtiene realizando un módulo.

Hay que resaltar que este cálculo es el que realiza la MMU de un procesador sobre cada dirección virtual que se genera, correspondiendo la función `MARCO` con la tabla de páginas (al fin y al cabo, una tabla es una forma de implementar una función). Por tanto, es necesario que el cálculo sea muy rápido. Sin embargo, en la fórmula se aprecian operaciones como multiplicaciones, divisiones y módulos que no son precisamente triviales.

¿Cuál es entonces el truco para que se pueda llevar a cabo esta traducción de forma eficiente? La respuesta es hacer que el tamaño de la página sea potencia de 2 ($P=2^K$). Con ello, multiplicar o dividir un número por el tamaño de la página consiste simplemente en desplazar el número K bits hacia la izquierda o la derecha, respectivamente. La operación `Número % P` sólo requiere quedarse con los K bits menos significativos de Número. Por tanto, suponiendo que la dirección lógica tiene un tamaño de N bits, usando un tamaño de página potencia de 2 ($P=2^K$), la fórmula planteada previamente:

F = Traducción(D) = MARCO(D/P) * P + D%P

Se interpreta de la siguiente forma:

Aplicar la función MARCO (o sea, la tabla de páginas) a los N-K bits más significativos de D y, al valor devuelto por la función, concatenarle por la parte menos significativa los K bits menos significativos de D. Justo tal y como se refleja en la figura 4.1, que corresponde con el modo de trabajo típico de un sistema de paginación.

Ejercicio 4.2

Para cada uno de los siguientes campos de la tabla de páginas, se debe analizar quién (la MMU o el sistema operativo), y en qué circunstancias, los lee y escribe:

* Número de marco
* Bits de protección
* Bit de validez (en el caso de escritura, se debe distinguir entre el caso de ponerlo a 1 y a 0)
* Bit de modificación (en el caso de escritura, se debe distinguir entre el caso de ponerlo a 1 y a 0)
* Bit de referencia (en el caso de escritura, se debe distinguir entre el caso de ponerlo a 1 y a 0)

Solución

A continuación, se analizan los distintos campos planteados:

* Número de marco: Lo escribe el sistema operativo dentro de la rutina de fallo de página al asignarle memoria física a la página; Lo lee la MMU para realizar la traducción.
* Bits de protección: Lo escribe el sistema operativo cuando crea la entrada de la tabla de páginas correspondiente a esa página dependiendo de las características de la región a la que pertenece la misma; Lo consulta la MMU en cada acceso para validarlo, si no está permitido el tipo de acceso solicitado causa un fallo de protección.
* Bit de validez: Lo pone a 1 el sistema operativo dentro de la rutina de fallo de página al asignarle memoria física a la página; Lo pone a 0 el sistema operativo al crear la región para implementar la política de paginación por demanda y también dentro de la rutina de fallo de página al expulsar una página; Lo consulta la MMU en cada acceso para validarlo, si está a 0 causa un fallo de página.
* Bit de modificación: Lo pone a 1 la MMU cuando detecta un acceso de escritura a una página; Lo consulta el sistema operativo para determinar si una página expulsada debe escribirse a memoria secundaria; Lo pone a 0 el sistema operativo cuando termina de escribirse en memoria secundaria una página que estaba modificada.
* Bit de referencia: Lo pone a 0 la MMU cuando detecta un acceso a una página; Lo consulta el sistema operativo dentro del algoritmo de reemplazo si éste lo requiere; Lo pone a 0 el sistema operativo dentro del algoritmo de reemplazo si éste lo requiere.

Ejercicio 4.3

¿Cuánto puede avanzar como máximo la aguja del algoritmo de reemplazo de páginas del reloj durante la selección de una página?

Solución

Como máximo, avanzará una vuelta, en el caso de que todas las páginas residentes tengan activo el bit de referencia. Sólo puede dar una vuelta puesto que al principio de la siguiente ya encontraría la página con el bit de referencia a 0, debido a que, en este caso, el algoritmo habrá puesto todos los bits de referencia a 0 durante la primera vuelta.

Ejercicio 4.4

Considérese un sistema con memoria virtual en el que el procesador tiene una tasa de utilización del 15% y el dispositivo de paginación está ocupado el 97% del tiempo, ¿qué indican estas medidas? ¿Y si con el mismo porcentaje de uso del procesador el porcentaje de uso del dispositivo de paginación fuera del 15%?

Solución

Una tasa de utilización baja del procesador y muy alta del dispositivo de paginación indican que el sistema está en un estado de hiperpaginación (*thrashing*). En este estado los procesos pasan la mayor parte del tiempo bloqueados a la espera de que se sirva un fallo de página desde el dispositivo de paginación, que está saturado de peticiones. Esto se debe a que hay un grado de multiprogramación muy alto que impide que los procesos puedan tener residente su conjunto de trabajo. La solución consiste en disminuir el grado de multiprogramación suspendiendo uno o más procesos.

En el caso de que tanto el dispositivo de paginación como el procesador tengan una tasa de uso baja, esto indica que hay poco trabajo en el sistema. Podría darse servicio a más procesos y usuarios para aprovechar mejor las prestaciones del equipo.

Ejercicio 4.5

¿En qué momento consulta el bit de referencia (o de uso) de una página el algoritmo de reemplazo FIFO?

Solución

No lo consulta. Ese es precisamente su punto débil: usa información de cuánto tiempo llevan residentes las páginas, en vez de información de si las páginas residentes se están accediendo. El algoritmo del reloj es una mejora del FIFO que usa el bit de referencia.

Ejercicio 4.6

¿Es siempre el algoritmo de reemplazo LRU mejor que el FIFO? En caso afirmativo, plantee una demostración. En caso negativo, proponga un contraejemplo.

Solución

No es siempre mejor el algoritmo LRU que el FIFO. Depende del comportamiento del programa. En general, el algoritmo LRU tendrá mejor rendimiento ya que se adapta al comportamiento típico de la mayoría de los programas, que siguen el principio de la proximidad de referencias que indica que es probable volver a usar nuevamente una página que se acaba de acceder.

Para buscar un contraejemplo, hay que pensar en trazas de ejecución en las que no se siga este comportamiento típico. Así, para un sistema con 3 marcos, la siguiente traza de acceso

Traza: 1 2 3 4 2 5 3

En la siguiente tabla se muestran resaltados los 5 fallos de página que sucederían con esa traza usando un algoritmo FIFO.

Accesos	1	2	3	4	2	5	3
Residentes	1	1	1	4	4	4	4
después del		2	2	2	2	5	5
acceso			3	3	3	3	3

En la siguiente tabla se puede comprobar que con el algoritmo LRU se producen 6 fallos de página.

Accesos	1	2	3	4	2	5	3
Residentes	1	1	1	4	4	4	3
después del		2	2	2	2	2	2
acceso			3	3	3	5	5

Ejercicio 4.7

En un sistema de memoria virtual ¿cuál de las siguientes políticas de gestión del conjunto residente no es posible?

A.- Asignación fija y reemplazo local.

B.- Asignación fija y reemplazo global.

C.- Asignación dinámica y reemplazo local.

D.- Asignación dinámica y reemplazo global.

Solución

Con asignación dinámica, el número de marcos asignados a cada proceso varía durante la ejecución del mismo. Esta clase de asignación permite ambos tipos de reemplazo. Con reemplazo local, el proceso sólo usa sus propias páginas residentes para satisfacer un fallo de página en caso de que no tenga espacio. El sistema operativo irá modificando dinámicamente el número de marcos asignados al proceso dependiendo de su comportamiento. Con reemplazo global, un proceso puede usar un marco que contiene una página de otro proceso para satisfacer un fallo de página. En este caso, el número de marcos asignados a un proceso no sólo dependerá del comportamiento del proceso, sino que también estará influido por el de los otros procesos existentes.

Si se usa una estrategia de asignación estática, el número de marcos asignados al proceso es constante durante su ejecución. En este caso sólo tiene sentido que el proceso use sus propias páginas residentes para reemplazar en caso de fallo. Por tanto, no tiene sentido usar la estrategia propuesta en la opción B: Asignación fija y reemplazo global.

Ejercicio 4.8

¿Por qué puede ser problemático en un sistema con memoria virtual que un dispositivo haga DMA directamente sobre el *buffer* de un proceso que ha solicitado una operación de lectura o escritura? ¿Cómo puede solucionarse este problema?

Solución

En primer lugar, hay que tener en cuenta que el sistema operativo, concretamente, el manejador del dispositivo, debe especificar direcciones físicas a la hora de programar el controlador de DMA del dispositivo, ya que éste accede directamente a la memoria física. Mientras se realiza una transferencia por DMA sobre un *buffer* en el mapa del proceso, puede ocurrir que el algoritmo de reemplazo del sistema seleccione para ser expulsada una de las páginas que contiene el *buffer*, asignando el marco correspondiente a otra página. Por tanto, el controlador de DMA estaría leyendo o escribiendo sobre una zona que no corresponde con el *buffer* original.

Para solucionar este problema, mientras dura la transferencia por DMA, se pueden marcar las páginas afectadas como no reemplazables, o sea, retenidas en memoria. Otra opción sería no realizar transferencias directas al *buffer* del proceso, sino hacerlas a través de la cache de bloques del sistema operativo, que está fija en memoria física.

Ejercicio 4.9

Analice cuáles de las siguientes técnicas favorecen la proximidad de referencias: un programa con procesos ligeros, un programa que usa listas, la programación funcional y la programación estructurada.

Solución

En cuanto a los programas que usan procesos ligeros, generan una traza de ejecución en la que cada *thread* presenta proximidad de referencias, pero no en su conjunto global, puesto que cada *thread* está ejecutando probablemente fragmentos de código distintos, que usan variables diferentes y cada uno utiliza su propia pila.

Por lo que se refiere a los programas que usan listas, pueden presentar una menor proximidad de referencias que otro tipo de programas que usan, por ejemplo, vectores. Según va evolucionando la lista, es probable que dos nodos consecutivos residan en partes del mapa de memoria distintas, lo que no sucede en el caso de usar vectores.

Por último, con respecto a la programación funcional presenta, generalmente, un peor comportamiento que la programación estructurada en lo que se refiere a la proximidad de referencias. En la programación estructurada, mientras se ejecuta una función hay un contexto de uso de memoria bastante estable: se usa la página que contiene el código de la función (podrían ser varias aunque la programación estructurada nos recomienda codificar funciones pequeñas), la página superior de la pila para acceder a variables locales y parámetros, y, en caso de requerirlo, alguna página de datos para acceder a variables globales (aunque la programación estructurada desaconseja el uso de variables globales). El paradigma funcional, y algo parecido se podría decir de la programación lógica, tiene un modo de ejecución que no presenta esta estabilidad, puesto que cada función requiere la continua activación de otras funciones (reglas en el caso de la programación lógica).

Ejercicio 4.10

El lenguaje C define el calificador `volatile` aplicable a variables. La misión de este calificador es evitar problemas de coherencia en aquellas variables que se acceden tanto desde el flujo de ejecución normal como desde flujos asíncronos, como por ejemplo una rutina asociada a una señal POSIX. Analice qué tipo de problemas podrían aparecer y proponga un método para resolver los problemas identificados para las variables etiquetadas con este calificador.

Solución

En primer lugar, como preámbulo, hay que resaltar que en un sistema jerárquico de memoria puede haber problemas de coherencia si se está accediendo a un dato en un determinado nivel de la jerarquía y, mientras tanto, se está modificando asíncronamente ese dato en un nivel inferior, puesto que se está accediendo a una copia que ha dejado de ser válida. Como ejemplo, considérese lo que sucede cuando el procesador está accediendo a la cache de memoria mientras un controlador de un dispositivo está modificando directamente el dato en memoria usando DMA.

Retomando el ejercicio, lo que se plantea corresponde al problema de coherencia en un sistema jerárquico de memoria, como se acaba de explicar. En este caso, el nivel afectado en el que corresponde con los registros generales del procesador. A continuación, se describe con más detalle el problema.

Para optimizar el acceso a las variables del programa, el compilador usa los registros generales del procesador para mantener copias de las misma evitando accesos a memoria (a la cache de memoria que sería el nivel subyacente). La lógica generada por el compilador asegura que no hay errores en el uso de los registros como contenedores temporales de variables. De esta manera, si, en un determinado momento, el valor más actualizado de la variable está en un registro, el programa accederá a dicho registro para obtener el valor. Sin embargo, el problema surge cuando se accede a la variable desde un flujo de ejecución asíncrono, como el que corresponde con una rutina de tratamiento de una señal en UNIX. La ejecución de esta rutina en un determinado momento no ha podido ser prevista por el compilador, dado su carácter asíncrono. Por tanto, desde la rutina no puede conocerse si el flujo interrumpido estaba usando una copia en un registro de la variable requerida, lo que provoca dos problemas: por un lado, los cambios que haga la rutina sobre la variable en memoria no los verá el flujo interrumpido que cuando continúe seguirá usando erróneamente la copia en el registro (nótese que es justo el mismo problema planteado en el preámbulo); por otro lado, si antes de activarse el flujo asíncrono el valor más actual de la variable estaba en un registro, la rutina asíncrona no será consciente de este nuevo valor ya que accederá directa y erróneamente al valor obsoleto almacenado en memoria.

La solución es que el programador indique al compilador qué variables pueden ser accedidas desde un flujo asíncrono, de manera que éste no use los registros para almacenar copias de estas variables, sino que trabaje directamente accediendo a memoria. El calificador `volatile` del lenguaje C sirve justo para esto.

Ejercicio 4.11

Algunas MMU no proporcionan un bit de página accedida (bit de referencia). Proponga una manera de simularlo. Una pista: Se pueden forzar fallos de página para detectar accesos a una página.

Solución

El sistema operativo va a almacenar para cada página un bit de referencia, pero en este caso, la gestión de este bit será llevada a cabo sólo por software. La evolución de este bit será simulado será la siguiente:

- Cuando se produce un fallo sobre una determinada página, el sistema operativo activará este bit, ya que la página está siendo accedida.

- Como ocurre en los sistemas con una MMU que incluye bit de referencia, el sistema operativo desactivará este bit cuando lo considere oportuno (por ejemplo, como parte del algoritmo de reemplazo del reloj). Sin embargo, en este caso, además, pondrá la página como inválida, aunque realmente está residente.

- Si se accede a la página, se producirá un fallo, pero el sistema operativo detectará que la página está realmente residente, con lo que simplemente activará el bit de referencia simulado y pondrá la página como válida, para que no se generen nuevos fallos de página.

En resumen, se consigue la misma funcionalidad que con un bit gestionado por hardware, pero con una sobrecarga debida a la gestión de estos nuevos fallos de página inducidos. El ejercicio 4.33 analiza con más detalle este mismo tema.

Ejercicio 4.12

Algunas MMU no proporcionan un bit de página modificada. Proponga una manera de simularlo.

Solución

De manera similar al ejercicio anterior, el sistema operativo va a almacenar para cada página un bit de modificación, pero gestionado por software. La evolución de este bit será simulado será la siguiente:

- Cuando se produce un fallo sobre una determinada página, el sistema operativo sirve de forma convencional el fallo haciendo que la página quede residente con la protección original de la página, pero eliminando el permiso de escritura.

- Si se intenta escribir en la página, se producirá un fallo de protección, pero el sistema operativo detectará que no se trata de un error ya que la página realmente tiene permiso de escritura. Simplemente, se activará el bit de modificación simulado y se le devolverá a la página la protección original, para evitar que se generen nuevos fallos.

En resumen, se consigue la misma funcionalidad que con un bit gestionado por hardware, pero con una sobrecarga debida a la gestión de estos nuevos fallos de protección inducidos. Es interesante resaltar que la falta del bit de modificación, o el de referencia, en una MMU, no es una cuestión de un mal diseño de la misma. Algunos constructores de procesadores que no incluyen algunos de estos bits argumentan que la eficiencia y complejidad de la TLB mejoran sensiblemente sin incluir estos bits, ya que se elimina la necesidad de realizar modificaciones de sólo parte de la información contenida en una entrada de la TLB.

Ejercicio 4.13

Escriba un programa que use los servicios POSIX de proyección de archivos para comparar dos archivos.

Solución
```
#include <sys/types.h>
#include <sys/stat.h>
#include <sys/mman.h>
```

```
#include <fcntl.h>
#include <stdio.h>
#include <unistd.h>
#include <stdlib.h>
#include <string.h>

void error_y_salir(char *mens) {
    perror(mens);
    exit(2);
}

int main(int  argc, char **argv) {
    int fd1, fd2;
    int tam;
    char *org1, *org2;
    int result=0;
    struct stat bstat;

    if (argc!=3) {
        fprintf (stderr, "Uso: %s archivo1 archivo2\n", argv[0]);
        return(2);
    }

    /* Abre los archivos para lectura */
    if ((fd1=open(argv[1], O_RDONLY))<0)
        error_y_salir("No puede abrirse el archivo");
    if ((fd2=open(argv[2], O_RDONLY))<0)
        error_y_salir("No puede abrirse el archivo");


    /* Averigua el número de caracteres de los archivos */
    if (fstat(fd1, &bstat)<0)
        error_y_salir("Error en fstat del archivo");
    tam=bstat.st_size;

    if (fstat(fd2, &bstat)<0)
        error_y_salir("Error en fstat del archivo");

    /* mismo tamaño: podrían ser iguales */
    if (tam == bstat.st_size) {
        /* Se proyectan los archivos */
        if ((org1=mmap(NULL, tam, PROT_READ,
                MAP_PRIVATE, fd1, 0)) == MAP_FAILED)
            error_y_salir("Error en la proyeccion del archivo");
        if ((org2=mmap(NULL, tam, PROT_READ,
                MAP_PRIVATE, fd2, 0)) == MAP_FAILED)
            error_y_salir("Error en la proyeccion del archivo");

        /* se comparan las dos zonas proyectadas */
```

129

```
        if (memcmp(org1, org2, tam)==0)
            result=1;      /* son iguales */

        /* Se eliminan las proyecciones */
        munmap(org1, tam);
        munmap(org2, tam);
    }

    if (result)
        printf("Los archivos son iguales\n");
    else
        printf("Los archivos son distintos\n");

    /* Se cierran los archivos */
    close(fd1);
    close(fd2);

    return(result);
}
```

Ejercicio 4.14

¿Por qué una cache que se accede con direcciones virtuales puede producir incoherencias y requiere que el sistema operativo la invalide en cada cambio de proceso y, en cambio, una que se accede con direcciones físicas no lo requiere?

Solución

Una cache que se accede con direcciones virtuales requiere ser invalidada en cada cambio de contexto ya que la misma dirección virtual de dos procesos corresponde con diferentes direcciones físicas. Nótese que ocurre lo mismo que con la TLB y, por tanto, para eliminar la necesidad de la invalidación se puede optar por añadir a cada entrada de la cache un identificador de proceso, de manera que a la cache se acceda con la dirección virtual y el identificador del proceso en ejecución.

Este problema no ocurre con las caches que se acceden con direcciones físicas, puesto que son diferentes para cada proceso, a no ser que compartan una región.

Ejercicio 4.15

¿Por qué una cache que se accede con direcciones virtuales permite que el acceso a la TLB y a la cache se haga en paralelo y, en cambio, una que se accede con direcciones físicas no lo permite? ¿Por qué es conveniente que las caches que se acceden con direcciones físicas tengan el mismo tamaño que la página?

Solución

Aunque el ejercicio anterior ha mostrado una de las desventajas de las caches accedidas con direcciones virtuales (la necesidad de invalidar la cache en un cambio de contexto), este tipo de caches presenta la ventaja de que el acceso a la cache se puede hacer en paralelo con la consulta de la TLB, ya que ambas usan direcciones virtuales. De esta forma, en caso de acierto en la cache, el tiempo de acceso corresponde sólo con el de la cache. Sin embargo, las caches que se acceden con direcciones físicas sólo se pueden usar después de que la TLB, y las tablas de páginas en el caso de que ésta falle, haya sido consultada para obtener la dirección física. Por tanto, con este tipo de cache, en el caso de acierto, el tiempo de acceso corresponde con el tiempo de acceso a la TLB más el de la cache.

Este inconveniente de las caches físicas se supera si se eligen adecuadamente los parámetros de los distintos subsistemas de gestión de memoria. Concretamente, si el tamaño de la cache es el mismo que el de la página, para direccionar la cache sólo será necesario usar tantos bits de la dirección como requiere dicho tamaño. Teniendo en cuenta que en la dirección virtual los bits de menor peso correspondientes al desplazamiento dentro de la página son igual que en la dirección puesto que no se traducen, si se usan estos bits para direccionar la cache física, no hace falta esperar a la traducción de la TLB.

Ejercicio 4.16

La secuencia que se utiliza típicamente como ejemplo de la anomalía de Belady es la siguiente:

1 2 3 4 1 2 5 1 2 3 4 5

Analice cuántos fallos de página se producen al usar el algoritmo FIFO teniendo 3 marcos y cuántos con 4 marcos. Compare el algoritmo con el LRU. ¿Qué caracteriza a los algoritmos de reemplazo de pila?

Solución

En la siguiente tabla se muestra el resultado, resaltando los fallos, de aplicar la traza en un sistema con 3 marcos usando un algoritmo FIFO.

Accesos	1	2	3	4	1	2	5	1	2	3	4	5
Residentes	1	1	1	4	4	4	5	5	5	5	5	5
después del		2	2	2	1	1	1	1	1	3	3	3
acceso			3	3	3	2	2	2	2	2	4	4

En la siguiente tabla se muestra el resultado del algoritmo FIFO con 4 marcos.

Accesos	1	2	3	4	1	2	5	1	2	3	4	5
Residentes	1	1	1	1	1	1	5	5	5	5	4	4
después		2	2	2	2	2	2	1	1	1	1	5
del acceso			3	3	3	3	3	3	2	2	2	2
				4	4	4	4	4	4	3	3	3

Se produce la anomalía de Belady ya que, en contra de lo esperado, con más marcos hay más fallos: se pasa de 9 fallos con 3 marcos a 10 con 4.

En la siguiente tabla se muestra el resultado de aplicar la traza en un sistema con 3 marcos usando un algoritmo LRU.

Accesos	1	2	3	4	1	2	5	1	2	3	4	5
Residentes	1	1	1	4	4	4	5	5	5	3	3	3
después del		2	2	2	1	1	1	1	1	1	4	4
acceso			3	3	3	2	2	2	2	2	2	2

En la siguiente tabla se muestra el resultado del algoritmo LRU con 4 marcos.

Accesos	1	2	3	4	1	2	5	1	2	3	4	5
Residentes	1	1	1	1	1	1	1	1	1	1	1	1
después del		2	2	2	2	2	2	2	2	2	2	2
acceso			3	3	3	3	5	5	5	5	4	5
				4	4	4	4	4	4	3	3	3

No se produce la anomalía de Belady ya que se cumple lo esperado, con más marcos hay más fallos: se pasa de 10 fallos con 3 marcos (nótese que con 3 marcos, en contra de lo previsto, es mejor el FIFO que el LRU) a 8 con 4.

Si se compara para cada algoritmo qué páginas hay residentes en cada paso de la traza en el caso de 3 marcos y cuáles en el de 4 marcos, se detecta una diferencia notable. Con el algoritmo FIFO, a partir del séptimo acceso, las páginas residentes para 3 marcos (5, 1 y 2) no son un subconjunto de las residentes en el mismo acceso para 4 marcos (5, 2, 3 y 4). Sin embargo, para el algoritmo LRU siempre, no sólo en el ejemplo, se cumple que las residentes para 3 marcos son un subconjunto de las residentes con 4. A los algoritmos de reemplazo que cumplen esta propiedad se les denomina algoritmos de pila y en ellos no se puede producir la anomalía de Belady.

Ejercicio 4.17

Como se comentó en la explicación del algoritmo de reemplazo LRU, el tiempo que se debe usar para seleccionar la página menos recientemente usada es el tiempo lógico de cada proceso y no el tiempo real. Modifique la implementación basada en contadores propuesta en el repaso teórico contenido al principio del capítulo para que tenga en cuenta esta consideración.

Solución

A continuación, se reproduce el texto que explicaba en la sección teórica una propuesta de implementación del algoritmo LRU:

"Una implementación del algoritmo podría basarse en utilizar un contador que se incremente por cada referencia a memoria. Cuando se referencia a una página, el valor actual del contador se copia por hardware a la posición de la tabla correspondiente a esa página. Ante el fallo de página, el sistema operativo examina los contadores de todas las páginas residentes en memoria y selecciona como víctima aquélla que tiene el valor menor."

Para utilizar el tiempo lógico de proceso a la hora de decidir qué página ha sido accedida menos recientemente, se podría usar la implementación hardware propuesta pero haciendo que el sistema operativo lleve un contador de accesos por cada proceso gestionado de la siguiente forma:

- En el BCP de cada proceso se guarda su contador de accesos, con un valor inicial igual a 0.
- Cada vez que hay un cambio de contexto se copia en el BCP del proceso expulsado el contador de accesos gestionado por el hardware, y se copia el almacenado en el BCP del proceso que va a ejecutar en el contador hardware. De esta forma, la cuenta de accesos del proceso, que constituye su "tiempo lógico", continúa en el punto donde se quedó.
- Cuando se produce un fallo, para cada página residente, se calcula la resta entre el contador almacenado en el BCP del proceso dueño de la página y el contador almacenado en la propia página. Se reemplazará la página que tenga un valor de la resta mayor, ya que indica que ha sido la menos recientemente accedida teniendo en cuenta el tiempo lógico de cada proceso.

Ejercicio 4.18

Un algoritmo de reemplazo no descrito en el capítulo es el MFU (menos frecuentemente utilizada). Este algoritmo elige para el reemplazo aquella página que se haya utilizado menos frecuentemente. Analice cuál son los puntos fuertes y débiles de este algoritmo y plantee una implementación de este algoritmo.

Solución

Comparándolo con el algoritmo LRU, en el lado positivo, este algoritmo tiene en cuenta el número de veces que se ha accedido a la página a la hora de valorar su importancia. Así, por ejemplo, supóngase que en las últimas 1.000 referencias se ha accedido 999 veces a la página 1, pero la última ha sido a la página 2. En este ejemplo, si se aplica LRU se reemplazará la página 1, a pesar de que el elevado número de accesos a esta página parece indicar que está página es importante. Evidentemente, con MFU la página expulsada sería la 2. Sin embargo, en el lado negativo, si una página se ha accedido muchas veces en una determinada fase inicial del programa, con MFU a esa página se la seguirá considerando como importante durante toda la ejecución del programa, aunque ya no se vuelva a usar. Esta importante desventaja hace que este algoritmo sea claramente peor que el LRU y, por tanto, no tenga utilidad real. En cualquier caso, se podrían plantear mejoras, de manera que el algoritmo fuera perdiendo progresivamente memoria del número de accesos a una página según vaya pasando tiempo sin ser accedida.

Por lo que se refiere a la implementación, se requeriría una MMU con una cierta complejidad que, en vez de un bit de referencia, gestionara un contador incluido en cada entrada de la tabla de páginas, que incrementaría en cada acceso a la página.

Para evitar la complejidad del hardware, se podría implementar por software una aproximación que gestionara un contador tomando como base el bit de referencia. La estrategia consistiría en que el sistema operativo consultara periódicamente los bits de referencia de las páginas residentes, incrementando el contador de las páginas que tuvieran el bit de referencia activo y desactivando dicho bit para poder así detectar accesos en el próximo intervalo.

Ejercicio 4.19

Codifique en pseudo-código cómo sería la rutina de tratamiento de fallo de página en un sistema con memoria virtual que no usa *buffering* de páginas ni preasignación de *swap*. Tenga en cuenta la influencia de las distintas características de las regiones (por ejemplo, si es privada o compartida).

Solución

A continuación, se especifican los principales pasos que llevaría a cabo una rutina de tratamiento de página en este sistema:

- Si la dirección de fallo corresponde con una dirección lógica de sistema (en algunos procesadores esto ocurre si el bit de mayor peso es 1)
  - o Si el proceso estaba en modo usuario cuando causó el fallo
    - ▪ Abortar el proceso (en UNIX mandar la señal SEGV) y terminar la rutina
  - o Si el proceso estaba en modo usuario cuando causó el fallo
    - ▪ Pánico: Error en el código del S.O., hay que parar la máquina
- La dirección de fallo es de usuario, hay que buscarla en la tabla de regiones del proceso.
  - o Si no pertenece a ninguna región: Comprobar si es una expansión de pila
    - ▪ Si la dirección está incluida en el rango que va desde el valor del puntero de pila en el momento de producirse el fallo y el principio de una región de tipo pila (en Linux está marcada con el indicador MAP_GROWSDOWN), hay una expansión de la pila:
      - • Ajustar la dirección de comienzo y tamaño de la región, comprobando que no se solapa con otras regiones, ya que si lo hace habría un error.
      - • Rellenar la entrada correspondiente de la tabla páginas especificando que tiene permisos de lectura y escritura.
      - • A continuación, se realiza un tratamiento similar a un fallo de página sobre una página de una región anónima (véase más adelante)
    - ▪ Si no, abortar el proceso (en UNIX mandar la señal SEGV) y terminar la rutina
- Antes de continuar con el tratamiento habitual de un fallo de página, hay que comentar que, dependiendo de las características del sistema de memoria virtual, es posible que la página ya esté en memoria porque la está usando otro proceso, ya sea porque está realmente compartida o a través de *copy-on-write*. En este tipo de sistemas, antes de intentar traer la página desde su soporte actual, habría que comprobar si ya está residente en memoria debido a que está usándola otro proceso (véase los ejercicios 4.27 y 4.20). Si éste es el caso, no es necesario buscar un marco libre ni traer la página desde su soporte: sólo hay que hacer que la página apunte al marco que ya la contiene, ponerla como válida y con eso termina la rutina (normalmente, habrá también que incrementar un contador que refleje que hay un nuevo proceso usando la página).
- La página (P) pertenece a una región o se trata de una expansión de pila. Se busca marco libre. Puede haberlo (marco M), pero si no, hay que generarlo:

- o Se aplica el algoritmo de reemplazo que, dependiendo de sus características, puede usar el bit de referencia de la página o no hacerlo (p. ej. FIFO no lo usa, pero el algoritmo del reloj lo consulta y desactiva). Se selecciona como víctima la página residente V contenida en el marco M.
- o Si V está modificada, hay que actualizar la copia en el soporte.
  - Si compartida, la escritura se realizará sobre el bloque (B) correspondiente del archivo.
  - Si privada, hay que distinguir si tiene ya un bloque de swap asociado (correspondería con el caso de que la página ya ha sido expulsada al menos una vez estando modificada) o no:
    - Si tiene bloque de swap asociado, se escribe en ese bloque B.
    - Si no, se reserva un bloque B y se le asocia a la página.
  - En cualquier caso, escritura de la página en el bloque B:
    - Iniciar una operación de escritura por DMA en el bloque B marcando que la página está siendo escrita a disco.
    - Bloquear al proceso (cambio de contexto voluntario)
    - El proceso continuará por este punto después de que, en primer lugar, se haya producido la interrupción del disco que cambie su estado de bloqueado a listo para ejecutar y, posteriormente, el planificador lo elija. En este momento, se desactivará el bit de modificado.
- o En este punto o bien V no estaba modificada o ya ha sido actualizada en disco.
  - Se desactiva el bit de validez de la página (ya no está residente)
  - Se elimina de la TLB la entrada que especifica que V está residente en M.
- En este punto hay un marco libre M, ya sea porque lo había o porque se ha generado. Hay que traer la página P al marco M:
  - o Si P tiene asociado un bloque de swap B, se lee B sobre el marco M
  - o Si no tiene asociado un bloque de swap y está vinculada a un archivo, se lee bloque B del archivo sobre el marco M
  - o Si pertenece a una región anónima y no tiene asociado bloque de swap, no hay que leer del disco, sólo rellenar a ceros el marco por motivos de confidencialidad.
  - o Si es preciso, hay que realizar la lectura del bloque B en M:
    - Iniciar una operación de lectura por DMA del bloque B marcando que la página está siendo leída de disco.
    - Bloquear al proceso (cambio de contexto voluntario)
    - El proceso continuará por este punto después de que, en primer lugar, se haya producido la interrupción del disco que cambie su estado de bloqueado a listo para ejecutar y, posteriormente, el planificador lo elija.
  - o En este punto el marco M contiene la página requerida, pudiendo haber sido necesario leerla del disco. Se activa el bit de validez de la página (ya está residente) y se escribe en la entrada de la página P el número de marco M.

Hay que resaltar que no se han planteado todos los detalles sutiles que pueden suceder en el tratamiento de un fallo de página. Por ejemplo, considérese el problema de sincronización que puede ocurrir si, mientras se está escribiendo la víctima V en el disco, un proceso causa un fallo de página sobre la misma.

Ejercicio 4.20

Resuelva el problema anterior para un sistema con *buffering* de páginas y preasignación de *swap*.

Solución

A continuación, se especifican los principales pasos que llevaría a cabo una rutina de tratamiento de página en este sistema (se han resaltado algunas operaciones para ilustrar algunas de las diferencias con el ejercicio anterior):

- Si la dirección de fallo corresponde con una dirección lógica de sistema (en algunos procesadores esto ocurre si el bit de mayor peso es 1)
    - o Si el proceso estaba en modo usuario cuando causó el fallo
        - ▪ Abortar el proceso (en UNIX mandar la señal SEGV) y terminar la rutina
    - o Si el proceso estaba en modo usuario cuando causó el fallo
        - ▪ Pánico: Error en el código del S.O., hay que parar la máquina
- La dirección de fallo es de usuario, hay que buscarla en la tabla de regiones del proceso.
    - o Si no pertenece a ninguna región: Comprobar si es una expansión de pila
        - ▪ Si la dirección está incluida en el rango que va desde el valor del puntero de pila en el momento de producirse el fallo y el principio de una región de tipo pila (en Linux está marcada con el indicador MAP_GROWSDOWN), hay una expansión de la pila:
            - • Ajustar la dirección de comienzo y tamaño de la región
            - • Rellenar la entrada correspondiente de la tabla páginas especificando que tiene permisos de lectura y escritura.
            - • **Se preasigna espacio en swap para esta expansión.**
            - • A continuación, se realiza un tratamiento similar a un fallo de página sobre una página de una región anónima (véase más adelante)
        - ▪ Si no, abortar el proceso (en UNIX mandar la señal SEGV) y terminar la rutina
- **Gracias al *buffering* de páginas, hay un marco libre M.**
    - o **En primer lugar, hay que buscar si la página ya está residente, incluida en la lista de páginas libres o de páginas modificadas** (véase el ejercicio 4.28). Si éste es el caso, no es necesario buscar un marco libre ni traer la página desde su soporte: sólo hay que hacer que la página apunte al marco que ya la contiene, ponerla como válida y con eso termina la rutina (normalmente, habrá también que incrementar un contador que refleje que hay un nuevo proceso usando la página).
    - o Como se planteó en el ejercicio anterior, la página también podría estar residente por estar usándola otro proceso, realizándose el mismo tratamiento que en el punto anterior. En este caso, la página no estaría, por tanto, en la lista de libres o de modificadas. Sin embargo, de hecho, estas dos situaciones se comprobarían y tratarían de la misma forma: buscando entre todas las páginas residentes, estén en la listas de libres y modificadas o no, si ya está en memoria la página requerida.
    - o En caso de no estar residente, habría que traer la página P al marco M:
        - ▪ Si P tiene ya se ha escrito en swap alguna vez, se lee el bloque B de swap sobre el marco M
        - ▪ Si no se ha escrito nunca en swap y está vinculada a un archivo, se lee bloque B del archivo sobre el marco M
        - ▪ Si pertenece a una región anónima y no se ha escrito nunca en swap, no hay que leer del disco, sólo rellenar a ceros el marco por motivos de confidencialidad.
    - o Si es preciso, hay que realizar la lectura del bloque B en M:
        - • Iniciar una operación de lectura por DMA del bloque B marcando que la página está siendo leída de disco.
        - • Bloquear al proceso (cambio de contexto voluntario)

- El proceso continuará por este punto después de que, en primer lugar, se haya producido la interrupción del disco que cambie su estado de bloqueado a listo para ejecutar y, posteriormente, el planificador lo elija.
  o En este punto el marco M contiene la página requerida, pudiendo haber sido necesario leerla del disco. Se activa el bit de validez de la página (ya está residente) y se escribe en la entrada de la página P el número de marco M.

Hay que resaltar que, nuevamente, no se han planteado todos los detalles sutiles que pueden suceder en el tratamiento de un fallo de página. Por ejemplo, considérese el problema de sincronización que puede ocurrir si, mientras se está escribiendo a disco una página de la lista de modificadas, un proceso causa un fallo de página sobre la misma.

Ejercicio 4.21

En la descripción de la técnica COW se explicó que para implementar esta técnica generalmente se pone la página con una protección de sólo lectura. Analice cómo sería la rutina de tratamiento de la excepción que se produce al escribir en una página de este tipo para implementar la técnica COW.

Solución

En primer lugar, hay que aclarar que se supone un sistema en el que la unidad de gestión de memoria primero comprueba si se ha producido un fallo de página y, en caso de que no lo haya habido, comprueba a continuación si ha ocurrido un fallo de protección. Este es el comportamiento de la mayoría de procesadores.

La técnica de COW requiere guardar cierta información tanto en los marcos como en los bloques de swap:

- Por cada marco, hay que guardar el número de procesos que están usando la página contenida en dicho marco. Nótese que esto no es específico de la técnica COW, ya que, como se plantea en los ejercicios 4.19 y 4.20, este contador de uso también se utiliza para las páginas que están siendo realmente compartidas.
- Por cada bloque de *swap*, se requiere también un contador de uso que refleje cuántos procesos tienen páginas asociadas con ese bloque.

A continuación, se especifican las principales operaciones que se llevaría a cabo en la rutina de tratamiento de un fallo de protección (que es la que está vinculada con la técnica COW):

- Si la dirección de fallo corresponde a una página que no tiene activo COW:
  o Se trata, realmente, de un acceso no permitido. Se aborta el proceso (en UNIX mandar la señal SEGV) y termina la rutina
- Si el contador de procesos que comparten la copia en *swap* de la página es mayor que uno: la página ya no está vinculada con ese bloque de *swap*, puesto que es una copia independiente.
  o Se decrementa el contador del bloque de *swap*.
  o En un sistema sin preasignación de *swap*, hay que desvincular la página del bloque de swap.
  o En un sistema con preasignación de *swap*, hay que reservar un nuevo bloque de *swap* para la página, que tendrá un contador de uso con un valor inicial igual a 1.
- Hay que comprobar el contador de procesos que comparten la copia en memoria de la página:
  o Si es mayor que uno:
    - Hay que buscar un marco libre. En el caso de un sistema con *buffering* de páginas (véase ejercicio 4.20), seguro que lo habrá. Si se trata de un sistema sin *buffering*, puede no haberlo y, entonces, hay que realizar las mismas operaciones que se plantean en un fallo de página cuando no hay un marco libre (véase ejercicio 4.19).
    - Se copia el contenido de la página compartida a dicho marco.

- Se decrementa el contador de uso del marco.
- Se actualiza la entrada de la tabla de páginas para que apunte al nuevo marco.
- La nueva página ya no es de tipo COW y sus protecciones asociadas se modifican para que se permita la escritura.

o En el caso de que el contador sea igual a uno, la página ya no se comparte y, por lo tanto, no es necesario hacer una copia. Sólo hay que hacer la última operación del caso previo:

- Indicar que la página original ya no es de tipo COW y sus protecciones asociadas se modifican para que se permita la escritura.

Ejercicio 4.22

Muchas implementaciones de UNIX realizan la carga de las bibliotecas dinámicas utilizando el servicio mmap. Explique qué parámetros deberían especificarse para cada una de las secciones de una biblioteca dinámica.

Solución

Una biblioteca dinámica contiene básicamente tres regiones: código, datos con valor inicial y datos sin valor inicial. De manera similar a un archivo ejecutable, el archivo que contiene la biblioteca comienza con una cabecera que la describe y, a continuación, aparece el contenido de las regiones de código y datos con valor inicial, puesto que la región de datos sin valor inicial no es necesario almacenarla en el ejecutable, sólo aparece su tamaño en la cabecera. A continuación, se explica qué parámetros se deberían especificar en la proyección correspondiente a cada región:

- Código:
  o Protección: PROT_READ y PROT_EXEC
  o Tipo: MAP_SHARED
  o Desplazamiento en el archivo y tamaño de la proyección que corresponda con el fragmento del archivo que contiene la región de código.
- Datos con valor inicial:
  o Protección: PROT_READ y PROT_WRITE
  o Tipo: MAP_PRIVATE
  o Desplazamiento en el archivo y tamaño de la proyección que corresponda con el fragmento del archivo que contiene la región de datos con valor inicial.
- Datos sin valor inicial:
  o Protección: PROT_READ y PROT_WRITE
  o Tipo: MAP_PRIVATE y MAP_ANOM, puesto que no tiene soporte.
  o Tamaño de la proyección que corresponda con lo especificado en la cabecera.

Ejercicio 4.23

En Win32 se pueden crear múltiples *heaps*. Analice en qué situaciones puede ser interesante esta característica.

Solución

Puede ser conveniente usar distintos *heaps* para almacenar diferentes estructuras de datos del programa. Con esto se consigue una mejor proximidad de referencias a la hora de procesar una determinada estructura. Para entender esta afirmación, téngase en cuenta que, si se usa un único *heap*, en él residirán todas las estructuras de datos dinámicas que vaya reservando el programa. Por tanto, dado que el programa generalmente irá reservando las distintas partes de una estructura (por ejemplo, los nodos de una lista) de forma incremental, es probable que esas distintas partes estén diseminadas a lo largo del *heap*, provocando que haya poca proximidad de referencias cuando se procese la estructura. Además, de esta forma, se agiliza la gestión del *heap*, ya que el tamaño de las estructuras que mantienen el estado del *heap*, que se deben consultar a la hora de reservar espacio, es proporcional al tamaño del *heap*.

Asimismo, puede ser interesante que cada *thread* de un programa tenga su propio *heap*, en vez de usar el mismo para todos los procesos ligeros de un programa, que es el comportamiento habitual. Entre otros beneficios, esta estrategia reduciría drásticamente los problemas de sincronización en el acceso al *heap*. Nótese que cuando se usa un único *heap* para un programa con múltiples procesos ligeros, se debe coordinar el acceso al *heap* para evitar problemas de sincronización, lo que no sería necesario si hay un *heap* por cada *thread*.

Ejercicio 4.24

¿Por qué es necesario mantener al menos una página inválida entre la región de pila y la región que está situada justo a continuación, en direcciones más bajas?

Solución

La expansión de la pila se realiza cuando se produce un fallo de página tal que la dirección no pertenece a ninguna región pero es mayor o igual que el valor del puntero de pila en el momento que se produjo el fallo. Por tanto, esta expansión no va dirigida por llamadas al sistema invocadas por la aplicación, sino que se realiza implícitamente, a golpe de fallos de páginas. Si no se deja una página libre entre la pila y la región más próxima en el sentido de crecimiento de la pila, cuando la pila haya crecido hasta que las dos regiones estén contiguas, en el momento que se produzca una nueva expansión de la pila, habrá una invasión de la otra región sin poderlo detectar ni la MMU ni el sistema operativo. Asegurando que haya una página libre, el sistema operativo considerará un error una expansión que intente usar esa página.

Ejercicio 4.25

Analice qué puede ocurrir en un sistema que usa paginación por demanda si se recompila un programa mientras se está ejecutando. Proponga soluciones a los problemas que pueden surgir en esta situación.

Solución

En un sistema virtual basado en paginación por demanda, un proceso durante toda su ejecución está vinculado con el archivo que contiene el ejecutable del programa. Cada vez que requiera una página de código, ya sea en un primer acceso o en accesos posteriores debido a expulsiones de la página, el S.O. accederá al bloque correspondiente del ejecutable. Con respecto a los datos globales con valor inicial, también se requerirá el acceso al ejecutable, pero, en este caso, sólo hasta que se modifique la página ya que en ese momento, al tratarse de una región privada, pasa a estar vinculada con el swap. Por tanto, si mientras está ejecutando un programa, éste se recompila modificando el archivo ejecutable, esto causará un efecto impredecible en cuanto el proceso en ejecución produzca un fallo de página que requiera acceder directamente a un bloque del ejecutable. Lo más probable es que se produzca una excepción en la ejecución del proceso.

Una posible estrategia sería que el S.O. no permitiera escribir sobre un archivo si dicho archivo se está ejecutando. Así, el mandato de compilación (más concretamente, el mandato de enlazado o montaje) daría un error al intentar escribir sobre el archivo.

Una curiosidad final: alguien con mucha imaginación podría plantearse usar esto como la base para un sistema de sustitución "en caliente" de código.

Ejercicio 4.26

En POSIX se define el servicio `msync` que permite forzar la escritura inmediata de una región al soporte. ¿En qué situaciones puede ser interesante usar esta función?

Solución

Las modificaciones sobre las páginas de una región correspondiente a un archivo proyectado en modo compartido no se actualizan en el propio archivo hasta que la página es expulsada de memoria.

Es, por tanto, el propio gestor de memoria del sistema operativo el que se encarga automáticamente de llevar a cabo la actualización del archivo. Por tanto, el programa no tiene control sobre cuándo se realizan las actualizaciones del archivo. Una determinada aplicación puede necesitar asegurarse en un determinado punto de su ejecución de que los cambios en el archivo hechos a través de la proyección ya se han llevado a cabo. Considérese que esos datos pueden tener un carácter crítico y, si el equipo se cae sin haberse producido la actualización, pueden perderse. Con este servicio la aplicación puede solicitar la actualización cuando lo considere oportuno.

Nótese que esta situación potencialmente problemática no es específica del manejo de archivos mediante proyección en memoria. Ocurre lo mismo cuando se trabaja con archivos de forma convencional (*read*/*write*), puesto que las escrituras de la aplicación no se propagan inmediatamente al dispositivo, sino que se quedan en la cache de bloques (escritura diferida). Por ello, se incluyó el servicio *fsync* que realiza algo similar a *msync*, pero en el caso de que se trabaje con el archivo de forma convencional.

Ejercicio 4.27

Cuando se produce un fallo en una página que pertenece a una región compartida, se trae a memoria secundaria la página y se actualiza la entrada de la tabla de páginas del proceso que causó el fallo. ¿Cómo se entera el resto de los procesos que comparten la página de que ésta ya está en memoria?

Solución

Cuando se trae a memoria física una página compartida es necesario asegurar que, mientras continúe residente en memoria, los procesos que comparten la página acceden a la copia en memoria. Una posible solución es almacenar información de qué procesos comparten la página y, cuando se trae a memoria, actualizar la tabla de páginas de todos los procesos que comparten la página además de la del proceso que causó el fallo.

Otra alternativa es comprobar, en el momento que se produce un fallo de página, si la página ya se ha traído a memoria debido al acceso anterior de otro proceso (véase los ejercicios 4.19 y 4.20). En este caso se modificaría la tabla de páginas del proceso que causó el fallo, de manera que referencia a la copia en memoria y se incrementaría el contador que refleja cuantos procesos comparten la página en memoria (consulte el siguiente ejercicio para ver cómo se puede realizar esta operación de forma eficiente).

Ejercicio 4.28

El mecanismo de *buffering* permite recuperar una página que está en la lista de libres ya que todavía no se ha reutilizado el marco que la contiene. ¿Cómo se puede implementar esta búsqueda en la lista para que se haga de forma eficiente?

Solución

En primer lugar, hay que comentar que cada página en la lista de páginas libres (o de modificadas) queda identificada por el bloque de disco de memoria secundaria, ya sea de un archivo o de swap, al que está vinculada. Cuando se produce un fallo de página en un sistema con *buffering* de páginas (véase el ejercicio 4.20), hay que buscar si la página ya está residente. Para ello, habrá que buscar entre las páginas residentes si hay alguna que está vinculada al mismo bloque de disco que la que causó el fallo. Esta búsqueda, evidentemente, no se puede hacer de manera lineal. Para poder comprobar de forma eficiente si una página ya está en memoria es necesario organizar la lista de páginas de una forma no lineal, por ejemplo como una lista *hash* accedida con el identificador del bloque de disco asociado. Nótese que esta misma técnica se usará también para buscar, de manera eficiente, si hay algún proceso que está ya usando esa página (véase el ejercicio anterior).

Ejercicio 4.29

Analice qué situaciones se pueden producir en el tratamiento de un fallo de TLB en un sistema que tiene una gestión software de la TLB.

Solución

Cuando se produce un fallo de TLB en un sistema en el que la TLB es gestionada por el sistema operativo, éste tiene que hacer la misma labor que realiza la MMU en un procesador convencional: acceder a las tablas de páginas para buscar la entrada correspondiente. Por tanto, ante el fallo de TLB pueden darse dos situaciones dependiendo de si la entrada tiene activado el bit de validez:

- Si el sistema operativo encuentra que la página es válida, obtendrá el número de marco asociado e introducirá esta información en la TLB, terminando así el tratamiento del fallo de TLB. Cuando se repita la instrucción, ya no causará fallo de TLB puesto que la traducción ya está presente en la misma. En un sistema donde la TLB la gestione la MMU, el sistema operativo no se habría activado en este caso.

- Si el sistema operativo encuentra que la página es inválida, se trata de un fallo de página que servirá de la forma tradicional trayendo la página afectada al marco seleccionado, con la excepción de que al final del tratamiento se procederá a insertar en la TLB la traducción que relaciona la página involucrada con el marco que la contiene. Este caso sí que corresponde con un fallo de página tradicional.

Ejercicio 4.30

Con el uso de la técnica de proyección de archivos se produce una cierta unificación entre el sistema de archivos y la gestión de memoria. Puesto que, como se verá en el capítulo dedicado a los archivos, el sistema de archivos usa una cache de bloques con escritura diferida para acelerar el acceso al disco, analice qué tipo de incoherencias pueden producirse si se accede a un archivo usando la proyección y las primitivas convencionales del sistema de archivos.

Solución

Debido al uso de la escritura diferida, las modificaciones que se hacen sobre un archivo usando primitivas del sistema de archivos (*read/write*) no se propagan inmediatamente al propio archivo, quedándose temporalmente sólo en la cache de bloques. De manera similar, las modificaciones sobre una página de un archivo proyectado (*mmap*) no se propagan al archivo hasta que la página es expulsada. Estos dos escenarios pueden llevar a problemas de coherencia cuando un archivo se está accediendo simultáneamente con las dos interfaces (*read/write* y *mmap*):

- Si el archivo se modifica a través del sistema de archivos (*write*), estos cambios no serán directamente visibles a través de la proyección, puesto que se han quedado temporalmente en la cache de bloques.

- Si el archivo se modifica a través de la proyección (escribiendo directamente en memoria), estos cambios no serán directamente visibles leyendo directamente del archivo, ya que no se actualiza hasta que la página es expulsa.

Para evitar estos problemas de incoherencia, el S.O. debe intentar mantener sincronizada la información del archivo con independencia de qué interfaz de acceso se use. Así, cuando se produce un fallo de página, antes de intentarla leer del disco, el S.O. debería comprobar si hay una copia en la cache de bloques y, en caso afirmativo, usarla directamente. Asimismo, cuando una página modificada es expulsada, en vez de escribirla directamente al disco, se podría hacerlo a través de la cache de bloques. En cualquier caso, el problema de sincronización es complejo y las estrategias planteadas son sólo dos ejemplos del tipo de técnicas que se deben usan para evitar los problemas de coherencia.

Todos estos problemas de coherencia surgen debido a que se está produciendo un fenómeno de doble cache: los datos de los archivos pueden estar en la cache de bloques (denominada *buffer cache* en los sistemas UNIX) y/o asociados al mapa de los procesos mediante proyecciones (llamada *page cache* en los sistemas UNIX). No tiene sentido usar esta duplicación de datos y de funcionalidad. En parte, el problema está en que ese diseño del sistema operativo es anterior al desarrollo del concepto de proyección de archivos. En la actualidad, hay un acuerdo general de que debe existir una cache unificada que corresponda con proyecciones de archivos (o sea, en UNIX, que sólo exista la *page cache*) y que el acceso tradicional a través del sistema de archivos (interfaz *read/write*) se corresponda con una proyección del archivo, aunque solicitada internamente por el S.O.

Ejercicio 4.31

Se desea desarrollar el sistema de memoria para un computador dotado de una unidad de gestión de memoria con paginación. Dicha unidad utiliza una tabla de páginas por cada proceso que mantiene los típicos bits de validez (**V**), protección (**PR**) y modificación (**M**) de cada página. El sistema operativo guarda además por cada página la siguiente información:

* Rellenar de disco (**RD**): Página no residente que está almacenada en el disco.

* Rellenar a ceros (**RC**): Página no residente que deberá rellenarse a ceros cuando se acceda por primera vez.

* *Copy-on-write* (**COW**): Página residente compartida por varios procesos. Cuando un proceso intente escribir en ella obtendrá una copia privada. El sistema operativo fija los bits de protección de una página de este tipo de forma que no se permite la escritura en la página. Así, cuando un proceso intente escribir se generará un fallo de protección y en el tratamiento de este fallo se creará la copia privada. Asociado a la página hay un contador que refleja cuantos procesos comparten la página. Cuando sólo exista un proceso la página deja de ser **COW**.

En este sistema, se usa la técnica de *buffering* de páginas, por lo que, cuando se produce un fallo de página no se aplica el algoritmo de reemplazo ya que un proceso del sistema ("demonio") se encarga de mantener una lista con marcos de página libres y "limpios" quitándoselos a los procesos cuando sea preciso.

Se pide:

a) Especificar las principales operaciones que se llevarán a cabo en la rutina del tratamiento de un fallo de página dependiendo del tipo de página. Se debe analizar las dificultades que puede acarrear el tratamiento de un fallo que corresponda con una página que pertenezca a una región compartida.

b) Especificar las principales operaciones que se llevarán a cabo en la rutina de tratamiento de un fallo de protección cuando se trata de una página de tipo **COW**.

NOTA 1: Por simplicidad, no se distingue si la página en disco está almacenada en un archivo o en *swap*, ni se plantea, por tanto, si se trata de un sistema con preasignación de *swap* o no.

NOTA 2: En este sistema la unidad de gestión de memoria primero comprueba si se ha producido un fallo de página y, en caso de que no lo haya habido, comprueba a continuación si ha ocurrido un fallo de protección.

Solución

a) A continuación se describen las principales operaciones que se llevan a cabo en el tratamiento de un fallo de página. En primer lugar, se comprueba si la dirección es válida. Si no lo fuera se le manda una señal al proceso (SIGSEGV en UNIX).

Si la página es de tipo RC, se debe seleccionar un marco de página de la lista de marcos libres quitándolo de la misma. Nótese que existe un proceso del sistema encargado de que haya un número suficiente de marcos libres y "limpios". El marco seleccionado se rellena con ceros y se actualiza la entrada correspondiente de la tabla de páginas del proceso y de la tabla de marcos de página. Se realizan, entre otras, las siguientes acciones: Se activa el bit de validez y se desactivan los de modificación y RC, se hace apuntar la entrada de la tabla al marco libre, y se pone a uno el contador de procesos que comparten la página. La rutina termina activando el planificador.

Si la página es de tipo RD, se selecciona un marco libre, y se arranca una operación de lectura del bloque de disco correspondiente. Se actualiza la tabla de páginas para que referencie al marco seleccionado al cual se le marca como ocupado. Por último, se bloquea el proceso. Cuando se produzca la interrupción correspondiente a la finalización de la operación de lectura, se desbloquea y cuando vuelva a ejecutar proseguirá la rutina de fallo de página que actualizará la información de estado de forma similar al caso de las páginas RC, eliminando la marca de ocupado.

Estas son operaciones típicas de los sistemas de memoria virtual, sin embargo, la posibilidad de compartir una página por varios procesos obliga a añadir nuevas operaciones en la rutina de tratamiento. A continuación, se describe esta situación.

Cuando se trae a memoria física una página compartida es necesario asegurar que, mientras continúe residente en memoria, los procesos que comparten la página acceden a la copia en memoria. Una posible solución es almacenar información de qué procesos comparten la página y, cuando se trae a memoria, actualizar la tabla de páginas de todos los procesos que comparten la página además de la del proceso que causó el fallo.

Otra alternativa es comprobar, en el momento que se produce un fallo de página, si la página ya se ha traído a memoria debido al acceso anterior de otro proceso. En este caso se modificaría la tabla de páginas del proceso que causó el fallo, de manera que referencia a la copia en memoria y se incrementaría el contador que refleja cuantos procesos comparten la página en memoria. Para poder comprobar de forma eficiente si una página ya está en memoria es necesario organizar la lista de páginas de una forma no lineal, por ejemplo como una lista **hash** accedida con el identificador del bloque de disco asociado.

La compartición de páginas introduce otro problema adicional. Cuando un proceso genera un fallo de página sobre una página compartida que no está en memoria, el proceso queda bloqueado hasta que termina la operación de lectura del bloque. Si otros procesos acceden a la página compartida mientras se está leyendo el bloque, se deben bloquear hasta que termine la transferencia.

b) El fallo de protección se produce cuando un proceso referencia a una página con un modo de acceso no permitido. En la mayoría de los casos se trata de un error y, por lo tanto, se manda una señal al proceso. Sin embargo, si la página es de tipo COW y la operación es una escritura, no se trata de un error y la rutina realizará las operaciones correspondientes al mecanismo de **copy-on-write**.

En el caso de que el contador de procesos que comparten la copia en memoria de la página sea mayor que uno, se debe seleccionar un marco libre y copiar el contenido de la página compartida a dicho marco. Se decrementará el contador, se actualizará la tabla de páginas para que apunte al nuevo marco. La nueva página ya no será de tipo COW y sus protecciones asociadas se modificarán para que se permita la escritura.

En el caso de que el contador sea igual a uno, la página ya no se comparte y, por lo tanto, no es necesario hacer una copia. Será necesario solamente modificar el tipo y las protecciones de la página.

Ejercicio 4.32

Sea un sistema de memoria virtual basado en paginación por demanda con un tamaño de página de 4K bytes que, de manera similar a numerosas implementaciones de UNIX, usa las siguientes técnicas para manejar las diferentes regiones de un proceso:

- Código. Paginación desde el archivo ejecutable.
- Datos con valor inicial. En el primer fallo de página, paginación desde el ejecutable. Posteriormente, desde/hacia el dispositivo de paginación.
- Datos sin valor inicial y pila. En el primer fallo se rellenan con ceros (**no hay acceso al disco**). Posteriormente se usa el dispositivo de paginación.

Dado un sistema de este tipo, analizar razonadamente para cada una de las 7 operaciones especificadas en el programa adjunto si podrían generar un fallo de página y, en caso afirmativo, si dicho fallo de página implica un acceso de E/S o no.

NOTAS:

- No se tendrán en cuenta los posibles fallos de página asociados a la ejecución del código.
- Cada variable está en una página diferente (y sólo en una) y en cada caso planteado se trata de la primera referencia a la página que contiene dicha variable.
- Las operaciones de escritura se realizan sobre un archivo normal (nótese que las escrituras en un archivo únicamente copian los datos del buffer a la cache de bloques del sistema de archivos).

```
int i= 10;
.........
int j;
.........
```

```
char buf1[4]= {4, 5, 6, 7}; /* variable con valor inicial */
..........
char buf2[100];
main()
{
    char buf3[100]; /* variable almacenada en la pila */

    ... malloc(10000) ...                   (1)
    ...= i;
(2)
    ...= j;
(3)
    write (4, buf1, sizeof(buf1));          (4)
    write (4, buf2, sizeof(buf2));          (5)
    write (4, buf3, sizeof(buf3));          (6)
    /* Proyección  de un archivo en memoria */
    ... mmap ( ) ...                        (7)
}
```

Solución

1) Cuando no hay espacio disponible la función **malloc** realiza una llamada a **brk** para expandir la región de memoria dinámica (**heap**) del proceso.

La llamada al sistema **brk** se encarga de determinar qué páginas del mapa virtual del proceso se ven afectadas por la expansión poniendo las correspondientes entradas de la tabla de páginas del proceso con el valor "a rellenar a cero" (en el primer acceso se producirá un fallo de página y el sistema operativo asignará un marco de página inicializado con ceros).

Por lo tanto, no se trata de una asignación de memoria física y, por consiguiente, no se puede producir un fallo de página.

2) La sentencia de asignación implica el primer acceso a la variable **i** y, por lo tanto, produce un fallo de página. Nótese que se trata del primer acceso ya que la declaración de una variable, ya sea con valor inicial o no, no implica en tiempo de ejecución un acceso a la misma.

La variable **i** tiene asignado un valor inicial por lo que dicho valor está almacenado en la zona de datos del ejecutable. La entrada de la tabla de páginas que describe la página que contiene la variable apunta a la zona correspondiente del archivo ejecutable.

Cuando se produce el fallo de página, el sistema operativo lee dicha zona del ejecutable sobre un marco de página y se lo asigna al proceso.

En resumen, se produce un fallo de página que implica una operación de E/S.

3) La sentencia de asignación implica el primer acceso a la variable **j** y, por lo tanto, produce un fallo de página. La variable **j** no tiene asignado un valor inicial por lo que la página correspondiente a dicha variable tiene asociado el valor "a rellenar a cero" en la tabla de páginas (este valor se estableció durante la llamada **exec** que cargó este programa).

Cuando se produce el fallo de página y el sistema operativo detecta que se trata de una página de este tipo, busca un marco de página libre, lo inicializa con ceros y lo asigna al proceso.

En resumen, se produce un fallo de página pero no implica una operación de E/S.

4) Para llevar a cabo una llamada **write** el sistema operativo copia los datos desde el *buffer* del usuario a la cache del sistema de archivos. El *buffer* que especifica el usuario se corresponderá con una o varias páginas que pueden estar en diferentes estados (resistentes en memoria, a rellenar a cero, almacenadas en el dispositivo de *swap*). Por lo tanto, cuando el sistema operativo realiza la copia desde el *buffer* se producirán fallos de página para aquellas páginas que no estén residentes en memoria.

En el caso pedido el *buffer* es una variable global con valor inicial que se corresponderá con una página que referencia a la zona de datos del archivo ejecutable. Por lo tanto, el fallo de página implica una operación de E/S.

5) En este caso el *buffer* es una variable global sin valor inicial que se corresponderá con una página del tipo "a rellenar a cero". Cuando se produce el fallo de página en la copia desde el *buffer*, el sistema operativo asigna un marco inicializado a cero. Por lo tanto, se produce un fallo de página que no implica operación de E/S.

6) En este caso el *buffer* es una variable almacenada en la pila por lo que se corresponde con una página que se rellenará con ceros en el primer acceso. Por lo tanto, cuando el sistema operativo intenta leer del *buffer* se produce un fallo de página que no implica una operación de E/S.

7) La llamada al sistema **mmap** realiza la proyección de un archivo (o parte de un archivo) sobre una zona del espacio de direcciones lógico del proceso. Esta operación implica que las entradas de la tabla de páginas asociadas a las páginas afectadas por la proyección deben referenciar a las partes correspondientes del archivo.

Por lo tanto, se trata solamente de actualizar algunas entradas de la tabla de páginas por lo que no se puede producir un fallo de página.

NOTA: Hay una diferencia importante entre los fallos de página que se producen en los apartados 2 y 3, y los que se producen en los apartados 4, 5 y 6 (operaciones de escritura). En el primer caso, se trata de accesos a páginas no residentes realizados por el código del proceso. En el segundo caso, sin embargo, se trata de accesos realizados por el sistema operativo al llevar a cabo una petición del proceso.

Ejercicio 4.33

Se desea utilizar el algoritmo de reemplazo de páginas NRU (no usada recientemente) en un sistema cuya unidad de gestión de memoria (MMU) no proporciona el bit de referencia. Sin entrar en más detalles sobre el algoritmo NRU, el único aspecto relevante para este ejercicio es que se basa en desactivar periódicamente los bits de referencia de las páginas residentes. Se precisa, por lo tanto, simular la existencia de dicho bit. Esta simulación se basará en forzar un fallo de página, desactivando el bit de validez "hardware" de la página, para detectar una referencia a la misma. Además el sistema operativo guardará dos bits "software" para cada página:

- bit de validez software, que indicará que la página es válida aunque su bit de validez hardware esté desactivado.
- bit de referencia software, que será el consultado por el algoritmo de reemplazo.

Se pide:

a) Analizar cómo se llevaría a cabo la desactivación de la referencia a una página especificando qué valores tomarían los tres bits anteriormente descritos. Indicar quién realizaría esta acción (MMU, sistema operativo o ambos) y cuándo tendría lugar, comparándolo con el caso de una MMU que sí proporcionase un bit de referencia.

b) Responder a las mismas cuestiones del apartado anterior para el caso de la activación de la referencia a una página.

c) Evaluar cómo afecta esta simulación al rendimiento del sistema calculando la frecuencia media de fallos de página forzados (número medio de fallos de página por segundo) que introduce, suponiendo las siguientes condiciones:

- el algoritmo NRU desactiva los bits de referencia de todas las páginas cada 100 milisegundos.
- los procesos del sistema sólo están accediendo a un total de 10 páginas que caben en la memoria física no existiendo, por lo tanto, fallos de página no forzados por la simulación.
- el tiempo medio entre referencias a cada página es de 25 milisegundos.

Solución

a) El sistema operativo se encarga de desactivar el bit de referencia de una página cuando el algoritmo de reemplazo así lo requiere. En el caso del algoritmo NRU esta desactivación se realiza de forma periódica. Asimismo, el sistema operativo desactivará dicho bit cuando traiga una página a memoria física.

Cuando la MMU no proporciona bit de referencia, el sistema operativo, para desactivar la referencia a una página, deberá establecer los siguientes valores en los tres bits especificados en el enunciado:

- Bit de validez hardware a 0 (desactivado), para forzar un fallo de página en la primera referencia a la página.

- Bit de validez software a 1 (activado), para indicar que la página está residente en memoria, aunque su bit de validez hardware pueda estar desactivado y, por lo tanto, pueda producirse un fallo sobre la misma.

- Bit de referencia a 0, para indicar que la página no está referenciada.

b) En un sistema cuya MMU proporcione un bit de referencia, será la propia MMU la que se encargue de activar este bit, de forma transparente al sistema operativo, cuando se acceda a la página.

Si la MMU no proporciona bit de referencia, el sistema operativo será el encargado de realizar esta labor. Cuando se produzca un acceso a una página cuyo bit de referencia software esté a 0, se producirá un fallo de página puesto que su bit de validez hardware estará también desactivado. El sistema operativo ejecutará la rutina de tratamiento del fallo de página que consultará el bit de validez software para comprobar si se trata de un fallo de página real o de uno forzado por la simulación. Si se trata de un fallo forzado, la rutina de tratamiento únicamente modificará los bits correspondientes para reflejar que la página ha sido referenciada y terminará. La rutina establecerá los siguientes valores en los tres bits especificados en el enunciado:

- Bit de validez hardware a 1, puesto que ya se ha capturado la primera referencia a la página, los posteriores accesos a la misma no deben producir un fallo.

- Bit de validez software se mantiene a 1. Nótese que mientras la página esté residente en memoria este bit siempre valdrá 1.

- Bit de referencia a 1, para indicar que la página ha sido referenciada.

De esta forma, con el coste de un fallo de página "artificial", conseguimos simular el comportamiento de un bit de referencia gestionado por el hardware.

c) Dado que el algoritmo de reemplazo desactiva los bits de referencia de todas las páginas cada 100 milisegundos y que se accede a cada página cada 25 milisegundos en media, se producirán una media de 4 accesos a cada página entre dos desactivaciones.

Teniendo en cuenta que sólo el primero de ellos producirá un fallo de página, ya que los 3 restantes encontrarán el bit de validez hardware activado, se producirá un fallo cada 100 milisegundos para cada una de las 10 páginas lo que da como resultado una frecuencia media de fallos de página de 100 fallos/segundo (10 páginas · 1/100ms).

Ejercicio 4.34

Sea un sistema de memoria virtual con paginación por demanda con las siguientes características:

- El disco que se usa como dispositivo de paginación tiene un tiempo de servicio de 10 unidades.

- Todos los procesos que ejecutan en el sistema tienen las mismas características con respecto a su uso de la memoria y, por lo tanto, los algoritmos de gestión de memoria reparten equitativamente la memoria física disponible entre ellos.

- Para el caso de que existan 2 procesos en el sistema, se ha medido que la tasa de fallos de página de cada proceso es de 0,1 fallos por unidad de tiempo. Además, el tiempo entre fallos de página de un proceso es directamente proporcional al número de marcos asignados al mismo.

Se pide calcular el grado de utilización del procesador y del dispositivo de paginación (en ambos casos cuando el sistema se encuentre en un estado no transitorio) para las situaciones que se plantean a continuación. Asimismo, para cada caso se debe caracterizar lo que está sucediendo en el sistema y analizar qué posibles acciones se podrían tomar para mejorar el rendimiento del sistema (p. ej. aumentar el grado de multiprogramación o disminuirlo).

a) Hay 2 procesos en el sistema.

b) Existen 4 procesos en el sistema.

c) Repetir los cálculos de los apartados a y b suponiendo que se usan dos dispositivos de paginación de forma que las páginas de la mitad de los procesos residen en un dispositivo y las de la otra mitad en otro.

d) Repetir los cálculos de los apartados a y b suponiendo que se trata de un multiprocesador con 2 procesadores y un único dispositivo de paginación.

Aclaración: La suposición de que el tiempo entre fallos de página de un proceso es directamente proporcional al número de marcos asignados al mismo no responde al comportamiento real de un programa típico. Debido al concepto de conjunto de trabajo, generalmente, se produce un comportamiento exponencial tal que, por un lado, a partir de cierto umbral, si se disminuye levemente el número de marcos asignados, crece drásticamente el número de fallos (no cabe en memoria el conjunto de trabajo), y, por otro lado, superado otro umbral distinto, aumentar considerablemente el número de marcos apenas disminuye el número de fallo de página (cabe de sobra en memoria el conjunto de trabajo). La simplificación planteada en el enunciado obvia este tipo de comportamiento para permitir centrarse en otros aspectos del sistema de memoria virtual.

Solución

Antes de pasar a analizar los diferentes casos planteados, es interesante resaltar que, para entender mejor el comportamiento del sistema, éste se puede interpretar como un modelo en el que los fallos de página se corresponden con peticiones de servicio al dispositivo de paginación. Para que el sistema esté equilibrado tiene que cumplirse que el tiempo medio de servicio no sea mayor que el tiempo medio entre llegada de peticiones. En esto se basa el denominado "criterio L = S", planteado por Denning, que establece que, para evitar la hiperpaginación y maximizar el rendimiento del sistema, el grado de multiprogramación debe ajustarse de manera que el tiempo medio entre fallos de página sea aproximadamente igual al tiempo de servicio del dispositivo de paginación. Para la solución del problema, se analizará primero cada uno de los casos planteados suponiendo la situación irreal de que las páginas que se usan en el reemplazo no están modificadas y, por lo tanto, no implican una operación de escritura en el dispositivo. A continuación, se reharán los cálculos suponiendo que en un determinado porcentaje de ocasiones (usaremos para resolver el problema un valor del 20%) el marco elegido para el reemplazo contiene una página que está modificada y, por lo tanto, requiere su volcado previo al disco antes de leer la nueva página. Con el valor seleccionado, el tiempo de servicio de un fallo de página será de 10 unidades el 80% de las veces y de 20 unidades (una lectura más una escritura) el 20%, lo que da un tiempo medio de servicio de 12 unidades.

a) De acuerdo con los datos del enunciado, el tiempo entre fallos de página de un proceso en este caso es de 10 unidades de tiempo (1/tasa de fallos), lo cual coincide con el tiempo de servicio del dispositivo de paginación. Esto implica que el sistema está equilibrado y que, como se puede observar en el diagrama adjunto, los procesos se alternarán en el uso del procesador y del dispositivo de paginación, dando como resultado un porcentaje de utilización del 100% de ambos recursos. En esta situación el rendimiento del sistema es máximo cumpliéndose el criterio L = S. Un aumento en el grado de multiprogramación dará lugar a hiperpaginación.

Tiempo	10 ut	10 ut	10 ut	10 ut	10 ut	10 ut	10 ut
CPU	P1	P2	P1	P2	P1	P2	P1
Dispositiv.		P1	P2	P1	P2	P1	P2

Usando un tiempo medio de servicio de 12 unidades, el grado de utilización del procesador disminuirá hasta un valor del 83,33% (10/12).

b) Como indica el enunciado, el tiempo entre fallos de página con 4 procesos se dividirá por dos (tasa de fallos de página se duplica) puesto que, al duplicar el número de procesos, a cada proceso le corresponderá la mitad de marcos que en el caso anterior. El sistema estará desequilibrado puesto que se producen fallos cada 5 unidades de tiempo frente a las 10 unidades de tiempo de servicio del dispositivo de paginación.

Por lo tanto, en este caso el factor limitante es el tiempo de servicio del dispositivo de paginación. Cuando el sistema esté en un estado estacionario, cada 10 u.t. terminará una operación en el disco poniéndose en estado de "listo" el proceso correspondiente. Dicho proceso pasará a ejecutarse puesto que el resto están bloqueados en la cola de espera por el disco. Así, como se observa en el diagrama adjunto, durante la primera parte del tiempo de servicio de un fallo, estará ejecutando el único proceso no bloqueado y habrá dos procesos en la cola de espera. Justo en la mitad (5 u.t.), se producirá un fallo de página con lo que el proceso pasará también a la cola de espera. En resumen, el grado de utilización del procesador será del 50% mientras que el disco se usará al 100%. En esta situación se está produciendo hiperpaginación en el sistema y será necesario disminuir el grado de multiprogramación.

Tiempo	5ut	5ut	5ut	5ut	5ut	5ut	5ut	5ut	5ut	5ut	5ut
CPU	P1	P2	P3	P4	P1	P2		P3		P4		P1
Disp.		P1	P1	P2	P2	P3	P3	P4	P4	P1	P1	P2

En el supuesto de que el 20% de los fallos implican una escritura, el porcentaje de utilización del procesador pasaría a ser del 41,67% (5/12).

c) Analicemos en primer lugar el caso de dos dispositivos de paginación y dos procesos tal que las páginas de cada proceso residen en un dispositivo distinto. Como vimos en el primer apartado, el tiempo entre fallos de página de un proceso en este caso es de 10 unidades de tiempo. Dado que los fallos de página se alternan entre los dispositivos, cada uno de ellos recibirá una petición cada 20 u.t. lo que implica que su grado de utilización será del 50%. Como se observa en el diagrama, en cada intervalo de 10 u.t. el procesador estará ejecutando un proceso y el dispositivo de paginación correspondiente al otro proceso estará sirviendo un fallo de página mientras que el dispositivo donde residen las páginas del proceso en ejecución estará parado. En esta situación se está "desperdiciando" la mitad del ancho de banda que proporcionan los dispositivos de paginación, aunque la CPU se use al 100%.

Tiempo	10 ut	10 ut	10 ut	10 ut	10 ut	10 ut	10 ut
CPU	P1	P2	P1	P2	P1	P2	P1
Disp. 1		P1		P1		P1	
Disp. 2			P2		P2		P2

¿Qué ocurriría si doblamos el grado de multiprogramación pasando de 2 a 4 procesos?

Al igual que ocurría en el segundo apartado, el tiempo entre fallos de página de un proceso es de 5 unidades de tiempo. En este caso el sistema está en equilibrio, puesto que al repartirse los fallos entre los dispositivos, cada uno de ellos recibirá en término medio una petición cada 10 u.t., lo que coincide con su tiempo de servicio. Cuando el sistema esté en un estado estacionario, durante un intervalo de 10 u.t. cada dispositivo estará sirviendo una petición de un proceso cuyas páginas residan en el mismo. Mientras tanto la CPU tiene tiempo de ejecutar 2 procesos que producirán fallos de página asociados a cada dispositivo. Al final del intervalo de servicio, por lo tanto, estarán listos para ejecutar los dos procesos que se acaban de servir y cada dispositivo empezará a servir la petición pendiente y así repetidamente. Esto da lugar a que tanto la CPU como los dispositivos se utilicen al 100%.

El siguiente diagrama muestra el comportamiento del sistema suponiendo que los procesos con subíndice impar son servidos por el dispositivo 1 y los que tienen subíndice par por el 2.

Tiem.	5ut	5ut	5ut	5ut	5ut	5ut	5ut	5ut	5ut	5ut	5ut
CPU	P1	P2	P3	P4	P1	P2	P3	P4	P1	P2	P3	P4
Disp. 1		P1	P1	P3	P3	P1	P1	P3	P3	P1	P1	P3

Disp. 2			P2	P2	P4	P4	P2	P2	P4	P4	P2	P2

En las dos situaciones examinadas en este apartado, al igual que en el primer apartado, la utilización del supuesto de un tiempo medio de 12 unidades produciría un grado de utilización del procesador del 83,33%.

d) Veamos primero qué ocurre con dos procesadores, un dispositivo de paginación y dos procesos.

Dado que el tiempo entre fallos de cada proceso es de 10 unidades de tiempo y puesto que se pueden ejecutar los dos procesos en paralelo, en término medio se producirá un fallo cada 5 unidades de tiempo. Por lo tanto, el sistema estará desequilibrado puesto que se producen fallos con una frecuencia mayor que la capacidad de servicio del dispositivo. Así, durante el tiempo de servicio de un fallo, sólo un procesador estará trabajando ejecutando el otro proceso. Justo cuando acaba el servicio del fallo, se produce un fallo del proceso en ejecución por lo que el dispositivo comienza el servicio de este fallo quedando sólo un proceso preparado para ejecutar existiendo dos procesadores libres. Por lo tanto, como se aprecia en el diagrama siguiente, el grado de uso del dispositivo es del 100% mientras que los procesadores se usan al 50%. Una posible alternativa sería añadir un nuevo dispositivo para repartir la carga.

Tiempo	10 ut	10 ut	10 ut	10 ut	10 ut	10 ut	10 ut
CPU1	P1		P1		P1		P1
CPU2	P2			P2		P2	
Dispositiv.		P1	P2	P1	P2	P1	P2

Para terminar analizaremos el caso de dos procesadores, un dispositivo de paginación y cuatro procesos.

Puesto que el tiempo entre fallos de cada proceso es de 5 u.t. y que se pueden ejecutar dos procesos en paralelo, en término medio se producirá un fallo cada 2,5 unidades de tiempo. Existirá también en esta situación un desequilibrio entre la frecuencia de fallos y la capacidad de servicio del dispositivo.

Así, durante el tiempo de servicio de un fallo, pueden ejecutarse los otros tres procesos restantes en los dos procesadores disponibles produciendo sus correspondientes fallos de página. Cuando termina la operación en el disco, el proceso servido es el único listo para ejecutar en cualquiera de los dos procesadores disponibles. En resumen, cuando el sistema alcanza un estado estacionario, en cada intervalo de 10 u.t. sólo podrá ejecutarse un único proceso. Esto conlleva, como se aprecia en el diagrama adjunto, a un uso del 100% del dispositivo y del 25% de los procesadores, lo que indica que se está produciendo hiperpaginación en el sistema y será necesario disminuir el grado de multiprogramación.

Tiempo	5ut	5ut	5ut	5ut	5ut	5ut	5ut	5ut	5ut	5ut	5ut	5ut
CPU1	P1	P3		P1			P3					P1
CPU2	P2	P4				P2			P4			
Disp.		P1	P1	P2	P2	P3	P3	P4	P4	P1	P1	P2

Aplicando el supuesto de que el 20% de los fallos implican una escritura, el grado de uso de los procesadores en las dos situaciones analizadas en este apartado pasarían a ser 41,67% (5/12) y del 20,83% (2,5/12).

Ejercicio 4.35

Para mejorar el rendimiento de la operación de creación de un proceso, el UNIX de Berkeley añadió una nueva llamada al sistema denominada VFORK. A diferencia del FORK que crea un mapa de memoria duplicado para el hijo, en esta llamada el hijo, aunque tiene su propio bloque de control de proceso, **comparte el espacio de direcciones con el padre**, que se bloquea hasta que el hijo llame a EXEC o EXIT. Dada la semántica de este nuevo servicio, se pide:

a) Responder razonadamente a las siguientes cuestiones:

a1) ¿Qué ventajas y desventajas tiene VFORK con respecto al FORK convencional? ¿Cuándo podría ser más conveniente usar cada tipo de llamada?

a2) ¿Cómo se verían afectadas las llamadas EXEC y EXIT por la inclusión del VFORK?

b) Explicar de forma razonada cuál sería el valor impreso por el siguiente programa tanto para el caso de que MIFORK sea igual a `fork` como cuando equivalga a `vfork`.

```
#include <unistd.h>
#include <stdio.h>
void main(void){
        int i=0;
        if (MIFORK()==0){
                i=1;
                if (MIFORK()!=0)
                        i=2;
                else
                        i=3;
        }
        else
                printf("%d\n", i);
}
```

c) Se pretende comparar el rendimiento del VFORK con respecto al FORK implementado sin *copy-on-write* y con *copy-on-write*. Para ello se distinguen las siguientes operaciones de gestión de memoria:

- **A**(sociar). Inclusión de una región existente en el mapa de memoria de un proceso, actualizando (y creando si es preciso) las tablas de páginas correspondientes.
- **D**(esasociar). Eliminar una región del mapa de un proceso sin liberar la región, actualizando (y eliminando si es preciso) las tablas de páginas correspondientes.
- **C**(opiar). Crear un duplicado de una región existente copiando los marcos y bloques de *swap* correspondientes, pero sin incluirla en el mapa de ningún proceso.
- **L**(iberar). Liberar los recursos (marcos y bloques de *swap*) de una región.

Supóngase un proceso P1 con Q regiones compartidas y R privadas que crea un proceso hijo P2 que realiza inmediatamente una llamada EXEC. Se pide detallar, para los tres casos planteados (FORK sin *copy-on-write*, FORK con *copy-on-write* y VFORK), qué operaciones de las antes expuestas se llevarían a cabo durante la ejecución de las llamadas especificadas (P1 invoca FORK o VFORK y P2 EXEC).

NOTA: Para el EXEC no se especificarán las operaciones implicadas en la creación del nuevo mapa de memoria a partir del ejecutable ya que esta parte es igual en los tres casos planteados.

Solución

a1) La principal ventaja de VFORK es acelerar considerablemente la operación de crear un hijo con respecto al FORK convencional. Esta mejora se debe a que con VFORK se elimina la necesidad de crear un nuevo espacio de direcciones para el proceso hijo duplicando el del padre. Esta es una operación costosa, más aun teniendo en cuenta que la mayoría de las veces el proceso hijo invoca a continuación un EXEC para construir un nuevo mapa que sustituya al actual.

En cuanto a desventajas, la principal está ligada precisamente a la compartición del mapa: cualquier modificación que haga el proceso hijo en su espacio de memoria (asignación de una variable, llamada a una rutina, etc.) será visible al proceso padre cuando éste se desbloquee después del EXEC o EXIT del hijo. Esto rompe la semántica original del FORK y puede causar errores de programación muy difíciles de detectar. Además, con el uso del VFORK, el proceso padre queda bloqueado hasta que el hijo invoque un EXEC o EXIT, lo que impide el uso de esta llamada cuando se pretenda crear un hijo que no haga un EXEC y ejecute concurrentemente con el padre.

Las ventajas y desventajas identificadas determinan en que situaciones sería más conveniente usar cada una de ellas. Si el programador desea crear un proceso que invoque casi inmediatamente un EXEC no realizando ningún cambio sobre su mapa de memoria, la opción del VFORK parece la más adecuada. Sin embargo, si lo que se pretende es crear un hijo que realice algunos cambios en su mapa antes del EXEC, es recomendable el FORK. Asimismo, debería usarse el FORK si se desea crear un hijo que no realice un EXEC y ejecute concurrentemente con el padre.

Por último, hay que resaltar que, como se verá en el último apartado, la implementación optimizada del FORK usando la técnica del *copy-on-write*, ha eliminado prácticamente la necesidad del VFORK ya que proporciona un rendimiento casi tan bueno como el VFORK pero ofreciendo la semántica original del FORK.

a.2) En un sistema UNIX sin VFORK, tanto EXEC como EXIT implican la liberación del espacio de memoria del proceso que las invoca. En el caso de EXEC es necesario liberar el mapa actual antes de crear uno nuevo vinculado con el ejecutable especificado. En cuanto al EXIT, cuando un proceso termina se deben liberar todos sus recursos, entre ellos, evidentemente, su mapa de memoria.

En un UNIX que incluya el servicio VFORK, si el proceso que invoca cualquiera de estos servicios ha sido creado mediante un VFORK, no hay que liberar el espacio de memoria del proceso ya que está usando el del padre, simplemente se desbloqueará al padre (bloqueado al invocar VFORK) que podrá seguir ejecutando usando su mapa. Nótese que en dicho mapa habrán quedado reflejados los posibles cambios realizados por el hijo.

b) El programa especificado en este apartado crea una jerarquía con tres procesos: el proceso original, un proceso hijo y uno nieto. Los dos procesos descendientes modifican el valor de una variable i y el proceso padre imprime el valor de dicha variable.

En el caso de que MIFORK sea igual a FORK, cada proceso tiene su propia copia de la variable por lo que las modificaciones que hacen de la misma los procesos descendientes no afectan al valor visto por el proceso padre. Por lo tanto, el valor impreso será un 0 que se corresponde con el valor original de la variable.

En el caso de que MIFORK equivalga a VFORK, los tres procesos compartirán el mapa original. El proceso original se quedará bloqueado cuando cree el proceso hijo hasta que termine el mismo. De la misma forma el proceso hijo, después de poner a 1 la variable, se quedará bloqueado en el VFORK. El proceso nieto pondrá un valor de 3 en la variable y terminará. Nótese que, aunque no aparezca explícitamente una llamada EXIT en el código, el proceso la realiza puesto que el enlazador (*linker*) a la hora de generar un programa incluye siempre en el mismo un objeto por donde comienza la ejecución del programa y una de cuyas misiones es invocar la función *main* del programa y, al terminar dicha función, realizar una llamada EXIT.

Cuando termina el proceso nieto, se desbloquea el proceso que lo creo asignando un valor de 2 a la variable y terminando. La finalización de este proceso desbloquea al proceso original que, debido a la compartición de espacios de direcciones que implica la técnica del VFORK, imprimirá un valor de 2.

c.1) En el caso del FORK sin *copy-on-write* será necesario crear un nuevo mapa de direcciones duplicando las R regiones privadas del padre y compartiendo las Q compartidas. Sería necesario, por lo tanto, usar R veces la operación **C** para realizar dicho duplicado y (Q+R) veces la operación **A** para asociar las Q regiones compartidas originales y las R nuevas regiones duplicadas. Cuando P2 realice la llamada EXEC, deberán llevarse a cabo las acciones contrarias, o sea: (Q+R) veces la operación **D** para eliminar todas las regiones del mapa y R veces la operación **L** para liberar los recursos de las regiones duplicadas.

Nótese que las operaciones de asociar y desasociar son relativamente rápidas ya que únicamente implican manipular la tabla de páginas del proceso para que sus entradas referencien a la región correspondiente. Si se trata de una región compartida, la operación de asociar consistirá básicamente en duplicar las entradas correspondientes de la tabla de páginas del proceso padre en la tabla del hijo. La operación de duplicar es la causa principal de la ineficiencia del FORK ya que implica copiar completamente el contenido de una página. La técnica del *copy-on-write* se diseñó precisamente para evitar realizar a priori esta operación retrasándola hasta que sea estrictamente necesaria, o sea, cuando se produzca una modificación de la página correspondiente.

c.2) En el caso del FORK con *copy-on-write* (COW) no es necesario duplicar las regiones privadas del proceso padre: se podrán compartir marcándolas como de COW. Sería sólo necesario usar (Q+R) veces la operación **A** para asociar las Q regiones compartidas y las R privadas (que se marcarán como COW). Por lo tanto, se trata básicamente de crear una tabla de páginas para el hijo que sea un duplicado de la del padre. Las operaciones implicadas por el EXEC del proceso hijo P2 volverán a ser las contrarias: (Q+R) veces la operación **D**.

c.3) En este caso no se realiza ninguna de las operaciones especificadas puesto que el proceso hijo comparte el espacio de direcciones con el padre usando directamente su tabla de páginas. Nótese que, a pesar de que esta implementación es más rápida al evitar tener que crear una tabla de páginas para el hijo, es preferible en la mayoría de los casos usar un FORK, siempre que esté implementado con COW, ya que, aunque es un poco menos eficiente, preserva la semántica original de UNIX.

Ejercicio 4.36

Sea un sistema de memoria virtual sin preasignación de *swap* y que usa la técnica del almacenamiento intermedio (*buffering*) de páginas. En dicho sistema se pretenden estudiar los distintos estados por los que va pasando una página de un proceso durante la ejecución del mismo, dependiendo del segmento al que pertenezca la página. Para ello vamos a considerar como estado de una página en un determinado momento, el lugar de donde la obtendría el proceso al accederla en ese instante. Se distinguen, por lo tanto, los siguientes **estados**:

- Del archivo (**F**).
- De la memoria principal asignada al proceso (**P**).
- De la lista de páginas modificadas (**M**) (almacenamiento intermedio).
- De la lista de páginas libres (**L**) (almacenamiento intermedio).
- Del dispositivo de swap (**S**).

Asimismo, para analizar las transiciones entre estados, se considerarán, al menos, los siguientes **eventos**:

- Fallo de página (**F**).
- Extracción (**XT**): se le quita la página al proceso pasando el marco al almacenamiento intermedio.
- Expulsión (**XP**): se elimina la página de la memoria principal liberando el marco.
- Escritura de la página al dispositivo o archivo (**W**) permaneciendo en el almacenamiento intermedio.

Por último, las transiciones entre estados, además de estar dirigidas por estos eventos, podrán depender de condiciones tales como que la página haya sido modificada o no.

Se pide dibujar, para los tipos de páginas que se plantean a continuación, el diagrama de estados que muestra todos los estados en los que puede estar una página, indicando con flechas los eventos y/o condiciones que producen las transiciones. En cada caso, se usarán los estados y eventos que sean pertinentes, y se explicarán los aspectos más relevantes de cada diagrama identificando cuando se producen operaciones de acceso al disco.

a) Una página de código.

b) Una página de datos con valor inicial. ¿Se podrían servir del archivo ejecutable sucesivos fallos asociados a una misma página de este tipo?

c) Una página de datos sin valor inicial. Una de las situaciones que se debe considerar es el caso de una página de este tipo que se accede por primera vez con una lectura y que se expulsa sin haber realizado más accesos sobre la misma.

d) Una página de un archivo proyectado (`mmap`).

Solución

Las páginas de código no se modifican por lo que nunca pasarán a la lista de páginas modificadas del almacenamiento intermedio. Además, debido a ello, no se almacenarán en el dispositivo de *swap* sino que los fallos de página se servirán directamente del archivo ejecutable. El diagrama de estados correspondiente a una página de código sería el siguiente:

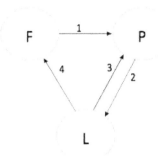

Donde las transiciones se corresponden con los siguientes eventos e implican las siguientes operaciones:

1. Evento **F**: Se trae la página del ejecutable (**F**) a memoria principal (**P**). Se produce un acceso de lectura al archivo ejecutable.

2. Evento **XT**: El algoritmo de reemplazo le quita la página al proceso pasándola al almacenamiento intermedio. Puesto que las páginas de código no se modifican, pasará a la lista de páginas libres (**L**).

3. Evento **F**: Se recupera la página de la lista de páginas libres del almacenamiento intermedio (**L**). Gracias a la técnica del almacenamiento intermedio se ha podido servir un fallo de página sin realizar operaciones de E/S al disco.

4. Evento **XP**: Se elimina la página del almacenamiento intermedio liberando el marco para que pueda usarse para otra página. Se transita al estado **F** ya que el siguiente fallo de página deberá servirse del archivo ejecutable.

b) Una página de datos con valor inicial se servirá la primera vez desde el ejecutable y posteriormente desde el dispositivo de *swap*, ya que las modificaciones que se produzcan sobre la página no deben reflejarse en el archivo ejecutable. En realidad, se podrían servir del ejecutable varios fallos asociados a una misma página de este tipo mientras que dicha página no haya sido modificada conservando el mismo contenido inicial. El diagrama de estados correspondiente a una página de este tipo sería el siguiente:

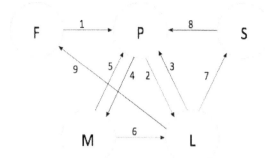

Donde las transiciones se corresponden con los siguientes eventos e implican las siguientes operaciones:

1. Evento **F**: Se trae la página del ejecutable (**F**) a memoria principal (**P**). Se produce un acceso de lectura al archivo ejecutable.

2. Evento **XT** y la página no se ha modificado (bit **M** igual a 0): El algoritmo de reemplazo le quita la página al proceso pasándola a la lista de páginas libres (**L**).

3. Evento **F**: Se recupera la página de la lista de páginas libres del almacenamiento intermedio (**L**).

4. Evento **XT** y la página se ha modificado (bit **M** igual a 1): El algoritmo de reemplazo le quita la página al proceso pasándola a la lista de páginas modificadas (**M**).

5. Evento **F**: Se recupera la página de la lista de páginas modificadas del almacenamiento intermedio (**M**).

6. Evento **W**: Las páginas que están en la lista de modificadas se van escribiendo de forma agrupada al *swap*. Este evento indica que ha finalizado la operación de escritura en el disco de una determinada página y que, por lo tanto, debe pasar a la lista de páginas libres (**L**). Nótese que, al tratarse de un sistema sin preasignación de *swap*, la primera vez que se produzca esta situación, no habrá una copia en el disco para esa página por lo que en ese momento habrá que reservar espacio para la misma.

7. Evento **XP** y hay copia en *swap* de la página: Se elimina la página del almacenamiento intermedio liberando el marco para que pueda usarse para otra página. Se transita al estado **S** ya que el siguiente fallo de página deberá servirse de la copia en el dispositivo de *swap*. Nótese que en este momento no hay que escribir sobre la copia en swap ya que dicha copia se actualizó cuando esta página pasó por la lista de páginas modificadas (**M**).

8. Evento **F**: Se trae la página del dispositivo de *swap* (**S**) a memoria principal (**P**). Se produce un acceso de lectura a dicho dispositivo.

9. Evento **XP** y no hay copia en *swap* de la página: La no existencia de una copia de la página en *swap* indica que la página no se ha modificado y, por lo tanto, su contenido es idéntico al inicial por lo que el siguiente fallo de página podría servirse del ejecutable. Esta transición implica la eliminación de la página del almacenamiento intermedio y el cambio al estado **F**.

c) Una página que pertenece a la región de datos sin valor inicial no está almacenada en el ejecutable. Únicamente aparece en la cabecera del mismo el tamaño de dicha región. Cuando se produce el primer fallo de página, se busca un marco libre y, por razones de confidencialidad de la información, se rellena con ceros. En el caso de que dicha página rellena con ceros sea expulsada sin modificarse (situación poco probable pero posible), habría que reservarla espacio de *swap* puesto que necesita un lugar para almacenarse al no estar incluida en el ejecutable, aunque una alternativa mejor, pero no reflejada en el diagrama, sería no escribirla en *swap* y dejar que en el próximo fallo se vuelva a rellenar con ceros. El diagrama resultante sería muy similar al del apartado anterior y presentaría el siguiente aspecto:

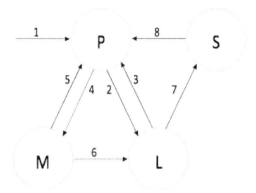

Donde las transiciones se corresponden con los siguientes eventos e implican las siguientes operaciones:

1. Evento **F**: Se busca un marco libre en memoria principal (**P**) y se rellena con ceros.

2. Evento **XT** y la página no se ha modificado (bit **M** igual a 0): El algoritmo de reemplazo le quita la página al proceso pasándola a la lista de páginas libres (**L**).

3. Evento **F**: Se recupera la página de la lista de páginas libres del almacenamiento intermedio (**L**).

4. Evento **XT** y la página se ha modificado (bit **M** igual a 1): El algoritmo de reemplazo le quita la página al proceso pasándola a la lista de páginas modificadas (**M**).

5. Evento **F**: Se recupera la página de la lista de páginas modificadas del almacenamiento intermedio (**M**).

6. Evento **W**: La página pasa de la lista de modificadas (M) a la lista de páginas libres (**L**). Nótese que, al tratarse de un sistema sin preasignación de *swap*, la primera vez que se produzca esta situación, no habrá una copia en el disco para esa página por lo que en ese momento habrá que reservar espacio para la misma.

7. Evento **XP**: Se elimina la página del almacenamiento intermedio liberando el marco para que pueda usarse para otra página. Se transita al estado **S** ya que el siguiente fallo de página deberá servirse de la copia en el dispositivo de *swap*. Nótese que en este momento, a diferencia del apartado anterior, podría ser necesario una operación de escritura en el disco. Esta situación se produciría en el caso de que la página expulsada no tenga copia en el *swap*. Se trataría de una página que se trajo a memoria con el primer fallo y se la expulsa sin haber sido modificada.

8. Evento **F**: Se trae la página del dispositivo de *swap* (**S**) a memoria principal (**P**). Se produce un acceso de lectura a dicho dispositivo.

d) Una página de un archivo proyectado no utilizará el dispositivo de *swap* ya que se pretende que los cambios que se hagan sobre la página queden reflejados en el archivo. El diagrama de estados correspondiente a una página de este tipo sería el siguiente:

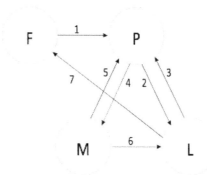

Donde las transiciones se corresponden con los siguientes eventos e implican las siguientes operaciones:

1. Evento **F**: Se trae la página del archivo (**F**) a memoria principal (**P**). Se produce un acceso de lectura al archivo.

2. Evento **XT** y la página no se ha modificado (bit **M** igual a 0): El algoritmo de reemplazo le quita la página al proceso pasándola a la lista de páginas libres (**L**).

3. Evento **F**: Se recupera la página de la lista de páginas libres del almacenamiento intermedio (**L**).

4. Evento **XT** y la página se ha modificado (bit **M** igual a 1): El algoritmo de reemplazo le quita la página al proceso pasándola a la lista de páginas modificadas (**M**).

5. Evento **F**: Se recupera la página de la lista de páginas modificadas del almacenamiento intermedio (**M**).

6. Evento **W**: Este evento indica que ha finalizado la operación de escritura en el archivo de la página y que, por lo tanto, debe pasar a la lista de páginas libres (**L**).

7. Evento **XP**: Se elimina la página del almacenamiento intermedio liberando el marco para que pueda usarse para otra página. Se transita al estado **F** ya que el siguiente fallo de página deberá servirse del archivo. Nótese que en este momento no hay que escribir sobre el archivo ya que esta operación se realizó cuando esta página pasó por la lista de páginas modificadas (**M**)

Ejercicio 4.37

Sea un sistema monoprocesador que utiliza un esquema de memoria virtual basado en paginación por demanda con asignación fija y un algoritmo de reemplazo LRU de ámbito local. El tamaño de las páginas es de 4096 bytes. En este sistema hay un disco con una partición para el sistema de archivos y otra para el *swap*. El tiempo medio para leer o escribir una página en el disco es de 20 milisegundos. El algoritmo de planificación de *threads* utilizado es FIFO.

En este sistema se está ejecutando solamente el siguiente programa que procesa un vector de 24.576 caracteres creando un conjunto de *threads* que se lo reparten proporcionalmente. Así, por ejemplo, para 2 *threads*, el primero procesaría los elementos desde 0 hasta 12.287 y el segundo los restantes.

```
#define TAM 24576          /* = 4096 * 6 */
char A[TAM]={75, -10,...};   /* vector inicializado a procesar */
int x;
int main(){
    int i;

    for (i=0; i<NTHREADS; i++)
```

```
        crear_thread(procesar, i*(TAM/NTHREADS),
                              (i+1)*(TAM/NTHREADS));
    .................................................
}
void procesar(int primer_elem, int ultimo_elem){
    int elem;

    elem=primer_elem;
    while (elem<ultimo_elem){
        A[elem]=Operacion_muy_lenta(A[elem]); /* Sólo gasta CPU */
        elem++;
    }
}
```

Se va a considerar como situación inicial hipotética del problema una en la que todos los *threads* ya están creados pero todavía no han ejecutado ninguna sentencia de su código, el *thread* principal está bloqueado esperando a que terminen los *threads* restantes y el proceso no tiene ninguna página residente. Suponiendo que se le han asignado 7 marcos al proceso y que el tamaño de cada una de las regiones cuya dimensión no se puede deducir del propio programa es inferior al de una página, se pide:

a) Mostrar cómo sería el mapa de memoria del proceso en dicho instante inicial especificando qué regiones incluiría y cuáles son las características de cada una de ellas. ¿Cómo influiría en el mismo el número de *threads* creados (valor de la constante NTHREADS)?

b) Suponiendo que el procesamiento de 1024 elementos (1024 iteraciones del bucle) gasta una media de 10 milisegundos de CPU, se pide calcular, usando los valores medios especificados, cuánto tiempo tardará en realizarse el procesado del vector si NTHREADS es igual a 1. Se debe mostrar el orden de ejecución de los *threads* (aplicable sólo al apartado c donde NTHREADS es igual a 2) e identificar los fallos de página que se producen distinguiendo si estos implican reemplazo o no y si conllevan operaciones de lectura y/o escritura sobre la partición del sistema de archivos o sobre la de *swap*.

c) Igual que el apartado anterior pero para NTHREADS igual a 2. ¿A qué se debe la diferencia de rendimiento entre ambos casos?

NOTA: Para el cálculo del tiempo de ejecución se tendrán en cuenta únicamente los tiempos especificados considerándose despreciables el resto.

Solución

a) El mapa de memoria en el instante inicial planteado (con todos los *threads* ya creados) incluye las siguientes regiones:

- Código. Esta región ocupa sólo una página (según especifica el enunciado) y es compartida por todos los *threads*. Se trata de una región de lectura y ejecución, que se irá cargando del propio ejecutable según se vaya necesitando. Cuando una página de esta región sea expulsada, no será necesario almacenarla en *swap* ya que no puede modificarse. Si se vuelve a necesitar, se traerá nuevamente del ejecutable.

- Datos con valor inicial. Esta región sirve de soporte a las variables globales que tengan asignado un valor inicial. En el programa planteado se corresponde con el vector de caracteres A. Como este vector ocupa 24.576 bytes, esta región tendrá un tamaño de 6 páginas. De manera similar a la región de código, esta región es compartida por todos los *threads* y se irá trayendo del ejecutable por demanda. En cuanto a la protección, tendrá permiso de lectura y escritura. Cuando una página de esta región sea expulsada, será necesario almacenarla en *swap* si ha sido modificada. En el caso de que se vuelva a necesitar, se leerá de la zona correspondiente del *swap*.

- Datos sin valor inicial. Se correspondería con las variables globales que no tienen asignado un valor inicial como la variable *x*. Como indica el enunciado esta zona ocupará solamente una página. Esta región es compartida por todos los *threads*, presenta permiso de lectura y escritura rellenándose con ceros cuando se produzca el primer acceso a la misma. De manera similar a la región de datos con valor inicial, cuando una página de esta región sea expulsada, será necesario almacenarla en *swap* si ha sido modificada.

- Pila del proceso (del *thread* inicial). Esta región contendrá inicialmente los argumentos y el entorno que recibe el programa. Al tratarse de un programa multiflujo, esta pila estará típicamente asociada al *thread* inicial, esto es, al flujo que se crea implícitamente al activarse el programa. En dicha región se irán incluyendo los registros de activación de las llamadas a funciones (parámetros de la llamada, variables locales de la función, dirección de retorno, etc.) que realice este *thread* inicial. Así, por ejemplo, la variable local i de la función main se incluye en esta región. El tamaño de esta región es de una página y presentará un permiso de lectura y escritura. Al igual que ocurre con las dos regiones de datos antes analizadas, al expulsar una página de esta región, se almacenará en el *swap*.

- Pila de cada *thread*. Cada *thread* necesita una pila propia para almacenar los registros de activación de las llamadas a funciones que vaya realizando. Así, cuando se crea un *thread* asociado a la función procesar, tanto los parámetros suministrados (primer_elem y ultimo_elem) como las variables locales de dicha función (elem) se incluirán en esta pila propia.

Estas pilas tendrán también un tamaño de una página cada una de ellas y presentarán características similares a la pila del proceso.

Nótese, por lo tanto, que el número de regiones del mapa del proceso va a depender del número de *threads* creados ya que cada uno de ellos necesita una región de pila propia.

b) En el instante inicial planteado no hay ninguna página residente (el proceso podría haber sido previamente expulsado quitándole todos los marcos que tenía asignados y en este instante inicial ha sido reactivado) y sólo hay un *thread* activo, ya que NTHREADS es igual a 1 y el *thread* inicial está bloqueado esperando que termine el otro *thread*. Cuando comienza a ejecutar este nuevo *thread* se irán produciendo fallos de página asociados a las distintas regiones que vaya accediendo, a saber:

- La ejecución de cada instrucción generará un acceso a la página de código. Como se analizó previamente, los fallos que se produzcan al acceder a dicha página se servirán directamente del ejecutable. Nótese que esta página se está accediendo en cada instrucción por lo que al aplicar una política LRU nunca se seleccionará para reemplazo.

- Los accesos a los parámetros primer_elem y ultimo_elem y a la variable local elem se corresponderán con la página de la pila del *thread*. Puesto que dicha página no está residente en el instante inicial especificado, se encontrará almacenada en el *swap* y de allí se traerá cuando se produzcan fallos de página asociados a la misma.

- Los accesos al vector A estarán asociados sucesivamente a las 6 páginas de la región de datos con valor inicial donde reside dicho vector. Ante un fallo de página, la página afectada se traerá del ejecutable puesto que se trata del primer acceso a la misma.

Nótese que durante la ejecución de este *thread* no se accederá a la pila del proceso ni a la región de datos sin valor inicial. A continuación se especifica en qué instantes se producirán los fallos de página identificando las operaciones asociados a los mismos y el número de marcos ocupados en cada caso.

- t=0. Se produce un fallo de página al intentar ejecutar la primera instrucción de la función procesar. Dicho fallo implica leer la página desde el ejecutable. El thread quedará bloqueado hasta que se sirva dicho fallo de página (20 ms.). Como se comentó previamente, esta página no se expulsará y, por lo tanto, no se producirán más fallos de página asociados a la misma. El número de marcos ocupados es 1.

- t=20. Cuando se accede al parámetro primer_elem, se produce un fallo de página asociado a la página de la pila del thread que conllevará su lectura desde el *swap* (20 ms.). El número de marcos ocupados es 2.

- t=40. Se genera un fallo de página cuando se intenta acceder al componente 0 del vector A (operación A[elem]). En este caso la página se leerá del ejecutable ya que se trata del primer acceso a la misma (20 ms.), El número de marcos ocupados en este instante es igual a 3.

- Desde t=60 hasta t=100 no se producirá ningún fallo de página ya que las tres páginas residentes permiten realizar el procesado de 4096 elementos del vector, lo que gasta 40 ms. de CPU.

- t=100. Se genera un fallo de página cuando se intenta acceder al componente 4096 del vector A puesto que corresponde con la segunda página de la región de datos con valor inicial. De manera similar al acceso anterior a dicha región, implicará leer del ejecutable la página involucrada (20 ms.). El número de marcos ocupados es 4.

- Desde t=120 hasta t=160 no se producirá ningún fallo de página ya que las páginas residentes permiten realizar el procesado de los siguientes 4096 elementos del vector, lo que gasta 40 ms. de CPU.

- t=160. Se genera un fallo de página en el acceso al componente A[8092]: Lectura del ejecutable de la página involucrada (20 ms.). El número de marcos ocupados es 5.

- Desde t=180 hasta t=220: procesado de los siguientes 4096 elementos del vector (40 ms.).

- t=220. Se genera un fallo de página en el acceso al componente A[12288]: Lectura del ejecutable de la página involucrada (20 ms.). El número de marcos ocupados es 6.

- Desde t=240 hasta t=280: procesado de los siguientes 4096 elementos del vector (40 ms.).

- t=280. Se genera un fallo de página al acceder al componente A[16384]: Lectura del ejecutable de la página involucrada (20 ms.). El número de marcos ocupados es 7 (no quedan marcos libres).

- Desde t=300 hasta t=340: procesado de los siguientes 4096 elementos del vector (40 ms.).

- t=340. Se genera un fallo de página en el acceso al componente A[20480]. No hay ningún marco libre. Se debe aplicar el algoritmo de reemplazo que seleccionará la primera página de la región de datos con valor inicial ya que es la que hace más tiempo que no se accede. Dado que dicha página está modificada, se debe escribir previamente al *swap* (20 ms.) antes de leer la nueva página del ejecutable (20 ms.) sobre el marco liberado. El número de marcos ocupados sigue siendo 7.

- Desde t=380 hasta t=420: procesado de los últimos 4096 elementos del vector (40 ms.).

Por lo tanto, el tiempo total es igual a 420 ms.

c) En este caso hay dos *threads* activos (T1 y T2). Durante su ejecución, ambos accederán a la página de código y cada uno de ellos a las 3 páginas de la región de datos con valor inicial que le correspondan. Asimismo, cada *thread* accederá a su propia pila. Nótese que, en este caso, mientras un *thread* está bloqueado esperando que se le sirva un fallo de página, el otro puede estar ejecutando. La secuencia de eventos en este caso sería la siguiente:

- t=0. T1 produce un fallo de página al intentar ejecutar la primera instrucción de la función procesar. Este fallo de página se servirá del ejecutable (20 ms.). T1 se bloqueará y comenzará la ejecución de T2. El número de marcos ocupados es 1.

- t=0. T2 produce un fallo de página asociado también a la página de código. Como esta página ya se está trayendo debido al fallo anterior, T2 se bloqueará pero sin generar ninguna operación sobre el disco. El número de marcos ocupados sigue siendo 1.

- t=20. Ambos *threads* están listos para ejecutar. El algoritmo de planificación FIFO selecciona T1 que produce un fallo de página asociado a su pila al intentar acceder al parámetro primer_elem, Esto implica su lectura desde el *swap* (20 ms.). T1 se bloquea activándose T2. El número de marcos ocupados es 2.

- t=20. T2 genera un fallo asociado a su pila al intentar acceder al mismo parámetro produciéndose una petición de lectura al *swap* que podrá iniciarse cuando finalice la operación actual. El número de marcos ocupados es 3.

- t=40. En este instante ha terminado la lectura de la página requerida por T1 (y comienza la asociada a T2 que finalizará en t=60) que volverá a ejecutar produciendo un fallo de página al acceder al componente A[0]: Lectura del ejecutable de la página involucrada (20 ms.). El número de marcos ocupados es 4.

- t=60. En este instante ha terminado la lectura de la página requerida por T2 (y comienza la asociada a T1 que finalizará en t=80) que volverá a ejecutar produciendo un fallo de página al acceder al componente A[12288]: Lectura del ejecutable de la página involucrada (20 ms.). El número de marcos ocupados es 5.

- Desde t=80 hasta t=120 no se producirá ningún fallo de página ya que las páginas residentes permiten que T1 realice el procesado de 4096 elementos del vector (40 ms.). Nótese que en el instante t=100 se habrá servido el fallo de página generado por T2 pero, dado que el algoritmo de planificación es FIFO, este *thread* no volverá a ejecutar hasta que T1 se bloquee.

- t=120. T1 genera un fallo de página al acceder al componente A[4096]: Lectura del ejecutable de la página involucrada (20 ms.). El número de marcos ocupados es 6.

- Desde t=120 hasta t=160 no se producirá ningún fallo de página ya que las páginas residentes permiten que T2 realice el procesado de 4096 elementos del vector (40 ms.). Nótese que en el instante t=140 T1 pasa a estar listo para ejecutar ya que se habrá servido su fallo de página.

- t=160. T2 genera un fallo de página al acceder al componente A[16384]: Lectura del ejecutable de la página involucrada (20 ms.). El número de marcos ocupados es 7 (ya no quedan marcos libres).

- Desde t=160 hasta t=200 no se producirá ningún fallo de página ya que las páginas residentes permiten que T1 realice el procesado de 4096 elementos del vector (40 ms.). Nótese que en el instante t=180 T2 pasa a estar listo para ejecutar ya que se habrá servido su fallo de página.

- t=200. T1 genera un fallo de página en el acceso a A[8192]. No hay ningún marco libre. Se debe aplicar el algoritmo de reemplazo que seleccionará la primera página de la región de datos con valor inicial ya que es la que hace más tiempo que no se accede. Dado que dicha página está modificada, se debe escribir previamente al *swap* (20 ms.) antes de leer la nueva página dl ejecutable (20 ms.) sobre el marco liberado. El número de marcos ocupados sigue siendo 7.

- Desde t=200 hasta t=240 no se producirá ningún fallo de página ya que las páginas residentes permiten que T2 realice el procesado de 4096 elementos del vector (40 ms.). Nótese que en el instante t=240 T1 pasa a estar listo para ejecutar ya que se habrá servido su fallo de página.

- t=240. T2 genera un fallo de página en el acceso a A[20480]. No hay ningún marco libre. Se debe aplicar el algoritmo de reemplazo que seleccionará la cuarta página de la región de datos con valor inicial ya que es la que hace más tiempo que no se accede. Dado que dicha página está modificada, se debe escribir previamente al *swap* (20 ms.) antes de leer la nueva página dl ejecutable (20 ms.) sobre el marco liberado. El número de marcos ocupados sigue siendo 7.

- Desde t=240 hasta t=300 no se producirá ningún fallo de página ya que las páginas residentes permiten que T1 realice el procesado de 4096 elementos del vector (40 ms.) y termine. Nótese que en el instante t=300 T2 pasa a estar listo para ejecutar ya que se habrá servido su fallo de página.

- Desde t=300 hasta t=340 no se producirá ningún fallo de página ya que las páginas residentes permiten que T2 realice el procesado de 4096 elementos del vector (40 ms.) y termine.

Por lo tanto, el tiempo total es igual a 340 ms.

La mejora obtenida usando dos *threads* se debe a que, de esta forma, mientras se está sirviendo el fallo de página de un *thread* se puede estar ejecutando el otro.

Ejercicio 4.38

Supóngase un programa que lee el primer bloque de un archivo usando la llamada read. Se pide analizar cuál es el número máximo de operaciones en disco que puede producirse en el peor de los casos.

Solución

A continuación, se detallan las operaciones sobre el disco que corresponden con el peor caso. Se pueden producir hasta **6 operaciones**:

1. La llamada `read` no encuentra el bloque en la cache de bloques. Aplica el algoritmo de reemplazo y el seleccionado está modificado. Se programa la **operación de escritura** en el archivo correspondiente y se bloquea el proceso.

2. Cuando se produce la interrupción del disco, continúa la llamada `read` que programa la **operación de lectura** y bloquea al proceso.

3. Al llegar esta segunda interrupción, prosigue la llamada `read` que comenzará a copiar el bloque en el buffer especificado en la llamada `read`, pero, en el peor de los casos, la página que contiene el buffer no está residente (podría estar, por ejemplo, en el *swap*). Se produce un fallo de página dentro de la ejecución de la llamada `read` que, en el peor de los casos, no encontraría marco de página libre y el seleccionado por el algoritmo estaría modificado. Suponiendo que la página *víctima* corresponde con una región privada, se programaría la **operación de escritura** en el *swap* y se bloquearía al proceso dentro de la rutina de fallo de página.

4. Cuando llega la interrupción del disco, continúa la rutina de tratamiento del fallo que programa la **operación de lectura** de la página requerida y bloquea al proceso.

5. La activación de la interrupción del disco desbloquearía al proceso que terminaría la rutina de fallo y proseguiría con la copia desde la cache de bloques hasta el buffer del usuario. Nótese que, en el peor de los casos, el buffer podría extenderse a través de dos páginas y, por tanto, se podría repetir que la segunda página no está residente, no hay marcos libres y el seleccionado está modificado. En este caso, se programaría la **operación de escritura** en el *swap* y se bloquearía al proceso dentro de la rutina de fallo de página.

6. De manera similar al punto cuarto, la interrupción del disco hace que prosiga la rutina de tratamiento del fallo que programa la **operación de lectura** de la página. Cuando llegue la interrupción del disco, se terminaría la rutina de fallo y proseguiría la llamada `read` que, finalmente, terminaría la copia de los datos leídos.

Ejercicio 4.39

Supóngase un programa que proyecta un archivo y accede a las direcciones correspondientes al primer bloque de la zona proyectada. Se pide analizar cuál es el número máximo de operaciones en disco que puede producirse en el peor de los casos.

Solución

A continuación, se detallan las operaciones sobre el disco que corresponden con el peor caso. Se pueden producir sólo 2 operaciones:

1. Al acceder al primer byte, se produce un fallo de página que, en el peor de los casos, no encontraría marco de página libre y el seleccionado por el algoritmo estaría modificado. Suponiendo que la página *víctima* corresponde con una región privada, se programaría la **operación de escritura** en el *swap* y se bloquearía al proceso dentro de la rutina de fallo de página.

2. Cuando llega la interrupción del disco, continúa la rutina de tratamiento del fallo que programa la **operación de lectura** de la página requerida y bloquea al proceso. La activación de la interrupción del disco desbloquearía al proceso que terminaría la rutina de fallo.

Ejercicio 4.40

Se toma como punto de partida el hecho de que un mecanismo de comunicación de procesos en la misma máquina de tipo síncrono es más eficiente que uno asíncrono, puesto en el primer caso no es necesario realizar una copia intermedia del mensaje. Para conseguir que la eficiencia en la comunicación de mensajes grandes en modo asíncrono sea similar a la del síncrono, se plantea un mecanismo alternativo de transferencia asíncrona con las siguientes características:

- Un proceso que quiere enviar un mensaje, usa una primitiva denominada m_malloc que reserva una zona de memoria para el mensaje tal que esté alineada al principio de una página y ocupe un número entero de páginas. Un programa que envía un mensaje tendría la siguiente estructura:

```
int main() {
 mensaje *m;

 m= m_malloc(TAM);
 Preparar el mensaje
 Enviar(puertoX, m);
 ................
 El proceso puede volver a usar la misma
 zona reservada para preparar
 un segundo mensaje
 ................
}
```

- Un proceso que quiere recibir un mensaje no va a reservar espacio para el mismo, sino que el sistema operativo lo hace internamente por él. Un programa que quiera recibir un mensaje tendría la siguiente estructura:

```
int main() {
 mensaje *m;

 Recibir(puertoX, m);
 ................
}
```

Diseñe un mecanismo de transferencia optimizado utilizando las técnicas de gestión de memoria que considere oportunas. Debe especificar qué operaciones de gestión de memoria se llevarían a cabo en el servicio Enviar y cuáles en Recibir.

Solución

Se pueden plantear múltiples soluciones para optimizar la transferencia asíncrona. A continuación se muestra una posible estrategia basada en el uso del "copy-on-write".

En la llamada Enviar, en vez de copiar el mensaje a un *buffer* del sistema, se puede reservar una zona del mapa de memoria del sistema operativo de manera que apunte a las páginas que contienen el mensaje a enviar. Estas páginas se marcarán como COW tanto en el mapa del proceso remitente como en el mapa del sistema operativo. Así, cualquier modificación que haga el proceso remitente sobre una página de esa zona creará una copia propia de dicha página.

Mientras no se produce la recepción, sólo aquellas páginas que no hayan sido modificadas por el proceso remitente seguirán marcadas como COW. Las modificadas sólo estarán referenciadas desde el mapa del sistema operativo puesto que el proceso tendrá su propia copia.

En la llamada Recibir, el sistema operativo reservará una zona del mapa del proceso receptor haciendo que referencie a las páginas que contienen los datos del mensaje accesibles a través del mapa de memoria del propio sistema operativo. Sólo las páginas con COW en el mapa del sistema operativo se marcarán como COW en el mapa del proceso receptor. Por último, el sistema operativo eliminará de su mapa de memoria las referencias a esas páginas.

Así, al completarse la transferencia, el proceso receptor tiene los datos del mensaje en su zona estando marcadas como COW sólo las páginas que todavía no ha modificado el proceso receptor. El resultado de todo este proceso es que se realiza una transferencia asíncrona pero realizando, como máximo, sólo una copia como ocurre en el caso síncrono. Esta única copia de cada página del mensaje se produciría al tratar la excepción correspondiente a la escritura sobre una página marcada como COW.

Ejercicio 4.41

Dado un sistema de memoria virtual, se pretende analizar qué operaciones de lectura y escritura sobre el disco requiere el tratamiento de un fallo de página. Proponga un ejemplo de un fallo que no genere operaciones sobre el disco, otro que necesite sólo 1 lectura, otro que implique sólo 1 escritura y un último que requiera 1 lectura y 1 escritura.

Solución

Antes de plantear los diversos ejemplos, es conveniente resaltar que, para que un fallo de página genere una operación de escritura, la rutina de tratamiento del fallo debe encontrarse con una situación en la que para traer la página que causó el fallo sea necesario expulsar una página modificada. A continuación, se muestran los ejemplos que corresponden con las distintas situaciones planteadas en el enunciado.

- **Sin operaciones**. Hay un fallo de página que corresponde con el primer acceso a una determinada página de una región sin soporte (como la región de datos sin valor inicial) y, o bien hay marcos libres, o la página elegida para reemplazo no está modificada. No hay lectura ya que sólo es necesario rellenar con ceros el marco elegido.
- **Sólo 1 lectura**. Hay un fallo de página que corresponde con una página que hay que leer del disco, ya sea porque pertenece a una región con soporte (como la región de datos con valor inicial) o porque está en el *swap*, y, o bien hay marcos libres, o la página elegida para reemplazo no está modificada.
- **Sólo 1 escritura**. Hay un fallo de página que corresponde con el primer acceso a una determinada página de una región sin soporte (como la región de datos sin valor inicial), pero no hay marcos libres y la página seleccionada para el reemplazo está modificada. Hay sólo una escritura en disco del contenido de la página expulsada.
- **1 lectura y 1 escritura**. Hay un fallo de página que corresponde con una página que hay que leer del disco, ya sea porque pertenece a una región con soporte (como la región de datos con valor inicial) o porque está en el *swap*, pero no hay marcos libres y la página seleccionada para el reemplazo está modificada.

Ejercicio 4.42

Supóngase que se trata de un sistema que usa *buffering* de páginas. Analice cómo afecta esto a los ejemplos que ha planteado en el ejercicio anterior y proponga, en los casos que sea posible, ejemplos adicionales específicos de este tipo de sistema.

Solución

En este caso, la rutina de fallo de página nunca genera operaciones de escritura en el disco, puesto que hay siempre marcos libres. De esto se encarga un proceso del sistema operativo que, cuando el número de marcos libres baja de un determinado umbral, aplica repetidamente el algoritmo de reemplazo liberando el número de marcos suficiente, generando, en el caso de que la página expulsada esté modificada, la operación de escritura en disco correspondiente. Por tanto, nunca habrá escrituras pudiendo haber fallos con una lectura o sin lectura, como se planteaba en el ejercicio anterior. Para que no haya lectura, además del caso expuesto en dicho ejercicio previo (acceso a página sin soporte), se da un caso adicional: fallos que corresponden con páginas que están todavía en la lista de páginas libres o en la de páginas modificadas (páginas que han sido "robadas" por el sistema operativo, pero todavía no se han reutilizado). Estas páginas se recuperan directamente sin requerir ninguna operación de lectura.

Se pretende comparar distintas alternativas a la hora de acceder a un archivo, centrándose en qué activaciones del sistema operativo conlleva cada una de estas alternativas, en un sistema con las siguientes características:

- Memoria virtual basada en paginación por demanda (para el experimento, se considera que inicialmente todos los marcos están libres).
- Sistema de archivos con un tamaño de bloque igual al tamaño de la página y que usa una cache con una política de gestión similar a la de UNIX (para el experimento, la cache se considera inicialmente vacía).
- Manejador de disco que sólo admite peticiones de 1 bloque.
- Algoritmo de planificación expulsivo basado en prioridades, utilizándose el mecanismo de interrupción software para realizar los cambios de contexto involuntarios.

En este sistema se están ejecutando sólo 2 procesos:

- Proceso P1, en el que se centra el experimento, que lee secuencialmente un archivo de N bloques.
- Proceso P2 de menor prioridad, que nunca se bloquea.

a) Suponiendo que P1 lee el archivo usando peticiones de lectura de 1 bloque, analice qué activaciones del sistema operativo conlleva completar una operación de lectura, especificando cuándo P1 pasa de modo usuario a sistema y viceversa, cuándo cambia de estado dicho proceso o en qué momento hay un cambio de contexto que le involucre, distinguiendo si es voluntario o involuntario. Asimismo, se debe explicar cuándo se producen transferencias de datos del archivo durante la operación de lectura, indicando quién las realiza (hardware o sistema operativo) y cuál es el origen y destino de la transferencia.

b) Repita el análisis del apartado anterior suponiendo que P1 usa la técnica de archivos proyectados en memoria para leer el archivo. Explique razonadamente cuál de las dos soluciones resulta más eficiente.

c) Repita el primer apartado pero suponiendo que las lecturas son de 1 byte. Para ello, analice las dos primeras operaciones de lectura del archivo. Compare la eficiencia de esta estrategia con la usada en el primer apartado.

d) Repita el análisis del primer apartado pero suponiendo ahora que las lecturas son de 2 bloques. Compare la eficiencia de ambas alternativas. ¿Por qué cree que puede ser contraproducente usar peticiones de tamaño muy grande (por ejemplo, todo el archivo de golpe)? Para responder más concretamente a esta cuestión, considere una situación hipotética en la que el tamaño de la petición sea mayor que el tamaño máximo del conjunto residente establecido por una política de asignación de memoria fija. ¿Qué ocurriría con el buffer utilizado por el programa para leer?

e) Supóngase que P1 accede al archivo completo bloque a bloque, como en el primer apartado, pero para actualizarlo, sumando 1 a cada byte del archivo (o sea, lee un bloque, modifica su contenido y lo escribe, y así sucesivamente). Especifique cómo quedaría modificada la secuencia de activaciones planteada en el primer apartado al incluir la actualización, reflejando en qué momento se producen las escrituras al dispositivo.

f) Repita el apartado anterior suponiendo que P1 usa la técnica de archivos proyectados en memoria para actualizar el archivo. Especifique cómo queda modificada la secuencia de activaciones planteada en el segundo apartado al incluir la actualización. ¿Ha encontrado nuevas diferencias en eficiencia entre estas dos técnicas (o sea, acceso convencional frente a proyección en memoria) al considerar las actualizaciones del archivo?

a) Una operación de lectura de un bloque conlleva las siguientes activaciones del sistema operativo:

- Llamada al sistema solicitando la lectura de un bloque (llamada `read` en UNIX). P1 pasa de modo usuario a sistema. El procesamiento de esta llamada implica consultar el inodo del archivo, que se trajo a memoria en la apertura del mismo, para determinar qué bloque del dispositivo contiene el bloque solicitado, A continuación, se accede a la cache de bloques para averiguar si contiene dicho bloque. Puesto que inicialmente está vacía, no se encuentra el bloque y es preciso leerlo del dispositivo. Antes de programar esta operación de lectura, es necesario buscar un bloque libre en la cache de bloques. Como inicialmente está vacía, los primeros accesos encontrarán un bloque libre (un poco más adelante, se comenta qué ocurriría si no fuera así). Una vez reservado el bloque, P1, ejecutando código del manejador del dispositivo, programa la operación de transferencia que usará la técnica del DMA, especificando como destino de la misma el bloque de la cache reservado. A continuación, P1 pasa al **estado de bloqueado** produciéndose un **cambio de contexto voluntario** a P2. A partir de ese momento, el **hardware irá transfiriendo por DMA al bloque de la cache** la información solicitada, mientras se está ejecutando P2. Es conveniente realizar dos aclaraciones sobre lo que se acaba de exponer:
  - o Primero, hay que resaltar que si el bloque solicitado corresponde con un bloque indexado por punteros indirectos, habrá que leer previamente el bloque (o bloques, en el caso de varios niveles de indirección) de índices correspondiente. Este proceso de lectura previo presentaría las mismas características que el del propio bloque de datos (consulta de la cache, solicitud de lectura y bloqueo en caso de fallo, etc.).
  - o Si a la hora de buscar un bloque libre en la cache todos están ocupados, será necesario reemplazar un bloque usado que, en caso de que estuviera modificado, habría que escribir previamente en el dispositivo, lo que implicaría el bloqueo correspondiente del proceso, como se comentará con más detalle en el penúltimo apartado de este ejercicio.
- Interrupción del dispositivo. Una vez finalizada la transferencia, el dispositivo genera una interrupción que activa la rutina de interrupción correspondiente que ejecutará en el contexto del proceso actual en ejecución (P2). Esta rutina, además de realizar las operaciones pertinentes sobre el dispositivo (como, por ejemplo, el control de errores), pasa a P1 de **bloqueado a listo** y, al detectar que tiene mayor prioridad, activa la interrupción software.
- Interrupción software. Realiza el **cambio de contexto involuntario** de P2 a P1. P1 continuará su ejecución en el punto donde se bloqueó, o sea, en el tratamiento de la llamada al sistema.
- Continuación de la llamada de lectura. El **sistema operativo realiza la copia desde el bloque de la cache hasta el buffer especificado en la llamada**. Además, hay que tener en cuenta que durante esta copia se pueden producir fallos de página si la página o páginas implicadas no están residentes (aunque el buffer tenga el tamaño de un bloque, pueden producirse hasta 2 fallos, ya que puede ocupar direcciones de 2 páginas sucesivas). El tratamiento de estos fallos de página no concierne directamente al ejercicio, que se centra específicamente en analizar el acceso al archivo. Cuando termina la transferencia, finaliza la llamada al sistema volviendo el proceso a modo usuario.

b) Antes de analizar las invocaciones asociadas a la lectura del archivo, se repasa brevemente cómo se realiza la proyección de un archivo. Con esta técnica, una vez abierto el archivo de manera convencional, se invoca una llamada al sistema para proyectar el archivo (llamada `mmap` en UNIX). Durante esta llamada, el sistema operativo crea una nueva región vinculada el archivo, rellenando las entradas correspondientes de las tablas de páginas para que estén vinculada a los bloques del archivo. Es muy importante resaltar que durante esta proyección no se carga en memoria principal ningún bloque del archivo. Una vez proyectado, el proceso no tiene que usar ninguna llamada al sistema para leer o escribir en el archivo, ya que está directamente accesible en su mapa de memoria y puede usar instrucciones convencionales de acceso a memoria. A continuación, se especifican las activaciones que conlleva el acceso usando esta técnica:

- Fallo de página. El primer acceso de P1 a una página de la región que corresponde con el archivo proyectado causa un fallo de página que activa el sistema operativo. Como fruto de esta activación, el sistema operativo realiza el tratamiento típico de un fallo de página, buscando, en primer lugar, un marco libre. Como inicialmente, la memoria principal está vacía, los fallos asociados a los primeros accesos encontrarán marcos libres. Sin embargo, llegará un momento en el que esto no será así, y será necesario reemplazar una página usada que, en caso de que estuviera modificada, habría que escribir previamente en memoria secundaria, lo que implicaría el bloqueo correspondiente del proceso, como se comentará con más detalle en el último apartado de este ejercicio. Una vez reservado el marco libre, P1, ejecutando código del manejador del dispositivo, programa la operación de transferencia que usará la técnica del DMA, especificando como destino de la misma el marco seleccionado. A continuación, P1 pasa al **estado de bloqueado** produciéndose un **cambio de contexto voluntario** a P2. A partir de ese momento, el **hardware irá transfiriendo por DMA al marco reservado** la página solicitada, mientras se está ejecutando P2.

- El tratamiento de la interrupción del dispositivo y de la posterior interrupción software será igual que en el primer apartado.
- Continuación del tratamiento del fallo de página. Se encargará de actualizar adecuadamente las estructuras del gestor de memoria. Al terminar esta rutina el proceso P1 vuelve a modo usuario.

Por lo que se refiere a la eficiencia, se puede apreciar que se producen el mismo número de activaciones del sistema operativo en ambos casos. Sin embargo, hay un ahorro muy importante al usar la proyección de archivos: los datos se transfieren por DMA directamente del dispositivo al proceso que los solicitó, eliminando la necesidad de pasar por la cache de bloques. Este ahorro es muy significativo ya que esa copia adicional por software consume bastantes recursos.

c) Siguiendo la pauta especificada en el primer apartado, a continuación se analizan las activaciones asociadas a dos accesos consecutivos de un byte:

- Primera llamada de lectura. Su procesamiento es idéntico al del primer apartado, ya que aunque se solicite un solo byte, siempre se trae completo a la cache el bloque implicado, Habría, por tanto, un cambio de contexto voluntario.
- El tratamiento de la interrupción del dispositivo y de la posterior interrupción software será igual que en el primer apartado.
- Continuación de la primera llamada. Es igual que en el primer apartado pero sólo se copia un byte de la cache al buffer de usuario.
- Segunda llamada de lectura. Al buscar en la cache, se encuentra el bloque que contiene el byte solicitado, que se copia directamente al buffer del usuario, retornando directamente a modo usuario sin bloqueos.

Lo mismo ocurriría con las siguientes peticiones de lectura hasta que se consuma todo el bloque.

A la hora de leer secuencialmente el archivo, esta solución es apreciablemente menos eficiente ya que, aunque ocurre el mismo número de activaciones vinculadas a las interrupciones hardware y software y el mismo número de cambios de contexto, se producen muchas más llamadas al sistema con la consiguiente sobrecarga.

d) Una petición de lectura de 2 bloques en este sistema implica las siguientes activaciones:

- Llamada de lectura. Dado que el manejador sólo admite peticiones de un bloque, el sistema operativo debe tratar cada bloque sucesivamente. Así, en primer lugar, el sistema operativo busca en la cache el primer bloque solicitado y, dado que la cache está inicialmente vacía, no lo encuentra. Se lleva a cabo el mismo tratamiento que en el primer apartado, programando la transferencia y realizando el cambio de contexto voluntario de P1 a P2.
- El tratamiento de la interrupción del dispositivo y de la posterior interrupción software será igual que en el primer apartado, provocando un cambio de contexto involuntario de P2 a P1.
- Continuación de la llamada. P1 realiza la copia del bloque como en el primer apartado y pasa a tratar el segundo bloque que, de la misma manera que el primero, causa un nuevo cambio de

contexto voluntario de P1 a P2. Nótese que, durante esta última ejecución, P1 sólo ha estado en modo sistema.

- El tratamiento de la segunda interrupción del dispositivo y de la posterior interrupción software será igual que antes, provocando un cambio de contexto involuntario de P2 a P1.
- Continuación de la llamada. Realiza la copia del segundo bloque al buffer del usuario y termina volviendo P1 a modo usuario.

En este caso, aunque el número de interrupciones hardware y software es el mismo, se reduce a la mitad el número de llamadas al sistema, provocando una ligera mejora en la eficiencia.

Sin embargo, según crece el tamaño de la petición, aunque se reduce el número de llamadas al sistema, se requiere tener en el mapa de memoria del proceso más información de forma simultánea. Esto puede implicar una pérdida de eficiencia, puesto que la memoria principal es un recurso limitado y parte de esta información puede ser expulsada a memoria secundaria.

Para ver más claramente este problema, sólo es necesario plantearse qué ocurriría en la situación planteada en el enunciado del ejercicio. Si una petición fuera más grande que el tamaño máximo del conjunto residente asignado al proceso, durante la operación de lectura, las sucesivas páginas que contienen el buffer se irían expulsando a memoria secundaria unas a otras. Cuando terminase la lectura, sólo estaría en memoria principal la parte final del buffer. Así, cuando el proceso comenzase a acceder a la parte inicial del buffer, e producirían fallos de página que, a su vez, expulsarían a las páginas finales del buffer. En resumen, la eficiencia se vería drásticamente afectada ya que habría que leer 2 veces la información: la primera vez se lee el bloque del archivo y la segunda se trae la página del dispositivo de memoria secundaria.

e) Puesto que en UNIX se usa la técnica de *delayed-write*, una operación de escritura (llamada `write` en UNIX) sólo implica copiar los datos a la cache de bloques. La escritura real al dispositivo se producirá sólo en dos situaciones: o bien cuando el bloque modificado fuera expulsado para traer otro o periódicamente (típicamente cada 30 segundos).

La escritura, por tanto, sólo implicará una activación del sistema operativo:

- Llamada al sistema de escritura. Dado que se acaba de leer el bloque, todavía se encontrará en la cache una copia del mismo. Esta llamada sólo implicará copiar los nuevos datos desde el buffer del proceso (que estará probablemente residente en memoria principal y no dará fallo ya que se acaba de acceder al mismo) a este bloque de la cache, retornando a modo usuario sin haberse producido ningún cambio de contexto.

La lectura previa causará las activaciones que se detallaron en el primer apartado, aunque, dado que en este apartado se ha analizado un escenario donde se modificaba el archivo, se va a completar el estudio con una situación que quedo pendiente de detallar en el primer apartado: la secuencia adicional de activaciones que implica el caso de que no se encuentre un bloque libre y se tenga que expulsar un bloque modificado de la cache.

- Llamada al sistema de lectura. Si en el procesamiento de esta llamada explicado en el primer apartado no se encuentra un bloque libre, antes de tratar la lectura del bloque pedido, hay que seleccionar un bloque para reemplazarlo, que, si está modificado, habrá que escribirlo en el dispositivo. Para ello, se programaría la operación de escritura y se realizaría un cambio de contexto voluntario.
- El tratamiento de la interrupción del dispositivo y de la posterior interrupción software será el habitual.
- Continuación de la llamada. Se programa la lectura sobre el bloque recién liberado, se realiza un nuevo cambio de contexto voluntario.
- El resto de la operación es igual que en el primer apartado.

f) En este caso, la modificación del archivo no produce ninguna activación adicional del sistema operativo, ya que la página que se trajo cuando se trató el fallo de página asociado a la lectura, todavía está residente y se modificará sin que intervenga el sistema operativo. La página modificada será escrita cuando sea expulsado durante el tratamiento de otro fallo de página.

Nótese que como ocurría en el caso anterior, durante el tratamiento del fallo de página estudiado en el segundo apartado, puede suceder que no haya marcos libres y que la página seleccionada para ser expulsada esté modificada. La secuencia de activaciones planteadas en el segundo apartado, que quedó pendiente de detallar, se completaría de la misma forma que en el apartado anterior:

- Fallo de página. Al no encontrar un marco libre y el seleccionado para expulsar está modificado, antes de leer la página que causó el fallo, hay que escribir la página expulsada al dispositivo correspondiente. Para ello, se programaría la operación de escritura y se realizaría un cambio de contexto voluntario.
- El tratamiento de la interrupción del dispositivo y de la posterior interrupción software será el habitual.
- Continuación del tratamiento del fallo de página. Se programa la transferencia de la página requerida y se produce un cambio de contexto voluntario.
- El resto de la operación es igual que en el segundo apartado.

Por último, con respecto a la eficiencia, la mejora es notable ya que se eliminan las activaciones del sistema operativo vinculadas con la llamada al sistema de escritura. Nótese que `read+write` implica normalmente 4 activaciones del sistema operativo (`read<`, interrupción del dispositivo, interrupción software y `write`), mientras que los archivos proyectados implican 3 (fallo de página, interrupción del dispositivo e interrupción software).

Ejercicio 4.44

Supóngase un programa que proyecta un archivo de forma privada y que, a continuación, crea un proceso mediante `fork` y este proceso hijo, a su vez, crea un *thread*. Analice, de forma independiente, qué ocurriría en las siguientes situaciones:

a) El *thread* modifica una determinada posición de memoria asociada al archivo proyectado, luego la modifica el proceso hijo y, por último, el padre.

b) El *thread* desproyecta el archivo y, a continuación, intentan acceder a esa región el proceso hijo y el padre.

Solución

Para resolver la cuestión planteada, hay que tener en cuenta, a priori, dos aspectos importantes:

- Todos los *threads* del mismo proceso comparten el mapa de memoria. Por tanto, si se elimina una región del mapa de un proceso, esta quedará inaccesible para todos los *threads* del mismo.
- Si se proyecta un archivo de forma privada y se realiza a continuación una llamada `fork`, el padre y el hijo tienen una visión independiente del archivo. La región correspondiente no se comparte. Es una copia independiente, utilizándose la técnica del *copy-on-write* (COW) para evitar realizar una copia explícita a priori. Asimismo, hay que tener en cuenta que, al tratarse de una proyección de tipo privado, las modificaciones que se hagan sobre la región correspondiente no afectarán al archivo proyectado.

Dadas esas premisas, se responde a continuación a lo planteado en el enunciado.

a) En el escenario propuesto, el proceso padre y el hijo tendrán esa región en su mapa pero marcada como COW con un contador de 2 referencias, de manera que trabajen con copias independientes (es importante notar que no hay 3 referencias ya que el *thread* "vive" en el mapa de memoria del proceso hijo). La secuencia planteada generará los siguientes eventos:

1. Cuando el *thread* modifica una página de la región, se produce la excepción vinculada con el COW, que hace que se cree en el mapa del proceso hijo una copia propia de la página y se decremente el contador de COW.

2. Cuando el proceso hijo modifica esa página, no se produce ninguna excepción ya que el proceso hijo ya tiene su propia copia.

3. Cuando el padre la modifica, se produce la excepción del COW que, al detectar que el contador de referencias es igual a 1, no realiza la copia, sino que simplemente desactiva el COW en esa página.

Como se puede observar, las modificaciones realizas por el *thread* son visibles por el proceso hijo y viceversa. Sin embargo, los cambios realizados por el *thread* o por el proceso hijo no son visibles por el proceso padre, ni viceversa. Asimismo, hay que resaltar que ninguno de estos cambios quedará reflejado en el archivo, que se mantendrá inalterado, al tratarse de una proyección privada.

b) Cuando el *thread* desproyecta el archivo, desaparece la región correspondiente del mapa del proceso hijo. Por tanto, cuando el proceso hijo intenta acceder a la misma se produce una excepción por acceso inválido (el "clásico" *Segmentation Fault*). El proceso padre, sin embargo, no se ve afectado y puede, por tanto, acceder a la región sin ningún problema.

Ejercicio 4.45

Sea un proceso `Pr1` en cuyo mapa de memoria existe una región privada con soporte en archivo.

a) El proceso va invocar la llamada `EXEC`. ¿En qué distintas ubicaciones pueden estar las páginas de la región en el instante previo? ¿Qué tratamiento se realiza sobre esa región durante la llamada `EXEC`?

b) Supóngase que la región está formada por 3 páginas y que se ejecuta la siguiente traza:

Pr1: lee de página 1

Pr1: escribe en página 2 y página 3

Pr1: fork → Pr2

Pr1: escribe en página 1 y página 2

Pr2: escribe en página 2

Pr2: fork → Pr3

Pr2: escribe en página 1 y página 3

Pr3: lee de página 1, página 2 y página 3

Suponiendo que después de ejecutar esa traza entran a ejecutar otros procesos que expulsan las páginas de estos procesos, se debe calcular cuántos bloques de *swap* se dedican en total a esta región y, para cada proceso, cuál es la ubicación de cada página de la región, identificando en qué bloque del archivo o del *swap* está almacenada (numere los bloques del *swap* como considere oportuno).

Solución

a) En un determinado momento, el contenido actualizado de una página de la región puede estar en las siguientes ubicaciones:

- En memoria principal.
- En el soporte original, si la página no se ha modificado.
- En *swap*, en caso de que la página se haya modificado en algún momento.

Una llamada EXEC causará la liberación del mapa actual del proceso. Por tanto, se eliminará esta región liberando tanto los marcos de memoria como los bloques de *swap* que pueda ocupar. Recuérdese que al tener carácter privado no deben salvarse las modificaciones realizadas sobre la región.

b) A continuación, se analizará la traza de ejecución de los procesos planteados:

- Antes de la llamada a FORK, el proceso Pr1 ha modificado las páginas 2 y 3. Si en algún momento fueran expulsadas estas páginas, serán escritas en *swap*.

- Como resultado del FORK, los procesos Pr1 y Pr2 comparten la región pero marcándose como *copy-on-write* (COW)
- Después del FORK, Pr1 modifica las páginas 1 y 2. Como están marcadas como COW, se hace un duplicado de estas páginas para Pr1.
- El proceso Pr2 modifica la página 2 pero esta operación está asociada sólo a Pr2.
- Antes del segundo FORK, como resultado de las operaciones ya analizadas, Pr1 tiene su propia copia de la página 1 y de la 2 y Pr2 de la página 2. Ambos procesos comparten la página 3 marcada como COW. Por lo que se refiere a la página 1 del proceso Pr2, todavía está vinculada al archivo original.
- Después del segundo FORK, Pr2 y Pr3 comparten las 3 páginas usando COW. A continuación, Pr2 escribe en las páginas 1 y 3 creándose una copia propia. Las lecturas finales de Pr3 no cambian el estado de ninguna página.

Si después de esta secuencia se ejecutan otros procesos que causan la expulsión de todas las páginas residentes de Pr1, Pr2 y Pr3, todas las páginas modificadas se escribirán al *swap* quedando la siguiente situación (en la que los números de bloque del *swap* se han asignado arbitrariamente):

- Pr1: página 1 en el bloque 1 del *swap*, página 2 en el bloque 2 y página 3 en el bloque 3.
- Pr2: página 1 en el bloque 4 del *swap*, página 2 en el bloque 5 y página 3 en el bloque 6.
- Pr3: página 1 en el bloque 1 del archivo (antes de crear este proceso, no se ha modificado esta página), página 2 en el bloque 5 (compartida con Pr2 usando COW) y página 3 en el bloque3 (compartida con Pr1 mediante COW).

Se dedican, por tanto, 6 bloques de *swap* a la región.

Ejercicio 4.46

Dado cómo se usan habitualmente las llamadas FORK y EXEC en las aplicaciones, algunos diseñadores proponen que sería más eficiente que después del FORK se ejecutara primero el proceso hijo en vez del padre. Analice en qué puede basarse esta propuesta.

Solución

En la mayoría de las ocasiones después de un FORK el proceso hijo invoca enseguida la llamada EXEC liberando su mapa de memoria. Por tanto, en ese corto intervalo que discurre entre su arranque inicial y la llamada a EXEC, normalmente modifica un número muy reducido de páginas de su mapa de memoria.

Si ejecuta primero el proceso padre, éste modificará numerosas páginas de su mapa produciéndose el duplicado de las mismas mediante la técnica COW. Cuando le toque ejecutar al hijo, prácticamente no usará su mapa cambiándolo cuando llegue al EXEC.

En caso de que ejecute en primer lugar el proceso hijo, antes de llamar a EXEC podría causar el duplicado de un número muy reducido de páginas para, a continuación, liberar su mapa como consecuencia del EXEC, Por tanto, las regiones del mapa del proceso padre ya no se comparten y cuando éste se ejecute no se requerirá duplicar las páginas. Este es el beneficio de esta estrategia.

Ejercicio 4.47

Sea un sistema con memoria virtual en el que las direcciones lógicas (virtuales) que tienen un 0 en el bit de mayor peso son de usuario y las que tienen un 1 son de sistema. Considérese que el sistema operativo no tiene ningún error de programación y que se produce un fallo de página tal que la dirección que lo causa no pertenece a ninguna región del proceso. Dependiendo de qué código estuviera ejecutando el proceso cuando ocurrió el fallo y del tipo de dirección, se plantean los siguientes casos, cada uno de los cuales se deberá analizar para ver si es posible esa situación y, en caso afirmativo, explicar qué tratamiento requiere analizando si influye en el mismo el valor del puntero de pila en el momento del fallo:

a1) Proceso estaba ejecutando en modo usuario y la dirección de fallo comienza con un 0.

a2) Proceso estaba ejecutando en modo usuario y la dirección de fallo comienza con un 1.

a3) Proceso estaba ejecutando en modo sistema y la dirección de fallo comienza con un 0. Distinga entre el caso de que el fallo se produzca durante una llamada al sistema o en una rutina de interrupción.

a4) Proceso estaba ejecutando en modo sistema y la dirección de fallo comienza con un 1. Distinga entre el caso de que el fallo se produzca durante una llamada al sistema o en una rutina de interrupción.

Solución

A continuación, se analizan los distintos casos:

a1) Si la dirección de fallo corresponde con una dirección lógica de usuario y el proceso estaba en modo usuario cuando causó el fallo, hay que comprobar si se trata de una expansión de pila o de un error:

- Si la dirección está incluida en el rango que va desde el valor del puntero de pila en el momento de producirse el fallo y el principio de una región de tipo pila (en Linux está marcada con el indicador MAP_GROWSDOWN), hay una expansión de la pila, que conlleva ajustar la región, comprobando previamente que no se solapa con otras regiones.
- Si no, se trata de un error del programa, se aborta el proceso (en UNIX se manda la señal SEGV).

a2) Si la dirección de fallo corresponde con una dirección lógica de sistema y el proceso estaba en modo usuario cuando causó el fallo, se trata de un acceso inválido. Por tanto, es una situación posible y su tratamiento será abortar el proceso (en UNIX mandar la señal SEGV).

a3) Si la dirección de fallo corresponde con una dirección lógica de usuario y el proceso estaba en modo sistema cuando causó el fallo, hay que distinguir si se estaba ejecutando una llamada al sistema o una interrupción:

- En una llamada al sistema. Desde el código de la llamada se ha accedido al mapa de usuario del proceso para leer/escribir algún *parámetro* de la llamada. Como en el primer apartado, pueden producirse dos situaciones:
  - o Si la dirección está incluida en el rango que va desde el valor del puntero de pila en el momento de producirse el fallo y el principio de una región de tipo pila, hay una expansión de la pila.
  - o Si no, se trata de un error del programa, se puede devolver un error en la llamada (del tipo EINVAL en UNIX) o abortar el proceso.
- En una interrupción. Si el S.O. no tiene errores de programación, como plantea el enunciado, esta situación no puede ocurrir. Téngase en cuenta que una interrupción tiene un carácter asíncrono y no está directamente vinculada con el proceso en ejecución, por lo que la rutina de tratamiento no tiene que acceder al mapa de usuario del proceso.

a4) El caso de que la dirección de fallo corresponda con una dirección lógica de sistema y el proceso estaba en modo sistema cuando causó el fallo no es posible, ni desde una llamada ni desde una rutina de interrupción, ya que el S.O. no tiene errores de programación.

Ejercicio 4.48

Sea un sistema con memoria virtual que usa un algoritmo de reemplazo de páginas FIFO. Supóngase que, no habiendo ningún marco libre y siendo la página que lleva más tiempo residente una que se ha modificado por primera vez y que corresponde con la región de datos con valor inicial, se produce un fallo de página que conlleva una expansión de la pila en una página. Analice qué operaciones de las especificadas a continuación se llevan a cabo dentro de la rutina de tratamiento de ese fallo.

- Operaciones vinculadas con el *swap* (reserva, lectura y escritura) y con el sistema de archivos (lectura y escritura). Responda primero suponiendo que se trata de un sistema con preasignación de *swap* y luego considerando que no tiene preasignación.

- Modificaciones de los campos de las entradas de las tablas de páginas: bit de validez, bit de modificado, bit de referencia, número de marco y protección.
- Cambios de contexto, especificando si son voluntarios o involuntarios.

Solución

A continuación, se analizan qué operaciones de cada uno de los tres grupos se llevan a cabo en la rutina de tratamiento del fallo de página planteado:

- Operaciones vinculadas con el *swap* y con el sistema de archivos. Dependiendo de si hay preasignación de *swap*:

  o Si hay preasignación, en primer lugar, habrá que escribir en el bloque de *swap* ya reservado previamente la página expulsada, puesto que se trata de una página de una región privada. Por lo que se refiere a la página que causó el fallo, que corresponde con una expansión de pila, no hay que leerla del disco, puesto que pertenece a una región anónima (se rellena con ceros por confidencialidad). Sin embargo, dado que hay preasignación, es necesario realizar una reserva en el *swap* para la zona expandida de la pila.

  o Si no hay preasignación, dado que es la primera vez que se expulsa esa página estando modificada, hay que reservar espacio en *swap* para ella. A continuación, se escribe la página expulsada en dicho bloque. En cuanto a la página correspondiente a la expansión, no implica ninguna operación sobre el *swap*.

- Modificaciones de los campos de las entradas de las tablas de páginas. Hay que distinguir entre la página que se expulsa y la que causó el fallo:

  o Página expulsada:

    ▪ bit de validez: se desactiva puesto que ya no está residente.

    ▪ bit de modificado: se desactiva ya que después de escribirla a *swap*, ya está actualizada.

    ▪ No hace falta modificar los otros campos: el número de marco, ya que no es significativo al estar marcada como inválida, el bit de referencia, puesto que no se usa al utilizarse un algoritmo FIFO, y la protección, dado que no cambia por ser expulsada.

  o Página que causó el fallo:

    ▪ bit de validez: se activa puesto que ahora está residente.

    ▪ bit de modificado: se inicia como desactivado.

    ▪ número de marco: se especifica el número de marco liberado, el que contenía la página expulsada.

    ▪ protección: se inicia con el valor correspondiente a la región (al tratarse de la pila, permisos de lectura y escritura).

    ▪ bit de referencia: no se modifica ya que no se usa.

- Cambios de contexto, especificando si son voluntarios o involuntarios. Dentro de la rutina de fallo, habrá un cambio de contexto voluntario debido a que el proceso debe bloquearse mientras se escribe a *swap* la página expulsada.

Ejercicio 4.49

Considérese el mismo caso de un fallo de página de expansión de pila planteado en el ejercicio anterior, pero en un sistema con *buffering* de páginas (o sea, reserva de marcos libres). ¿Qué cambios supondría con respecto al ejercicio anterior? ¿Qué operaciones dejarían de hacerse en la rutina de fallo de página? ¿Dónde se llevarían a cabo estas operaciones?

Solución

El uso de la técnica del *buffering* de páginas asegura que hay marcos libres disponibles. Por tanto, la situación cambia radicalmente con respecto al ejercicio previo, ya que en el tratamiento del fallo de expansión no hay que buscar marcos libres. Por tanto, se producirán las siguientes operaciones de cada uno de los tres grupos planteados:

- Operaciones vinculadas con el *swap* y con el sistema de archivos. Dependiendo de si hay preasignación de *swap*:
  - o Si hay preasignación, es necesario realizar una reserva en el *swap* para la zona expandida de la pila.
  - o Si no hay preasignación, no implica ninguna operación sobre el *swap*.
- Modificaciones de los campos de las entradas de las tablas de páginas. Sólo hay que tener en cuenta la página que causó el fallo:
  - o bit de validez: se activa puesto que ahora está residente.
  - o bit de modificado: se inicia como desactivado.
  - o número de marco: se especifica el número de marco libre seleccionado.
  - o protección: se inicia con el valor correspondiente a la región (al tratarse de la pila, permisos de lectura y escritura).
  - o bit de referencia: no se modifica ya que no se usa.
- Cambios de contexto, especificando si son voluntarios o involuntarios. En este caso, dentro de la rutina de fallo, no habrá ningún cambio de contexto.

Ejercicio 4.50

Sea un sistema con memoria virtual, que usa un algoritmo de planificación de procesos expulsivo basado en prioridad. Además, el S.O. es no expulsivo (sin llamadas concurrentes), usando para ello el mecanismo de interrupción software. Supóngase que se produce un fallo de página sobre una página de código que, al no haber marcos libres, causa la expulsión de una página modificada de una región que corresponde con un archivo proyectado en modo compartido. Especifique para cada uno de los dos escenarios planteados a continuación qué activaciones del S.O. se producen desde que ocurre el fallo hasta que el proceso implicado vuelve a ejecutar, especificando para cada activación si hay cambios de estado y/o de contexto, distinguiendo si son voluntarios o involuntarios.

a) El proceso que causa el fallo tiene alta prioridad. Existe otro proceso de baja prioridad que la mayor parte del tiempo está realizando llamadas al sistema no bloqueantes (por ejemplo, `getpid`).

b) El proceso que causa el fallo tiene baja prioridad. Existe otro proceso de alta prioridad que alterna rachas de ejecución en modo usuario con llamadas al sistema para dormirse un cierto tiempo (un intervalo de tiempo pequeño, inferior a la duración de un acceso a disco).

Solución

a) A continuación, se describen las activaciones del S.O. que se producen en la situación planteada:

- El proceso de alta prioridad provoca un fallo de página y pasa a ejecutar la rutina de fallo en modo sistema. Como la página expulsada pertenece a una proyección compartida de un archivo, se debe escribir en el bloque correspondiente del archivo. Se programa la operación de escritura por DMA y se bloquea el proceso, produciéndose un cambio de contexto voluntario al proceso de baja prioridad.
- Se produce la interrupción del disco que activa la rutina de tratamiento correspondiente. Dentro de esta rutina se desbloquea el proceso bloqueado y, al detectarse que tiene mayor prioridad que el que está ejecutando, se requiere un cambio de contexto involuntario, que se difiere activando una interrupción software.
- Cuando acaba la rutina de interrupción y todas las rutinas del S.O. que pudieran estar anidadas (por ejemplo, una llamada al sistema del proceso de baja prioridad), se activa la rutina de tratamiento de la interrupción software, que realiza el cambio de contexto involuntario al proceso de mayor prioridad.

- El proceso de alta prioridad continúa la ejecución de la rutina de fallo de página desde el punto donde se quedó bloqueado. A continuación, hay que leer la página de código. Una vez programada la operación por DMA, se bloquea nuevamente el proceso, produciéndose un cambio de contexto voluntario al proceso de baja prioridad.

- Como antes, se produce la interrupción del disco que activa la rutina de tratamiento correspondiente. Dentro de esta rutina se desbloquea el proceso bloqueado y, al detectarse que tiene mayor prioridad que el que está ejecutando, se requiere un cambio de contexto involuntario, que se difiere activando una interrupción software.

- Cuando acaba la rutina de interrupción y todas las rutinas del S.O. que pudieran estar anidadas, se activa la rutina de tratamiento de la interrupción software, que realiza el cambio de contexto involuntario al proceso de mayor prioridad.

- El proceso de alta prioridad continúa la ejecución de la rutina de fallo de página, la termina y vuelve a modo usuario ejecutando de nuevo la instrucción que causó el fallo, que esta vez no lo provocará.

b) A continuación, se describen las activaciones del S.O. que se producen en la situación planteada:

- Estando el proceso de alta prioridad bloqueado esperando un plazo de tiempo, ejecuta el proceso de baja prioridad que provoca un fallo de página y pasa a ejecutar la rutina de fallo en modo sistema. Como la página expulsada pertenece a una proyección compartida de un archivo, se debe escribir en el bloque correspondiente del archivo. Se programa la operación de escritura por DMA y se bloquea el proceso, produciéndose un cambio de contexto voluntario al proceso nulo, suponiendo que el de alta prioridad sigue dormido.

- Se produce una interrupción de reloj que desbloquea al proceso dormido que, al detectarse que tiene mayor prioridad que el que está ejecutando (el proceso nulo), requiere un cambio de contexto involuntario, que se difiere activando una interrupción software.

- Se activa la rutina de tratamiento de la interrupción software, que realiza el cambio de contexto involuntario al proceso de mayor prioridad.

- Se produce la interrupción del disco que activa la rutina de tratamiento correspondiente. Dentro de esta rutina se desbloquea el proceso bloqueado pero, al detectarse que tiene menor prioridad que el que está ejecutando, no se lleva a cabo un cambio de contexto.

- Cuando el proceso de alta prioridad realiza una llamada al sistema para dormirse un plazo de tiempo, se produce un cambio de contexto voluntario al proceso de baja prioridad, que continúa la ejecución de la rutina de fallo de página desde el punto donde se quedó bloqueado, por lo que tiene que leer la página de código. Una vez programada la operación por DMA, se bloquea nuevamente el proceso, produciéndose un cambio de contexto voluntario al proceso nulo, suponiendo que el de alta prioridad sigue dormido.

- Se produce una interrupción de reloj que desbloquea al proceso dormido activándose la interrupción software para llevar a cabo un cambio de contexto involuntario diferido.

- Se activa la rutina de tratamiento de la interrupción software, que realiza el cambio de contexto involuntario al proceso de mayor prioridad.

- Se produce la interrupción del disco que activa la rutina de tratamiento correspondiente. Dentro de esta rutina se desbloquea el proceso bloqueado pero, al detectarse que tiene menor prioridad que el que está ejecutando, no se lleva a cabo un cambio de contexto.

- Cuando el proceso de alta prioridad realiza una llamada al sistema para dormirse nuevamente un plazo de tiempo, se produce un cambio de contexto voluntario al proceso de baja prioridad, que continúa la ejecución de la rutina de fallo de página desde el punto donde se quedó, la termina y vuelve a modo usuario ejecutando de nuevo la instrucción que causó el fallo, que esta vez no lo provocará.

5. COMUNICACIÓN Y SINCRONIZACIÓN DE PROCESOS

En este capítulo se presentan problemas relacionados con la comunicación y sincronización de procesos. El principal objetivo es describir el problema fundamental que plantea la ejecución de procesos concurrentes que cooperan entre sí, así como la necesidad de comunicar y sincronizar correctamente dichos procesos.

Los procesos que ejecutan de forma concurrente en un sistema se pueden clasificar como procesos independientes o cooperantes. Un proceso **independiente** es aquél que ejecuta sin requerir la ayuda o cooperación de otros procesos. Un claro ejemplo de procesos independientes son los diferentes intérpretes de mandatos que se ejecutan de forma simultánea en un sistema. Los procesos son **cooperantes** cuando están diseñados para trabajar conjuntamente en alguna actividad, para lo que deben ser capaces de comunicarse e interactuar entre ellos.

Tanto si los procesos son independientes como cooperantes, pueden producirse una serie de interacciones entre ellos. Estas interacciones pueden ser de dos tipos:

* Interacciones motivadas porque los procesos **comparten** o **compiten** por el acceso a recursos físicos o lógicos. Esta situación aparece en los distintos tipos de procesos anteriormente comentados. Por ejemplo, dos procesos totalmente independientes pueden competir por el acceso a disco. En este caso el sistema operativo deberá encargarse de que los dos procesos accedan ordenadamente sin que se cree ningún conflicto. Esta situación también aparece cuando varios procesos desean modificar el contenido de un registro de una base de datos. Aquí, es el gestor de la base de datos el que se tendrá que encargar de ordenar los distintos accesos al registro.

* Interacción motivada porque los procesos se **comunican** y **sincronizan** entre sí para alcanzar un objetivo común. Por ejemplo, un compilador se puede construir mediante dos procesos: el compilador propiamente dicho, que se encarga de generar código ensamblador y el proceso ensamblador que obtiene código en lenguaje máquina a partir del ensamblador. En este ejemplo puede apreciarse la necesidad de comunicar y sincronizar a los dos procesos.

Estos dos tipos de interacciones obligan al sistema operativo a incluir mecanismo y servicios que permitan la comunicación y la sincronización entre procesos.

5.1 Problemas clásicos de comunicación y sincronización

La interacción entre procesos se plantea en una serie de situaciones clásicas de comunicación y sincronización. Estas situaciones junto con sus problemas se describen a continuación para demostrar la necesidad de comunicar y sincronizar procesos.

5.1.1 El problema de la sección crítica

Este es uno de los problemas que con mayor frecuencia aparece cuando se ejecutan procesos concurrentes, tanto si son cooperantes como independientes. Considérese un sistema compuesto por *n* procesos $\{P_1, P_2, .. P_N\}$ en el que cada uno tiene un fragmento de código, que se denomina *sección crítica*. Dentro de la sección crítica los procesos pueden estar accediendo y modificando variables comunes, registros de una base de datos, un archivo, en general cualquier recurso compartido. La característica más importante de este sistema es que, cuando un proceso se encuentra ejecutando código de la sección crítica, ningún otro proceso puede ejecutar en su sección.

Para resolver el problema de la sección crítica es necesario utilizar algún *mecanismo de sincronización* que permita a los procesos cooperar entre ellos sin problemas. Este mecanismo debe proteger el código de la sección crítica y su funcionamiento básico es el siguiente:

- Cada proceso debe solicitar permiso para entrar en la sección crítica, mediante algún fragmento de código que se denomina de forma genérica *entrada en la sección crítica*.
- Cuando un proceso sale de la sección crítica debe indicarlo mediante otro fragmento de código que se denomina *salida de la sección crítica*. Este fragmento permitirá que otros procesos entren a ejecutar el código de la sección crítica.

La estructura general, por tanto, de cualquier mecanismo que pretenda resolver el problema de la sección crítica es la siguiente:

Entrada en la sección crítica
Código de la sección crítica
Salida de la sección crítica

Cualquier solución que se utilice para resolver este problema debe cumplir los tres requisitos siguientes:

- **Exclusión mutua**: si un proceso está ejecutando código de la sección crítica, ningún otro proceso lo podrá hacer.
- **Progreso**: si ningún proceso está ejecutando dentro de la sección crítica, la decisión de qué proceso entra en la sección se hará sobre los procesos que desean entrar. Los procesos que no quieren entrar no pueden formar parte de esta decisión. Además, esta decisión debe realizarse en tiempo finito.
- **Espera acotada**: debe haber un límite en el número de veces que se permite que los demás procesos entren a ejecutar código de la sección crítica después de que un proceso haya efectuado una solicitud de entrada y antes de que se conceda la suya.

5.1.2 Problema del productor-consumidor

El problema del productor-consumidor es uno de los problemas más habituales que surge cuando se programan aplicaciones utilizando procesos concurrentes. En este tipo de problemas uno o más procesos, que se denominan *productores,* generan cierto tipo de datos que son utilizados o consumidos por otros procesos que se denominan *consumidores*. Un claro ejemplo de este tipo de problemas es el del compilador que se describió anteriormente. En este ejemplo el compilador hace las funciones de productor al generar el código ensamblador que consumirá el proceso ensamblador para generar el código máquina. En la Figura 5.1 se representa la estructura clásica de este tipo de procesos.

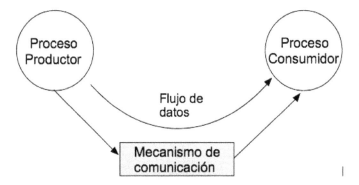

Figura 5.1 Estructura clásica de procesos productor-consumidor

176

En esta clase de problemas es necesario disponer de algún mecanismo de comunicación que permita a los procesos productor y consumidor intercambiar información. Ambos procesos además, deben sincronizar su acceso al mecanismo de comunicación para que la interacción entre ellos no sea problemática: cuando el mecanismo de comunicación se llene el proceso productor se deberá quedar bloqueado hasta que haya hueco para seguir insertando elementos. A su vez, el proceso consumidor deberá quedarse bloqueado cuando el mecanismo de comunicación esté vacío, ya que en este caso no podrá continuar su ejecución al no disponer de información a consumir. Por lo tanto, este tipo de problemas requiere servicios para que los procesos puedan comunicarse y servicios para que se sincronicen a la hora de acceder al mecanismo de comunicación.

5.1.3   El problema de los lectores-escritores

En este problema existe un determinado objeto (véase la Figura 5.2), que puede ser un archivo, un registro dentro de un archivo, etc. que va a ser utilizado y compartido por una serie de procesos concurrentes. Algunos de estos procesos sólo van a acceder al objeto sin modificarlo, mientras que otros van a acceder al objeto para modificar su contenido. Esta actualización implica leerlo, modificar su contenido y escribirlo. A los primeros procesos se les denomina *lectores*, y a los segundos se les denomina *escritores*. En este tipo de problemas existen una serie de restricciones que han de seguirse:

- Sólo se permite que un escritor tenga acceso al objeto al mismo tiempo. Mientras el escritor esté accediendo al objeto, ningún otro proceso lector ni escritor podrá acceder a él.
- Se permite, sin embargo, que múltiples lectores tengan acceso al objeto, ya que ellos nunca van a modificar el contenido del mismo.

En este tipo de problemas es necesario disponer de servicios de sincronización que permitan a los procesos lectores y escritores sincronizarse adecuadamente en el acceso al objeto.

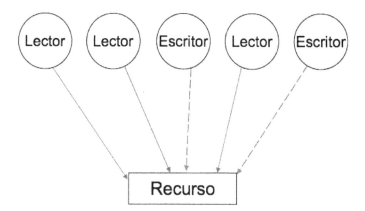

Figura 5.2 Procesos lectores y escritores

5.2   Comunicación cliente-servidor

En el modelo cliente-servidor, los procesos llamados servidores ofrecen una serie de servicios a otros procesos que se denominan clientes (véase la Figura 5.3). El proceso servidor puede residir en la misma máquina que el cliente o en una distinta, en cuyo caso la comunicación deberá realizarse a través de una red de interconexión. Muchas aplicaciones y servicios de red como el correo electrónico y la transferencia de archivos se basan en este modelo.

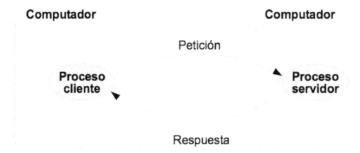

Figura 5.3 Comunicación cliente-servidor

En este tipo de aplicaciones es necesario que el sistema operativo ofrezca servicios que permitan comunicarse a los procesos cliente y servidor. Cuando los procesos ejecutan en la misma máquina, se pueden emplear técnicas basadas en memoria compartida o archivos. Sin embargo, este modelo de comunicación suele emplearse en aplicaciones que ejecutan en computadores que no comparten memoria y, por lo tanto, se usan técnicas basadas en paso de mensajes.

En esta sección se presentan los mecanismos y servicios que ofrece POSIX para la comunicación y sincronización de procesos, y que se utilizarán en la realización de los problemas que se proponen en este capítulo.

5.2.1 Tuberías (pipes)

Una tubería es un mecanismo de comunicación y sincronización. Desde el punto de vista de su utilización, es como un pseudoarchivo gestionado por el sistema operativo. Conceptualmente, cada proceso ve la tubería como un conducto con dos extremos, uno de los cuales se utiliza para escribir o insertar datos y el otro para extraer o leer datos de la tubería. La escritura se realiza mediante el servicio que se utiliza para escribir datos en un archivo. De igual forma, la lectura se lleva a cabo mediante el servicio que se emplea para leer de un archivo.

El flujo de datos en la comunicación empleando tuberías es unidireccional y FIFO, esto quiere decir que los datos se extraen de la tubería (mediante la operación de lectura) en el mismo orden en el que se insertaron (mediante la operación de escritura). La Figura 5.4 representa dos procesos que se comunican de forma unidireccional utilizando una tubería.

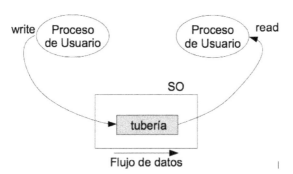

Figura 5.4 Comunicación unidireccional utilizando una tubería

178

Un pipe en POSIX no tiene nombre y, por lo tanto, sólo puede ser utilizado entre los procesos que lo hereden a través de la llamada `fork()`. A continuación se describen los servicios que permiten crear y acceder a los datos de un pipe.

Creación de un pipe

El servicio que permite crear un pipe es el siguiente:

```
int pipe(int fildes[2]);
```

Esta llamada devuelve dos descriptores de archivos (véase la Figura 5.5) que se utilizan como identificadores:

- fildes[0], descriptor de archivo que se emplea para leer del pipe.
- fildes[1], descriptor de archivo que se utiliza para escribir en el pipe.

La llamada `pipe` devuelve 0 si fue bien y -1 en caso de error.

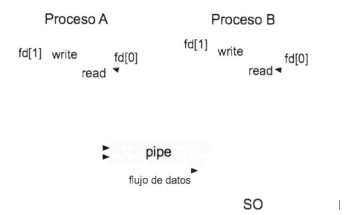

Figura 5.5 Tuberías POSIX entre dos procesos

Cierre de un pipe

El cierre de cada uno de los descriptores que devuelve la llamada `pipe` se consigue mediante el servicio `close` que también se emplea para cerrar cualquier archivo. Su prototipo es:

```
int close(int fd);
```

El argumento de `close` indica el descriptor de archivo que se desea cerrar. La llamada devuelve 0 si se ejecutó con éxito. En caso de error devuelve -1.

Escritura en un pipe

El servicio para escribir datos en un pipe en POSIX es el siguiente:

```
int write(int fd, char *buffer, int n);
```

179

Este servicio también se emplea para escribir datos en un archivo. El primer argumento representa el descriptor de archivo que se emplea para escribir en un pipe. El segundo argumento especifica el buffer de usuario donde se encuentran los datos que se van a escribir al pipe. El último argumento indica el número de bytes a escribir. Los datos se escriben en el pipe en orden FIFO. La semántica de esta llamada es la siguiente:

- Si la tubería se encuentra llena o se llena durante la escritura, la operación bloquea al proceso escritor hasta que se pueda completar.

- Si no hay ningún proceso con la tubería abierta para lectura, la operación devuelve el correspondiente error. Este error se genera mediante el envío al proceso que intenta escribir de la señal SIGPIPE.

- Una operación de escritura sobre una tubería se realiza de forma **atómica**, es decir, si dos procesos intentan escribir de forma simultánea en una tubería, sólo uno de ellos lo hará, el otro se bloqueará hasta que finalice la primera escritura.

Lectura de un pipe

Para leer datos de un pipe se utiliza el siguiente servicio, también empleado para leer datos de un archivo.

```
int read(int fd, char *buffer, int n);
```

El primer argumento indica el descriptor de lectura del pipe. El segundo argumento especifica el buffer de usuario donde se van a situar los datos leídos del pipe. El último argumento indica el número de bytes que se desean leer del pipe. La llamada devuelve el número de bytes leídos. En caso de error, la llamada devuelve -1. Las operaciones de lectura siguen la siguiente semántica:

- Si la tubería está vacía, la llamada bloquea al proceso en la operación de lectura hasta que algún proceso escriba datos en la misma.

- Si la tubería almacena M bytes y se quieren leer n bytes, entonces:
    - Si $M \geq n$, la llamada devuelve n bytes y elimina de la tubería los datos solicitados.
    - Si $M < n$, la llamada devuelve M bytes y elimina los datos disponibles en la tubería.

- Si no hay escritores y la tubería está vacía, la operación devuelve fin de archivo (la llamada read devuelve cero). En este caso la operación no bloquea al proceso.

- Al igual que las escrituras, las operaciones de lectura sobre una tubería son atómicas. En general la atomicidad en las operaciones de lectura y escritura sobre una tubería se asegura siempre que el número de datos involucrados en las anteriores operaciones sea menor que el tamaño de la misma.

5.3 Semáforos

Un semáforo es un mecanismo de sincronización que se utiliza generalmente en sistemas con memoria compartida, bien sea un monoprocesador o un multiprocesador. Su uso en un multicomputador depende del sistema operativo en particular. Un semáforo es un objeto con un valor entero, al que se le puede asignar un valor inicial no negativo y al que sólo se puede acceder utilizando dos operaciones atómicas: wait y signal(también llamadas down o up respectivamente). Las definiciones de estas dos operaciones son las siguientes:

```
wait(s){
    s = s - 1;
    if (s < 0)
        Bloquear al proceso;
}
```

```
signal(s){
    s = s + 1;
    if ( s <= 0)
        Desbloquear a un proceso bloqueado en la operación wait;
}
```

El número de procesos, que en un instante determinado se encuentran bloqueados en una operación wait, viene dado por el valor absoluto del semáforo si es negativo. Cuando un proceso ejecuta la operación signal, el valor del semáforo se incrementa. En el caso de que haya algún proceso bloqueado en una operación wait anterior, se desbloqueará a un solo proceso.

Las operaciones wait y signal son dos operaciones genéricas que deben particularizarse en cada sistema operativo. A continuación se presentan los servicios que ofrece el estándar POSIX para trabajar con semáforos.

En POSIX un semáforo se identifica mediante una variable del tipo sem_t. El estándar POSIX define dos tipos de semáforos:

- **Semáforos sin nombre**. Permiten sincronizar a los procesos ligeros que ejecutan dentro de un mismo proceso, o a los procesos que lo heredan a través de la llamada fork.

- **Semáforos con nombre**. En este caso el semáforo lleva asociado un nombre que sigue la convención de nombrado que se emplea para archivos. Con este tipo de semáforos se pueden sincronizar procesos sin necesidad de que tengan que heredar el semáforo utilizando la llamada fork.

Creación de un semáforo sin nombre

Todos los semáforos en POSIX deben iniciarse antes de su uso. La función sem_init permite iniciar un semáforo sin nombre. El prototipo de este servicio es el siguiente:

```
int sem_init(sem_t *sem, int shared, int val);
```

Con este servicio se crea y se asigna un valor inicial a un semáforo sin nombre. El primer argumento identifica la variable de tipo semáforo que se quiere utilizar. El segundo argumento indica si el semáforo se puede utilizar para sincronizar procesos ligeros o cualquier otro tipo de proceso. Si shared es 0, el semáforo sólo puede utilizarse entre los procesos ligeros creados dentro del proceso que inicia el semáforo. Si shared es distinto de 0, entonces se puede utilizar para sincronizar procesos que lo hereden por medio de la llamada fork. El tercer argumento representa el valor que se asigna inicialmente al semáforo.

Destrucción de un semáforo sin nombre

Con este servicio se destruye un semáforo sin nombre previamente creado con la llamada sem_init. Su prototipo es el siguiente:

```
int sem_destroy(sem_t *sem)
```

Creación y apertura de un semáforo con nombre

El servicio sem_open permite crear o abrir un semáforo con nombre. La función que se utiliza para invocar este servicio admite dos modalidades según se utilice para crear el semáforo o simplemente abrir uno existente. Estas modalidades son las siguientes:

```
sem_t *sem_open(char *name, int flag, mode_t mode, int val);
sem_t *sem_open(char *name, int flag);
```

Un semáforo con nombre posee un nombre, un dueño y derechos de acceso similares a los de un archivo. El nombre de un semáforo es una cadena de caracteres que sigue la convención de nombrado de un archivo. La función sem_open establece una conexión entre un semáforo con nombre y una variable de tipo semáforo.

El valor del segundo argumento determina si la función sem_open accede a un semáforo previamente creado o si crea un nuevo. Un valor 0 en flag indica que se quiere utilizar un semáforo que ya ha sido creado, en este caso no es necesario los dos últimos parámetros de la función sem_open. Si flag tiene un valor O_CREAT, requiere los dos últimos argumentos de la función. El tercer parámetro especifica los permisos del semáforo que se va a crear, de la misma forma que ocurre en la llamada open para archivos. El cuarto parámetro especifica el valor inicial del semáforo.

POSIX no requiere que los semáforos con nombre se correspondan con entradas de directorio en el sistema de archivos, aunque sí pueden aparecer.

Cierre de un semáforo con nombre

Cierra un semáforo con nombre, rompiendo la asociación que tenía un proceso con un semáforo. El prototipo de la función es:

```
int sem_close(sem_t *sem);
```

Borrado de un semáforo con nombre

Elimina del sistema un semáforo con nombre. Esta llamada pospone la destrucción del semáforo hasta que todos los procesos que lo estén utilizando lo hayan cerrado con la función sem_close. El prototipo de este servicio es:

```
int sem_unlink(char *name);
```

Operación wait

La operación wait en POSIX se consigue con el siguiente servicio:

```
int sem_wait(sem_t *sem);
```

Operación signal

Este servicio se corresponde con la operación signal sobre un semáforo. El prototipo de este servicio es:

```
int sem_post(sem_t *sem);
```

Todas las funciones que se han descrito devuelven un valor 0 si la función se ha ejecutado con éxito ó -1 en caso de error.

5.3.1 Mutex y variables condicionales

Los mutex y las variables condicionales son mecanismos especialmente concebidos para la sincronización de procesos ligeros. Un **mutex** es el mecanismo de sincronización de procesos ligeros más sencillo y eficiente. Los mutex se emplean para obtener acceso exclusivo a recursos compartidos y para asegurar la exclusión mutua sobre secciones críticas.

Sobre un mutex se pueden realizar dos operaciones atómicas básicas:

- **lock**: intenta bloquear el mutex. Si el mutex ya está bloqueado por otro proceso, el proceso que realiza la operación se bloquea. En caso contrario se bloquea el mutex sin bloquear al proceso.

- **unlock**: desbloquea el mutex. Si existen procesos bloqueados en él, se desbloqueará a uno de ellos que será el nuevo proceso que adquiera el mutex. La operación unlock sobre un mutex debe ejecutarla el thread que adquirió con anterioridad el mutex mediante la operación lock. Esto es diferente a lo que ocurre con las operaciones wait y signal sobre un semáforo.

El siguiente segmento de pseudocódigo utiliza un mutex para proteger el acceso a una sección crítica.

```
lock(m);  /* solicita la entrada en la sección crítica */
< sección crítica >
unlock(m); /* salida de la sección crítica */
```

En la Figura 5.6 se representa de forma gráfica una situación en la que dos procesos ligeros intentan acceder de forma simultánea a ejecutar código de una sección crítica utilizando un mutex para protegerla.

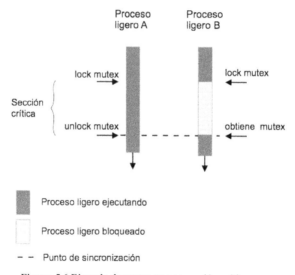

Figura 5.6 Ejemplo de mutex en una sección crítica

Dado que las operaciones lock y unlock son atómicas, sólo un proceso conseguirá bloquear el mutex y podrá continuar su ejecución dentro de la sección crítica. El segundo proceso se bloqueará hasta que el primero libere el mutex mediante la operación unlock.

Una **variable condicional** es una variable de sincronización asociada a un mutex que se utiliza para bloquear a un proceso hasta que ocurra algún suceso. Las variables condicionales tienen dos operaciones atómicas para esperar y señalizar:

- **c_wait**: bloquea al proceso que ejecuta la llamada y le expulsa del mutex dentro del cual se ejecuta y al que está asociado la variable condicional, permitiendo que algún otro proceso adquiera el mutex. El bloqueo del proceso y la liberación del mutex se realiza de forma atómica.

- **c_signal**: desbloquea a uno o varios procesos suspendidos en la variable condicional. El proceso que se despierta compite de nuevo por el mutex.

A continuación se va a describir una situación típica en la que se utilizan los mutex y las variables condicionales de forma conjunta. Supóngase que una serie de procesos compiten por el acceso a una sección crítica. En este caso es necesario un mutex para proteger la ejecución de dicha sección crítica. Una vez dentro de la sección crítica puede ocurrir que un proceso no pueda continuar su ejecución dentro de la misma, debido a que no se cumple una determinada condición, por ejemplo, se quiere insertar elementos en un buffer común y éste se encuentra lleno. En esta situación el proceso debe bloquearse puesto que no puede continuar su ejecución. Además debe liberar el mutex para permitir que otro proceso entre en la sección crítica y pueda modificar la situación que bloqueó al proceso, en este caso eliminar un elemento del buffer común para hacer hueco.

Para conseguir este funcionamiento es necesario utilizar una o más variables compartidas que se utilizarán como predicado lógico y que el proceso consultará para decidir su bloqueo o no. El fragmento de código que se debe emplear en este caso es el siguiente:

```
lock(m);
/* código de la sección crítica */
while (condición == FALSE)
    c_wait(c, m);
/* resto de la sección crítica */
unlock(m);
```

En el fragmento anterior m es el mutex que se utiliza para proteger el acceso a la sección crítica y c la variable condicional que se emplea para bloquear el proceso y abandonar la sección crítica. Cuando el proceso que está ejecutando dentro de la sección evalúa la condición y esta es falsa, se bloquea mediante la operación c_wait y libera el mutex permitiendo que otro proceso entre en ella.

El proceso bloqueado permanecerá en esta situación hasta que algún otro proceso modifique alguna de las variables compartidas que le permitan continuar. El fragmento de código que debe ejecutar este otro proceso debe seguir el modelo siguiente:

```
lock(m);
/* código de la sección crítica */
/* se modifica la condición y esta se hace TRUE */
condición = TRUE;
c_signal(c);
unlock(m);
```

En este caso el proceso que hace cierta la condición ejecuta la operación c_signal sobre la variable condicional despertando a un proceso bloqueado en dicha variable. Cuando el thread que espera en una variable condicional se desbloquea, vuelve a competir por el mutex. Una vez adquirido de nuevo el mutex debe comprobar si la situación que le despertó y que le permitía continuar su ejecución sigue cumpliéndose, de ahí la necesidad de emplear una estructura de control de tipo while. Es necesario volver a evaluar la condición ya que entre el momento en el que la condición se hizo cierta y el instante en el que comienza a ejecutar de nuevo el proceso bloqueado en la variable condicional, puede haber ejecutado otro proceso que a su vez puede haber hecho falsa la condición. En la Figura 5.7 se representa de forma gráfica el uso de mutex y variables condicionales entre dos procesos tal y como se ha descrito anteriormente.

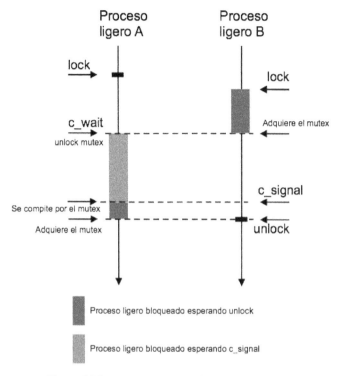

Figura 5.7 Empleo de mutex y variables condicionales

A continuación se describen los servicios POSIX que permiten utilizar mutex y variables condicionales. Para utilizar un mutex un programa debe declarar una variable de tipo pthread_mutex_t (definido en el archivo de cabecera pthread.h) e iniciarla antes de utilizarla.

Iniciar un mutex

Esta función permite iniciar una variable de tipo mutex. Su prototipo es el siguiente:

```
int pthread_mutex_init(pthread_mutex_t *mutex,
pthread_mutexattr_t *attr);
```

El segundo argumento especifica los atributos con los que se crea el mutex inicialmente, en caso de que este segundo argumento sea NULL, se tomarán los atributos por defecto.

Destruir un mutex

Permite destruir un objeto de tipo mutex. El prototipo de la función que permite invocar este servicio es:

```
int pthread_mutex_destroy(pthread_mutex_t *mutex);
```

Operación lock

Este servicio se corresponde con la operación `lock` descrita en la sección anterior. Esta función intenta obtener el mutex. Si el mutex ya se encuentra adquirido por otro proceso el thread que ejecuta la llamada se bloquea. Su prototipo es:

```
int pthread_mutex_lock(pthread_mutex_t *mutex);
```

Operación `unlock`

Este servicio se corresponde con la operación `unlock` y permite al thread que la ejecuta liberar el mutex. El prototipo es:

```
int pthread_mutex_unlock(pthread_mutex_t *mutex);
```

Iniciar una variable condicional

Para emplear en un programa una variable condicional es necesario declarar una variable de tipo `pthread_cond_t` e iniciarla antes de usarla mediante el servicio `pthread_cond_init` cuyo prototipo se muestra a continuación:

```
int pthread_cond_init(pthread_cond_t *cond,
pthread_condattr_t *attr);
```

Esta función inicia una variable de tipo condicional. El segundo argumento especifica los atributos con los que se crea inicialmente la variable condicional. Si el segundo argumento es NULL, la variable condicional toma los atributos por defecto.

Destruir una variable condicional

Permite destruir una variable de tipo condicional. Su prototipo es:

```
int pthread_cond_destroy(pthread_cond_t *cond);
```

Operación `c_wait` sobre una variable condicional

Este servicio se corresponde con la operación `c_wait` sobre una variable condicional. Su prototipo es:

```
int pthread_cond_wait(pthread_cond_t *cond,
pthread_mutex_t_ *mutex);
```

Esta función suspende al thread hasta que otro proceso ejecute una operación `c_signal` sobre la variable condicional pasada como primer argumento. De forma atómica se libera el mutex pasado como segundo argumento. Cuando el proceso se despierte volverá a competir por el mutex.

Operación `c_signal` sobre una variable condicional

Este servicio se corresponde con la operación `c_signal` sobre una variable condicional. Su prototipo es:

```
int pthread_cond_signal(pthread_cond_t *cond);
```

Se desbloquea a un proceso suspendido en la variable condicional pasada como argumento a esta función. Esta función no tiene efecto si no hay ningún thread esperando sobre la variable condicional. Para desbloquear a todos los procesos ligeros suspendidos en una variable condicional se emplea el servicio:

```
int pthread_cond_broadcast(pthread_cond_t *cond);
```

5.4 Paso de mensajes

Todos los mecanismos vistos hasta el momento necesitan que los procesos que quieren intervenir en la comunicación o quieren sincronizarse ejecuten en la misma máquina. Cuando se quiere comunicar y sincronizar procesos que ejecutan en máquinas distintas es necesario recurrir al *paso de mensajes*. En este tipo de comunicación los procesos intercambian *mensajes* entre ellos. Es obvio que este esquema también puede emplearse para comunicar y sincronizar procesos que ejecutan en la misma máquina, en este caso los mensajes son locales a la máquina donde ejecutan los procesos.

Utilizando paso de mensajes como mecanismo de comunicación entre procesos, no es necesario recurrir a variables compartidas, únicamente debe existir un *enlace de comunicación* entre ellos. Los procesos se comunican mediante dos operaciones básicas:

- **send**(destino, mensaje), envía un mensaje al proceso destino.
- **receive**(origen, mensaje), recibe un mensaje del proceso origen.

De acuerdo con estas dos operaciones, las tuberías se pueden considerar en cierta medida como un mecanismo de comunicación basado en paso de mensajes. Los procesos pueden enviar un mensaje a otro proceso por medio de una operación de escritura y puede recibir mensajes de otros a través mediante una operación de lectura. En este caso el enlace que se utiliza para comunicar a los procesos es la propia tubería.

Existen múltiples implementaciones de sistemas con paso de mensajes. A continuación se describen algunos aspectos de diseño relativos a este tipo de sistemas.

Tamaño del mensaje

Los mensajes que envía un proceso a otro pueden ser de tamaño fijo o tamaño variable. En caso de mensajes de longitud fija la implementación del sistema de paso de mensajes es más sencilla, sin embargo, dificulta la tarea del programador ya que puede obligar a éste a descomponer los mensajes grandes en mensajes de longitud fija más pequeños.

Flujo de datos

De acuerdo al flujo de datos la comunicación puede ser **unidireccional** o **bidireccional**. Un enlace es unidireccional cuando cada proceso conectado a él únicamente puede enviar o recibir mensajes, pero no ambas cosas. Si cada proceso puede enviar o recibir mensajes entonces el paso de mensajes es bidireccional.

Nombrado

Los procesos que utilizan mensajes para comunicarse o sincronizarse deben tener alguna forma de referirse unos a otros. En este sentido la comunicación puede ser directa o indirecta.

La comunicación es **directa** cuando cada proceso que desea enviar o recibir un mensaje de otro debe nombrar de forma explícita al receptor o emisor del mensaje. En este esquema de comunicación, las operaciones básicas send y receive se definen de la siguiente manera:

- **send**(P, mensaje), envía un mensaje al proceso P.
- **receive**(Q, mensaje), espera la recepción de un mensaje por parte del proceso Q.

Existen modalidades de paso de mensajes con comunicación directa que permiten especificar al receptor la posibilidad de recibir un mensaje de cualquier proceso. En este caso la operación receive se define de la siguiente forma:

receive(ANY, mensaje);

La comunicación es **indirecta** cuando los mensajes no se envían directamente del emisor al receptor, sino a unas estructuras de datos que se denominan *colas de mensajes* o *puertos*. Una cola de mensajes es una estructura a la que los procesos pueden enviar mensajes y de la que se pueden extraer mensajes. Cuando dos procesos quieren comunicarse entre ellos, el emisor sitúa el mensaje en la cola y el receptor lo extrae de ella. Sobre una cola de mensajes puede haber múltiples emisores y receptores.

Un puerto es una estructura similar a una cola de mensajes, sin embargo, un puerto se encuentra asociado a un proceso y por tanto únicamente puede recibir de un puerto un proceso. En este caso, cuando dos procesos quieren comunicarse entre sí, el receptor crea un puerto y el emisor envía mensajes al puerto del receptor.

Utilizando comunicación indirecta las operaciones `send` y `receive` toman la siguiente forma:

- **send**`(Q, mensaje)`, envía un mensaje a la cola o al puerto Q.
- **receive**`(Q, mensaje)`, recibe un mensaje de la cola o del puerto Q.

Cualquiera que sea el método utilizado, el paso de mensajes siempre se realiza en exclusión mutua. Si dos procesos ejecutan de forma simultánea una operación `send`, los mensajes no se entrelazan, primero se envía uno y a continuación el otro. De igual forma, si dos procesos desean recibir un mensaje de una cola, sólo se entregará el mensaje a uno de ellos.

Sincronización

La comunicación entre dos procesos es síncrona cuando los dos procesos han de ejecutar los servicios de comunicación al mismo tiempo, es decir, el emisor debe estar ejecutando la operación `send` y el receptor ha de estar ejecutando la operación `receive`. La comunicación es asíncrona en caso contrario.

En general, son tres las combinaciones más habituales que implementan los distintos tipos de paso de mensajes.

- **Envío y recepción bloqueante**. En este caso tanto el emisor como el receptor se bloquean hasta que tenga lugar la entrega del mensaje. Esta es una técnica de paso de mensajes totalmente síncrona que se conoce como *cita*.

- **Envío no bloqueante y recepción bloqueante**. Esta es la combinación generalmente más utilizada. El emisor no se bloquea hasta que tenga lugar la recepción y por lo tanto puede continuar su ejecución. El proceso que espera el mensaje, sin embargo, se bloquea hasta que le llega.

- **Envío y recepción no bloqueante**. Se corresponde con una comunicación totalmente asíncrona en la que nadie debe esperar. En este tipo de comunicación es necesario disponer de servicios que permitan al receptor saber si se ha recibido un mensaje.

Almacenamiento

Este aspecto hace referencia a la capacidad del enlace de comunicaciones. El enlace, y por tanto el paso de mensajes pueden:

- **No tener capacidad** (sin almacenamiento) para almacenar mensajes. En este caso el mecanismo utilizado como enlace de comunicación no puede almacenar ningún mensaje y por lo tanto la comunicación entre los procesos emisor y receptor debe ser síncrona, es decir, el emisor sólo puede continuar cuando el receptor haya recogido el mensaje.

- **Tener capacidad** (con almacenamiento) para almacenar mensajes, en este caso la cola de mensajes o el puerto al que se envían los mensajes pueden tener un cierto tamaño para almacenar mensajes a la espera de su recepción. Si la cola no está llena al enviar un mensaje, se guarda en ella y el emisor puede continuar su ejecución sin necesidad de esperar. Sin embargo, si la cola ya está llena, el emisor deberá bloquearse hasta que haya espacio disponible en la cola para insertar el mensaje.

5.5 Ejercicios resueltos

Ejercicio 5.1

¿Qué es falso en relación a las tuberías (pipes)?

A.- Si la tubería está vacía, el lector se queda bloqueado hasta que algún escritor escriba en la misma.

B.- Las operaciones de lectura pueden tener tamaños distintos a las operaciones de escritura.

C.- Dos procesos que quieren comunicarse ejecutan ambos la llamada `pipe`.

D.- El escritor puede escribir en la tubería aunque el lector no haya ejecutado una lectura del mismo.

Solución

La respuesta correcta es la C. Para que dos procesos puedan comunicarse a través de una tubería, es necesario que ambos la compartan. La única forma de compartir la tubería es que uno de ellos la cree y el otro la herede a través de la llamada al sistema `fork()`. Si los dos ejecutarán la llamada `pipe()`, se estarían creando dos tuberías distintas y la comunicación entre los dos procesos sería imposible.

Ejercicio 5.2

¿Qué es cierto acerca de los mecanismos de sincronización de procesos?

A.- Cualquier mecanismo es válido sobre cualquier tipo de plataforma.

B.- El paso de mensajes no se puede utilizar para comunicar procesos que ejecutan en un computador con una sola CPU.

C.- La espera activa es el mecanismo más ineficiente en el uso de la CPU.

D.- Con semáforos nunca se puede dar un interbloqueo.

Solución

La respuesta A es falsa , ya que no todos los mecanismos son válidos para todas las plataformas. Así por ejemplo no se puede utilizar memoria compartida en un multicomputador formado por varias CPU cada una con su memoria independiente. La respuesta B también es falsa puesto que el mecanismo de paso de mensajes es válido tanto para comunicar procesos que ejecutan en la misma máquina como para comunicar procesos que ejecutan en máquinas distintas conectadas a través de una red de interconexión. La respuesta D es falsa, ya que cuando se emplean semáforos se puede llegar a situaciones de interbloqueo. Por ejemplo, considere el siguiente escenario:

```
    Proceso P1          Proceso P2
    .                   .

    .                   .
    wait(S1);           wait(S2);
    signal(S2);         signal(S1);
```

Si S1 y S2 son semáforos inicializados con valor 0, se obtendrá una situación de interbloqueo ya que P2 está esperando por un evento que solo puede generar P1 y P1 está esperando por un evento que solo puede generar P2.

La respuesta válida, por tanto, es la C. En efecto, la espera activa es el método más ineficiente en el uso de la CPU puesto que consume ciclos de CPU.

Ejercicio 5.3

¿De los siguientes, cuál no es un requisito que debe cumplir cualquier solución al problema de la sección crítica?

A.- Exclusión mutua.

B.- Alternancia estricta.

C.- Progreso.

D.- Espera acotada.

Solución

Los tres requisitos siguientes que deben cumplir cualquier solución al problema de la sección crítica son:

* Exclusión mutua.
* Progreso.
* Espera acotada.

Por tanto, la respuesta falsa es la B (alternancia estricta). La alternancia estricta en el acceso a una sección crítica no permitiría el progreso, puesto que impediría que un proceso que quiere entrar en la sección crítica cuando no hay procesos dentro de ella pudiera entrar.

Ejercicio 5.4

¿Cuál es el número máximo de procesos que pueden ejecutar una operación wait sobre un semáforo que se inicializó con un valor de 4? ¿Cuál es el número máximo de procesos que pueden bloquearse?

Solución

La operación que permite bloquear a un proceso en un semáforo es la operación wait. Su definición es la siguiente:

```
wait(s){
    s = s - 1;
    if (s < 0)
        Bloquear al proceso;
}
```

Para que un proceso se quede bloqueado en esta operación, el valor asociado al semáforo debe hacerse negativo una vez realizada su disminución en una unidad. Por tanto, el número máximo de operaciones wait que se pueden realizar sobre el semáforo es de 4 y, por tanto, el número máximo de procesos que pueden ejecutar la operación wait sin bloquearse es de 4.

El cuanto a los procesos que pueden bloquearse, su número teórico es ilimitado, sin embargo, vendrá acotado por el número máximo de procesos que pueda permitir el sistema operativo menos uno, considerando que éste es el que realiza las 4 operaciones wait sobre el semáforo.

Ejercicio 5.5

Dos procesos A y B comparten el pipe p, siendo A el lector y B el escritor. En un momento determinado el pipe contiene 78 bytes y el proceso A está en ejecución, ejecutando las dos sentencias sucesivas siguientes sin que ejecute B:

```
read(p[0], buff1, 36);
read(p[0], buff2, 85);
```

¿Qué ocurre en las sentencias de lectura anterior?

Solución

La primera operación de lectura consume 36 bytes del pipe, quedando este con 78-36 = 42 bytes. Esta operación no bloquea al proceso puesto que el pipe tiene suficientes bytes para satisfacer la petición. En la segunda operación se intenta leer 85 bytes de un pipe que solo contiene 42. En este caso, la operación de lectura devuelve los bytes que quedan en la tubería (42 bytes) y no bloquea al proceso. Conviene recordar que el único caso en el que se bloquea a un proceso en una lectura es cuando intenta leer de una tubería vacía.

Ejercicio 5.6

Se desean utilizar señales POSIX para asegurar que el inicio de una determinada actividad del proceso P2 comienza después de que finalice una actividad del proceso P1. Proponga un esquema del código para ambos procesos. ¿Qué problema plantea la solución anterior?

Solución

Lo que se pretende es que en la siguiente situación:

```
Proceso P1        Proceso P2
     .                 .
     .
acción1           acción 2
```

La acción 2 se realice después de que se haya realizado la acción 1 en el proceso P1. Si se utilizan señales, un posible esquema de sincronización sería el siguiente:

```
Proceso P1                Proceso P2
     .                         .
 •.                               .
acción1                   pause();
kill(pid, SIGUSR1);       acción 2
```

Donde pid es el identificador del proceso P2. El proceso P2 se bloquea utilizando el servicio pause() hasta que reciba una señal. Por su parte, el proceso P1 envía una señal al proceso P2 cuando ha realizado la acción 1, utilizando el servicio kill().

Este esquema propuesto no permite resolver el enunciado. En efecto, suponga que el proceso P1 ejecuta en primer lugar la acción 1 y que envía la señal SIGUSR1 al proceso P2 antes de que este haya ejecutado el servicio pause(). En esta situación, cuando el proceso P2 ejecute el servicio pause() se bloqueará indefinidamente a la espera de una señal que ya nunca se recibirá puesto que fue enviada en el pasado. Esto ocurre debido a que las señales POSIX no se encolan. Esto hace que el empleo de señales no sea una buena solución para resolver problemas de sincronización entre procesos.

Ejercicio 5.7

Se desea usar un semáforo para asegurar que el inicio de una determinada actividad del proceso P2 comienza después de que finalice una actividad del proceso P1. ¿Qué primitiva de semáforos debe usar cada proceso y cuál debe ser el valor inicial del semáforo?

Solución

Lo que se pretende es que en la siguiente situación:

```
Proceso P1        Proceso P2
     .                 .
     .                 .
acción1           acción 2
```

la acción 2 se realice después de que se haya realizado la acción 1 en el proceso P1. Para conseguir esto, se debe situar una operación en el proceso P2 que bloquee a éste. Utilizando semáforos la operación que permite bloquear a un proceso es la operación wait. El proceso que despertará a P2 de esta operación es el proceso P1 y para ello este proceso debe hacer uso de la operación signal, que debe ejecutarse justo después de la acción 1. Las primitivas que deben usarse en los dos procesos se muestran a continuación:

```
Proceso P1        Proceso P2
   .                 .
   .                 .
acción1            wait(s)
signal(s)          acción 2
```

Lo único que queda por determinar es el valor que debe tener el semáforo s. Para determinar este valor hay que pensar que el proceso P2 debe bloquearse mientras el proceso P1 no haya ejecutado su acción 1, es decir, el proceso se debe bloquear aunque el proceso P1 no haya ejecutado la operación signal sobre el semáforo. Para conseguir este bloqueo, el semáforo debe tener valor inicial 0. De esta forma:

- Si el proceso P2 ejecuta la operación wait antes de que se haya ejecutado la operación signal, el proceso hará negativo el valor del semáforo y se bloqueará hasta que el proceso P1 ejecute la operación signal.
- Si el proceso P1 ejecuta primero la operación signal, incrementará el valor del semáforo. Cuando el proceso P2, más tarde, ejecute la operación wait, no se bloqueará puesto que el semáforo queda con valor 0.

Ejercicio 5.8

Resuelva el ejercicio anterior utilizando tuberías.

Solución

Para resolver el ejercicio anterior utilizando tuberías es necesario colocar antes de la acción 2 del proceso 2 una operación que le permita bloquearse. La única forma de bloquearse en una tubería es realizar una operación de lectura sobre una tubería vacía. Por tanto, las primitivas a utilizar deben ser las siguientes:

```
Proceso P1            Proceso P2
   .                     .
 .      .              .
acción1               read(p[0], &c, 1);
write(p[1], &c, 1);   acción 2
```

Donde p es una tubería sobre la que no se ha realizado ninguna operación de escritura y c es una simple variable de tipo char. En este caso:

- Si el proceso P2 ejecuta la operación read antes de que se haya ejecutado la operación write, el proceso intentará leer de una tubería vacía y se bloqueará hasta que el proceso P1 inserte un byte en la tubería, escritura que se realiza justo después de realizar la acción 1.

- Si el proceso P1 ejecuta primero la operación write, insertará un byte en la tubería. Cuando el proceso P2, más tarde, ejecute la operación read, consumirá este byte y no se bloqueará.

Ejercicio 5.9

Resuelva el ejercicio anterior utilizando mutex y variables condicionales.

Solución

En este caso es necesario utilizar una variable condicional que permita al proceso P2 bloquearse en la operación c_wait. Las primitivas a utilizar son las siguientes:

```
Proceso P1                    Proceso P2
.                             .
.                             .
.                             .
acción1                       lock(mutex);
lock(mutex);                  while (continuar != true)
continuar = true;                   c_wait(mutex, cond);
c_signal(cond);               unlock(mutex);
unlock(mutex);                acción 2
```

Donde mutex es un mutex, cond es una variable condicional y continuar es una variable de tipo *booleano* utilizada como predicado. El valor inicial de esta variable es *false*, de forma que el proceso P2 se bloquee en la operación c_wait si llega antes a ejecutar la acción 2. En este caso:

- Si P2 llega antes a ejecutar la acción 2, la variable continuar tendrá valor *false* y el proceso se bloqueará en la operación c_wait, liberando de forma automática el mutex. Este proceso se quedará bloqueado en la variable condicional cond hasta que P1 ejecute la acción 1, asigne a la variable continuar el valor *true* y ejecute la operación c_signal que despertará al proceso P2.
- Si P1 ejecuta antes la acción 1, asignará un valor *true* a la variable continuar y el proceso P2 nunca se bloqueará en la operación c_wait.

Ejercicio 5.10

Resuelva el ejercicio anterior utilizando mecanismos genéricos de paso de mensajes send y receive.

Solución

Este caso es similar al empleo de tuberías. Basta con utilizar un mecanismo de paso de mensajes en el que la operación receive bloquee al proceso hasta que se le envíe un mensaje. La operación send utilizada puede ser síncrona o asíncrona, sin embargo, la operación receive debe ser obligatoriamente síncrona para que el proceso se bloquee hasta que le llegue un mensaje. Las primitivas a utilizar, empleando comunicación directa son las siguientes:

```
Proceso P1                    Proceso P2
.                             .
.                             .
acción1                       receive(P1, &c, 1);
send(P2, &c, 1);              acción 2
```

Ejercicio 5.11

Se desea desarrollar una aplicación que debe realizar dos tareas que se pueden ejecutar de forma independiente. Los códigos de estas dos tareas se encuentran definidos en dos funciones cuyos prototipos en lenguaje de programación C, son los siguientes:

```
void tarea_A(void);
void tarea_B(void);
```

Se pide:

Programar la aplicación anterior utilizando tres modelos distintos: un programa secuencial ejecutado por un único proceso, un programa que crea procesos para desarrollar cada una de las tareas, y un programa que realiza las tareas anteriores utilizando procesos ligeros. En cualquiera de los tres casos la aplicación debe terminar cuando todas las tareas hayan acabado y se debe recurrir al mínimo número de procesos.

Solución

Solución con un proceso secuencial:

```
int main(void)
{
    tarea_A() ;
    tarea_B() ;
    exit(0) ;
}
```

Solución con procesos convencionales:

```
int main(void)
{
        if (fork() == 0)
            tarea_A() ;
        else {
            /* el padre ejecuta la tarea_B y espera al hijo */
            tarea_B();
            wait(NULL);
        }
}
```

Solución con procesos ligeros:

```
int main(void)
{
    pthread_t th1 ;

    pthread_create(th1, NULL, tarea_A, NULL);

    /* el proceso principal ejecuta la tarea B */
    tarea_B();
```

```
        /* se espera al thread anterior */
        pthread_join(&th1);
        exit(0);
    }
```

Ejercicio 5.12

El siguiente fragmento de código intenta resolver el problema de la sección crítica para dos procesos
P0 y P1.

```
        while(turno != i)
            ;
            <código de la sección crítica >
        turno = j;
```

La variable `turno` tiene valor inicial 0. La variable i vale 0 en el proceso P0 y 1 en el proceso
P1. La variable j vale 1 en el proceso P0 y 0 en el proceso P1. ¿Resuelve este código el problema de
la sección crítica?

Solución

La solución propuesta no satisface el requisito de progreso. Según este requisito si ningún proceso está
ejecutando dentro de la sección crítica, la decisión de qué proceso entra en la sección se hará sobre los
procesos que desean entrar. Los procesos que no quieren entrar no pueden formar parte de esta
decisión. Además, esta decisión debe realizarse en tiempo finito. En el esquema anterior, si el proceso
P1 desea entrar en la sección crítica no podrá hacerlo hasta que no haya entrado el proceso P0 y le
ceda el turno. Con la solución anterior existe lo que se denomina *alternancia estricta* en el acceso a la
sección crítica, es decir, los procesos P0 y P1 se van alternando en el acceso a la sección crítica.

Ejercicio 5.13

Escriba un programa que cree dos procesos que actúen de productor y de consumidor respectivamente.
El productor abrirá el archivo denominado **/tmp/datos.txt** y leerá los caracteres almacenados
en él. El consumidor tendrá que calcular e imprimir por la salida estándar el número de caracteres
almacenados en ese archivo sin leer del archivo. La comunicación entre los dos procesos debe hacerse
utilizando una tubería. Por otra parte, el proceso padre tendrá que abortar la ejecución de los dos
procesos hijos, si transcurridos 60 segundos éstos no han acabado su ejecución.

Solución

```
    #include <sys/types.h>
    #include <sys/wait.h>
    #include <fcntl.h>
    #include <stdio.h>
    #include <unistd.h>
    #include <signal.h>

    #define MAXBUF        512

    pid_t pid1;
    pid_t pid2;

    void MatarProcesos(void)
```

```
{
    kill(pid1, SIGKILL);
    kill(pid2, SIGKILL);
    exit(0);
}

void Productor(int f)
{
    int fd;
    int n;
    char buf[MAXBUF];
    int caracteres = 0;

    fd = open("/tmp/datos.txt", O_RDONLY);
    if (fd == -1)
        perror("Error en open");
    else {
        while ((n = read(fd, buf, MAXBUF)) != 0)
                write(f, buf, n);
        if (n == -1)
                perror("Error en write");
    }

    close(fd);
    return;
}

void Consumidor(int f)
{
  int n;
  char buf[MAXBUF];
  int caracteres = 0;

  while ((n = read(f, buf, MAXBUF)) != 0)
        caracteres = caracteres + n;

        if (n == -1)
                perror("Error en read ");
        else
                printf("El archivo tiene %d caracteres\n", caracteres);

  return;
}

void main(void)
{
    int fd[2];
    struct sigaction act;
```

```
/* se crea el pipe */
if (pipe(fd) < 0) {
   perror("Error al crear el pipe");
   exit(0);
}

pid1 = fork();
switch (pid1) {
  case -1:      /* error */
     perror("Error en el fork");
     exit(0);
  case 0:       /* proceso hijo Productor */
     close(fd[0]);
     Productor(fd[1]);
     close(fd[1]);
     exit(0);
  default: /* proceso padre */
     pid2 = fork();
     switch (pid2) {
       case -1:   /* error */
          perror("Error en el fork");
          exit(0);
        case 0:     /* proceso hijo Consumidor */
           close(fd[1]);
           Consumidor(fd[0]);
           close(fd[0]);
           exit(0);
       default: /* proceeso padre */
           close(fd[0]);
           close(fd[1]);
           act.sa_handler = MatarProcesos;
           act.sa_flag = 0;
           sigaction(SIGALRM, &act, NULL);
           alarm(60);
           wait(NULL);
         wait(NULL);
    }
    exit(0);
}
```

Ejercicio 5.14

Resuelva el ejercicio anterior, considerando que todos los procesos implicados son procesos ligeros y que la comunicación entre ellos se realiza utilizando memoria compartida. De igual forma, se tendrá que abortar la ejecución de los procesos productor y consumidor, si transcurridos 60 segundos éstos no han acabado su ejecución.

Solución

```
#include <sys/types.h>
```

```c
#include <fcntl.h>
#include <pthread.h>
#include <stdio.h>
#include <unistd.h>

#define true            1
#define false           0

#define MAX_BUFFER_ARCHIVO          1024
#define MAX_BUFFER_MEMORIA          8192

/* buffer para la comunicación entre los procesos ligeros */
char buffer[MAX_BUFFER];

/* mutex para controlar el acceso al buffer compartido */
pthread_mutex_t     mutex;

/* variable condicion para esperar cuando el buffer esta lleno */
pthread_cond_t  lleno;

/* variable condicion para esperar cuando el buffer esta vacío */
pthread_cond_t  vacio;

/* variable que controla el número de elementos en el buffer */
int n_elementos = 0;


void Productor(int f)
{
 int fd;
 int n, i, j;
 char buf[MAX_BUFFER_ARCHIVO];

 j = 0;

 fd = open("/tmp/datos.txt", O_RDONLY);
 if (fd == -1)
        perror("Error en open");
 else {
        while ((n = read(fd, buf, MAX_BUFFER_ARCHIVO)) != 0) {
                /* inserta los datos leídos en el buffer */
                for (i = 0; i < n; i++) {
                        pthread_mutex_lock(&mutex);
                        while (n_elementos == MAX_BUFFER_MEMORIA);
                            pthread_cond_wait(&lleno, &mutex);
                        buffer[j] = buf[i];
                        j = (j + 1) % MAX_BUFFER_MEMORIA;
                        n_elementos = n_elementos + 1;
                        if (n_elementos == 1)
```

```
                              pthread_cond_signal(&vacio);
                       pthread_mutex_unlock(&mutex);
              }

              /* se ha llegado al fin de archivo, se inserta EOF en */
              /* buffer acotado. Esto indica el fin */

          pthread_mutex_lock(&mutex);
          while (n_elementos == MAX_BUFFER_MEMORIA)
              pthread_cond_wait(&lleno, &mutex);
          buffer[j] = EOF;
          if (n_elementos == 1)
              pthread_cond_signal(&vacio);
          pthread_mutex_unlock(&mutex);

    }

  close(fd);
  return;
}

void Consumidor(int f)
{
  int i = 0;
  int c;
  int caracteres = 0;
  int fin = false;

  while (!fin) {
        /* se extra un elemento del buffer */
        pthread_mutex_lock(&mutex);
        while (n_elementos == 0)
            pthread_cond_signal(&vacio);
        c = buffer[i];
        i = (i + 1) % MAX_BUFFER_MEMORIA;
        n_elementos = n_elementos - 1;
        if (n_elementos == 1)
            pthread_cond_signal(&vacio);
        pthread_mutex_unlock(&mutex);

        if (c == EOF)
            fin = true;
        else
            caracteres = caracteres + 1;
  }

  printf("El archivo tiene %d caracteres\n", caracteres);
  return;
}
```

```
void main(void)
{
    pthread_t       th1 ;
    pthread_t       th2 ;

    /* se inicializan los mutex y variables condicionales */
    pthread_mutex_init(&mutex, NULL);
    pthread_cond_init(&lleno, NULL);
    pthread_cond_init(&vacio, NULL);

    pthread_create(&th1, NULL, Productor, NULL);
    pthread_create(&th2, NULL, Consumidor, NULL);

    /* El thread principal, ejecuta main espera 60 segundos */

    sleep(60);

    /* el thread principal ejecuta exit y aborta la ejecución */
    /* del proceso y de todos sus threads */

    exit(0);
}
```

En la solución anterior, el proceso Productor indica el final del archivo al proceso Consumidor insertando en el buffer el valor EOF (-1).

Ejercicio 5.15

Escriba un programa que cree tres procesos que se conecten entre ellos utilizando una tubería tal y como se muestra en la Figura 5.8.

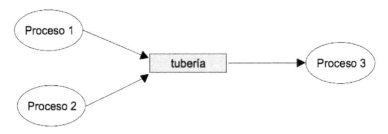

Figura 5.8 Procesos del ejercicio 5.15

Solución

```
#include <stdio.h>

int main(void)
```

```
{
    int tuberia[2] ;
    int pid1, pid2 ;


    /* el proceso padre, que crea el pipe, será el proceso p1 */

    if (pipe(tuberia) < 0) {
        perror("No se puede crear la tuberia");
        eixt(0);
    }

    /* se crea el proceso p2 */
    switch ((pid1=fork()) {
        case -1:
            perror("Error al crear el proceso");
            /* se cierra el pipe */
            close(tubería[0]);
            close(tubería[1]);
            exit(0);
        case 0: /* proceso hijo, proceso P2 */
            /* cierra el descriptor de lectura del pipe */
            close(tuberia[0]);

          /* en esta sección de código el proceso P2 */
           /* escribiría en la tubería */
          /* utilizando el descriptor tubería[1] */

            break;
     default:
         /* el proceso padre crea ahora el proceso P3 */
         switch((pid2 = fork()) {
             case -1:
                 perror("Error al crear el proceso ");
                 close(tuberia[1]);
                 close(tuberia[1]);

                 /* se mata al proceso anterior */
                 kill(pid1, SIGKILL);
                 exit(0);
             case 0:
                 /* el proceso hijo, el proceso P3, */
                    /* lee de la tubería */
                 /* cierra el descriptor de escritura */
                 close(tuberia[1]));

                 /* en esta sección el proceso P3 */
                    /* lee de la tubería */
                 /* utilizando el descriptor tubería[0] */
```

```
                              break;

               default:
                    /* el proceso padre, proceso P1, */
                       /* escribe en la tubería */
                    / * cierra el descriptor de lectura */
                    close(tubería[0]);

                    /* en esta sección de código el proceso */
                       /* P3 lee de la tubería */
                    /* utilizando el descriptor tubería[0] */
          }
     }
}
```

Ejercicio 5.16

Partiendo de los procesos creados en el ejercicio anterior, modifique el programa de forma que el proceso 1 genere 1000 números pares y el proceso 2 otros 1000 números impares. Tanto el proceso 1 como el proceso 2 introducen estos números en la tubería de forma que el proceso 3 los extrae y lo imprime por pantalla. El programa desarrollado debe asegurar que en la tubería nunca se insertan dos números pares seguidos o dos números impares seguidos.

Solución

En este ejercicio se debe asegurar que los procesos P1 y P2 acceden a la tubería de forma alterna, para garantizar que nunca se insertan dos números pares o impares seguidos. Para conseguir esta alternancia es necesario utilizar algún mecanismo de sincronización que garantice el correcto acceso a la tubería. Aunque esta sincronización podría realizarse utilizando diferentes mecanismos se van a utilizar dos tuberías como las que se muestran en la Figura 5.9. Los procesos P1 y P2 se van a ir dando el turno escribiendo un carácter que haga de testigo en la tubería t1 y en la t2. Cuando el proceso P1 escribe un número en la tubería utilizada como mecanismo de comunicación, escribe el testigo en t1 y espera a leer de t2. Cuando el proceso P2 lee el testigo de t1, inserta su número en la tubería y escribe el testigo en t2 para despertar al proceso P1. En la solución que se muestra a continuación se da el primer turno al proceso P1.

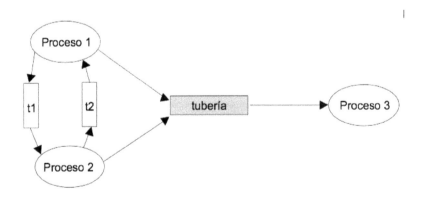

Figura 5.9 Procesos del ejercicio 5.16

```
#include <stdio.h>

int main(void)
{
    /* tubería utilizada como mecanismo de comunicación */
    /* entre los tres procesos */
    int tuberia[2] ;

    /* tuberías utilizadas para sincronizar procesos P1 y P2 */
    int pid1, pid2 ;


    /* el proceso padre, que crea la tubería, será el p1 */

    if (pipe(tuberia) < 0) {
        perror("No se puede crear la tuberia");
        eixt(0);
    }

    if (pipe(t1) < 0) {
        perror("No se puede crear la tuberia");
        eixt(0);
    }
    if (pipe(t2) < 0) {
        perror("No se puede crear la tuberia");
        exit(0);
    }


    /* se crea el proceso p2 */
    switch ((pid1=fork()) {
        case -1:
            perror("Error al crear el proceso");
            /* se cierra el pipe */
            close(tuberia[0]);
            close(tuberia[1]);
            close(t1[0]); close(t1[1]);
            close(t2[0]); close(t2[1]);
            exit(0);

        case 0: /* proceso hijo, proceso P2 */
            /* cierra el descriptor de lectura del pipe */
            close(tuberia[0]);

            /* este proceso lee de t1 y escribe en t2. */
            /* Cierra lo que no necesita */
```

```
                    close(t1[1]);
                    close(t2[0]);

                    GenerarImpares(tuberia[1], t1[0], t2[1]);

                    /* el proceso acaba cerrarndo los descriptores */
                    close(tuberia[1]);
                    close(t1[0]);
                    close(t2[1]);

            break;
        default:
            /* el proceso padre crea ahora el proceso P3 */
            switch((pid2 = fork()) {
                case -1:
                    perror("Error al crear el proceso ");
                    close(tuberia[0]);
                    close(tuberia[1]);
                    close(t1[0]); close(t1[1]);
                    close(t2[0]); close(t2[1]);

                    /* se mata al proceso anterior */
                    kill(pid1, SIGKILL);
                    exit(0);

                case 0:
                    /* el proceso hijo, el proceso P3, */
                        /* lee de la tubería */
                    /* cierra el descriptor de escritura */
                    close(tuberia[1]));

                    /* no necesita t1 ni t2 */
                    close(t1[0]);  close(t1[1]);
                    close(t2[0]);  close(t2[1]);

                    ConsumirNumeros(tuberia[0]) ;

                    close(tuberia[0]) ;
                    exit(0) ;

                    break;

                default:
                    /* el proceso padre, proceso P1, */
                    /* escribe en la tubería */
                    /* cierra el descriptor de lectura */
                    close(tuberia[0]);

                        /* este proceso lee de t2 y */
```

```
                         /* escribe en t1. Cierra lo que no necesita */
                         close(t1[0]);
                         close(t2[1]);

                         GenerarImPares(tuberia[1], t1[1], t2[0]);

                         /* el proceso cierra los descriptores */
                         close(tuberia[1]);
                         close(t1[1]);
                         close(t2[0]);
                }
        }
}

void GenerarPares(int tuberia, int t1, int t2)
{
    int i  = 0;
    char testigo ;

    /* i es el número par que se genera */
    /* se genera en primer lugar el 0 */

    write(tuberia, &i, sizeof(int));

    /* cede el turno a P2 */
    write(t1, &testigo, sizeof(char));

    for(i = 2 ; i < 2000 ; i = i + 2){
        /* espera el turno */
        read(t2, &testigo, sizeof(char));

        /* inserta el siguiente número par */
        write(tuberia, &i, sizeof(int));

        /* cede el turno al P2 */
        write(t1, &testigo, sizeof(char));
    }
    return;
}

void GenerarImpares(int tuberia, int t1, int t2)
{
    int i  = 0;
    char testigo ;

    /* i es el número impar que se genera */
    for(i = 1 ; i < 2000 ; i = i + 2){
        /* espera el turno */
        read(t1, &testigo, sizeof(char));
```

```
                    /* inserta el siguiente número impar */
                    write(tuberia, &i, sizeof(int));

                    /* cede el turno al P1 */
                    write(t2, &testigo, sizeof(char));
             }
             return;
     }

void ConsumirNumeros(int tuberia) ;
     {
             int i ;

             while(tuberia, &i, sizeof(int) > 0) {
                    /* escribe el carácter */
                    printf("%d\n", i);
             }
             return;
     }
```

Ejercicio 5.17

Escriba un programa que reciba un número entero por la línea de mandatos y cree la estructura de procesos conectados a través de tuberías que se muestra en la Figura 5.10, de forma que los procesos tengan su entrada y salida estándar redirigida a las correspondientes tuberías. El proceso 1 debe recircular su identificador de proceso de forma que éste sea impreso al final en el proceso N.

Figura 5.10 Procesos del ejercicio 5.17

Solución

```
     #include <stdio.h>
     #include <stdlib.h>
     #include <unistd.h>

     int main(int argc, char **argv)
     {
          int n;
          int i;
          int fildes[2];  /* descriptor para el pipe */
          int pid;

          if (argc != 2) {
               printf("Uso: programa <numero de procesos>\n");
               exit(0);
```

```
        }

        n = atoi(argv[1]);
        printf("El programa %d va a crear %d procesos \n", getpid(), n);

        if (n < 2) {
            printf("El número de procesos debe ser mayor de 1\n");
            exit(0);
        }

        for (i = 1; i < n; i++){
            /* se crea el siguiente pipe */
            if (pipe(fildes) < 0){
                perror("Error en pipe\n");
                exit(0);
            }

            /* se crea el proceso siguiente en la cadena */
            printf("Creando proceso \n");
            switch (pid = fork()){
                case -1:
                    perror("Error en fork\n");
                    close(fildes[0]);
                    close(fildes[1]);
                    exit(0);

                case 0: /* proceso hijo */
                    /* redirige la entrada estándar al pipe */
                    close(fildes[1]);
                    close(0);
                    dup(fildes[0]);
                    close(fildes[0]);
                    break;

                default: /* proceso padre */
                    /* redirige la salida estándar */
                    close(fildes[0]);
                    close(1);
                    dup(fildes[1]);
                    close(fildes[1]);

                    if (i == 1){
                        /* es el primer proceso */
                        pid = getpid();
                        write(1, &pid, sizeof(pid));
                    }
                    else {
                        /* redirige el pid del primer */
                        /* proceso al siguiente pipe */
```

```
                        read(0, &pid, sizeof(pid));
                        write(1, &pid, sizeof(pid));
            }
                    exit(0);
        }
    }


    /* el ultimo proceso lee del ultimo pipe e imprime el */
    /* identificador de proceso del primer proceso */

    read(0, &pid, sizeof(pid));
    printf("El pid del primer proceso es %d\n", pid);
    exit(0);
}
```

Ejercicio 5.18

Implemente semáforos POSIX sin nombre utilizando tuberías.

Solución

Para implementar semáforos POSIX sin nombre utilizando tuberías conviene recordar la definición de las operaciones asociadas a un semáforo:

```
wait(s){
    s = s - 1;
    if (s < 0)
        Bloquear al proceso;
}

signal(s){
    s = s + 1;
    if ( s <= 0)
        Desbloquear a un proceso bloqueado en la operación wait;
}
```

La implementación de un semáforo puede hacerse recurriendo a una tubería, donde el número de bytes de la misma represente el valor asociado al semáforo. La operación wait se realizará utilizando la operación de lectura read. Cuando el valor del semáforo es 0 o negativo, una operación wait debe bloquear al proceso que la ejecuta. Esto efecto se conseguirá de igual forma al leer de una tubería vacía (valor del semáforo 0 o negativo).

El tipo asociado al semáforo será el siguiente:

```
struct semaforo
    int fildes[2];
};

typedef struct semaforo sem_t;
```

La implementación de las principales funciones asociadas al semáforo serán las siguientes:

```
int sem_init(sem_t *sem, int shared, int val)
{
    char testigo;
    int i;

    if (val < 0)
    return(-1); /* error, val debe ser mayor o igual que 0 */

    if (pipe(sem->fildes) < 0)
        return(-1); /* error */
    }
    else {
        /* se insertan en el pipe tantos bytes como val */
        for(i=0; < val; i++)
            write(sem->fildes[1], &testigo, 1);
    }
    return(0);
}

int sem_wait(sem_t *sem)
{
    char testigo ;

    return(read(sem->fildes[0], &testigo, 1)) ;
}

int sem_post(sem_t *sem)
{
    char testigo ;

    return(write(sem->fildes[1], &testigo, 1)) ;
}

int sem_close(sem_t *sem)
{
    if ( (close(sem->fildes[0]) < 0 ) || (close(sem->fildes[1]) < 0))
        return(-1);
    else
        return(0);
}
```

Ejercicio 5.19

Modifique el ejercicio 5.16, considerando que los procesos P1 y P2 se sincronizan utilizando semáforos y memoria compartida.

Solución

La sincronización entre P1 y P2 se va a realizar utilizando dos semáforos denominados `turnoPar` y `turnoImpar`, de forma que el proceso P1, que genera números pares, ejecutará una operación `wait` sobre el semáforo `turnoPar`, insertará su número en el segmento de memoria compartida y a continuación cederá el turno al proceso P2 ejecutando una operación `signal` sobre el semáforo `turnoImpar`. El proceso P2 realizará tareas similares (véase la Figura 5.11).

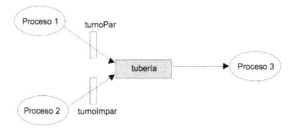

Figura 5.11 Procesos del ejercicio 5.19

En la resolución del programa se utilizarán semáforos POSIX con nombre y un segmento de memoria compartida. A continuación se incluye el código.

```
#include <stdio.h>
#include <unistd.h>
#include <semaphore.h>

int main(void)
{
    /* tubería utilizada como mecanismo de comunicación */
    /* entre los tres procesos */
    int tuberia[2] ;

    int pid1, pid2 ;

    /* semáforos turnoPar y turnoImpar */
    sem_t   turnoPar;
    sem_t   turnoImpar ;

    /* el proceso padre, que crea la tuberia, será el p1 */

    if (pipe(tuberia) < 0) {
        perror("No se puede crear la tuberia");
        eixt(0);
    }

    /* el proceso padre, proceso P1 crea los semáforos */
    /* turnoPar y turnoImpar */
    if (sem_init(&turnoPar, 1, 0) < 0)
        perror("Error en sem_init");
```

```
        exit(0);
}

if (sem_init(&turnoImpar, 1, 0) < 0)
    perror("Error en sem_init");
    exit(0);
}

/* se crea el proceso p2 */
switch ((pid1=fork()) {
    case -1:
            perror("Error al crear el proceso");
            /* se cierra el pipe */
            close(tuberia[0]);
            close(tuberia[1]);
            sem_destroy(turnoPar);
            sem_destroy(turnoImpar);
            exit(0);

    case 0: /* proceso hijo, proceso P2 */
            /* cierra el descriptor de lectura del pipe */
            close(tubería[0]);

            GenerarImpares(tubería[1], turnoPar, turnoImpar);

            /* el proceso acaba cerrando los descriptores */
            close(tuberia[1]);
            sem_destroy(turnoPar);
            sem_destroy(turnoImpar);
        break;

   default:
        /* el proceso padre crea ahora el proceso P3 */
        switch((pid2 = fork()) {
            case -1:
                perror("Error al crear el proceso ");
                close(tuberia[0]);
                close(tuberia[1]);

                /* se mata al proceso anterior */
                kill(pid1, SIGKILL);
                exit(0);
            case 0:
                /* el proceso hijo, el proceso P3, */
                /* lee de la tubería */
                /* cierra el descriptor de escritura */
                close(tuberia[1]));

                /* no necesita los semáforos */
```

```
                    sem_destroy(turnoPar);
                    sem_destroy(turnoImpar);

                    ConsumirNumeros(tuberia[0]) ;

                    close(tuberia[0]) ;
                    exit(0) ;
                    break;

              default:
                  /* el proceso padre, proceso P1, */
                     /* escribe en la tubería */
                  / * cierra el descriptor de lectura */
                  close(tuberIa[0]);

                  GenerarIPares(tuberia[1],turnoPar,turnoImpar);

                     /* el proceso acaba y cierra descriptores */
                     close(tuberia[1]);
                     sem_destroy(turnoPar);
                     sem_destroy(turnoImpar);
          }
      }
  }


void GenerarPares(int tuberia, sem_t turnoPar, sem_t turnoImpar)
{
    int i  = 0;
    char testigo ;

    /* i es el número par que se genera */
    /* se genera en primer lugar el 0 */

    write(tuberia, &i, sizeof(int));

    /* cede el turno a P1*/
    sem_post(&turnoImpar);

    for(i = 2 ; i < 2000 ; i = i + 2){
        /* espera el turno */
        sem_wait(&turnoPar);

        /* inserta el siguiente número par */
        write(tuberia, &i, sizeof(int));

        /* cede el turno al P2 */
        sem_post(&turnoImpar);

    }
```

```
        return;
    }

    void GenerarImpares(int tuberia, sem_t turnoPar, sem_t turnoImpar)
    {
        int i  = 0;
        char testigo ;

        /* i es el número impar que se genera */
        for(i = 1 ; i < 2000 ; i = i + 2){
            /* espera el turno */
            sem_wait(&turnoImpar);

            /* inserta el siguiente número impar */
            write(tuberia, &i, sizeof(int));

            /* cede el turno al P1 */
            sem_post(&turnoPar);
        }
        return;
    }

    void ConsumirNumeros(int tuberia) ;
    {
        int i ;

        while(tuberia, &i, sizeof(int) > 0) {
            /* escribe el caracter */
            printf("%d\n", i);
        }
        return;
    }
```

Ejercicio 5.20

El siguiente fragmento de programa muestra el uso de una variable condicional, cond, y su mutex asociado, mutex. El objetivo de este fragmento de código es bloquear a un thread hasta que la variable ocupado tome valor *false*.

```
1:  pthread_mutex_lock(&mutex);
2:  while (ocupado == true)
3:        pthread_mutex_cond(&cond, &mutex);
4:  ocupado = true;
5:  pthread_mutex_unlock(&mutex);
```

Por otra parte, el código que permite bloquear al thread que ejecute el fragmento anterior es el siguiente:

```
6:  pthread_mutex_lock(&mutex);
7:  ocupado = false;
8:  pthread_cond_signal(&cond);
```

213

```
9:    pthread_mutex_unlock(&mutex);
```

Considerando que el valor de la variable ocupado es *true*, y que existen dos procesos ligeros en el sistema (procesos ligeros A y B), se pide:

a) Suponiendo que el thread A ejecuta el primer fragmento de programa y el thread B el segundo, indique algunas secuencias de ejecución de posibles.

b) ¿Es posible la siguiente secuencia de ejecución: A1, A2, B6, B7, B8, A2, A3, B9, donde A1 indica que el thread A ejecuta la sentencia 1, y así sucesivamente.

Solución

a) Existen dos posibles escenarios en este caso: que ejecute en primer lugar el thread A o que ejecute en primer lugar el thread B.

Si ejecuta en primer lugar el thread A, una secuencia de ejecución posible sería la siguiente:

A1, A2, A3, B6, B7, B8, B9, A2, A4, A5

Observe que cuando se despierta el thread A, vuelve a evaluar la condición de la sentencia número 2. Otra posible secuencia de ejecución sería esta otra:

A1, B6, A2, A3, B7, B8, B9, A2, A4, A5

En este caso, el proceso B comienza a ejecutar después de que el thread A ha ejecutado la sentencia 1. Al ejecutar el proceso B la sentencia 6 se queda bloqueado, puesto que el thread A ha bloqueado el mutex. En este caso el único que pude continuar la ejecución es el thread A con la sentencia 2. Observe que en este caso, cuando el thread A se bloquea en la variable condicional, se desbloquea automáticamente el mutex y el thread B que se encontraba bloqueado se despierta continuando la ejecución en la sentencia 7.

Si ejecuta en primer lugar el thread B, una posible secuencia de ejecución sería la siguiente:

B6, B7, B8, B9, A1, A2, A4, A5

Otra posible secuencia de ejecución sería esta otra:

B6, B7, A1, B8, B9, A2, A4, A5

En este caso, el proceso A comienza su ejecución después de que el proceso B ha ejecutado la sentencia 7. El proceso se bloquea en la sentencia 1 puesto que el mutex ha sido bloqueado por el proceso B.

b) La secuencia de ejecución indicada es imposible puesto que cuando el thread B ejecuta la sentencia 6, el mutex está bloqueado. En esta situación el proceso B debería quedarse bloqueado hasta que el thread A desbloquee el mutex, sin embargo, el proceso B continúa su ejecución sin que el proceso A haya desbloqueado el mutex.

Ejercicio 5.21

Considérese el sistema final de una cinta transportadora (véase Figura 5.12). Por la cadena de montaje circulan tres productos: A, B y C. En la parte final de la cadena existen tres robots que se encargan de empaquetar estos elementos. El robot 1 se encarga de empaquetar en una misma caja el producto A y B, el robot 2 empaqueta el producto A y C y el robot 3 empaqueta el producto B y C. En cada momento, al final de la cadena llegan dos productos distintos. Si los productos son el A y el B, el robot

1 los retira y los empaqueta; si los productos son el A y el C, el robot 2 los retira y los empaqueta; y si los productos son el B y el C, el robot 3 los retira y los empaqueta. Se desea construir un programa que sincronice a los tres robots, de forma que en todo momento solo un robot retire los dos productos. La cinta no debe insertar dos nuevos productos en la parte final de la cinta hasta que no hayan sido retirados por el robot correspondiente. Resuelva el ejercicio:

a) Utilizando semáforos.

b) Utilizando paso de mensajes

Para la resolución del ejercicio considere:

1. Que existe un proceso cinta con acceso a la función `InsertarProductos(producto1, producto2)` que se ejecuta para insertar dos productos en la parte final de la cinta.

2. Que cada robot ejecuta un proceso con acceso a dos funciones: `RetirarProductos(producto1, producto2)` y `EmpaquetarProductos(producto1, producto2)` que retira dos productos y los empaqueta respectivamente.

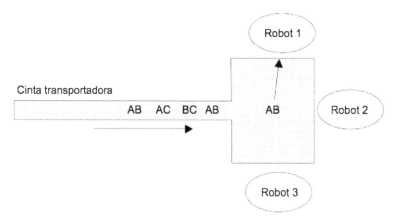

Figura 5.12 Cinta transportadora del ejercicio 5.21

Solución

a) Utilizando semáforos.

En este caso se necesitan tres semáforos, uno por cada robot: `sem_robot1`, `sem_robot2` y `sem_robot3`. El valor inicial de estos semáforos debe ser 0. Asimismo, se necesita un semáforo, que se va a denominar `cinta`, que impida al proceso `Cinta` colocar dos nuevos elementos en la parte final de la cinta mientras el robot correspondiente no haya retirado los productos. Este semáforo también tiene que tener valor inicial 0.

```
Cinta()
{
    while (true){
        InsertarProductos(producto1, producto2);
```

```
            if (producto1 == A && producto2 == B)
                    signal(sem_robot1);
            if (producto1 == A && producto2 == C)
                    signal(sem_robot2);
            if (producto1 == B && producto2 == C)
                    signal(sem_robot3);

            /* espera la confirmación del robot */
            wait(cinta);
        }
    }


    Robot_1()
    {
        while(true){
            wait(sem_robot1);
            RetirarProductos(A, B);
            EmpaquetarProductos(A, B);

            /* despierta al proceso cinta */
            signal(cinta);

        }
    }
```

El código del robot 2 y del robot 3 es similar.

b) Utilizando paso de mensajes

```
    Cinta()
    {
        char mensaje;

        while (true){
            InsertarProductos(producto1, producto2);

            if (producto1 == A && producto2 == B)
                    send(Robot_1, &mensaje);
            if (producto1 == A && producto2 == C)
                    send(Robot_2, &mensaje);
            if (producto1 == B && producto2 == C)
                    send(Robot_3, &mensaje);

            /* espera la confirmación del robot */
            receive(ANY, mensaje);

        }
```

Problemas de sistemas operativos

```
      }

  Robot_1()
  {
      char mensaje;

      while(true){
          receive(cinta, &mensaje);
          RetirarProductos(A, B);
          EmpaquetarProductos(A, B);

          /* notifica al proceso cinta para */
          /* que inserte dos nuevos productos */
          send(cinta, &mensaje);
      }
  }
```

El código del robot 2 y del robot 3 es similar.

Ejercicio 5.22

Un puente es estrecho y sólo permite pasar vehículos en un sentido al mismo tiempo. Si pasa un coche en un sentido y hay coches en el mismo sentido que quieren pasar, entonces estos tienen prioridad frente a los del otro sentido (si hubiera alguno esperando). Suponga que los coches son los procesos y el puente el recurso. El aspecto que tendrá un coche al pasar por el lado izquierdo del puente sería:

```
  entrar_izquierdo
  pasar puente
  salir izquierdo
```

y de igual forma con el derecho. Se pide escribir las rutinas `entrar_izquierdo` y `salir_izquierdo` usando como mecanismos de sincronización los semáforos.

Solución

Este es un problema similar al de los lectores-escritores donde el puente es el recurso y los coches son procesos escritores, no puede pasar más de un coche al mismo tiempo. Se va a utilizar un semáforo denominado puente que controla el acceso al puente por el primer coche, el resto de coches esperan en el semáforo `semIzquierdo`. Para contabilizar el número de coches en el sentido izquierdo se utilizará la variable `numIzquierdo`, que contabiliza el número de coches que quieren pasar por el lado izquierdo. Para proteger el acceso a esta variable se emplea el semáforo `mutexIzquierdo`. Todos los semáforos deben tener valor inicial 1.

La solución, utilizando estos semáforos y variables queda de la siguiente forma:

```
  entrar_izquierdo()
  {
      wait(mutexIzquierdo);
      numIzquierdo = numIzquierdo + 1;
      if (numIzquierdo == 1) {
          signal(mutexIzquierdo);
          wait(puente);
      }
```

```
        else{
            signal(mutexIzquierdo);
            wait(semIzquierdo);
        }
    }

    salir_izquierdo()
    {
        wait(mutexIzquierdo);
        numIzquierdo = numIzquierdo - 1;
        if (numIzquierdo == 0) {
            signal(mutexIzquierdo);
            signal(puente);
        }
        else{
            signal(semIzquierdo);
            wait(mutexIzquierdo);
        }
    }
```

Ejercicio 5.23

Resuelva utilizando semáforos el problema de los lectores escritores de forma que los escritores tengan prioridad sobre los lectores.

Solución

Antes de resolver este problema se va a plantear una solución que da prioridad a los lectores:

```
    Lector() {
        wait(sem_lectores);
        n_lectores = n_lectores + 1;
        if (n_lectores == 1)
            wait(sem_recurso);
        signal(sem_lectores);

        < consultar el recurso compartido >

        wait(sem_lectores);
        n_lectores = n_lectores - 1;
        if (n_lectores == 0)
            signal(sem_recurso);
        signal(sem_lectores);
    }

    Escritor(){
        wait(sem_recurso);
```

```
    < se puede modificar el recurso >
    signal(sem_recurso);
}
```

En esta solución el semáforo `sem_recurso` se utiliza para asegurar la exclusión mutua en el acceso al dato a compartir. Su valor inicial debe ser 1, de esta manera en cuanto un escritor consigue disminuir su valor puede modificar el dato y evitar que ningún otro proceso, ni lector ni escritor acceda al recurso compartido.

La variable `n_lectores` se utiliza para representar el número de procesos lectores que se encuentran accediendo de forma simultánea al recurso compartido. A esta variable acceden los procesos lectores en exclusión mutua utilizando el semáforo `sem_lectores`. El valor de este semáforo, como el del cualquier otro que se quiera emplear para acceder en exclusión mutua a un fragmento de código debe ser 1. De esta forma se consigue que sólo un proceso lector modifique el valor de la variable `n_lectores`.

El primer proceso lector será el encargado de solicitar el acceso al recurso compartido restando 1 al valor del semáforo `sem_recurso` mediante la operación `wait`. El resto de procesos lectores que quieran acceder mientras esté el primero podrán hacerlo sin necesidad de solicitar el acceso al recurso compartido. Cuando el último proceso lector abandona la sección de código que permite acceder al recurso compartido, `n_lectores` se hace 0. En este caso deberá incrementar el valor del semáforo `sem_recurso` para permitir que cualquier proceso escritor pueda acceder para modificar el recurso compartido.

Para impedir que los lectores tengan prioridad sobre los escritores es necesario impedir el acceso a nuevos lectores una vez que haya al menos un escritor que desee modificar el recurso. Para ello hay que añadir los siguientes semáforos y variables a los ya definidos antes:

- Una variable `num_escritores` similar a `num_lectores` que contabiliza el número de escritores.
- Un semáforo `sem_escritores` que controle la actualización de la variable `num_escritores`.
- Un semáforo lectores que inhibe el acceso de los lectores mientras haya un escritor que desee acceder a los datos.

De acuerdo a estas consideraciones, la solución planteada es la siguiente:

```
Escritor()
{
    wait(sem_escritores);
        n_escritores= n_escritores + 1;
    if (n_escritores == 1)
            wait(lectores);
    signal(sem_escritores);

    wait(sem_recurso);

    < se puede modificar el recurso >

    signal(sem_recurso);
```

```
        wait(sem_escritores);
        n_escritores = n_escritores -1;
        if (n_escritores == 0)
          signal(lectores);
        signal(sem_escritores);
    }


    Lector()
    {
        wait(lectores);
        wait(sem_lectores);
        n_lectores = n_lectores + 1;
        if (n_lectores == 1)
            wait(sem_recurso);

        signal(sem_lectores);
        signal(lectores);

        < consultar el recurso compartido >

        wait(sem_lectores);
        n_lectores = n_lectores - 1;
        if (n_lectores == 0)
          signal(sem_recurso);
        signal(sem_lectores);
    }
```

Ejercicio 5.24

Se quiere realizar un programa que cree un conjunto de procesos que acceden en exclusión mutua a un archivo compartido por todos ellos. Para ello, se deben seguir los siguientes pasos:

a) Escribir un programa que **cree** N procesos hijos. Estos procesos deben formar un anillo como el que se muestra en la figura. Cada proceso en el anillo se enlaza de forma unidireccional con su antecesor y su sucesor mediante un pipe. Los procesos **no** deben redirigir su entrada y salida estándar. El valor de N se recibirá como argumento en la línea de mandatos. Este programa debe crear además, el archivo a compartir por todos los procesos y que se denomina `anillo.txt`

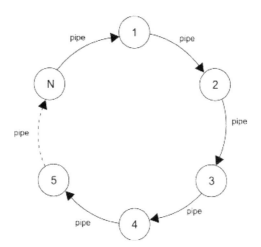

b) El proceso que crea el anillo inserta en el mismo un único carácter que hará de testigo, escribiendo en el pipe de entrada al proceso 1. Este testigo recorrerá el anillo indefinidamente de la siguiente forma: cada proceso en el anillo espera la recepción del testigo; cuando un proceso recibe el testigo lo conserva durante 5 segundos; una vez transcurridos estos 5 segundos lo envía al siguiente proceso en el anillo. Codifique la función que realiza la tarea anteriormente descrita. El prototipo de esta función es:

```
void tratar_testigo(int ent, int sal);
```

donde **ent** es el descriptor de lectura del pipe y **sal** el descriptor de escritura.

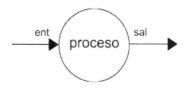

c) Escribir una función que lea de la entrada estándar un carácter y escriba ese carácter en un archivo cuyo descriptor se pasa como argumento a la misma. Una vez escrito en el archivo el carácter leído, la función escribirá por la salida estándar el identificador del proceso que ejecuta la función.

d) Cada proceso del anillo crea dos procesos ligeros que ejecutan indefinidamente los códigos de las funciones desarrolladas en los apartados b y c respectivamente. Para asegurar que los procesos escriben en el archivo en exclusión mutua se utilizará el paso del testigo por el anillo. Para que el proceso pueda escribir en el archivo debe estar en posesión del testigo. Si el proceso no tiene el testigo esperará a que le llegue éste. Nótese que el testigo se ha de conservar en el proceso mientras dure la escritura al archivo. Modificar las funciones desarrolladas en los apartados b y c para que se sincronicen correctamente utilizando semáforos.

Solución

a)

```
#include <sys/types.h>
#include <stdio.h>
#include <stdlib.h>
#include <unistd.h>

void main(int argc, char **argv)
{
    int fd[2];
    int ent;
    int sal;
    pid_t pid;
    int i;
    int N;
    char c;

    if (argc != 2){
        printf("Uso: anillo <N> \n");
        exit(0);
    }

    N = atoi(argv[1]);

    /* se crea el pipe de entrada al proceso 1 */
    if (pipe(fd) < 0){
        perror("Error al crear el pipe\n");
        exit(0);
    }
    ent = fd[0];
    sal = fd[1];
    write(sal, &c, 1);   /* se escribe el testigo en el primer pipe */

    for(i = 0; i < N; i++){
        if (i != N-1)
            if (pipe(fd) < 0){
                perror("Error al crear el pipe\n");
                exit(0);
            }

        pid = fork();
        switch(pid){
            case -1: /* error */
                perror("Error en el fork \n");
                exit(0);

            case 0: /* proceso hijo */
                if (i != N-1){
                    close(sal);
                    sal = dup (fd[1]);
                    close(fd[0]);
```

```
                            close(fd[1]);
                    }
                    break;

              default: /* proceso padre */
                    if (i == N-1)   /* último proceso */
                         exit(0);
                    else {
                         close(ent);
                         close(fd[1]);
                         ent = fd[0];
                    }
                    break;
          }
    }

/* a continuación los procesos del anillo continuarían sus acciones */
    exit(0);
}
```

b)

```
    void tratar_testigo (int ent, int sal)
    {
        char c;

        for(;;){
            read(ent, &c, 1);
            sleep(5);
            write(sal, &c, 1);
        }
    }
```

c)

```
    void escribir_en_archivo(int fd)
    {
        char c;
        pid_t pid;

        read(0, &c, 1);
        write(fd, &c, 1);
        pid = getpid();
        printf("Proceso %d escribe en el archivo\n", pid);
        return;
    }
```

d) Los procesos ligeros ejecutan los códigos de las funciones desarrolladas en b y c de forma indefinida. Para sincronizar correctamente su ejecución es necesario utilizar un semáforo con valor inicial 0 y que denominaremos sincro.

223

Los códigos de las funciones `tratar_testigo` y `escribir_en_archivo` quedan de la siguiente forma:

```
void tratar_testigo (int ent, int sal)
{
    char c;

    for(;;){
        read(ent, &c, 1);
        sem_post(&sincro);
        /* se permite escribir en el archivo */
        sleep(5);
        sem_wait(&sincro);
        /* se espera hasta que se haya escrito en el archivo */
        write(sal, &c, 1);
    }
}

void escribir_en_archivo(int fd)
{
    char c;
    pid_t pid;

    for(;;) {
        read(0, &c, 1);
        sem_wait(&sincro);
        /* se espera a estar en posesión del testigo */
        write(fd, &c, 1);
        pid = getpid();
        printf("Proceso %d escribe en el archivo\n", pid);
        sem_post(&sincro);
        /* se permite enviar el testigo al siguiente proceso */
    }
}
```

Ejercicio 5.25

Escribir un programa en C, que implemente el mandato `cp`. La sintaxis de este programa será la siguiente:

```
cp  f1 f2
```

donde `f1` será el archivo origen y `f2` el archivo destino respectivamente (si el archivo existe lo trunca y si no lo crea). El programa deberá realizar un correcto tratamiento de errores.

Se quiere mejorar el rendimiento del programa anterior desarrollando una versión paralela del mandato `cp`, que denominaremos `cpp`. La sintaxis de este mandato será:

```
cpp n f1 f2
```

donde `f1` será el archivo origen y `f2` el archivo destino respectivamente, y `n` el número de procesos que debe crear el programa `cpp` para realizar la copia en paralelo (véase la figura adjunta). Este programa se encargará de:

1. Crear el archivo destino.

2. Calcular el tamaño que tiene que copiar cada uno de los procesos hijo y la posición desde la cual debe comenzar la copia cada uno de ellos.
3. Crear los procesos hijos, encargados de realizar la copia en paralelo.
4. Deberá esperar la terminación de todos los procesos hijos.

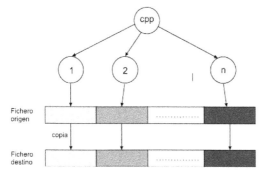

Nota: Suponga que el tamaño del archivo a copiar es mayor que n. Recuerde que en C, el operador de división , /, devuelve la división entera, cuando se aplica sobre dos cantidades enteras, y que el operador modulo es %.

Solución

a)

```
#include <stdio.h>
#include <unistd.h>
#include <fcntl.h>

#define MAX_BUF        4096

void main(int argc, char **argv)
{
    int fde, fds;
    int leidos;
    char buffer[MAX_BUF];

    if (argc != 3) {
        printf("Uso: cp f1 f2 \n");
        exit(1);
    }

    fde = open(argv[1], O_RDONLY); /* se abre el archivo de entrada */
    if (fde < 0) {
        perror("Error al abrir el archivo de entrada\n");
        exit(1);
    }

    fds = creat(argv[2], 0644);  /* se crea el archivo de salida */
    if (fds < 0) {
```

225

```
            perror("Error al crear el archivo de salida\n");
            close(fde);
            exit(1);
    }

    /* bucle de lectura del archivo de entrada y escritura en el
       archivo de salida */

    while ((leidos = read(fde, buffer, MAX_BUF)) > 0)
        if (write(fds, buffer, leidos) != leidos) {
            perror("Error al escribir en el archivo\n");
            close(fde);
            close(fds);
            exit(1);
        }

    if (leidos == -1)
        perror("Error al leer del archivo\n");

    if ((close(fde) == -1) || (close(fds) == -1))
        perror("Error al cerrar los archivos\n");

    exit(0);
}
```

b)

En este caso el programa se encargará de:
1. Crear el archivo destino.
2. Calcular el tamaño que tiene que copiar cada uno de los procesos hijo y la posición desde la cual debe comenzar la copia cada uno de ellos.
3. Crear los procesos hijos, encargados de realizar la copia en paralelo.
4. Deberá esperar la terminación de todos los procesos hijos.

Cada uno de los procesos hijos debe abrir de forma explícita tanto el archivo de entrada como el archivo de salida para disponer de sus propios punteros de posición. En caso contrario todos los procesos heredarían y compartirían el puntero de la posición sobre el archivo de entrada y salida y el acceso a los archivos no podría hacerse en paralelo.

```
#include <sys/types.h>
#include <wait.h>
#include <stdio.h>
#include <stdlib.h>
#include <unistd.h>
#include <fcntl.h>

#define MAX_BUF     4096

void main(int argc, char **argv)
{
```

226

```
char buffer[MAX_BUF];
int fde;                /* descriptor del archivo de entrada */
int fds;                /* descriptor del archivo de salida */
int n;                  /* número de procesos */
int size_of_file;       /* tamaño del archivo de entrada */
int size_proc;          /* tamaño a copiar por cada proceso */
int resto;              /* resto que copia el último proceso */
int aux;                /* variables auxiliares */
int leidos;
int j;

if (argc != 4){
     printf("Error, uso: cpp n f1 f2 \n");
     exit(0);
 }

 n = atoi(argv[1]); /* numero de procesos */

 fde = open(argv[2], O_RDONLY); /* se abre archivo de entrada */
 if (fde < 0) {
     perror("Error al abrir el archivo de entrada \n");
     exit(0);
 }

 fds = creat(argv[3], 0644);  /* se crea el archivo de salida */
 if (fds < 0) {
     close(fde);
     perror("Error al crear el archivo de salida \n");
     exit(0);
 }

 /* obtener el tamaño del archivo a copiar */
 size_of_file = lseek(fde, 0, SEEK_END);

 /* calcular el tamaño que tiene que escribir cada proceso */
 size_proc = size_of_file / n;

/* El último proceso escribe el resto */
resto = size_of_file % n;

/* el proceso padre cierra archivos ya que no los necesita    */
/* cada uno de los procesos hijo debe abrir los archivos     */
/* de entrada y salida para que cada uno tenga sus propios    */
/* punteros de posición */

for (j = 0; j < n; j++) {
    if (fork() == 0) {
         /* se abren los archivos de entrada y salida */
         fde = open(argv[2], O_RDONLY);
```

```
            if (fde < 0) {
                perror("Error al abrir el archivo de entrada \n");
                exit(0);
            }

            fds = open(argv[3], O_WRONLY);
              if (fds < 0) {
                    perror("Error al abrir archivo de entrada \n");
                    exit(0);
              }

            /* Cada hijo situa el puntero en el */
            /* lugar correspondiente */
            lseek(fde, j * size_proc, SEEK_SET);
            lseek(fds, j * size_proc, SEEK_SET);

            /* el ultimo proceso copia el resto */
            if (j == n - 1)  /* último */
                size_proc = size_proc + resto;

            /* bucle de lectura y escritura */
            while (size_proc > 0) {
                aux = (size_proc > MAX_BUF ? MAX_BUF : size_proc);
                leidos = read(fde, buffer, aux);
                write(fds, buffer, leidos);
                size = size - leidos;
            }

            close(fde);
            close(fds);
            exit(0);
        }
    }

    /* esperar la terminación de todos los procesos hijos */
    while (n > 0) {
        wait(NULL);
        n --;
    }
    exit(0);
}
```

Ejercicio 5.26

Se quiere desarrollar una aplicación que se encargue de ejecutar los archivos que se encuentren en una serie de directorios (todos los archivos serán ejecutables). Para ello, se deben seguir los siguientes pasos:

a) Escribir un programa que cree cuatro procesos, que denominaremos de forma lógica 0, 1, 2 y 3. Estos cuatro procesos estarán comunicados entre ellos a través de un único pipe. Uno de los procesos (por ejemplo el 0) ejecutará el código de una función que se denomina Ejecutar() y el resto ejecutarán una función que se denomina Distribuir(). Los códigos de estas funciones se describen en los siguientes apartados.

b) La función Distribuir() en el proceso i abrirá el directorio con nombre "directorio_i" y leerá las entradas de este directorio (todas las entradas se refieren a nombres de archivos ejecutables). Cada vez que lea una entrada enviará, utilizando el pipe creado en el apartado a, el nombre del archivo al proceso que está ejecutando la función Ejecutar(). Cuando el proceso que está ejecutando la función Distribuir() llega al fin del directorio acaba su ejecución. Escribir el código de la función Distribuir() para el proceso i.

c) El proceso que ejecuta la función Ejecutar() leerá del pipe que le comunica con el resto de procesos nombres de archivos. Cada vez que lee un archivo lo ejecuta (recuerde que todos los archivos de los directorios son ejecutables) esperando a que acabe su ejecución. Este proceso finaliza su trabajo cuando todos los procesos que ejecutan la función Distribuir() han acabado.

NOTA: Para el desarrollo de este ejercicio considere que todos los nombres de archivos tienen 20 caracteres.

Solución

a)

```
#include <sys/wait.h>
#include <stdio.h>
#include <unistd.h>
#include <dirent.h>

#define NOMBRE_SIZE      20

void main(void)
{
    int fd[2];      /* pipe */
    int j;
    int pid;

    if (pipe(fd) < 0){
        perror("Error en pipe");
        exit(1);
    }

    for(j=0; j < 4; j++){
        pid = fork();
        switch (pid){
            case -1:
                perror("Error en fork");
                close(fd[0]);
                close(fd[1]);
                exit(1);

            case 0:
                if (j == 0){
```

```
                                    close(fd[1]); /* Ejecutar no lo usa */
                                    Ejecutar(fd[0]);
                                    close(fd[0]);
                                    exit(0);
                            }
                            else {
                                    close(fd[0]); /* Distribuir no lo usa */
                                    Distribuir(fd[1], j);
                                    close(fd[1]);
                                    exit(0);
                            }

                    default:
                        break;
            }
        }

        /* el proceso cierra los descriptores del pipe */
        close(fd[0]);
        close(fd[1]);
        exit(0);
}
```

b)

```
void Distribuir(int fd, int i)
{
    DIR *dirp;
    struct dirent *dp;

    dirp = opendir("directorio_i");
    if (dirp == NULL){
        perror("Error en opendir");
        return;
    }

    while ((dp=readdir(dirp))!= NULL)       {
        if ((strcmp(dp->d_name, ".") == 0) ||
            (strcmp(dp->d_name, "..") == 0))
            continue;

        /* se escribe el nombre en el pipe */
        /* la escritura es atómica */
        if (write(fd, dp->d_name, NOMBRE_SIZE) < NOMBRE_SIZE){
            perror("Error en write");
            closedir(dirp);
            return;
        }
    }
```

```
            return;
    }


c)
void Ejecutar(int fd)
{
        int pid;
        char nombre[NOMBRE_SIZE];

        while(read(fd, nombre, NOMBRE_SIZE) > 0){
            pid = fork();
            switch(pid){
                case -1:
                    perror("Error en fork");
                    break;
                case 0:
                    close (fd);
                    execlp(nombre, nombre, NULL);
                    perror("Error en execlp");
                    exit(1);
                default:
                    if (wait(NULL) < 0)
                        perror("Error en wait");
            }
        }
        return;
    }
```

El proceso que ejecuta la función Ejecutar acaba cuando no quedan escritores en el pipe, por ello es importante que este proceso cierre el descriptor fd[1] del pipe. Recuérdese que una lectura de un pipe sin escritores no bloquea y devuelve 0.

La lectura del pipe no plantea ningún problema ya que las operaciones de acceso al pipe (read y write) se realizan de forma atómica. Además el proceso acaba cuando no queda ningún proceso escritor (proceso que ejecuta la función Distribuir).

Ejercicio 5.27

Se desea construir un programa distribuido formado por N procesos. Cada uno de estos procesos tendrá asociado un identificador de proceso, un número entero comprendido entre 0 y N-1. Cada proceso cuando comienza su ejecución recibe este identificador, que puede consultar en la variable PID. Asimismo puede conocer el número total de procesos (N) consultando la variable NP. Se asegura que no hay dos procesos con el mismo identificador. Se desea que estos procesos tengan acceso a los siguientes servicios:

- int init(void); Este servicio deben ejecutarlos todos los procesos al comienzo de su ejecución. Esta operación es imprescindible para utilizar el resto de servicios.
- int send(int n, char *buf, int len); Este servicio envía al proceso con identificador n (comprendido entre 0 y N-1) un mensaje (buf) de longitud len. El envío no es bloqueante.
- int recv(int n, char *buf, int len); Este servicio recibe del proceso n un mensaje en buf de longitud len. La recepción es bloqueante.

- `int broadcast(char *buf, int len);` Este servicio envía el mensaje `buf` de longitud `len` a todos los procesos del programa distribuido excepto al que ejecuta la llamada.

- `int barrier(void);` Esta llamada bloquea a un proceso hasta que todos los procesos del programa distribuido la hayan ejecutado, es decir, la deben ejecutar todos los procesos para que puedan continuar su ejecución.

Se desea implementar estas funciones sobre un sistema que ofrece los siguientes servicios de comunicación:

- `int obtener_direccion(void);` Este servicio permite a un proceso obtener su dirección que se asegura que es única en todo el sistema y que recibe en el momento de comenzar su ejecución.

- `int publicar_direccion(int direccion, int n);` Este servicio permite publicar en un servicio de nombres un valor asociado a una dirección.

- `int buscar_direccion(int n);` Este servicio devuelve la dirección que tiene asociada el servicio de nombres con el valor n.

- `int connect(int direccion);` Este servicio establece una conexión con el proceso que ejecuta en la dirección pasada como argumento. La llamada devuelve un descriptor que se puede utilizar en las operaciones de envío y recepción.

- `int accept(int direccion);` Este servicio bloquea al proceso que lo ejecute hasta que el proceso que ejecuta en la dirección pasada como argumento haga un `connect`. La llamada devuelve un descriptor que se puede utilizar en las operaciones de envío y recepción.

- `int send_mess(int fd, char *p, int len);` Esta operación envía un mensaje por el descriptor `fd`. El envío es no bloqueante.

- `int recv_mess(int fd, char *p, int len);` Esta operación recibe un mensaje por el descriptor `fd`. La recepción es bloqueante.

Para que un par de procesos pueda conectarse en este sistema uno debe hacer un `connect` y el otro un `accept`.

Se pide:

1. Crear una estructura de información que permita asociar los identificadores de procesos (0 a N-1) con los descriptores de envío y recepción. Mediante esta estructura de información un proceso podrá conocer el descriptor a utilizar para enviar o recibir mensajes de un proceso con identificador j (comprendido entre 0 y N-1).

2. Implementar la operación `init`. Esta operación conectará a todos los procesos con todos. Cada par de procesos estará conectado mediante una única conexión que se podrá utilizar para enviar y recibir mensajes. Consejo: para cada par de procesos a considerar uno ejecutará `connect` y el otro `accept`. Esta operación rellenará la estructura de información anterior.

3. Implementar el resto de operaciones: `send`, `recv`, `broadcast` y `barrier`.

Solución

a) La estructura de información más sencilla es un vector como el siguiente:

```
int    tablaDirecciones[N];
```

donde `tablaDirecciones[j]` en el proceso `k`, almacena el descriptor que permite al proceso k comunicarse con el proceso `j`.

b) La implementación de la función `init` es la siguiente:

```
int init(void)
{
```

```
        int i ;
        int dir ;

        /* se obtiene la dirección del proceso */
        dir = obtener_direccion();

        /* se publica la dirección */
        publicar_dirección(dir, PID);

        for (i=0 ; i < N ; i++) {
            if (i == PID)
                continue;
            if (i < PID) {
                dir = buscar_direccion(i);
                tablaDirecciones[i] = connect(dir);
            }
            else{
                dir = buscar_direccion(i);
                tablaDirecciones[i] = accept(dir);
            }
        }
}
```

c)

```
int send(int n, char *buf, int len)
{
    return(send_mess(tablaDirecciones[n], buf, len));
}

int recv(int n, char *buf, int len)
{
    return(receive_mess(tablaDirecciones[n], buf, len));
}

int broadcast(char *buf, int len)
{
    int i;

    for (i = 0; i < N; i++)
        if (i != PID)
            send(I, buf, len);
}


int barrier(void)
{
    char testigo;
```

```
        if (PID == 0){
            send(1, &testigo, 1);
            recv(1, &testigo, 1);
        }
        else if (PID == N-1) {
            recv(N-2, &testigo, 1);
            send(N-2, &testigo, 1);
        }
        else {
            recv(PID-1, &testigo, 1);
            send(PID+1, &testigo, 1);
            recv(PID+1, &testigo, 1);
            send(PID-1, &testigo, 1);
        }
    }
```

Ejercicio 5.28

El siguiente programa intenta implementar el siguiente mandato:

```
        dividir f1 f2 f3
```

Este mandato lee el archivo f1 y crea dos archivos (f2 y f3). En el archivo f2 se escriben los bytes situados en las posiciones pares de f1 y en el archivo f3 los bytes situados en las posiciones impares. Así, si el contenido de f1 es 12121212121212:

- El contenido de f2 será 1111111
- El contenido de f3 será 2222222

```
void main (int argc, char *argv[])
{
    int fd1, fd2, fd3;
    char c;
    int size;
    int i;

    fd1= open(argv[1], O_RDONLY);
    fd2= creat(argv[2], 0640);
    fd3= creat(argv[3], 0640);

    size = lseek(fd1, 0, SEEK_END);
    lseek(fd1, 0, SEEK_SET);

    if (fork() == 0) {
        for ( i = 0; i < size; i = i + 2) {
            lseek(fd1, i, SEEK_SET);
            read(fd1, &c, 1);
            write(fd2, &c, 1);
        }
    }
    else {
```

```
            for ( i = 1; i < size; i = i + 2) {
                lseek(fd1, i, SEEK_SET);
                read(fd1, &c, 1);
                write(fd3, &c, 1);
            }
        }

    close(fd1);
    close(fd2);
    close(fd3);
    exit(0);
}
```

Se pide:

a) Suponiendo que el programa es correcto, modifique el programa para que haga un correcto tratamiento de todas las llamadas al sistema.

b) ¿Por qué el programa anterior no consigue el funcionamiento esperado para el mandato dividir? Razone su respuesta.

c) Suponiendo que la implementación sigue utilizando dos procesos, proponga **dos** modificaciones que resuelvan el problema del apartado b.

Solución

a)

```
        void main (int argc, char *argv[])
        {
            int fd1, fd2, fd3;
            char c;
            int size;
            int i;

            fd1= open(argv[1], O_RDONLY);
            if (fd1 < 0) {
             printf("Error, no se puede abrir %s\n", argv[1]);
                 exit(1);
            }
            fd2= creat(argv[2], 0640);
            if (fd2 < 0) {
                printf("Error, no se puede crear %s\n", argv[2]);
                close(fd1);
                exit(1);
            }

            fd3= creat(argv[3], 0640);
            if (fd3 < 0) {
                printf("Error, no se puede crear %s\n", argv[3]);
                close(fd1);
                close(fd2);
                exit(1);
```

```
    }

    size = lseek(fd1, 0, SEEK_END);
    if (size < 0) {
        printf("No puede obtener tamaño de %s\n", argv[1]);
        close(fd1); close(fd2); close(fd3);
        exit(1);
    }


    if (lseek(fd1, 0, SEEK_SET) < 0) {
        printf("Error en la llamada lseek\n");
        close(fd1); close(fd2); close(fd3);
        exit(1);
    }

    switch (fork()) {
        case -1:
            printf("Error en fork\n");
            close (fd1); close (fd2); close(fd3);
            exit(1);

      case 0 :
          for ( i = 0; i < size; i = i + 2) {
                  if (lseek(fd1, i, SEEK_SET) < 0) {
                      printf("Error en lseek\n");
                      break;
                  }
                  if (read(fd1, &c, 1) < 0) {
                      printf("Error en read\n");
                      break;
                  }

                  if (write(fd2, &c, 1) < 0) {
                      printf("Error en write\n");
                      break;
                  }

          }
          break;

      default:
              for ( i = 1; i < size; i = i + 2) {
                  if (lseek(fd1, i, SEEK_SET) < 0) {
                      printf("Error en lseek\n");
                      break;
                  }
                  if (read(fd1, &c, 1) < 0) {
                      printf("Error en read\n");
```

```
                                    break;
                        }

                    if (write(fd3, &c, 1) < 0) {
                        printf("Error en write\n");
                        break;

                    }
            }

        if (close(fd1)<0 || close(fd2)<0 || close(fd3)<0){
            printf("Error al cerrar los archivos\n");
            exit(1);
        }
        else
            exit(0);
    }
```

b) El programa anterior no funciona correctamente debido a que los dos procesos (padre e hijo) comparten el puntero de posición del archivo con descriptor fd1. Esto se debe a que la apertura del archivo argv[1] se realiza con anterioridad a la creación del proceso hijo. El hecho de que ambos procesos compartan el puntero de la posición hace que el siguiente fragmento de programa se convierta en una sección crítica:

```
        lseek(fd1, i, SEEK_SET);
        read(fd1, &c, 1);
```

En este fragmento de código la modificación del puntero de la posición mediante la llamada al sistema lseek modifica el puntero global compartido por los dos procesos y afecta a la llamada read que se realiza a continuación.

c) Una primera forma sencilla de resolver el problema anterior consistiría en evitar que los dos procesos compartan el puntero de la posición. Para ello la apertura del archivo argv[1] debe ser realizada por los dos procesos de forma independiente, tal y como se muestra en el siguiente fragmento de programa:

```
        fd1= open(argv[1], O_RDONLY);
        fd3= creat(argv[3], 0640);

        size = lseek(fd1, 0, SEEK_END);
        lseek(fd1, 0, SEEK_SET);

        if (fork() == 0) {
          fd1= open(argv[1], O_RDONLY);
            fd2= creat(argv[2], 0640);

            for ( i = 0; i < size; i = i + 2) {
                lseek(fd1, i, SEEK_SET);
                read(fd1, &c, 1);
```

```
                            write(fd2, &c, 1);
                    }
            }
            else {
              fd1= open(argv[1], O_RDONLY);
              fd3= creat(argv[3], 0640);
              for ( i = 1; i < size; i = i + 2) {
                    lseek(fd1, i, SEEK_SET);
                    read(fd1, &c, 1);
                    write(fd3, &c, 1);
              }
            }
```

Otra segunda forma sería utilizar algún mecanismo de sincronización que resolviera el acceso a la sección crítica formada por las llamadas lseek y read. Podrían utilizarse semáforos o tuberías.

Ejercicio 5.29

Considere la siguiente implementación de las operaciones wait y signal sobre un semáforo s:

```
wait(s){
        while(test-and-set(&lock))
              ;
        while (s <= 0)
              ;
        s = s - 1;
        lock = false;
}

signal(s){
        while(test-and-set(&lock))
              ;
        s = s + 1;
        lock = false;
}
```

Considerando que lock tiene un valor inicial de *false* y s un valor inicial de 1, indique si la implementación anterior es correcta o no.

Solución

Para resolver este ejercicio conviene recordar en primer lugar la definición de la instrucción atómica test-and-set:

```
        int test-and-set(int *valor)
        {
            int tmp;

            tmp = * valor;
            *valor = true;
            return tmp;
        }
```

238

La implementación anterior no es correcta. En efecto, considere dos procesos A y B y que A ejecuta la sentencia `wait`. En este caso, la variable `lock` tomará valor *true* y el proceso disminuirá en uno el valor del semáforo colocándolo a 0. Por último el proceso A, asigna a `lock` el valor *false*. Si a continuación, el proceso B ejecuta una operación `wait`, se encontrará con la variable `lock` a *false*, ejecutará la sentencia `test-and-set` y asignará a `lock` el valor *true*, sin embargo, se quedará bloqueado en la sentencia `while (s <= 0)` puesto que `s` tiene valor 0. El único proceso que puede incrementar el valor de `s` es el proceso A en la ejecución de la operación `signal`. Cuando este proceso ejecuta esta operación se bloquea en la sentencia `while(test-and-set(&lock))` de esta operación ya que `lock` tiene valor *false*. Por tanto, el proceso B está bloqueado a la espera de que `s` tenga un valor mayor que 0 y el proceso A está bloqueado a la espera de que `lock` tenga valor *false*, llegándose a una situación de interbloqueo.

Ejercicio 5.30

Algunos sistemas operativos monolíticos permiten que se ejecuten de forma concurrente varias llamadas al sistema utilizando internamente semáforos bloqueantes para evitar las condiciones de carrera entre las llamadas concurrentes. Con este tipo de semáforos cuando se intenta ejecutar una operación `wait` sobre un semáforo cerrado, el proceso que invocó la llamada al sistema queda bloqueado.

Para el correcto funcionamiento del semáforo es necesario asegurar la exclusión mutua en el acceso al mismo. Por lo tanto, las operaciones sobre el semáforo (`wait` y `signal`) deben, en primer lugar, lograr el acceso exclusivo al mismo (se denominará `Entrar_sem` a dicha operación). A continuación, deben realizar las correspondientes actualizaciones del contador y de la lista de procesos bloqueados en el semáforo. Por último, deben liberar el acceso exclusivo al semáforo (se denominará `Salir_sem` a dicha operación). Se proponen tres posibles implementaciones para las primitivas `Entrar_sem` y `Salir_sem`:

1.- Prohibir y rehabilitar las interrupciones respectivamente.

2.- Usar una variable como cerrojo e instrucciones hardware que consulten y modifiquen dicha variable de forma atómica.

3.- Usar ambos mecanismos: `Entrar_sem` prohíbe las interrupciones y después espera hasta que el cerrojo esté libre. `Salir_sem` libera el cerrojo y rehabilita las interrupciones.

Se pide:

a) Analizar dichas opciones para un sistema uniprocesador seleccionando la alternativa más adecuada. Exponer las ventajas e inconvenientes de cada opción.

b) Lo mismo para un multiprocesador con memoria compartida. Tenga en cuenta que los procesos que intentan acceder simultáneamente a un semáforo se pueden estar ejecutando por el mismo o distinto procesador.

c) Suponiendo que el juego de instrucciones de nuestro sistema incluye una instrucción `TestandSet` que de forma atómica devuelve el valor almacenado en una posición de memoria y pone a cero dicha posición, programar las funciones `Entrar_sem` y `Salir_sem` siguiendo la opción 2. Suponer que la estructura que define el semáforo incluye, además del contador y la lista de procesos bloqueados en el semáforo, una variable inicializada a un valor distinto de cero que se usa de cerrojo. ¿Cumplen las funciones programadas la propiedad de espera acotada (ningún proceso puede tener que esperar indefinidamente)?

d) Además de la concurrencia entre llamadas al sistema, en el sistema operativo puede existir concurrencia entre la ejecución de una llamada al sistema y la de una rutina de interrupción. En este caso, sin embargo, no se pueden usar semáforos de tipo bloqueante para resolver las condiciones de carrera. ¿Por qué? ¿Cómo se pueden resolver este tipo de problemas para un sistema uniprocesador? ¿Y para un multiprocesador con memoria compartida?

Solución

a) Las tres opciones propuestas proporcionan acceso exclusivo al semáforo. En el primer y tercer caso, se impide el procesamiento de cualquier otro flujo de ejecución durante el acceso al semáforo. En el segundo caso, la consulta y actualización atómica del cerrojo aseguran que sólo un proceso está dentro del semáforo.

La opción tercera no aporta nada respecto a la primera, ya que no es necesario el uso de un cerrojo si las interrupciones están prohibidas.

El principal inconveniente de la primera opción (y de la tercera) es que durante el acceso al semáforo se impide el procesamiento de las interrupciones y la ejecución de cualquier otro proceso, independientemente de si usa o no el semáforo. Esto puede implicar, por ejemplo, que la ejecución de un proceso puede verse retrasada por otro de menor prioridad accediendo a un semáforo. Sin embargo, el tiempo durante el cual las interrupciones están prohibidas es muy pequeño.

Con la segunda opción el acceso a un semáforo sólo afecta a los procesos que intenten acceder concurrentemente a dicho semáforo. Por lo tanto, la ejecución de rutinas de interrupción y de otros procesos que no usan el semáforo no se ve afectada. El principal inconveniente de esta opción es el uso de espera activa. Si un proceso intenta realizar una operación sobre un semáforo mientras otro proceso no ha terminado de acceder al mismo (nótese que esto no puede ocurrir con la opción 1), el primer proceso realizará espera activa sobre el cerrojo hasta que el otro proceso termine su operación. Sin embargo, este último proceso no podrá terminar la operación hasta que el planificador lo vuelva a seleccionar. En un sistema de tiempo compartido, por ejemplo, esta situación puede llevar a que un proceso consuma su rodaja de tiempo haciendo espera activa. Aunque la probabilidad de que ocurra el conflicto es muy baja, las consecuencias son una disminución en la tasa de procesamiento útil de la CPU.

Por lo tanto, la opción más adecuada es la primera. Adicionalmente, esta opción es fácil de implementar y no requiere ningún apoyo hardware específico como la segunda opción.

b) En el caso de un multiprocesador, la primera opción no es válida puesto que prohibir las interrupciones en un procesador no impide que procesos ejecutados por otros procesadores accedan en paralelo al semáforo.

La segunda y tercera opción aseguran el acceso exclusivo al semáforo mediante la consulta y actualización atómica de la variable cerrojo. Aunque no es posible evitar la espera activa, es necesario reducirla al máximo.

Como se analizó en el apartado anterior, la segunda opción permite que un proceso sea expulsado mientras está realizando una operación sobre un semáforo. Esta situación lleva a que el resto de los procesos que intentan acceder al semáforo realicen espera activa hasta que el proceso expulsado vuelva a ejecutar y termine la operación sobre el semáforo. En el peor de los casos esta situación puede afectar en un determinado momento a todos los procesadores del sistema. Nótese que la duración de la espera activa puede aumentar también por la ejecución de rutinas de interrupción durante el acceso a un semáforo.

La solución más adecuada es la tercera, ya que prohibiendo las interrupciones en el procesador donde se ejecuta el proceso que accede al semáforo, se impide que éste pueda ser expulsado evitando también la ejecución de rutinas de interrupción. De esta forma, la espera activa en otro procesador queda restringida al tiempo que dura la operación sobre el semáforo.

c) Siendo `semáforo` la estructura que define el semáforo y `cerrojo` el campo de dicha estructura que se usa para asegurar el acceso exclusivo, se propone la siguiente solución:

```
Entrar_sem(semaforo *S)
{
    while (!TestandSet(S->cerrojo));
}


Salir_sem(semaforo *S)
{
```

```
        S->cerrojo=1;  /* Cualquier valor distinto de cero */
}
```

La solución propuesta no satisface el requisito de espera acotada ya que cuando un proceso termina el acceso al semáforo (`Salir_sem`), el primer proceso que acceda a la variable cerrojo accederá al semáforo independientemente del tiempo que lleva esperando cada proceso. Para evitar este problema sería necesario utilizar un algoritmo que mediante el uso de variables adicionales satisfaga esta propiedad. Debido a la complejidad de estos algoritmos y a que el número medio de procesos esperando acceder al semáforo en un determinado instante es muy pequeño, normalmente se usan soluciones similares a la propuesta.

d) No se puede usar este tipo de semáforos puesto que una rutina de interrupción no puede quedar bloqueada esperando obtener el acceso exclusivo a un recurso.

La solución más sencilla para un sistema monoprocesador es que el código de la llamada al sistema prohíba las interrupciones durante la sección crítica en lugar de usar semáforos.

Evidentemente, esta solución no es válida para un multiprocesador. Una posible solución debería basarse en el uso combinado de la prohibición de interrupciones (para resolver los problemas locales) y de la espera activa en la rutina de interrupción (para resolver los problemas entre varios procesadores).

6. INTERBLOQUEOS

En este capítulo se presentan ejercicios sobre interbloqueos. Se presenta, en primer lugar, una revisión de los principales conceptos teóricos de este tema, que permite afrontar satisfactoriamente los ejercicios propuestos en la segunda parte del capítulo. Con respecto a los ejercicios planteados, dadas las características de este tema, tienen un mayor componente teórico que los propuestos en el resto de los capítulos del libro.

6.1 Conceptos generales

En un sistema informático se ejecutan concurrentemente múltiples procesos que normalmente no son independientes, sino que compiten en el uso exclusivo de recursos y se comunican y sincronizan entre sí. El sistema operativo debe encargarse de asegurar que estas interacciones se llevan a cabo apropiadamente proporcionando la exclusión mutua requerida por las mismas. Sin embargo, generalmente no basta con esto. Las necesidades de algunos procesos pueden entrar en conflicto entre sí causando que se bloqueen indefinidamente. A esta situación se le denomina interbloqueo.

Desde el punto de vista del estudio del interbloqueo, en un sistema se pueden distinguir las siguientes entidades y relaciones:

- Un conjunto de procesos (o *threads*).
- Un conjunto de recursos, tal que cada recurso puede consistir a su vez de un conjunto de unidades.
- Un primer conjunto de relaciones entre procesos y recursos que define qué asignaciones de recursos están vigentes en el sistema en un momento dado. Esta relación define si un proceso tiene asignadas unidades de un determinado recurso y, en caso afirmativo, cuántas.
- Un segundo conjunto de relaciones entre procesos y recursos que define qué solicitudes de recursos están pendientes de satisfacerse en el sistema en un momento dado. Esta relación define si un proceso tiene unidades de un determinado recurso pedidas y no concedidas y, en caso afirmativo, cuántas.

De manera general e independientemente del tipo de cada recurso en particular o de un sistema operativo específico, se van a considerar dos primitivas abstractas para trabajar con los recursos que, dado su carácter genérico, permiten representar a cualquier operación específica presente en un sistema operativo determinado. A continuación se especifican estas primitivas.

- *Solicitud* ($S(R_1[U_1],\ldots,R_n[U_n])$): Permite que un proceso, que, evidentemente, no esté bloqueado, pida varias unidades de diferentes recursos (U_1 unidades del recurso 1, U_2 del recurso 2, etc.). Si **todos** los recursos solicitados están disponibles, se concederá la petición asignando al proceso dichos recursos. En caso contrario, se bloqueará el proceso sin reservar ninguno de los recursos solicitados, aunque algunos de ellos estén disponibles. El proceso se desbloqueará cuando todos estén disponibles (como resultado de una o varias operaciones de liberación).
- *Liberación* ($L((R_1[U_1],\ldots,R_n[U_n])$): Permite a un proceso que, evidentemente, no esté bloqueado, liberar varias unidades de diferentes recursos que tenga asignadas en ese momento. La liberación de estos recursos puede causar que se satisfagan solicitudes pendientes de otros procesos provocando su desbloqueo.

Existen diversas maneras de representar esta información. Aunque todas las representaciones de este modelo son lógicamente equivalentes, las dos representaciones más habituales son: el grafo de asignación de recursos y la representación matricial.

6.1.1 Representación mediante un grafo de asignación de recursos

Un grafo de asignación de recursos G consiste de un conjunto de nodos N y un conjunto de aristas A: $G=\{\{N\},\{A\}\}$.

- El conjunto de nodos N se descompone a su vez en dos subconjuntos disjuntos que se corresponden con los procesos P y los recursos R. Cada recurso R_i tiene asociado un valor que representa cuántas unidades del recurso existen (su inventario).
- El conjunto de aristas también se descompone en dos subconjuntos que se corresponden con las dos relaciones antes planteadas:
  - Aristas de asignación que relacionan recursos con procesos. Una arista entre un recurso R_i y un proceso P_j indica que el proceso tiene asignada una unidad de dicho recurso.

o Aristas de solicitud que relacionan procesos con recursos. Una arista entre un proceso P_i y un recurso R_j indica que el proceso está esperando la concesión de una unidad de dicho recurso.

A partir de la especificación de las primitivas genéricas de solicitud y liberación, se puede analizar cómo afectaría su procesamiento al grafo que representa el estado del sistema.

- Solicitud del proceso *i* de U_1 unidades del recurso 1, U_2 del recurso 2, etc. Se presentan dos situaciones dependiendo de si todos los recursos pedidos están disponibles o no.
    o Si no lo están, se bloquea el proceso añadiendo al grafo por cada recurso pedido *j* tantas aristas desde el nodo P_i hasta R_j como unidades se hayan solicitado (U_j). Cuando el proceso posteriormente se desbloquee al quedar disponibles todos los recursos requeridos, se eliminarán del grafo todas estas aristas de solicitud y se añadirán las mismas aristas de asignación que en el caso de que los recursos hubiesen estado disponibles desde el principio.
    o Si están disponibles, ya sea desde el principio o posteriormente, se añaden al grafo por cada recurso pedido *j* tantas aristas desde el nodo R_j hasta P_i como unidades se hayan solicitado (U_j).
- Liberación por parte del proceso *i* de U_1 unidades del recurso 1, U_2 del recurso 2, etc. Por cada recurso liberado *j*, se eliminan del grafo tantas aristas desde el nodo R_j hasta P_i como unidades se hayan dejado libres (U_j).

Para poder entender de una forma intuitiva el estado de un sistema, es conveniente establecer una representación gráfica del grafo de asignación de recursos. La convención que se suele utilizar es la siguiente:

- Cada proceso se representa con un círculo.
- Cada recurso con un cuadrado. Dentro del cuadrado que representa a un determinado recurso, se dibuja un círculo por cada unidad existente del recurso.
- Las aristas de solicitud se representan como arcos que van desde el proceso hasta el cuadrado que representa al recurso, mientras que las aristas de asignación se dibujan como arcos que unen el círculo que representa una unidad determinada del recurso con el proceso correspondiente.

Siguiendo esta convención, en la figura 6.1 se muestra la representación gráfica del siguiente grafo de asignación de recursos.

- $N = \{ P_1, P_2, P_3, R_1(2), R_2(3), R_3(2) \}$
- $A = \{ R_1 \rightarrow P_1, R_1 \rightarrow P_1, R_2 \rightarrow P_2, P_2 \rightarrow R_1, R_2 \rightarrow P_3 \}$

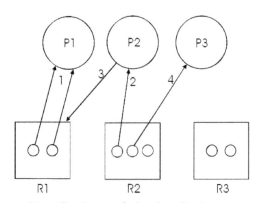

Figura 6.1. Representación gráfica de un grafo de asignación de recursos

244

6.1.2 Representación matricial

Una forma alternativa de representar esta información es mediante el uso de matrices. Para representar el estado del sistema se usan dos matrices: una matriz de solicitud S y una de asignación A. Además, por cada recurso se debe guardar el número de unidades existentes del mismo: un vector E que contiene el inventario de cada recurso. Siendo p el número de procesos existentes (o sea, $p=|P|$) y r el número de recursos diferentes que hay en el sistema (o sea, $r=|R|$), el significado de las estructuras de datos es el siguiente:

- Matriz de asignación A de dimensión $p \times r$. La componente A[i,j] de la matriz especifica cuántas unidades del recurso j están asignadas al proceso i.
- Matriz de solicitud S de dimensión $p \times r$. La componente S[i,j] de la matriz especifica cuántas unidades del recurso j está esperando el proceso i que se le concedan.
- Vector de recursos existentes E de dimensión r. La componente R[i] especifica cuántas unidades del recurso i existen.

Cuando se utiliza una representación matricial, las repercusiones de las operaciones de solicitud y liberación sobre las estructuras de datos que modelan el sistema serían las siguientes:

- Solicitud del proceso i de U_1 unidades del recurso 1, U_2 del recurso 2, etc. Se presentan dos situaciones dependiendo de si todos los recursos pedidos están disponibles o no.
  - o Si no lo están, se bloquea el proceso y se actualiza la matriz de solicitud: por cada recurso pedido j, S[i,j]= S[i,j]+ U_j. Cuando el proceso posteriormente se desbloquee al quedar disponibles todos los recursos requeridos, se elimina el efecto de esta suma realizando la resta correspondiente (por cada recurso pedido j, S[i,j]= S[i,j]- U_j) y se actualiza la matriz de asignación de la misma manera que se hace cuando los recursos están disponibles desde el principio.
  - o Si están disponibles, ya sea desde el principio o posteriormente, se actualiza la matriz de asignación: por cada recurso pedido j, A[i,j]= A[i,j]+ U_j.
- Liberación por parte del proceso i de U_1 unidades del recurso 1, U_2 del recurso 2, etc. Por cada recurso liberado j, se sustraen de la matriz de asignación las unidades liberadas: A[i,j]= A[i,j]- U_j.

Estas estructuras son suficientes para reflejar el estado del sistema. Sin embargo, para simplificar la especificación del algoritmo del banquero, que se expondrá más adelante, es útil usar un vector de recursos disponibles D que refleje el número de unidades de cada recurso disponibles en un momento dado. Nótese que este vector es innecesario ya que su valor se puede deducir directamente a partir de la matriz de asignación A y del vector de recursos existentes E: D[i] = E[i] - $\sum$A[j,i], para j=1, ..., p.

6.2 Definición y caracterización del interbloqueo

Una posible definición de interbloqueo sería la siguiente:

> *Un conjunto de procesos está en interbloqueo si cada proceso está esperando un recurso que sólo puede liberar otro proceso del conjunto.*

A partir de esta definición, se puede caracterizar un interbloqueo mediante las siguientes condiciones, planteadas por Coffman, necesarias, pero no suficientes, para que se produzca:

1. *Exclusión mutua.* Los recursos implicados deben usarse en exclusión mutua, o sea, debe tratarse de recursos de uso exclusivo.
2. *Retención y espera.* Cuando no se puede satisfacer la petición de un proceso, éste se bloquea manteniendo los recursos que tenía previamente asignados. Se trata de una condición que refleja una forma de asignación que corresponde con la usada prácticamente en todos los sistemas reales.
3. *Sin expropiación.* No se deben expropiar los recursos que tiene asignado un proceso. Un proceso sólo libera sus recursos voluntariamente.
4. *Espera circular.* Debe existir una lista circular de procesos tal que cada proceso en la lista esté esperando por uno o más recursos que tiene asignados el siguiente proceso.

6.2.1 Condición necesaria y suficiente para el interbloqueo

La caracterización del interbloqueo se va a basar en mirar hacia el futuro del sistema de una manera "optimista". Así, dado un sistema con un determinado estado de asignación de recursos, un proceso cualquiera que no tenga peticiones pendientes (por lo tanto, desbloqueado) debería devolver en un futuro más o menos cercano todos los recursos que actualmente tiene asignados. Esta liberación tendría como consecuencia que uno o más procesos que estuvieran esperando por estos recursos se pudieran desbloquear. Los procesos desbloqueados podrían a su vez devolver más adelante los recursos que tuvieran asignados desbloqueando a otros procesos, y así sucesivamente. Si todos los procesos del sistema terminan desbloqueados al final de este análisis del futuro del sistema, el estado actual estará libre de interbloqueo. En caso contrario, existirá un interbloqueo en el sistema estando implicados en el mismo los procesos que siguen bloqueados al final del análisis. A este proceso de análisis se le suele denominar *reducción*. A continuación, se define de una forma más precisa.

> *Se dice que el estado de un sistema se puede reducir por un proceso P si se pueden satisfacer las necesidades del proceso con los recursos disponibles.*

La condición necesaria y suficiente para que un sistema esté libre de interbloqueos es que exista una secuencia de reducciones del estado actual del sistema que incluya a todos los procesos del sistema. En caso contrario, hay un interbloqueo en el que están implicados los procesos que no están incluidos en la secuencia de reducciones.

La aplicación directa de este principio lleva a algoritmos relativamente complejos. Sin embargo, si se consideran sistemas con algún tipo de restricción, se reduce de forma apreciable el orden de complejidad de los algoritmos. Así, en el caso de un sistema con una sola unidad de cada recurso, la caracterización del interbloqueo se simplifica ya que las condiciones necesarias de Coffman son también suficientes.

El resto de esta revisión de la teoría de interbloqueos se dedica a explicar los tres tipos de técnicas usadas para tratar el interbloqueo: estrategias de detección y recuperación, estrategias de prevención y estrategias de predicción.

6.3 Detección y recuperación del interbloqueo

A partir de la condición necesaria y suficiente para el interbloqueo basada en el concepto de reducción que se presentó en el apartado anterior, se pueden diseñar algoritmos que detecten si un sistema está libre de interbloqueos.

6.3.1 Algoritmo de detección para una representación mediante grafo de recursos

En el caso de una representación basada en un grafo de recursos, el concepto de reducción se aplicaría de la siguiente forma:

> *Dado un grafo de asignación de recursos, éste se puede reducir por un proceso P_i si los recursos disponibles satisfacen sus necesidades (el proceso, por lo tanto, está desbloqueado). La reducción consiste en eliminar las aristas de solicitud que salen del nodo P_i ($P_i \rightarrow R_i$, puesto que hay suficientes recursos disponibles) y las de asignación que llegan a dicho nodo ($R_i \rightarrow P_i$, ya que se supone que el proceso devolverá todos sus recursos). Como fruto de la reducción, se obtiene un nuevo grafo donde podrá haber nuevos procesos desbloqueados gracias a los recursos liberados a los que se les podrá aplicar una nueva reducción.*

A partir de esta definición, se puede especificar directamente un algoritmo que detecte si hay un interbloqueo en el grafo de asignación de recursos:

```
S=∅; /* secuencia de reducción. Inicialmente vacía */
D={Conjunto de procesos desbloqueados y no incluidos en S};
Mientras (D!=∅) {
        /* se puede reducir por cualquier proceso de D: coge el 1º */
        Pᵢ=primer elemento de D;
        Reducir grafo por P;
        Añadir Pᵢ a S y eliminarlo de D;
        Determinar qué procesos se desbloquean por la reducción (sus
```

```
        solicitudes pueden satisfacerse en el nuevo grafo)
        y añadirlos a D;
}
Si (S==P)
/* si la secuencia contiene todos los procesos del sistema (P) */
        No hay interbloqueo
Si no
        Los procesos en el conjunto P-S están en un interbloqueo
```

Como se comentó previamente, cuando se consideran sistemas con algún tipo de restricción, se pueden diseñar algoritmos de menor complejidad. Así, en el caso de un sistema con una sola unidad de cada recurso, para asegurar que un sistema está libre de interbloqueos sólo es necesario comprobar que no hay un ciclo en el grafo, dado que en este caso las condiciones de Coffman son necesarias y suficientes para que exista un interbloqueo. Por lo tanto, se puede usar para ello cualquier algoritmo de detección de ciclos en un grafo.

6.3.2 Algoritmo de detección para una representación matricial

Es relativamente directo trasladar las ideas expuestas para el caso de una representación mediante un grafo a una matricial. La operación de reducción aplicada a una representación matricial, se podría definir de la siguiente forma:

Un sistema se puede reducir por un proceso P_i si los recursos disponibles satisfacen sus necesidades:

```
        S[i] ≤ D (esta notación compacta equivale a S[i,j] ≤ D[j] para j=1, ..., r).
```

La reducción consiste en devolver los recursos asignados al proceso P_i:

```
        D = D + A[i]
```

Una vez hecha esta definición, se puede especificar un algoritmo de detección similar al presentado para el caso de un grafo.

```
S=∅;  /* secuencia de reducción. Inicialmente vacía */
Repetir {
        Buscar P_i tal que S[i] ≤ D;
        Si Encontrado {
                Reducir grafo por P_i: D = D + A[i]
                Añadir P_i a S;
                Continuar = cierto;
        }
        else
                Continuar = falso;
} Mientras (Continuar)
Si (S==P)
        /* si la secuencia contiene todos los procesos del sistema */
        No hay interbloqueo
Si no
        Los procesos en el conjunto P-S están en un interbloqueo
```

Una vez detectado un interbloqueo, es necesario tomar una serie de medidas para eliminarlo, esto es, recuperar al sistema del mismo. Para ello, se deberían seleccionar uno o más de los procesos implicados y quitarles algunos de los recursos que tienen asignados, normalmente abortando el proceso, de forma que se rompa el interbloqueo.

Por último, hay que destacar que las estrategias de detección suponen un coste que puede afectar al rendimiento del sistema. Asimismo, las técnicas de recuperación conllevan una pérdida del trabajo realizado hasta ese momento por algunos de los procesos implicados.

6.4 Prevención del interbloqueo

Con la estrategia de prevención se intenta eliminar el problema de raíz asegurando que nunca se pueden producir interbloqueos. Dado que, como se analizó previamente, es necesario que se cumplan las cuatro condiciones de Coffman para que se produzca un interbloqueo, bastaría únicamente con asegurar que una de estas condiciones no se puede satisfacer para eliminar los interbloqueos en el sistema. A continuación, se plantean dos estrategias basadas en esta idea:

- Evitar *retención y espera*: Se podría lograr permitiendo que un proceso pueda solicitar un recurso sólo si no tiene ninguno asignado. Con esta estrategia, un programa sólo se vería obligado a pedir simultáneamente dos recursos si se solapa en el tiempo el uso de los mismos.
- Evitar *espera circular*: Una técnica de prevención basada en esta idea es el método de las peticiones ordenadas. Esta estrategia requiere establecer un orden total de los recursos presentes en el sistema y fijar la restricción de que un proceso debe pedir los recursos que necesita en orden creciente.

Por último, hay que resaltar que las técnicas de prevención suelen implicar una infrautilización de los recursos.

6.5 Predicción del interbloqueo

Antes de que en el sistema aparezca un interbloqueo se produce un "punto de no retorno" a partir del cual el interbloqueo es inevitable con independencia del orden en el que realicen sus peticiones los procesos. Los algoritmos de predicción se basarán, por lo tanto, en evitar que el sistema cruce el punto de no retorno que conduce al interbloqueo. Para ello, se necesitará conocer a priori las necesidades máximas de recursos que tiene cada programa. A partir de esta información, se deberá determinar si el estado del sistema en cada momento es **seguro**.

Se considera que un determinado estado es seguro si suponiendo que todos los procesos solicitan en ese momento sus necesidades máximas, existe al menos un orden secuencial de ejecución de los procesos tal que cada proceso pueda obtener sus necesidades máximas. Así, para que un estado sea seguro tiene que haber, en primer lugar, un proceso cuyas necesidades máximas puedan satisfacerse. Cuando este proceso hipotéticamente terminase de ejecutar devolvería todos sus recursos (o sea, sus necesidades máximas). Los recursos disponibles en ese instante podrían permitir que se satisficieran las necesidades máximas de al menos un proceso que terminaría liberando sus recursos, lo que a su vez podría hacer que otro proceso obtuviera sus necesidades máximas. Repitiendo este proceso, se genera una secuencia de ejecución de procesos tal que cada uno de ellos puede obtener sus necesidades máximas. Si esta secuencia incluye todos los procesos del sistema, el estado es seguro. En caso contrario, es inseguro.

El lector habrá podido apreciar que este proceso de análisis "mirando hacia el futuro" es similar al usado para la reducción de un sistema en el algoritmo de detección de interbloqueos. La única diferencia es que en el algoritmo de reducción se tienen en cuenta sólo las peticiones actuales de los procesos mientras que en este algoritmo se consideran también como peticiones las necesidades máximas de cada proceso. Esta similitud permite especificar una segunda definición del estado seguro:

Un estado es seguro si el estado de asignación de recursos que resulta al considerar que todos los procesos realizan en ese instante todas sus posibles peticiones está libre de interbloqueos.

Gracias a esta nueva definición, se puede especificar directamente un algoritmo para determinar si un estado es seguro: aplicar un algoritmo de detección de interbloqueos al estado resultante de considerar que todos los procesos solicitan sus necesidades básicas.

Una vez identificado el concepto de estado seguro, es relativamente directo establecer una estrategia de predicción. Cada vez que un proceso realice una solicitud de recursos que estén disponibles, se calcula provisionalmente el nuevo estado del sistema resultante de esa petición y se aplica el algoritmo para determinar si el nuevo estado es seguro. Si lo es, se asignan los recursos solicitados haciendo que el estado provisional se convierta en permanente. En caso de que no lo sea, se bloquea al proceso sin asignarle los recursos quedando, por lo tanto, el sistema en el estado previo.

A continuación se plantean algoritmos de predicción para los dos tipos de representación considerados: el grafo de recursos y la representación matricial. Nótese que no se trata de nuevos algoritmos ya que, como se ha explicado previamente, se aplican los algoritmos de detección de interbloqueos ya presentados.

6.5.1 Algoritmo para una representación mediante un grafo de recursos

Además de las aristas de asignación y las de solicitud, sería necesario un nuevo tipo de arista que refleje las necesidades máximas de cada proceso:

- Una *arista de necesidad* entre un proceso P_i y un recurso R_j indica que el proceso puede solicitar durante su ejecución una unidad de dicho recurso.

La evolución de este nuevo tipo de aristas sería la siguiente:

- Inicialmente, en la creación de un proceso P_i, se establecerían aristas de necesidad desde el proceso a los recursos correspondientes de manera que queden reflejadas las necesidades máximas requeridas por el proceso.
- En una solicitud, las aristas de necesidad correspondientes se convertirían en aristas de solicitud, si los recursos correspondientes no están disponibles, o de asignación, en caso contrario.
- Cuando se produce una liberación de recursos, las aristas de asignación correspondientes se transforman a su estado inicial, o sea, en aristas de necesidad.

Dado este comportamiento de las aristas de necesidad, se puede apreciar que el número total de aristas, sean del tipo que sean, que hay en cualquier momento entre un proceso y un recurso debe corresponder con las necesidades máximas del proceso con respecto a ese recurso. Como se comentó previamente, el algoritmo para determinar si un estado es seguro consiste directamente en comprobar que no hay interbloqueos en dicho estado pero teniendo en cuenta las peticiones máximas, o sea, tanto las aristas de solicitud como las de necesidad. Para ello, se pueden usar el algoritmo de detección de interbloqueos para la representación mediante un grafo ya estudiados previamente.

La estrategia de predicción consiste, por lo tanto, en que cuando un proceso realiza una solicitud de recursos que están disponibles, se calcula un nuevo estado provisional transformando las aristas de necesidad correspondientes en aristas de asignación y se aplica el algoritmo para determinar si el nuevo estado es seguro. Si lo es, se asignan los recursos solicitados haciendo que el estado provisional se convierta en permanente. En caso contrario, se bloquea al proceso sin asignarle los recursos restaurando, por lo tanto, el sistema al estado previo.

6.6 Algoritmo del banquero

El algoritmo más conocido de predicción para una representación matricial es el del banquero. Este algoritmo requiere utilizar, además de la matriz de solicitud S y la de asignación A, una nueva matriz que contenga las necesidades de los procesos:

- Matriz de necesidad N de dimensión $p \times r$. Siendo p el número de procesos existentes y r el número de recursos diferentes que hay en el sistema, la componente $N[i,j]$ de la matriz especifica cuántas unidades del recurso j puede necesitar el proceso i. Este valor se corresponde con la diferencia entre las necesidades máximas del proceso para dicho recurso con el número de unidades actualmente asignadas. Nótese que, por lo tanto, en esta matriz no sólo quedan reflejadas las posibles peticiones futuras de cada proceso solicitando recursos hasta la cantidad máxima, sino también las peticiones actuales que no han podido satisfacerse. Inicialmente, esta matriz contiene las necesidades máximas de cada proceso.

El procesamiento de las peticiones de solicitud y liberación de recursos, además de afectar al vector de recursos disponibles y a las matrices de asignación y solicitud, modificará también la matriz de necesidad de la siguiente forma:

- Cuando se satisface una solicitud, se restarán las unidades pedidas de cada recurso de la matriz de necesidad y se sumarán a la matriz de asignación. Nótese que una petición que no puede satisfacerse por el momento no altera esta matriz, sólo modifica la de solicitud sumando las unidades correspondientes a la misma. En el momento que se pueda satisfacer, se alterará la matriz de necesidad.
- Cuando se produce una liberación de recursos, se sustraen de la matriz de asignación las unidades liberadas y se añaden a la matriz de necesidad.

Como el algoritmo de predicción basado en un grafo, el algoritmo del banquero determina si un estado es seguro comprobando que no hay interbloqueos en dicho estado pero teniendo en cuenta las peticiones máximas, en este caso las representadas por la matriz de necesidad. Por lo tanto, el algoritmo es igual que el de detección de interbloqueos para la representación matricial, pero usando la matriz de necesidad en vez de la solicitud a la hora de determinar si se puede reducir el estado del sistema por un determinado proceso. Es interesante resaltar que en este algoritmo no se usa la matriz de solicitud para determinar si el estado es seguro ya que la matriz de necesidad refleja tanto las peticiones futuras del proceso como las peticiones actuales que no han podido satisfacerse (usando la terminología de la representación mediante un grafo de recursos, la matriz incluye las aristas de necesidad y las de reserva). A continuación, se muestra el algoritmo para determinar si un estado es seguro.

```
S=∅;  /* secuencia de reducción. Inicialmente vacía */
Repetir {
      Buscar Pᵢ tal que N[i] ≤ D;
      Si Encontrado {
            Reducir grafo por Pᵢ: D = D + A[i]
            Añadir Pᵢ a S;
            Continuar = cierto;
      }
      else
            Continuar = falso;
} Mientras (Continuar)
Si (S==P)
      /* si la secuencia contiene todos los procesos del sistema */
      El estado es seguro
Si no
      El estado no es seguro
```

Una vez especificado el algoritmo que determina si el estado es seguro, la definición de la estrategia de predicción es casi directa. Cuando un proceso realiza una solicitud de recursos que están disponibles, se calcula un nuevo estado provisional transformando las matrices de necesidad y de asignación de acuerdo a la petición realizada. Sobre este estado provisional se aplica el algoritmo para determinar si es seguro. Si lo es, se asignan los recursos solicitados haciendo que el estado provisional se convierta en permanente. En caso contrario, se bloquea al proceso sin asignarle los recursos restaurando, por lo tanto, el sistema al estado previo.

Por último, conviene resaltar que los algoritmos de predicción presentan las siguientes deficiencias: requieren un conocimiento de las necesidades máximas de los procesos que, además, no reflejan el uso exacto de los recursos durante la ejecución de los mimos, y causan una infrautilización de los recursos.

6.7 Ejercicios resueltos

Ejercicio 6.1

Dado el siguiente estado de asignación de recursos, ¿cuál es el número **mínimo** de recursos que deben estar disponibles para que el algoritmo del banquero considere que se trata de un estado seguro?

```
      Asignados    Necesidad máxima
P1        1              4
P2        4              6
P3        5              8
```

Solución

La matriz de necesidad (en este caso, sería un vector ya que sólo hay un tipo de recurso) sería el siguiente:

```
      Necesidad
P1        3
P2        2
```

```
P3          3
```

Por tanto, como mínimo debe haber 2 unidades disponibles, ya que con este valor el estado sería seguro puesto que se podría aplicar la siguiente secuencia de reducciones:

- Se puede reducir por P_2 ya que sus necesidades se satisfacen con los 2 recursos disponibles, quedando 6 disponibles.
- Se puede reducir por P_1 puesto que sus necesidades se cumplen con los 6 recursos disponibles, quedando 7 disponibles.
- Se puede reducir por P_3 ya que sus necesidades se satisfacen con los 7 recursos disponibles, quedando todos disponibles (los 12 existentes).

Ejercicio 6.2

¿Cuál es el número máximo de operaciones de comparación que puede requerir el algoritmo del banquero para determinar que un estado es seguro en un sistema con 4 procesos y un único tipo de recurso?

Solución

Dado que hay 4 procesos, para comprobar que el estado es seguro, puede haber hasta 4 reducciones, en el caso de que el estado sea seguro. En la primera reducción, hay que comparar las necesidades de cada proceso con los recursos disponibles hasta encontrar uno cuyas necesidades puedan ser satisfechas. En el peor de los casos, será la última comparación la que encuentre un proceso adecuado. Por tanto, hay 4 comparaciones en esta primera ronda. En la segunda reducción, sólo quedan 3 procesos, por lo que podrá haber hasta 3. En la tercera, habrá 2 y en la cuarta, una última comparación. Nótese que esta última comparación podría considerarse innecesaria, ya que, cuando se ha realizado la reducción con todos los procesos excepto uno, debería cumplirse a no ser que el proceso esté pidiendo erróneamente más recursos de los que realmente existen. En total, se producirán 10 comparaciones. Generalizando, para N procesos, sería la suma desde 1 hasta N, por tanto, correspondería con la siguiente expresión:

```
Comparaciones = (N + 1) * N /2
```

Ejercicio 6.3

¿Qué es cierto respecto a los *threads* y el interbloqueo?

- A.- Sólo puede haber interbloqueos entre *threads* del mismo proceso.
- B.- Puede haber interbloqueos entre *threads* tanto del mismo proceso como de distintos procesos.
- C.- Sólo puede haber interbloqueos entre *threads* de procesos distintos.
- D.- No puede haber interbloqueos entre *threads*.

Solución

La respuesta correcta es la B: puede haber interbloqueos entre dos *threads*, con independencia de si están asociados al mismo proceso o no. Para que se produzcan interbloqueos basta con la existencia de distintos flujos de ejecución que usan un conjunto de recursos de carácter exclusivo. Por ejemplo, dos *threads* del mismo proceso pueden usar semáforos de manera que pueda ocurrir interbloqueos, y lo mismo puede pasar con *threads* de distintos procesos.

Ejercicio 6.4

Sea un sistema donde existen 2 recursos diferentes (C, una cinta, e I, una impresora) y 2 procesos (P1 y P2) que usan ambos recursos. Suponiendo que los procesos ejecutan en el siguiente orden:

```
P1: Reserva(C)
P2: Reserva(I)
P1: Reserva(I)
P2: Reserva(C)
```

Aplique un algoritmo de detección usando una representación matricial a la secuencia de peticiones planteada.

Solución

En primer lugar, se construyen las estructuras de datos correspondientes al estado inicial:

$A=\begin{bmatrix}0 & 0\\0 & 0\end{bmatrix}$ $S=\begin{bmatrix}0 & 0\\0 & 0\end{bmatrix}$ $D=[1\ 1]$

Se realiza la primera petición:

```
P1: Reserva(C)
```

Como el recurso pedido está disponible, se asigna:

$A=\begin{bmatrix}1 & 0\\0 & 0\end{bmatrix}$ $S=\begin{bmatrix}0 & 0\\0 & 0\end{bmatrix}$ $D=[0\ 1]$

A continuación, se solicita la segunda petición:

```
P2: Reserva(I)
```

Como el recurso pedido está disponible, se le asigna quedando el siguiente:

$A=\begin{bmatrix}1 & 0\\0 & 1\end{bmatrix}$ $S=\begin{bmatrix}0 & 0\\0 & 0\end{bmatrix}$ $D=[0\ 0]$

Luego, se realiza la tercera petición:

```
P1: Reserva(I)
```

Como el recurso no está disponible hay que aplicar el algoritmo de detección. El estado resultante de esta solicitud sería el siguiente:

$A=\begin{bmatrix}1 & 0\\0 & 1\end{bmatrix}$ $S=\begin{bmatrix}0 & 1\\0 & 0\end{bmatrix}$ $D=[0\ 0]$

A continuación, se aplica el algoritmo de detección:

1. Se puede reducir por P_2 ya que $S[1]\le D$ ($[0\ 0]\le[0\ 0]$), dando como resultado:
   ```
   D = D + A[1] = [0 0] + [0 1] = [0 1]
   ```

2. Se puede reducir por P_1 ya que $S[0]\le D$ ($[0\ 1]\le[0\ 1]$), dando como resultado:
   ```
   D = D + A[1] = [0 1] + [1 0] = [1 1]
   ```

No hay interbloqueo: se asigna el recurso pedido.

A continuación, se estudia la cuarta petición:

```
P2: Reserva(C)
```

Como el recurso no está disponible hay que aplicar el algoritmo de detección al estado resultante de aceptar esa solicitud:

$A=\begin{bmatrix}1 & 0\\0 & 1\end{bmatrix}$ $S=\begin{bmatrix}0 & 1\\1 & 0\end{bmatrix}$ $D=[0\ 0]$

Cuando se evalúa el estado resultante, se comprueba que no se puede reducir por ningún proceso, por lo que no esa petición llevaría al interbloqueo a los dos procesos. Por tanto, se aplicaría una política de recuperación que podría consistir en abortar el segundo proceso haciendo que libere el recurso que posee.

Ejercicio 6.5

Sea un sistema donde existen 2 recursos diferentes (C, una cinta, e I, una impresora) y 2 procesos (P1 y P2) que usan ambos recursos. Suponiendo que los procesos ejecutan en el siguiente orden:

```
P1: Reserva(C)
P2: Reserva(I)
```

```
P1: Reserva(I)
P2: Reserva(C)
```

Aplique el algoritmo de predicción del banquero a la siguiente secuencia, determinando qué operación llevaría al sistema a un estado inseguro. Suponga que los procesos no tienen más necesidades de recursos que las reflejadas en la secuencia de ejecución planteada.

Solución

Nótese que se trata de un ejercicio con las mismas características que el anterior pero que usa un algoritmo de predicción en vez de uno de detección. Compare ambas soluciones para entender la diferencia entre ambas estrategias.

En primer lugar, se construyen las estructuras de datos correspondientes al estado inicial:

$$A= \begin{bmatrix} 0 & 0 \\ 0 & 0 \end{bmatrix} \quad N= \begin{bmatrix} 1 & 1 \\ 1 & 1 \end{bmatrix} \quad D= \begin{bmatrix} 1 & 1 \end{bmatrix}$$

A continuación, se analiza la primera petición:

```
P1: Reserva(C)
```

El estado al que conduciría aceptar esta solicitud sería:

$$A= \begin{bmatrix} 1 & 0 \\ 0 & 0 \end{bmatrix} \quad N= \begin{bmatrix} 0 & 1 \\ 1 & 1 \end{bmatrix} \quad D= \begin{bmatrix} 0 & 1 \end{bmatrix}$$

Hay que comprobar si el estado es seguro:

o Se puede reducir por P_1 ya que `N[0]`≤D (`[0 1]`≤`[0 1]`), dando como resultado:

    O `D = D + A[0] = [0 1] + [1 0] = [1 1]`

o Se puede reducir por P_2, lo que era predecible puesto que siempre se cumple cuando sólo queda un proceso por reducir.

El estado es seguro: se asigna el recurso pedido.

A continuación, se estudia la segunda petición:

```
P2: Reserva(I)
```

El estado al que conduciría aceptar esta solicitud sería:

$$A= \begin{bmatrix} 1 & 0 \\ 0 & 1 \end{bmatrix} \quad N= \begin{bmatrix} 0 & 1 \\ 1 & 0 \end{bmatrix} \quad D= \begin{bmatrix} 0 & 0 \end{bmatrix}$$

Cuando se evalúa el estado resultante, se comprueba que no es seguro, ya que no se puede reducir por ningún proceso al no haber recursos disponibles, por lo que no se concede la petición y se bloquea al proceso, aunque esté disponible el recurso solicitado. Por tanto, la segunda petición, si fuera otorgada, causaría que el sistema entrara en un estado inseguro.

Ejercicio 6.6

El problema de la inanición y el de los interbloqueos se tratan en algunos textos de forma conjunta. Analice qué similitudes y diferencias existen entre estos dos problemas. Muestre ejemplos de las siguientes posibilidades:

    a) Una situación donde se produzca inanición pero no haya interbloqueo.
    b) Una situación donde se produzca inanición e interbloqueo.

Solución

Un estado de inanición corresponde con una situación en la que un proceso que intenta usar un recurso se ve indefinidamente relegado por otros procesos sin poder, por tanto, hacer uso del mismo. Cuando se produce un interbloqueo, los procesos involucrados sufren, evidentemente, inanición. Sin embargo, lo contrario no es siempre cierto: uno o más procesos pueden sufrir inanición sin estar afectados por un interbloqueo.

Una situación típica de inanición sucede cuando se usan prioridades a la hora de gestionar las solicitudes de uso de un determinado recurso (por ejemplo, el procesador dentro de la estrategia de planificación de procesos del S.O.). Un proceso de muy baja prioridad puede ver indefinidamente postergada su solicitud de uso de un recurso.

A continuación, siguiendo lo solicitado en el enunciado del ejercicio, se plantean ejemplos de una situación donde se produzca inanición y haya interbloqueo y otra en la que no lo haya. Como ámbito de los ejemplos, se ha elegido el correspondiente con las soluciones al problema de la sección crítica usando variables globales compartidas.

En el primer ejemplo, se plantea una posible solución a dicho problema para dos procesos, que resuelve el problema, pero puede producir interbloqueo y, por tanto, inanición.

```
Proceso P₁                      Proceso P₂

entrando_1=true;                entrando_2=true;

while (entrando_2);             while (entrando_1);

Sección crítica                 Sección crítica

entrando_1=false;              entrando_2=false;
```

Si se produce la siguiente secuencia de ejecución:

1.   P₁: entrando_1=true;
2.   P₂: entrando_2=true;
3.   P₁: while (entrando_1); // Se queda en el bucle
4.   P₁: while (entrando_2); // Se queda en el bucle

Hay un interbloqueo. Nótese que, aunque los procesos se queden haciendo espera activa, se trata de un interbloqueo con la consiguiente inanición.

El segundo ejemplo plantea una solución para cualquier número de procesos basada en el uso de una primitiva hardware de actualización atómica de memoria del tipo *TestAndSet*:

```
Proceso P₁

while (TestAndSet(turno)==1);

Sección crítica

turno=0;
```

En este caso no puede haber interbloqueo, pero sí inanición ya que puede suceder que un proceso realizando la operación de *TestAndSet* nunca pueda progresar debido a que siempre se le "cuelen" otros procesos.

Ejercicio 6.7

Si en una operación de petición de recursos no están disponibles todos los recursos solicitados, se bloquea el proceso sin reservar ninguno de ellos. Analice qué ocurriría si, ante una petición de múltiples recursos, el sistema fuera asignando los recursos al proceso según se fueran quedando disponibles, desbloqueando al proceso cuando todos estén asignados al mismo. Dicho de otra forma, estudie si $S(U_1, \ldots, U_n)$ es equivalente a $S(U_1) + \ldots + S(U_n)$.

Solución

Como se explicó en la revisión teórica previa, una solicitud de operación sólo se satisface cuando todos los recursos están disponibles. Se trata, por tanto, de un comportamiento de tipo *todo-o-nada* (*Y lógico*): hasta que no estén disponibles todos los recursos pedidos no se asigna ninguno.

El enunciado plantea analizar qué repercusiones tendría usar un modelo alternativo de tipo *O lógico*: aunque no estén disponibles todos los recursos solicitados, se van asignado incrementalmente según lo vayan estando.

Esta nueva estrategia aumenta la probabilidad de que aparezcan interbloqueos al no realizarse la asignación de forma atómica. Con este modo de operación, dentro de una única operación de solicitud puede ocurrir una situación de retención y espera (una de las condiciones necesarias para que haya interbloqueo), cosa que no ocurre en el modelo tradicional. Para ilustrar este problema, considérese el siguiente ejemplo:

Proceso P₁	Proceso P₂
Solicita(A,B)	Solicita(A)
	Solicita(B)

1. P₁: solicita(A)   // obtiene A
2. P₁: solicita(A,B) // obtiene B pero se bloquea por B
3. P₂: solicita(B)   // se produce un interbloqueo

Debido al modelo de asignación incremental, en el segundo paso se reserva B, con lo que P₁ pasa a un estado de retención y espera. Con el modo de operación tradicional no habría interbloqueos produciéndose la siguiente secuencia de ejecución:

1. P₂: solicita(A)   // obtiene A
2. P₁: solicita(A,B) // se bloquea sin reservar nada
3. P₂: solicita(B)   // obtiene B

Ejercicio 6.8

Plantee un ejemplo de interbloqueos entre procesos que se comunican usando tuberías.

Solución

Se plantea un ejemplo donde hay tres procesos (el proceso padre y dos procesos hijos) y tres tuberías (*pipe1*, *pipe2* y *pipe3*). La traza de ejecución de cada proceso es la siguiente:

Primer proceso hijo:
```
    Escribe en pipe1 un mensaje de tamaño TAM
    Escribe en pipe2 un mensaje de tamaño TAM
    Escribe en pipe3 un mensaje de tamaño TAM
```
Segundo proceso hijo:
```
    Escribe en pipe2 un mensaje de tamaño TAM
    Escribe en pipe1 un mensaje de tamaño TAM
    Escribe en pipe3 un mensaje de tamaño TAM
```
Proceso padre:
```
    Lee de pipe3 un mensaje de tamaño TAM
    Lee de pipe2 un mensaje de tamaño TAM
    Lee de pipe1 un mensaje de tamaño TAM
    Lee de pipe3 un mensaje de tamaño TAM
    Lee de pipe2 un mensaje de tamaño TAM
    Lee de pipe1 un mensaje de tamaño TAM
```

Antes de pasar a explicar en qué situaciones puede producirse un interbloqueo, recuerde que un proceso que usa una tubería puede bloquearse en 2 situaciones:

- En una lectura de la tubería, si no hay datos en la misma y hay al menos un proceso que tiene abierto un descriptor de escritura asociado a la tubería.
- En una escritura, si los datos que se pretende escribir no caben en la tubería.

Hay un primer escenario de interbloqueo bastante evidente. Si el tamaño del mensaje que se escribe es mayor que el tamaño de la tubería (o sea, TAM>PIPE_BUF, típicamente 4096 bytes), los dos procesos hijos se quedarán bloqueados en su primera escritura en *pipe1* y *pipe2*, respectivamente, produciéndose un interbloqueo, ya que el proceso padre no leerá de esas tuberías hasta que un proceso hijo escriba algo en *pipe3*. Nótese que este interbloqueo se produce siempre, con independencia del orden en que ejecuten los procesos.

Además de este escenario de interbloqueo tan obvio, pueden ocurrir otro tipo de situaciones más sutiles, donde el interbloqueo se produce sin que los procesos tengan que hacer escrituras que tengan un tamaño mayor que la tubería y que pueden suceder o no, dependiendo del orden en que se ejecuten las diferentes escrituras sobre las tuberías.

Si los procesos usan un tamaño de mensaje mayor que la mitad del tamaño de una tubería (típicamente, mayor de 2048 bytes) y se produce la siguiente traza de ejecución:

Padre: Lee de pipe3 y se bloquea ya que está vacío
Primer hijo: Escribe en pipe1
Segundo hijo: Escribe en pipe2
Segundo hijo: Escribe en pipe1 y se bloquea ya que el mensaje no cabe en la tubería
Primer hijo: Escribe en pipe2 y se bloquea ya que el mensaje no cabe en la tubería

Hay una situación de interbloqueo. El programa que se muestra a continuación implementa el ejemplo propuesto. Para analizar las distintas situaciones, se pueden realizar las siguientes pruebas:

- Ejecutarlo especificando un tamaño mayor que el de la tubería (por ejemplo, 5.000 bytes), para probar el primer caso de interbloqueo planteado.
- Ejecutarlo especificando un tamaño mayor que el de la mitad de la tubería (por ejemplo, 3.000 bytes). Primero, se ejecutará comentando la línea que define la constante DORMIR, con lo que probablemente no habrá interbloqueo, y luego se ejecutará con esa línea, lo que fuerza la situación de interbloqueo comentada previamente.

```c
#include <unistd.h>
#include <stdio.h>
#include <stdlib.h>
#include <sys/wait.h>

#define DORMIR // Para forzar el escenario de interbloqueo

int main(int argc, char **argv) {
    char *buffer;
    int tam;
    int i;
    int pipe1[2];
    int pipe2[2];
    int pipe3[2];

    if (argc!=2) {
        fprintf(stderr, "Uso: %s tamaño\n", argv[0]);
        return 1;
    }

    /* tamaño de los mensajes escritos en las tuberías */
    tam=atoi(argv[1]);
    /* reserva espacio para el mensaje */
    buffer=malloc(tam);

    /* se crean las tuberías */
    pipe(pipe1);
    pipe(pipe2);
    pipe(pipe3);

    /* se crean los hijos */
    if (fork()==0) {
        /* primer hijo: escribe en pipe1, pipe2 y pipe3 */
        close(pipe1[0]); close(pipe2[0]); close(pipe3[0]);
        write(pipe1[1], buffer, tam);
        printf("Hijo 1 ha escrito en pipe1\n");

#ifdef DORMIR
        sleep(2); // Para forzar el escenario de interbloqueo
#endif

        write(pipe2[1], buffer, tam);
        printf("Hijo 1 ha escrito en pipe2\n");
```

```
            write(pipe3[1], buffer, tam);
            printf("Hijo 1 ha escrito en pipe3\n");
            exit(0);
      }
      if (fork()==0) {
            /* segundo hijo: escribe en pipe2, pipe1 y pipe3 */
#ifdef DORMIR
            sleep(1); // Para forzar el escenario de interbloqueo
#endif
            close(pipe1[0]); close(pipe2[0]); close(pipe3[0]);
            write(pipe2[1], buffer, tam);
            printf("Hijo 2 ha escrito en pipe2\n");
            write(pipe1[1], buffer, tam);
            printf("Hijo 2 ha escrito en pipe1\n");
            write(pipe3[1], buffer, tam);
            printf("Hijo 2 ha escrito en pipe3\n");
            exit(0);
      }
      /* el padre lee 2 veces de pipe3, pipe2 y pipe1 */
      close(pipe1[1]); close(pipe2[1]); close(pipe3[1]);

      for (i=0; i<2; i++) {
          read(pipe3[0], buffer, tam);
          printf("Padre ha leído %d veces del pipe3\n", i+1);
          read(pipe2[0], buffer, tam);
          printf("Padre ha leído %d veces del pipe2\n", i+1);
          read(pipe1[0], buffer, tam);
          printf("Padre ha leído %d veces del pipe1\n", i+1);
      }
      /* espera que terminen los hijos */
      wait(NULL); wait(NULL);

      return 0;
}
```

Ejercicio 6.9

Identifique por qué motivo no es coherente el siguiente estado de asignación de recursos.

$$A= \begin{bmatrix} 2 & 0 & 0 \\ 0 & 2 & 0 \\ 0 & 2 & 0 \end{bmatrix} \quad S= \begin{bmatrix} 0 & 1 & 2 \\ 1 & 0 & 0 \\ 0 & 0 & 0 \end{bmatrix} \quad E= [2\ 3\ 2] \quad D= [0\ 0\ 2]$$

Solución

La segunda columna de la matriz de asignación A indica que hay 4 unidades asignadas del segundo recurso, pero el vector de recursos existentes E refleja que en el sistema sólo hay 3 recursos de este tipo.

Ejercicio 6.10

Identifique por qué motivo no es coherente el siguiente estado de asignación de recursos.

$$A= \begin{bmatrix} 2 & 0 & 0 \\ 0 & 1 & 0 \\ 0 & 2 & 0 \end{bmatrix} \quad S= \begin{bmatrix} 1 & 1 & 2 \\ 1 & 0 & 0 \\ 0 & 0 & 0 \end{bmatrix} \quad E= [2\ 3\ 2] \quad D= [0\ 0\ 2]$$

Solución

El primer proceso tiene asignadas 2 unidades del primer recurso (A[0,0]) y ha solicitado una tercera unidad (S[0,0]). Sin embargo, esa solicitud es errónea ya que sólo hay 2 unidades de ese recurso en el sistema (E[0]).

Ejercicio 6.11

Supóngase un sistema con un único tipo de recurso que consta de múltiples unidades. En este sistema se ejecutan P procesos tal que cada uno de ellos puede necesitar K unidades del recurso. ¿Cuántas unidades del recurso (U) deben existir como mínimo para asegurar que no puede haber interbloqueo?

Solución

Para que no haya interbloqueo, en el peor de los casos, al menos uno de los procesos debe conseguir todos sus recursos, aunque los P-1 restantes no hayan podido satisfacer todas sus necesidades. Cuando ese proceso termine, devolverá los recursos que tenía asignados, lo que permitirá que otro proceso satisfaga sus requisitos y así sucesivamente.

Para ilustrar el problema se va a empezar considerando dos posibles valores tentativos para U:

*   Si el número de unidades fuera igual a P*K, no habría interbloqueos, ya que habría suficientes recursos para satisfacer las necesidades de todos los procesos.
*   Si el número de unidades fuera igual a P*(K-1), podría haber un interbloqueo, ya que en el peor de los casos podría ocurrir que cada proceso obtuviera (K-1) recursos quedándose todos los procesos bloqueados al no poder satisfacer ninguna todas sus necesidades.

A partir de este análisis, se puede deducir que sería suficiente con que hubiera una unidad más del recurso para eliminar en cualquier caso la posibilidad de interbloqueo. Por tanto, el valor de U debería cumplir esta restricción:

```
U ≥ P*(K-1) + 1
```

Ejercicio 6.12

Supóngase un sistema con un único tipo de recurso con U unidades disponibles donde se ejecutan P procesos que utilizan el mismo número de unidades del recurso. ¿Cuál es el número máximo de unidades (K) que puede solicitar cada proceso de manera que se asegure que no puede haber interbloqueo?

Solución

Para responder a esta cuestión es sólo necesario usar la fórmula desarrollada en el ejercicio anterior, despejando el término K:

```
K ≤ (U-1)/P + 1
```

Por tanto, el máximo sería:

```
K = (U-1)/P + 1
```

siendo la división de tipo entera (trunca la parte decimal).

Ejercicio 6.13

Supóngase un sistema con un único tipo de recurso con U unidades disponibles donde se ejecutan procesos tal que cada uno de ellos puede necesitar K unidades del recurso. ¿Cuál es el número máximo de procesos (P) que puede existir de forma que se asegure que no puede haber interbloqueo?

Solución

Para responder a esta cuestión es sólo necesario usar la fórmula desarrollada en el ejercicio anterior, despejando el término P:

```
P ≤ (U-1)/(K-1)
```

Por tanto, el máximo sería:

```
P = (U-1)/(K-1)
```

siendo la división de tipo entera (trunca la parte decimal).

Ejercicio 6.14

Supóngase un sistema con dos tipos de recursos con 3 unidades disponibles de cada uno de ellos. En este sistema se ejecutan procesos tal que cada uno de ellos necesita 1 unidad de cada tipo de recurso. ¿Cuál es el número máximo de procesos que puede existir de forma que se asegure que no puede haber interbloqueo?

Solución

Si en el sistema existieran 6 procesos, podría darse un interbloqueo puesto que, en el peor de los casos, tres procesos tendrían asignados los tres recursos de un tipo, y los otros tres procesos tendrían los tres del otro tipo. De esta forma, ninguno de los seis podría satisfacer sus necesidades de un recurso de cada tipo.

Con 5 procesos, cada proceso tendría un recurso (3 de un tipo y 2 del otro tipo). Por tanto, al quedar libre un recurso de segundo tipo, uno de los tres procesos que tiene un recurso del primer tipo podría conseguirlo y satisfacer todas sus necesidades, devolviendo cuando lo considere oportuno los recursos, que permitirán que otro continúe su ejecución, y así sucesivamente.

Nótese que si se aplica la fórmula del ejercicio anterior a los datos del enunciado (6 unidades, cada proceso requiere 2):

```
P = (U-1)/(K-1) = 5/1 = 5 procesos
```

Se obtiene el resultado deducido previamente, incluso aunque está fórmula estaba desarrollada para situaciones donde todos los recursos son del mismo tipo. Por tanto, la existencia de dos tipos de recursos no ha afectado en el resultado.

Ejercicio 6.15

Sea un sistema con tres procesos y cuatro recursos (A, B, C y D). Cada proceso utiliza tres de estos recursos: el primer proceso A, B y C, el segundo B, C y D, y el tercero A, B y D. El primer proceso solicita los recursos en el orden ABC. El segundo en el orden BCD. Analice cuáles de los posibles órdenes de solicitud de recursos por parte del tercer proceso (o sea, ABD, DBA,...) pueden generar interbloqueos.

Solución

Para que haya interbloqueo debe existir la posibilidad de que se establezca una espera circular entre los procesos. Si todos los procesos solicitan los recursos usando el mismo tipo de orden (en este caso, un orden alfabético), no podrá haber nunca interbloqueos. De hecho, en eso se basa la estrategia de prevención correspondiente al método de las peticiones ordenadas.

Por tanto, cualquier secuencia de petición del tercer proceso que respete dicho orden alfabético no causará interbloqueo. Sin embargo, una secuencia que no lo mantenga puede producir un interbloqueo. Como ejemplo, suponiendo que el tercer proceso genera una secuencia de peticiones CAB, la secuencia de ejecución que lleva al interbloqueo es la siguiente:

1. P_1: solicita(A) // obtiene A
2. P_1: solicita(B) // obtiene B
3. P_1: solicita(C) // obtiene C
4. P_3: solicita(A) // se bloquea
5. P_1: solicita(C) // se bloquea

Ejercicio 6.16

Demuestre que la presencia de un ciclo en un grafo de asignación de recursos es una condición necesaria pero no suficiente para que exista un interbloqueo.

Solución

Se puede demostrar mediante un contraejemplo. En el siguiente ejemplo se muestra una situación en la que el grafo de asignación de recursos contiene un ciclo pero no corresponde con un estado de interbloqueo.

Supóngase que en un sistema con 3 recursos R_1 (2 unidades), R_2 (3 unidades) y R_3 (2 unidades), se ejecutan tres procesos que realizan la siguiente traza de peticiones:

1. P_1: `solicita(R₁[2])`   → solicita 2 unidades del recurso R_1
2. P_2: `solicita(R₂[1])`
3. P_2: `solicita(R₁[1])`   → se bloquea
4. P_3: `solicita(R₂[1])`
5. P_3: `solicita(R₂[1])`
6. P_1: `solicita(R₂[1],R₃[2])` → se bloquea

El grafo de asignación resultante es el siguiente:

- $N=\{P_1, P_2, P_3, R_1(2), R_2(3), R_3(2)\}$
- $A=\{R_1{\rightarrow}P_1, R_1{\rightarrow}P_1, R_2{\rightarrow}P_2, P_2{\rightarrow}R_1, R_2{\rightarrow}P_3, R_2{\rightarrow}P_3, P_1{\rightarrow}R_2, P_1{\rightarrow}R_3, P_1{\rightarrow}R_3\}$

La figura muestra la representación gráfica de este grafo resultante.

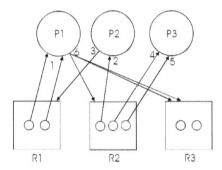

En el ejemplo se puede identificar el ciclo: P1 está esperando por un recurso que mantiene P2 que, a su vez, está esperando por un recurso asignado a P1. Sin embargo, no hay interbloqueo, como se puede comprobar identificando la siguiente secuencia de reducciones:

- Se puede reducir el estado por P_3 que no está pendiente de ningún recurso. Se liberan dos unidades de R_2.
- Gracias a esas dos unidades, se puede reducir por P_1 ya que están disponibles todos los recursos que necesita (2 unidades de R_3 y una de R_2). Como resultado de la reducción, se liberan dos unidades de R_1.
- Se produce la reducción por P_2 puesto que ya está disponible la unidad de R_1 que necesitaba.

Dado que la secuencia de reducciones (P_3, P_1 y P_2) incluye a todos los procesos, el sistema está libre de interbloqueos.

Ejercicio 6.17

Demuestre que si no existe un ciclo en un grafo de asignación de recursos el sistema se puede reducir.

Solución

La demostración es casi directa. Para que haya un interbloqueo, deben cumplirse las cuatro condiciones de Coffman. La cuarta condición, la espera circular, requiere que haya un ciclo en el grafo. Por tanto, si no hay un ciclo, no hay interbloqueo, por lo que el sistema debe poder reducirse.

Ejercicio 6.18

Demuestre que el algoritmo de prevención basado en la ordenación de recursos asegura que no se producen interbloqueos.

Solución

Se puede demostrar mediante reducción al absurdo. Supóngase, por tanto, que, en un sistema que usa el algoritmo de prevención basado en la petición ordenada de recursos, hay un interbloqueo que afecta a un conjunto de N procesos. Existirá, por tanto, una cadena de espera circular: $P_1, ..., P_n$, tal que P_i tiene el recurso R_p y está bloqueado esperando poder usar un recurso R_q que posee P_{i+1}, que a su vez espera por un recurso que tiene P_{i+2}, y así sucesivamente, hasta P_n que está esperando por un recurso que posee P_1. Debido al uso de la estrategia de petición ordenada de recursos, se debe cumplir que el recurso que posee un determinado proceso debe tener asignado un orden menor que el recurso que está esperando, ya que si lo tiene es porque lo ha pedido antes. Por tanto, se cumple que al recurso que tiene asignado un proceso de la cadena de espera (aquél por el cual está esperando el anterior proceso) le corresponde un número de orden inferior al que posee el recurso que tiene el siguiente proceso. Sin embargo, esto implicaría una contradicción ya que se deberían satisfacer dos propiedades incompatibles:

- El recurso R_p que posee P_i debe de tener asignado un número de orden mayor que el que posee P_n ya que P_n está esperando por R_p.
- El recurso que posee P_n debe de tener asignado un número de orden mayor que el que tiene P_{n-1} y éste, a su vez, mayor que el que posee P_{n-2} y, así, sucesivamente, hasta P_2 que tendrá asignado un recurso con un número de orden mayor que P_1. Por tanto, el recurso que posee P_n debe de tener asignado un número de orden mayor que el que posee P_1.

Se llega a una contradicción que demuestra por reducción al absurdo que no puede haber un interbloqueo si se utiliza una estrategia de prevención basada en la petición ordenada de recursos.

Ejercicio 6.19

Demuestre formalmente que no se puede producir un interbloqueo entre procesos POSIX que ejecuten la llamada `wait`.

Solución

Se puede demostrar mediante reducción al absurdo. Supóngase, por tanto, que, en un sistema existe un conjunto de N procesos tal que están implicados en un interbloqueo debido a que cada uno está esperando la terminación (`wait`) de otro proceso del grupo. Existirá, por tanto, una cadena de espera circular: $P_1, ..., P_n$, tal que P_i está bloqueado esperando que termine P_{i+1}, que a su vez estará esperando por P_{i+2}, y así sucesivamente, hasta P_n que está esperando por P_1. Dada la semántica de la primitiva `wait` de POSIX, para que un proceso pueda esperar por otro tiene que ser su padre. Esto implica que P_i es padre de P_2, que a su vez es padre de P_3 (P_3 es nieto de P_1), así, sucesivamente, hasta P_n, donde se produce una contradicción, ya que, por un lado, debe ser hijo de P_{n-1} (por tanto, descendiente de P_1), pero, por otro lado, debe de ser padre de P_1. Con lo que queda demostrado que no puede haber interbloqueos en esta situación.

Ejercicio 6.20

Demuestre que se puede producir un interbloqueo entre *threads* POSIX que ejecuten la llamada `pthread_join`.

Solución

Dado que cualquier *thread* puede esperar la terminación de cualquier otro *thread* del mismo programa, puede darse un interbloqueo entre N *threads* si se produce una situación en la que cada *thread* está esperando (`pthread_join`) la terminación de otro, produciéndose una cadena de espera circular. Ningún *thread* puede terminar ya que están todos bloqueados en `pthread_join` y, por tanto, continuarán indefinidamente en ese estado de interbloqueo.

Ejercicio 6.21

Demuestre que un estado de interbloqueo es un estado inseguro.

Solución

Si hay interbloqueo, ocurre que no se ha podido satisfacer la última petición de ninguno de los procesos implicados en el mismo, quedando bloqueados. Si no se ha podido cumplir con la última solicitud de esos procesos, menos aún se podrán satisfacer las necesidades máximas de los mismos, ya que éstas son más exigentes (o, como mínimo, iguales), pues incluyen a la última solicitud que causó el bloqueo. En resumen, si el estado no se puede reducir para los procesos involucrados en el interbloqueo teniendo en cuenta las solicitudes realmente realizadas por los mismos (algoritmo de detección), tampoco se podrá reducir para dichos procesos teniendo en cuenta las necesidades máximas (algoritmo de predicción).

Ejercicio 6.22

Razone por qué motivo un sistema inicialmente está en estado seguro.

Solución

En el estado inicial no hay recursos asignados (matriz A con todos los valores igual a 0) y los recursos disponibles corresponden con todos los existentes. Por tanto, si el estado no se puede reducir por un determinado proceso, significa que las necesidades de ese proceso no se pueden cubrir con todos los recursos existentes, lo que implica un error ya que el proceso pretende usar más recursos de los que hay realmente en el sistema.

Ejercicio 6.23

Demuestre que no es posible que un sistema evolucione de un estado inseguro a uno seguro, a no ser que se libere algún recurso.

Solución

Si el sistema está en un estado inseguro, significa que hay uno o más procesos a los que, dadas sus necesidades, no se les puede aplicar la reducción (sus necesidades no pueden ser cumplidas por los recursos que van quedando disponibles según se aplican las distintas reducciones en el algoritmo que determina si un estado es seguro). Si, estando el sistema en este estado, se concede una nueva petición a un proceso P, el sistema seguirá en estado inseguro ya que seguirá sin ser posible aplicar la reducción a los mismos procesos que antes (incluso puede que tampoco sea posible aplicársela a otros procesos adicionales). Para aclarar esta afirmación, conviene distinguir dos casos:

- El proceso P no podía reducirse en el estado inseguro previo. Tampoco lo podrá hacer ahora ya que, aunque han disminuido sus necesidades pendientes de satisfacer, también lo han hecho, y en la misma cantidad, los recursos disponibles en el sistema.
- El proceso P podía reducirse en el estado inseguro previo. En el mejor de los casos, seguirá pudiendo reducirse en el nuevo estado (podría ocurrir que no, pero ese caso confirmaría directamente la afirmación de que el estado resultante es inseguro). Sin embargo, después de aplicarle la reducción dejará el mismo número de recursos disponibles que al hacerlo en el estado anterior (los recursos concedidos a P se han añadido en la fila correspondiente de la matriz de asignación pero se han restado del vector de disponibles, por lo que el efecto combinado deja las cosas igual), con lo que, en el mejor de los casos, seguirán sin poder reducirse los mismos procesos.

Evidentemente, la liberación de recursos sí puede hacer que el estado transite de inseguro a seguro. Para verlo de forma contundente, nótese que si, estando el sistema en estado inseguro, los procesos liberarán en un momento dado todos los recursos que poseen, se volvería al estado inicial, que, como se analiza en el ejercicio 6.22, es seguro.

Ejercicio 6.24

Considere un sistema con 3 recursos R_1, R_2 y R_3 compuestos todos ellos de un solo ejemplar, donde se ejecutan cuatro procesos que realizan la siguiente traza de peticiones:

1. P_1: solicita(R_1)
2. P_2: solicita(R_2)
3. P_2: solicita(R_1)
4. P_3: solicita(R_2)
5. P_4: solicita(R_1)
6. P_3: solicita(R_3)

Se pretende comparar el uso de un algoritmo de detección y uno de predicción, suponiendo en este último caso que los procesos no tienen más necesidades de recursos que las reflejadas en la secuencia de ejecución planteada. Utilice una representación mediante un grafo.

Solución

a) Se analiza la evolución del sistema si se usa un algoritmo de detección. Previamente, hay que resaltar que, dado que se trata de un sistema con un único ejemplar por cada recurso, basta con detectar que hay un ciclo en el grafo para saber que hay un interbloqueo.

1. P_1: solicita(R_1)
Como el recurso está disponible, se le asigna al proceso.

2. P_2: solicita(R_2)
Como el recurso está disponible, se le asigna al proceso.

3. P_2: solicita(R_1)
Como el recurso no está disponible, hay que ejecutar el algoritmo de detección sobre el grafo resultante:

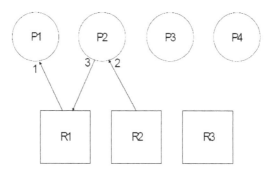

Dado que no hay un ciclo, no hay interbloqueo y, por tanto, se concede la petición.

4. P_3: solicita(R_2)
Como el recurso no está disponible, hay que ejecutar el algoritmo de detección sobre el grafo resultante:

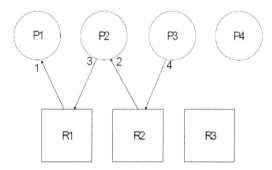

Dado que no hay un ciclo, no hay interbloqueo y, por tanto, se concede la petición.

5. P₁: `solicita(R₁)`

Como el recurso está disponible, se le asigna al proceso.

6. P₁: `solicita(R₂)`

Como el recurso no está disponible, hay que ejecutar el algoritmo de detección sobre el grafo resultante:

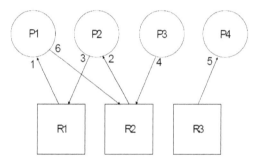

Hay un ciclo, por tanto, existe un interbloqueo que afecta a los procesos P₁, P₂ y P₃. Por tanto, se aplicaría una política de recuperación que podría consistir en abortar un proceso involucrado (por ejemplo, P₁) haciendo que libere el recurso que posee.

b) Se analiza la evolución del sistema si se usa un algoritmo de prevención. Nótese que en este caso hay que tener en cuenta también las aristas que marcan las futuras necesidades de los procesos (marcadas en las figuras con líneas discontinuas), aunque todavía no hayan sido solicitadas. Hay que resaltar que, dado que se trata de un sistema con un único ejemplar por cada recurso, basta con detectar que hay un ciclo en el grafo de necesidad para saber que el estado es inseguro. El estado inicial del sistema es el siguiente:

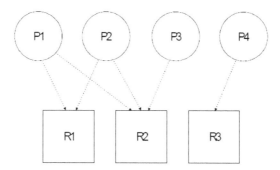

Se trata de un estado seguro ya que no hay un ciclo en el grafo que expresa las necesidades. A continuación, se analiza la secuencia de peticiones:

1. P₁: solicita(R₁)

   Se calcula el nuevo estado provisional y se comprueba si es seguro:

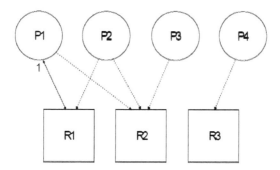

Se trata de un estado seguro ya que no hay un ciclo en el grafo, por tanto, se concede la petición.

2. P₂: solicita(R₂)

   Se calcula el nuevo estado provisional y se comprueba si es seguro:

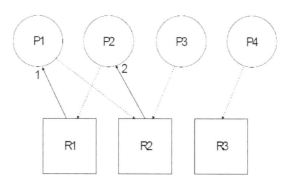

Hay un ciclo, luego el estado es inseguro. No se concede la petición bloqueando al proceso y restaurando el estado previo. Por tanto, P₂ ha quedado bloqueado con lo que no puede generarse la siguiente petición de la traza.

4. `P₃: solicita(R₂)`

Se calcula el nuevo estado provisional y se comprueba si es seguro:

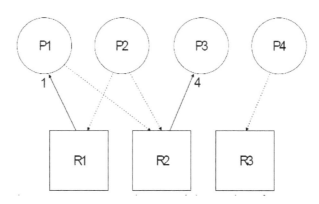

Se trata de un estado seguro ya que no hay un ciclo en el grafo, por tanto, se concede la petición.

5. `P₄: solicita(R₃)`

Se calcula el nuevo estado provisional y se comprueba si es seguro:

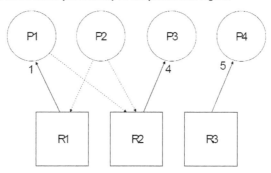

Se trata de un estado seguro ya que no hay un ciclo en el grafo, por tanto, se concede la petición.

6. `P₁: solicita(R₂)`

Como el recurso no está disponible, se bloquea el proceso sin activar el algoritmo de predicción. Nótese que el algoritmo de predicción se activa sólo cuando el recurso está disponible, justo al contrario que el algoritmo de detección. El estado final después de la traza planteada es el siguiente:

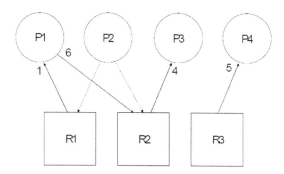

Nótese que los procesos P_1 y P_2 han quedado bloqueados: el primero por la falta del recurso solicitado, mientras que el segundo por el algoritmo de predicción. El haber parado a dicho proceso en ese punto ha evitado el interbloqueo que pudo analizarse en el ejercicio anterior.

Ejercicio 6.25

Compruebe mediante el algoritmo del banquero que el siguiente estado de asignación de recursos es seguro.

$$A= \begin{bmatrix} 1 & 1 & 0 \\ 0 & 1 & 2 \\ 1 & 0 & 0 \end{bmatrix} \qquad N= \begin{bmatrix} 3 & 0 & 2 \\ 2 & 2 & 0 \\ 1 & 1 & 2 \end{bmatrix} \qquad D= [2 \ 1 \ 2]$$

Solución

A continuación, se aplica el algoritmo que comprueba si el estado es seguro:

1. Estado inicial: $S=\varnothing$
2. Se puede reducir por P_3 ya que $N[3] \leq D$ ($[1 \ 1 \ 2] \leq [2 \ 1 \ 2]$), dando como resultado:
   $$D = D + A[3] = [2 \ 1 \ 2] + [1 \ 0 \ 0] = [3 \ 1 \ 2]$$
3. Se añade el proceso a la secuencia de reducción: $S=\{P_3\}$ y se pasa a la siguiente iteración.
4. Reducción por P_1 dado que $N[1] \leq D$ ($[3 \ 0 \ 2] \leq [3 \ 1 \ 2]$), que da como resultado:
   $$D = D + A[1] = [3 \ 1 \ 2] + [1 \ 1 \ 0] = [4 \ 2 \ 2]$$
5. Se añade el proceso a la secuencia de reducción: $S=\{P_3, P_1\}$ y se pasa a la siguiente iteración.
6. Reducción por P_2 dado que $N[2] \leq D$ ($[2 \ 2 \ 0] \leq [4 \ 2 \ 2]$), que da como resultado:
   $$D = D + A[2] = [4 \ 2 \ 2] + [0 \ 1 \ 2] = [4 \ 3 \ 4]$$
7. Se añade el proceso a la secuencia de reducción: $S=\{P_3, P_1, P_2\}$ y se termina el bucle.
8. Como S incluye a todos los procesos, el estado del sistema es seguro.

Ejercicio 6.26

Resuelva el ejercicio anterior usando una representación mediante un grafo.

Solución

A continuación, se muestra el grafo de asignación de recursos en el que se marcan con líneas discontinuas las aristas de necesidad.

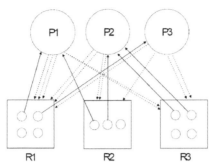

Para saber si el estado es seguro, se debe comprobar si hay interbloqueos en el grafo de asignación de recursos que usa aristas de necesidad en vez de aristas de solicitud. Hay que aplicar al grafo de necesidad un algoritmo de detección basado en el concepto de reducción. Se puede observar en la figura que se puede aplicar al tercer proceso una reducción, ya que están disponibles los recursos necesarios para satisfacer sus necesidades. Al aplicar la reducción, se libera una unidad del primer recurso, con lo que el grafo resultante es el siguiente:

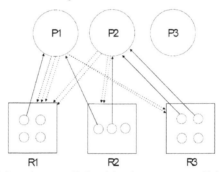

Esta situación permite satisfacer las necesidades del primer proceso aplicándole, por tanto, la reducción, que genera el siguiente estado:

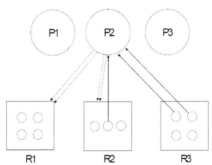

A continuación, se puede aplicar la reducción al segundo proceso ya que en esa fase del algoritmo ya están disponibles todos los recursos que requiere. Por tanto, no hay interbloqueo en el grafo de necesidad, lo que significa que el estado es seguro.

Comparándolo con el ejercicio anterior, se puede observar un paralelismo en la secuencia de reducciones, lo que no puede sorprender, ya que se trata de aplicar el mismo concepto a dos representaciones (grafo y matricial) equivalentes a todos los efectos.

Ejercicio 6.27

Supóngase que en el estado reflejado en el ejercicio 6.25, llega una solicitud de P_1 de una unidad de R_1. ¿Se concedería esta solicitud en un sistema que usa un algoritmo de prevención?

Solución

En primer lugar, dado que el recurso implicado en la petición está disponible, habría que calcular el estado provisional resultante de satisfacer esta solicitud:

$$A= \begin{bmatrix} 1 & 1 & 0 \\ 0 & 1 & 2 \\ 1 & 0 & 1 \end{bmatrix} \quad N= \begin{bmatrix} 3 & 0 & 2 \\ 2 & 2 & 0 \\ 1 & 1 & 1 \end{bmatrix} \quad D= \begin{bmatrix} 2 & 1 & 1 \end{bmatrix}$$

A continuación, habría que comprobar si el nuevo estado es seguro. El resultado de aplicar el algoritmo es el siguiente:

1. Estado inicial: $S=\varnothing$
2. Se puede reducir por P_3 ya que $N[3] \leq D$ ($[1\ 1\ 1] \leq [2\ 1\ 1]$), dando como resultado:
   $$D = D + A[3] = [2\ 1\ 1] + [1\ 0\ 1] = [3\ 1\ 2]$$
3. Se añade el proceso a la secuencia de reducción: $S=\{P_3\}$ y se pasa a la siguiente iteración.
4. Reducción por P_1 dado que $N[1] \leq D$ ($[3\ 0\ 2] \leq [3\ 1\ 2]$), que da como resultado:
   $$D = D + A[1] = [3\ 1\ 2] + [1\ 1\ 0] = [4\ 2\ 2]$$
5. Se añade el proceso a la secuencia de reducción: $S=\{P_3, P_1\}$ y se pasa a la siguiente iteración.
6. Reducción por P_2 dado que $N[2] \leq D$ ($[2\ 2\ 0] \leq [4\ 2\ 2]$), que da como resultado:
   $$D = D + A[2] = [4\ 2\ 2] + [0\ 1\ 2] = [4\ 3\ 4]$$
7. Se añade el proceso a la secuencia de reducción: $S=\{P_3, P_1, P_2\}$ y se termina el bucle.
8. Como S incluye a todos los procesos, el estado del sistema es seguro.

Por lo tanto, se aceptaría la petición consolidando el estado provisional como nuevo estado del sistema.

Ejercicio 6.28

Resuelva el ejercicio anterior usando una representación mediante un grafo.

Solución

En primer lugar, dado que el recurso implicado en la petición está disponible, habría que calcular el grafo provisional resultante de satisfacer esta solicitud:

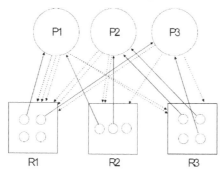

Para saber si el estado es seguro, de manera similar al ejercicio 6.26, se debe comprobar si hay interbloqueos en el grafo de asignación de recursos que usa aristas de necesidad en vez de aristas de solicitud. Dado que en dicho ejercicio, se mostró con detalle la aplicación del algoritmo de reducción, en este la explicación se realizará de una forma más condensada.

Se puede observar en la figura que se puede aplicar al tercer proceso una reducción, ya que están disponibles los recursos necesarios para satisfacer sus necesidades.

Al aplicar la reducción, se libera una unidad del primer recurso y otra del tercero, con lo que se pueden satisfacer las necesidades del primer proceso aplicándole, por tando, la reducción.

Por último, se puede aplicar la reducción al segundo proceso ya que en esa fase del algoritmo ya están disponibles todos los recursos que requiere. Por tanto, no hay interbloqueo en el grafo de necesidad, lo que significa que el estado es seguro y se concedería la petición.

Ejercicio 6.29

Supóngase que en el estado reflejado en el ejercicio 6.27, llega una solicitud de P_2 de una unidad de R_1. ¿Se concedería esta solicitud en un sistema que usa un algoritmo de prevención?

Solución

Puesto que el recurso implicado está disponible, habría que, en primer lugar, calcular el estado provisional resultante:

$$A = \begin{bmatrix} 1 & 1 & 0 \\ 1 & 1 & 2 \\ 1 & 0 & 1 \end{bmatrix} \qquad N = \begin{bmatrix} 3 & 0 & 2 \\ 1 & 2 & 0 \\ 1 & 1 & 1 \end{bmatrix} \qquad D = \begin{bmatrix} 1 & 1 & 1 \end{bmatrix}$$

Al aplicar al algoritmo que determina si el estado es seguro, el resultado sería el siguiente:

1. Estado inicial: $S = \varnothing$
2. Se puede reducir por P_3 ya que $N[3] \le D$ ($[1\ 1\ 1] \le [1\ 1\ 1]$), dando como resultado:
   $D = D + A[3] = [1\ 1\ 1] + [1\ 0\ 1] = [2\ 1\ 2]$
3. Se añade el proceso a la secuencia de reducción: $S = \{P_3\}$ y se pasa a la siguiente iteración.
4. No hay ningún P_i tal que $N[i] \le D$. Termina la ejecución del bucle.
5. Como S no incluye a todos los procesos, el estado del sistema no es seguro.

Por lo tanto, no se satisfaría la petición bloqueando al proceso y restaurando el estado anterior del sistema.

Ejercicio 6.30

Resuelva el ejercicio anterior usando una representación mediante un grafo.

Solución

En primer lugar, dado que el recurso implicado en la petición está disponible, habría que calcular el grafo provisional resultante de satisfacer esta solicitud.

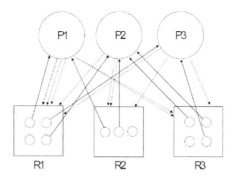

Para saber si el estado es seguro, de manera similar a los ejercicios 6.26 y 6.28, se debe comprobar si hay interbloqueos en el grafo de asignación de recursos que usa aristas de necesidad en vez de aristas de solicitud.

Se puede observar en la figura que se puede aplicar al tercer proceso una reducción, ya que están disponibles los recursos necesarios para satisfacer sus necesidades.

Sin embargo, al aplicar la reducción, en el estado resultante no es posible reducir ningún otro proceso como se puede apreciar en la figura:

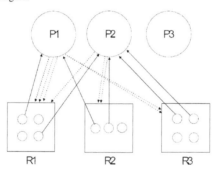

Al primer proceso le faltaría una unidad del primer recurso y al segundo proceso una del segundo. Por lo tanto, el estado del sistema no es seguro, por lo que no se satisfaría la petición bloqueando al proceso y restaurando el estado anterior del sistema.

Ejercicio 6.31

Desarrolle un algoritmo de detección de interbloqueos para mutex definiendo las estructuras de datos que debe usar el sistema operativo para llevarlo a cabo.

Solución

En primer lugar, es necesario definir las estructuras de datos del S.O. requeridas. En el BCP de cada proceso debería haber una lista de qué mutex posee (tiene "cerrados") ese proceso. Asimismo, en la estructura de datos que define el estado de un mutex, se debe guardar qué procesos están bloqueados a la espera de poder usar el mutex. Nótese que estas dos estructuras de datos no son más que una representación de un grafo de asignación de recursos.

Por lo que se refiere al algoritmo de detección, se ejecutará cada vez que un proceso realiza una llamada `lock` y se encuentra que el mutex está bloqueado por otro proceso. La detección del ciclo en el grafo se puede llevar a cabo siguiendo el algoritmo que se explica a continuación:

- Un proceso P solicita un `lock` sobre M y el sistema operativo detecta que lo posee otro proceso. Se arranca el algoritmo de detección de interbloqueos comenzando por el proceso P:
  1. Se obtiene qué mutex posee P.
  2. Por cada mutex, se averigua la lista de procesos que están esperando por el mismo.
  3. Se repiten los dos pasos anteriores para cada uno de los procesos de esta lista, y así sucesivamente.
- Este proceso repetitivo se aplica hasta que:
  o Aparece de nuevo el mutex M en el paso 1: hay un interbloqueo.
  o Se termina de recorrer todo el grafo alcanzable desde P sin aparecer M: no hay interbloqueo.

Ejercicio 6.32

Tomando como punto de partida el ejercicio anterior, se plantea definir una estrategia de recuperación de interbloqueos en el uso de mutex, barajándose dos posibilidades: devolver un error en la llamada que causa el interbloqueo frente a abortar el proceso que realiza dicha llamada. Analice estas dos alternativas.

Solución

A continuación se analizan las dos alternativas planteadas:

- Devolver *un error*: Es una opción menos drástica, que consiste simplemente en devolver un valor de error en la primitiva `lock` correspondiente. Nótese que, en este caso, el resto de los procesos implicados en el interbloqueo no van a poder continuar hasta que este proceso desbloquee alguno de los mutex. Usando el siguiente ejemplo:

```
Proceso P₁              Proceso P₂
lock(M₁)                lock(M₂)
lock(M₂)                lock(M₁)
..........              ..........
unlock(M₂)              unlock(M₁)
unlock(M₁)              unlock(M₂)
```

Supóngase la siguiente situación:
  o P_1 cierra M_1
  o P_2 cierra M_2
  o P_1 intenta cerrar M_2 pero, como lo tiene otro proceso, se aplica el algoritmo de detección que comprueba que no hay ningún ciclo.
  o P_2 intenta cerrar M_1 pero, como lo tiene otro proceso, se aplica el algoritmo de detección que encuentra un ciclo. Se devuelve un error en esa llamada `lock`. Nótese que, de todas formas, P_1 seguirá esperando hasta que P_2 libere el mutex M_2. En el peor de los casos, eso ocurrirá cuando termine P_2, aunque lo más lógico es que el programador controle si la llamada `lock` devuelve un error y, si es así, termine el proceso.

```
. . . . . . . . . . . .
if (lock(M1)<0) {
        perror("Error bloqueando M1\n");
        exit(1);
}
. . . . . . . . . . . .
```

- Abortar el proceso: Una opción más agresiva es "matar" directamente al proceso que ha invocado la llamada `lock`. Con esta estrategia se liberan inmediatamente los mutex que tenía bloqueados el proceso, quedando disponibles para el resto de los procesos. Así, en el ejemplo, se abortaría la ejecución de P_2 y P_1 pasaría inmediatamente al estado de listo para ejecutar.

Ejercicio 6.33

Se pretende incluir en un sistema de archivos un mecanismo simplificado de cerrojos para permitir a procesos cooperantes sincronizar las actualizaciones de un archivo. Este mecanismo tendrá las siguientes características:

- Granularidad a nivel de archivo (los cerrojos afectan a todo el archivo).
- Hay dos tipos de cerrojos: compartidos y exclusivos. Se permite que varios procesos mantengan un cerrojo de tipo compartido sobre un archivo. Sin embargo, sólo puede existir un único proceso manteniendo un cerrojo de tipo exclusivo.
- Cuando un proceso pide un cerrojo de un determinado tipo para un archivo que tiene ya un cerrojo de un tipo incompatible (pide compartido y tiene exclusivo, o pide exclusivo y tiene compartido o exclusivo) el proceso se bloquea hasta que pueda adquirir el cerrojo.

Se pide especificar los principales pasos que debería realizar un algoritmo de detección de interbloqueos. Este algoritmo, dada una petición de un proceso para establecer un cerrojo sobre un archivo que no puede satisfacerse, deberá detectar si el bloqueo de ese proceso produciría un interbloqueo. Asimismo, debe analizarse qué estructuras de datos debe usar el sistema operativo para llevarlo a cabo.

Solución

El algoritmo para detectar interbloqueos se debería invocar antes de bloquear el proceso. Si el algoritmo detecta que se produciría un interbloqueo, no debe bloquearse el proceso y la llamada debe terminar devolviendo un error. Para incluir este nuevo mecanismo se añaden dos listas a cada nodo-i correspondiente a un archivo abierto:

- Una lista que especifica qué procesos tienen activo un cerrojo sobre este archivo y de qué tipo es el cerrojo.
- Una lista que especifica qué procesos están bloqueados debido a que su petición de establecer un cerrojo no puede satisfacerse y de qué tipo es su petición.

Además, en la tabla de procesos se añaden un nuevo estado correspondiente a que un proceso está bloqueado en un cerrojo y un apuntador al nodo-i sobre el que se ha bloqueado.

El algoritmo debe comprobar que el bloqueo del proceso **P** que hace la petición sobre un archivo **f**, no crea un ciclo en el grafo de asignación de recursos correspondiente a los cerrojos. Para ello, partiendo desde el nodo-i del archivo *f*, debe averiguar qué procesos tienen un cerrojo concedido sobre *f* pero están bloqueados intentando establecer un cerrojo en otro archivo. Sobre este conjunto de procesos el algoritmo repetirá el mismo tratamiento hasta que se hayan recorrido todos los archivos implicados o hasta que vuelva a aparecer P en cuyo caso existe un interbloqueo. Una posible solución es:

```
Detectar_Interbloqueos(P, f)
    Añadir (P,f) a la lista de casos por tratar (LC)
    Añadir f a la lista de archivos visitados (LF)
    Repetir
        Obtener un elemento (X,g) de LC
        Por cada proceso Q que tenga un cerrojo sobre g
            Si Q igual a P
                    return INTERBLOQUEO
            Si Q bloqueado en archivo h y h no está en LF
                    añadir (Q,h) a LC y h a LF
    Hasta que LC esté vacía
    return OK
```

Nótese que la lista de archivos visitados que usa el algoritmo sirve para evitar volver a tratar un archivo ya analizado.

Hay que resaltar que se trata de un algoritmo con ciertas características específicas con respecto al algoritmo tradicional de detección de interbloqueos debido a que varios procesos pueden tener un cerrojo en modo compartido sobre el mismo archivo, mientras que en el caso general sólo hay, en un determinado momento, un usuario por cada recurso.

7. ENTRADA/SALIDA

En este capítulo se presentan ejercicios vinculados con la gestión del sistema operativo de la entrada/salida. Se realiza, en primer lugar, un repaso de los conceptos teóricos requeridos. A continuación, se plantean los ejercicios, empezando por cuestiones generales sobre la entrada/salida, para luego continuar con ejercicios sobre la gestión de dispositivos específicos, como los discos, los terminales y el reloj.

7.1 Conceptos básicos de entrada/salida

El sistema de E/S es la parte del sistema operativo que se ocupa de facilitar el manejo de los dispositivos de E/S ofreciendo una visión lógica simplificada de los mismos que pueda ser usada por otros componentes del sistema operativo (como el sistema de archivos) o incluso por el usuario. Mediante esta visión lógica se ofrece a los usuarios un mecanismo de abstracción que oculta todos los detalles relacionados con los dispositivos físicos, así como del funcionamiento real de los mismos. El sistema operativo debe controlar el funcionamiento de todos los dispositivos de E/S para alcanzar los siguientes objetivos:

- Facilitar el manejo de los dispositivos periféricos. Para ello debe ofrecer una interfaz entre los dispositivos y el resto del sistema que sea sencilla y fácil de utilizar.

- Optimizar la E/S del sistema, proporcionando mecanismos de incremento de prestaciones donde sea necesario.

- Proporcionar dispositivos virtuales que permitan conectar cualquier tipo de dispositivo físico sin que sea necesario remodelar el sistema de E/S del sistema operativo.

- Permitir la conexión de nuevos dispositivos de E/S, solventando de forma automática su instalación usando mecanismos del tipo *plug&play* y *hot-plugging*.

En el modelo general de conexión de periféricos a una computadora se distinguen dos elementos:

- **Periféricos o dispositivos de E/S**. Elementos que se conectan a la unidad central de proceso a través de las unidades de entrada/salida. Estos elementos, además de componentes electrónicos, pueden incluir partes mecánicas, como un teclado, o magnéticas, como un disco.

- **Controladores de dispositivos o unidades de E/S**. Son el componente electrónico a través del cual se conecta el dispositivo de E/S. Tienen una conexión al bus de la computadora y otra para el dispositivo (generalmente mediante cables internos o externos). En caso de que el dispositivo use DMA, el controlador se encarga de hacer la transferencia de información entre la memoria principal y el periférico.

El controlador es el componente más importante desde el punto de vista del sistema operativo, ya que constituye la interfaz del dispositivo con el bus de la computadora y es el componente que se ve desde la UCP. Su programación se lleva a cabo mediante una interfaz de muy bajo nivel que proporciona acceso a una serie de registros del controlador. Estos registros pueden estar englobados en el mapa de memoria de la computadora y ser accedidos mediante operaciones de acceso a memoria convencionales, o incluidos en el mapa de E/S de la computadora y accedidos mediante instrucciones de máquina de E/S. Hay tres registros importantes en casi todos los controladores: **registro de datos, estado y control**. El registro de datos sirve para el intercambio de datos. En él irá el controlador cargando los datos leídos y de él irá extrayendo los datos para su escritura en el periférico. Un bit del registro de estado sirve para indicar que el controlador puede transferir una palabra. En las operaciones de lectura esto significa que ha cargado en el registro de datos un nuevo valor, mientras que en las de escritura significa que está listo para enviar al periférico un nuevo dato. Otros bits de este registro sirven para que el controlador indique los problemas que ha encontrado en la ejecución de la última operación de E/S. El registro de control sirve para indicarle al controlador las operaciones que ha de realizar. Los distintos bits de este registro indican distintas acciones que ha de realizar el periférico. Para empezar una operación de E/S, la UCP tiene que escribir sobre los registros anteriores los datos de la operación a través de una dirección de E/S o de memoria asignada únicamente al controlador. Este modelo vale tanto para los terminales o la pantalla como para los discos.

Las características del controlador son muy importantes, ya que definen el aspecto del periférico para el sistema operativo. Atendiendo a las características del hardware de los dispositivos, se pueden observar los siguientes aspectos distintivos:

- **Dirección de E/S**. En general hay dos modelos de direccionamiento de E/S, los que usan puertos y los que proyectan los registros en memoria.

- **Unidad de transferencia**. Los dispositivos suelen usar unidades de transferencia de tamaño fijo. Hay dos modelos clásicos de dispositivos: de caracteres y de bloques.

- **Interacción computadora-controlador**. La computadora tiene que interaccionar con el dispositivo controlado para realizar las operaciones de E/S y saber cuándo terminan.

7.1.1 Dispositivos de bloques y de caracteres

Los dispositivos de almacenamiento secundario manejan la información en unidades de tamaño fijo, denominadas **bloques**, por lo que a su vez se denominan **dispositivos de bloques**. Estos bloques se pueden direccionar de manera independiente, lo que permite leer o escribir un bloque con independencia de los demás.

Los dispositivos de caracteres, como los terminales, impresoras, módems, etc., no almacenan información en bloques de tamaño fijo. Gestionan flujos de caracteres de forma lineal y sin ningún tipo de estructura de bloque.

7.1.2 Modelo de interacción computadora-controlador

La información entre los controladores de dispositivo y la unidad central de proceso o memoria principal se puede transferir mediante un programa que ejecuta continuamente y lee o escribe los datos del (al) controlador. Con esta técnica, que se denomina **E/S programada**, la transferencia de información entre un periférico y el procesador se realiza mediante la ejecución de instrucciones de E/S, siendo el procesador el responsable de extraer o enviar datos al controlador de dispositivo. Esto provoca que el procesador tenga que esperar mientras se realiza la transferencia entre el periférico y el controlador. Dado que los periféricos son sensiblemente más lentos que el procesador, éste deberá esperar una gran cantidad de tiempo hasta que se complete la operación de E/S. En este caso no existe ningún tipo de concurrencia entre la E/S y el procesador ya que éste debe esperar a que finalice la operación.

La forma más habitual de comunicación entre la UCP y los controladores es usar interrupciones. Empleando **E/S dirigida por interrupciones** el procesador envía la orden de E/S al controlador de dispositivo y no espera a que éste se encuentre listo para enviar o transmitir los datos, sino que se dedica a otras tareas hasta que llega una interrupción del dispositivo que indica que se ha realizado la operación solicitada. En este caso existe concurrencia entre la E/S y el procesador, puesto que éste se puede dedicar a ejecutar código de otro proceso, optimizando de esta forma el uso del procesador.

Tanto en la E/S programada como la basada en interrupciones, la UCP debe encargarse de la transferencia de datos una vez que sabe que hay datos disponibles en el controlador. Una mejora importante para incrementar la concurrencia entre la UCP y la E/S consiste en que el controlador del dispositivo se pueda encargar de efectuar la transferencia de datos, liberando de este trabajo a la UCP, e interrumpir a la UCP sólo cuando haya terminado la operación completa de E/S. Esta técnica se denomina **acceso directo a memoria** (DMA por *Direct Memory Access*). Cuando se utiliza acceso directo a memoria, es el controlador el que se encarga directamente de transferir los datos entre el periférico y la memoria principal, sin requerir intervención alguna por parte del procesador.

7.1.3 E/S bloqueante y no bloqueante

La mayoría de los dispositivos de E/S son no bloqueantes, también llamados asíncronos, es decir reciben la operación, la programan, contestan e interrumpen al cabo de un cierto tiempo. Sólo los dispositivos muy rápidos o algunos dedicados fuerzan la existencia de operaciones de E/S bloqueantes (también llamadas síncronas). Sin embargo, la mayoría de las aplicaciones efectúan operaciones de E/S con lógica bloqueante, lo que significa que emiten la operación y esperan hasta tener el resultado antes de continuar su ejecución. En este tipo de operaciones, el sistema operativo recibe la operación y bloquea al proceso emisor hasta que la operación de E/S ha terminado Este modelo de programación es claro y sencillo.

Las llamadas de E/S no bloqueantes se comportan de forma muy distinta, reflejando mejor la propia naturaleza del comportamiento de los dispositivos de E/S. Estas llamadas permiten a la aplicación seguir su ejecución, sin bloquearla, después de hacer una petición de E/S. Este modelo de programación es más complejo, pero se ajusta muy bien al modelo de algunos sistemas que emiten peticiones y reciben la respuesta después de un cierto tiempo proporcionando mayor concurrencia a la aplicación.

7.2 El manejador del disco

Los discos son los dispositivos básicos para llevar a cabo almacenamiento masivo y no volátil de datos. Además se usan como plataforma para el sistema de intercambio que usa el gestor de memoria virtual.

7.2.1 Estructura física de los discos

Un disco duro es un dispositivo de gran capacidad compuesto por varias superficies magnetizadas y cuyas cabezas lectoras funcionan por efecto electromagnético. Las cabezas se mueven mediante un motor de precisión para poder viajar por las superficies que componen el disco. En el ámbito organizativo, las superficies del disco están divididas en cilindros, con una pista para cada cabeza y un cierto número de sectores por pista. Los parámetros de la estructura física del disco son muy importantes para el manejador del mismo, ya que las operaciones de E/S se calculan y optimizan mediante dos parámetros fundamentales: **tiempo de búsqueda** (lo que se tarda a ir de una pista a otra) y **tiempo de latencia** (el tiempo medio que se tardan a llegar los datos debajo de las cabezas, una vez posicionadas en la pista). A groso modo, se puede calcular el tiempo de acceso con un desplazamiento de n cilindros cómo:

$$T\_acceso = n * T\_búsqueda + T\_latencia + T\_transferencia$$

En algunos sistemas se usa la técnica del **intercalado de sectores**. Para entender esta técnica, hay que hacer notar que el controlador debe emplear tiempo en copiar los datos leídos a memoria principal. Durante este tiempo no puede estar transfiriendo datos del disco, que se sigue moviendo a velocidad constante, lo que significa que si quiere leer el sector siguiente deberá esperar a que las cabezas lectoras den una vuelta y lleguen de nuevo a ese bloque. Una solución a este problema es intercalar sectores del disco de forma que no sean consecutivos.

7.2.2 Planificación del disco

El rendimiento de un disco puede ser muy distinto dependiendo del orden en que reciba las peticiones de E/S. Por ello, es fundamental usar políticas de planificación que minimicen el movimiento de cabezas para obtener un buen rendimiento medio del disco.

Una opción es usar la **política FCFS** (*First Come First Served*), según la cual las peticiones se sirven en orden de llegada. Esta política no permite optimizar el rendimiento del disco ni ordenar las peticiones según la geometría del disco.

Una forma de mejorar la planificación del disco es usar la política **SSF** (*Shortest Seek First*), que como su nombre indica trata de minimizar el tiempo de búsqueda sirviendo primero las peticiones que están más cerca de la posición actual de las cabezas. Sin embargo, este algoritmo tiene un problema serio: el retraso indefinido de peticiones por **inanición** o hambruna. Si el sistema está congestionado, o se produce alguna circunstancia de proximidad espacial de las peticiones, se da prioridad a las peticiones situadas en la misma zona del disco y se relega a las restantes.

Sería pues conveniente buscar una política que siendo relativamente justa minimizara los movimientos de las cabezas y maximizara el rendimiento. Esta política, o políticas, es la **política del ascensor** con todas sus variantes. Su nombre se debe a que es la política que se usa en edificios altos para controlar eficientemente los ascensores y asegurar que todo el mundo puede subir al ascensor. El fundamento de la política básica del ascensor, denominada **SCAN,** consiste en mover las cabezas de un extremo a otro del disco, sirviendo todas las peticiones que van en ese sentido.

Se puede uniformizar el tiempo de espera medio de las peticiones usando una versión de la política del ascensor que viaje en un solo sentido. Con esta política, denominada **CSCAN** (*Cyclic Scan*), las cabezas se mueven del principio al final del disco, atienden las peticiones en ese sentido sin parar y vuelven al principio sin atender peticiones. La política CSCAN todavía se puede optimizar evitando el desplazamiento hasta el final del disco, es decir volviendo de la última petición en un sentido a la primera en el otro.

7.2.3 Discos RAM

Los **discos RAM** son dispositivos de bloques que proporciona el sistema operativo y que se almacenan, generalmente, en la propia memoria del sistema operativo. Un disco RAM es una porción de memoria de un tamaño arbitrario dividida en bloques, a nivel lógico, por el sistema operativo que muestra una interfaz similar a la de cualquier disco. El manejador de esos dispositivos incluye llamadas *open*, *read*, *write*, etc., a nivel de bloque y se encarga de traducir los accesos del sistema de archivos a posiciones de memoria dentro del disco RAM. Las operaciones de transferencia de datos son copias de memoria. No tienen ningún hardware especial asociado y se implementan de forma muy sencilla. Pero tienen un problema básico: si falla la alimentación se pierden todos los datos almacenados.

7.2.4 Almacenamiento estable

La técnica clásica de almacenamiento redundante es usar **discos espejo**, es decir, dos discos que contienen exactamente lo mismo. Sin embargo, usar dos discos no es suficiente, hay que modificar el manejador, o el gestor de bloques, para tener almacenamiento fiable, de forma que las operaciones de escritura y de lectura sean fiables.

Una **escritura fiable** supone escribir en ambos discos con éxito. Para ello, se escribe primero en un disco. Cuando la operación está completa, se escribe en el segundo disco. Sólo si ambas tienen éxito, se considera que la operación de escritura ha tenido éxito. En caso de que una de las dos escrituras falle, se considera un error parcial. Si ambas fallan, se considera que hay fallo total del almacenamiento estable.

En el caso de la **lectura fiable**, basta con que uno de los dispositivos esté disponible. Este tipo de redundancia tiene dos problemas principales:

* Desperdicia el 50% del espacio de almacenamiento.
* Reduce mucho el rendimiento de las operaciones de escritura. Ello se debe a que una escritura no se puede confirmar como válida hasta que se ha escrito en ambos discos espejo, lo que significa dos operaciones de escritura.

Sin embargo, tiene la ventaja de ser una técnica barata y sencilla de implementar. Además, si se lee simultáneamente de ambos discos, se puede incrementar mucho el rendimiento del sistema.

7.3 El manejador del reloj

La labor principal del manejador del reloj es el tratamiento de sus interrupciones. Asimismo, también se encarga de realizar su iniciación y llevar a cabo las llamadas al sistema relacionadas con el mismo. Con independencia de cuál sea el sistema operativo específico, se pueden identificar las siguientes operaciones como las funciones principales del manejador del reloj: mantenimiento de la fecha y de la hora, gestión de temporizadores, obtención de contabilidad y estadísticas, y soporte para la planificación de procesos.

7.3.1 Mantenimiento de la fecha y hora

En el arranque del equipo, el sistema operativo debe leer el reloj mantenido por una batería para obtener la fecha y hora actual. A partir de ese momento, el sistema operativo se encargará de actualizar la hora según se vayan produciendo las interrupciones.

La principal cuestión referente a este tema es cómo se almacena internamente la información de la fecha y la hora. En la mayoría de los sistemas la fecha se representa como el número de unidades de tiempo transcurridas desde una determina fecha en el pasado. Sea cual sea la información almacenada para mantener la fecha y la hora, es muy importante que se le dedique un espacio de almacenamiento suficiente para que se puedan representar fechas en un futuro a medio o incluso a largo plazo.

7.3.2 Gestión de temporizadores

En numerosas ocasiones un programa necesita esperar un cierto plazo de tiempo antes de realizar una determinada acción. El sistema operativo ofrece servicios que permiten a los programas establecer temporizaciones y se encarga de notificarles cuando se cumple el plazo especificado. Pero no sólo los programas de usuario necesitan este mecanismo, el propio sistema operativo también lo requiere.

El sistema operativo maneja generalmente de manera integrada tanto los temporizadores de los procesos de usuario como los internos. Para ello mantiene una lista de temporizadores activos. En cada elemento de la lista se almacena típicamente el número de unidades de tiempo (para facilitar el trabajo, generalmente se almacena el número de interrupciones de reloj requeridas) que falta para que se cumpla el plazo y la función que se invocará cuando éste finalice.

En último lugar, hay que resaltar que generalmente la gestión de temporizadores es una de las operaciones que no se ejecutan directamente dentro de la rutina de interrupción sino en una rutina de menor prioridad, concretamente, en el contexto de una interrupción software. Esto se debe a que esta operación puede conllevar un tiempo considerable por la posible ejecución de las rutinas asociadas a todas aquellos temporizadores que se han cumplido en la interrupción de reloj en curso.

7.3.3 Contabilidad y estadísticas

Puesto que la rutina de interrupción se ejecuta periódicamente, desde ella se puede realizar un muestreo de diversos aspectos del estado del sistema llevando a cabo de funciones de contabilidad y estadística. Es necesario resaltar que, dado que se trata de un muestreo del comportamiento de una determinada variable y no de un seguimiento exhaustivo de la misma, los resultados no son exactos, aunque si la frecuencia de interrupción es suficientemente alta, pueden considerarse aceptables. Dos de las funciones de este tipo presentes en la mayoría de los sistemas operativos son las siguientes:

- Contabilidad del uso del procesador por parte de cada proceso.
- Obtención de perfiles de ejecución.

Por lo que se refiere a la primera función, en cada interrupción se detecta qué proceso está ejecutando y a éste se le carga el uso del procesador en ese intervalo. Generalmente, el sistema operativo distingue a la hora de realizar esta contabilidad si el proceso estaba ejecutando en modo usuario o en modo sistema.

Con respecto a los perfiles, se trata de obtener información sobre la ejecución de un programa que permita determinar cuánto tiempo tarda en ejecutarse cada parte del mismo. Esta información permite que el programador detecte los posibles cuellos de botella del programa para poder así optimizar su ejecución. Cuando un proceso tiene activada esta opción, el sistema operativo toma una muestra del valor del contador de programa del proceso cada vez que una interrupción encuentra que ese proceso estaba ejecutando. La acumulación de esta información durante toda la ejecución del proceso permite que el sistema operativo obtenga una especie de histograma de las direcciones de las instrucciones que ejecuta el programa.

7.3.4 Soporte a la planificación de procesos

La mayoría de los algoritmos de planificación de procesos tienen en cuenta de una forma u otra el tiempo y, por lo tanto, implican la ejecución de ciertas acciones de planificación dentro de la rutina de interrupción. En el caso de un algoritmo *round-robin*, en cada interrupción de reloj se le descuenta el tiempo correspondiente a la rodaja asignada al proceso. Cuando se produce la interrupción de reloj que consume la rodaja, se lleva a cabo una operación de planificación.

7.4 El manejador del terminal

Se van a considerar dos tipos de terminales: terminales proyectados en memoria y terminales serie.

7.4.1 Terminales proyectados en memoria

Un terminal de este tipo está formado realmente por dos dispositivos totalmente independientes: el teclado y la pantalla. El teclado genera una interrupción cuando se aprieta una tecla (en algunos sistemas también se genera cuando se suelta). Cuando se produce la interrupción, el código de la tecla pulsada queda almacenado en un registro de entrada/salida del controlador del teclado. Nótese que tanto la conversión desde el código de tecla al carácter ASCII como el tratamiento de las teclas modificadoras los debe realizar el software. En este tipo de terminales, la memoria de vídeo está directamente accesible al procesador. Por lo tanto, la presentación de información en este tipo de terminales implica solamente la escritura del dato que se pretende visualizar en las posiciones correspondientes de la memoria de vídeo, no requiriéndose el uso de interrupciones para llevar a cabo la operación. Con respecto a la información que se escribe en la memoria de vídeo, va a depender de si el modo de operación del terminal es alfanumérico o gráfico.

En el modo alfanumérico se considera la pantalla como una matriz de caracteres por lo que la memoria de vídeo contiene el código ASCII de cada carácter presente en la pantalla. Durante una operación de refresco de la pantalla, el controlador va leyendo de la memoria cada carácter y el mismo se encarga de obtener el patrón de bits correspondiente al carácter en curso y lo visualiza en la pantalla.

Por lo que se refiere al modo gráfico, en este caso la pantalla se considera una matriz de pixeles y la memoria de vídeo contiene información de cada uno de ellos. Cuando un programa solicita escribir un carácter, debe ser el software el encargado de obtener el patrón de bits que define dicho carácter.

El trabajo con un terminal de este tipo no se limita a escribir en vídeo. El controlador de vídeo contiene un conjunto de registros de entrada/salida que permiten realizar operaciones como mover la posición del cursor o desplazar el contenido de la pantalla una o varias líneas. Un último aspecto que conviene resaltar es que en este tipo de terminales el tratamiento de las secuencias de escape debe ser realizado por el software.

7.4.2 Terminales serie

En este tipo de terminales, el terminal se presenta ante el resto del sistema como un único dispositivo conectado, típicamente a través de una línea serie RS-232, al controlador correspondiente denominado habitualmente UART (*Universal Asynchronous Receiver-Transmitter*, Transmisor-Receptor Universal Asíncrono). Además de la pantalla y el teclado, el terminal tiene algún tipo de procesador interno que realiza parte de la gestión del terminal y que permite también al usuario configurar algunas de las características del mismo. Para poder dialogar con el terminal, se deben programar diversos aspectos de la UART tales como la velocidad de transmisión o el número de bits de parada que se usarán en la transmisión.

Al igual que ocurre con los terminales proyectados en memoria, la entrada se gestiona mediante interrupciones. Cuando se pulsa una tecla, el terminal envía a través de la línea serie el carácter pulsado. La UART genera una interrupción al recibirlo. A diferencia de los terminales proyectados en memoria, el carácter que recoge de la UART ya es el código ASCII de la tecla pulsada puesto que el procesador del terminal se encarga de pasar del código de la tecla al código ASCII y de comprobar el estado de las teclas modificadoras.

Para la visualización de información en este tipo de terminales, se debe cargar el código ASCII del carácter deseado en un registro de la UART y pedir a ésta que lo transmita. Una vez transmitido, lo que puede llevar un tiempo considerable debido a las limitaciones de la transmisión serie, la UART produce una interrupción para indicar este hecho. Por lo que se refiere al terminal, cuando recibe el carácter ASCII, se encarga de obtener su patrón y visualizarlo en la pantalla, manejando asimismo las secuencias de escape.

7.4.3 Software de entrada del terminal

Como se comentó antes, la lectura del terminal está dirigida por interrupciones. En el caso de un terminal proyectado en memoria, el manejador debe realizar más trabajo ya que debe convertir el código de tecla en el código ASCII correspondiente. Como contrapartida, este esquema proporciona más flexibilidad al poder ofrecer al usuario la posibilidad de configurar esta traducción a su conveniencia.

Otro aspecto importante es la edición de los datos de entrada. Cuando un usuario teclea unos datos puede, evidentemente, equivocarse y se requiere, por lo tanto, un mecanismo que le permita corregir el error cometido. Surge entonces la cuestión de quién se debe encargar de proporcionar esta función de edición de los datos introducidos. Se presentan, al menos, dos alternativas. Una posibilidad es que cada aplicación se encargue de realizar esta edición. La otra alternativa es que sea el propio manejador el que la lleva a cabo. La mayoría de los sistemas operativos optan por una solución que combina ambas posibilidades:

- El manejador ofrece un modo de operación en el que proporciona unas funciones de edición relativamente sencillas, generalmente orientadas a líneas de texto individuales. Este suele ser el modo de trabajo por defecto puesto que satisface las necesidades de la mayoría de las aplicaciones. En los sistemas UNIX, este modo se denomina **elaborado o canónico**.

- El manejador ofrece otro modo de operación en el que no se proporciona ninguna función de edición. La aplicación recibe directamente los caracteres tecleados y será la encargada de realizar las funciones de edición que considere oportunas. En los entornos UNIX se califica a este modo como **crudo** ya que no se procesan los caracteres introducidos. Esta forma de trabajo va a ser la usada por las aplicaciones que requieran tener control de la edición.

Por lo que se refiere al modo orientado a línea, hay que resaltar que una solicitud de lectura de una aplicación no se puede satisfacer si el usuario no ha introducido una línea completa, aunque se hayan tecleado caracteres suficientes. Nótese que esto se debe a que, hasta que no se completa una línea, el usuario todavía tiene la posibilidad de editarla usando los caracteres de edición correspondientes.

Con respecto al modo crudo, en este caso no existen caracteres de edición aunque, como se verá a continuación, pueden existir otro tipo de caracteres especiales. Cuando un programa solicita datos, se le entregan aunque no se haya tecleado una línea completa. De hecho, en este modo el manejador ignora la organización en líneas realizando un procesado carácter a carácter.

En el modo elaborado existen unos caracteres que tienen asociadas funciones de edición pero éstos no son los únicos caracteres que reciben un trato especial por parte del manejador. Existe un conjunto de caracteres especiales que normalmente no se le pasan al programa que lee del terminal, como ocurre con el resto de los caracteres, sino que activa alguna función del manejador. Estos caracteres se pueden clasificar en las siguientes categorías:

- Caracteres de edición. Tienen asociadas función de edición tales como borrar el último carácter tecleado, borrar la línea en curso o indicar el fin de la entrada de datos. Estos caracteres sólo se procesan si el terminal está en modo línea. Supóngase, por ejemplo, que el carácter *backspace* tiene asociada la función de borrar el último carácter tecleado. Cuando el usuario pulsa este carácter, el manejador lo detecta y no lo encola en la zona donde almacena la línea en curso, sino que elimina de dicha zona el último carácter encolado.

- Caracteres para el control de procesos. Todos los sistemas proporcionan al usuario algún carácter para abortar la ejecución de un proceso o detenerla temporalmente.

- Caracteres de control de flujo. El usuario puede desear detener momentáneamente la salida que genera un programa para poder revisarla y, posteriormente, dejar que continúe apareciendo en la pantalla. El manejador gestiona caracteres especiales que permiten realizar estas operaciones.

- Caracteres de escape. A veces el usuario quiere introducir como entrada de datos un carácter que está definido como especial. Se necesita un mecanismo para indicar al manejador que no trate dicho carácter, sino que lo pase directamente a la aplicación. Para ello, generalmente, se define un carácter de escape cuya misión es indicar que el carácter que viene a continuación no debe procesarse.

Por último, hay que resaltar la mayoría de los sistemas ofrecen la posibilidad de cambiar qué carácter está asociado a cada una de estas funciones o incluso desactivar dichas funciones si se considera oportuno. POSIX define dos funciones destinadas a obtener los atributos de un terminal y a modificarlos, respectivamente. Sus prototipos son los siguientes:

```
int tcgetattr(int descrip, struct termios *atrib);
int tcsetattr(int descrip, int opción, struct termios *atrib);
```

7.4.4 Software de salida en el terminal serie

En este tipo de terminal la salida está dirigida por interrupciones. Cuando un programa solicita escribir una cadena de caracteres, el manejador copia la cadena en un espacio de almacenamiento intermedio de salida. A continuación, el navegador copia el primer carácter en el registro correspondiente de la UART y le pide a ésta que lo envíe al terminal. Cuando la UART genera la interrupción de fin de transmisión, el manejador copia en ella el segundo carácter y así sucesivamente.

Cuando recibe el carácter a través de la línea serie, el propio terminal se encarga de todas las labores implicadas con la presentación del carácter en pantalla. Esto incluye aspectos tales como la obtención del patrón que representa al carácter y su visualización, el manejo de caracteres que tienen alguna presentación especial (por ejemplo, el carácter campanada), la manipulación de la posición del cursor o el manejo e interpretación de las secuencias de escape.

7.4.5 Software de salida en el terminal proyectado en memoria

La salida en este tipo de terminales implica leer del espacio del proceso los caracteres que éste desea escribir, realizar el procesado correspondiente y escribir en la memoria de vídeo el resultado del mismo. No se requiere, por lo tanto, el uso de interrupciones o de un espacio de almacenamiento de salida. Si la pantalla está en modo alfanumérico, en la memoria de vídeo se escribe el carácter a visualizar, siendo el propio controlador de vídeo el que se encarga de obtener el patrón que lo representa. En el caso del modo gráfico, el propio manejador debe obtener el patrón y modificar la memoria de vídeo de acuerdo al mismo. A diferencia de los terminales serie, en este caso el manejador debe encargarse de la presentación de los caracteres. Para la mayoría de ellos, su visualización implica simplemente la actualización de la memoria de vídeo. Sin embargo, algunos caracteres presentan algunas dificultades específicas como, por ejemplo, los siguientes:

- Un tabulador implica mover el cursor el número de posiciones adecuadas.
- El carácter campanada (control-G) requiere que el altavoz del equipo genere un sonido.
- El carácter de borrado debe hacer que desaparezca de la pantalla el carácter anterior.
- Los caracteres de salto de línea pueden implicar desplazar el contenido de la pantalla una línea hacia arriba cuando se introducen estando el cursor en la línea inferior. El manejador debe escribir en el registro correspondiente del controlador de vídeo para realizar esta operación.

Por último, hay que recordar que en este tipo de terminales, el manejador debe encargarse de interpretar las secuencias de escape, que normalmente requerirán modificar los registros del controlador que permiten mover el curso o desplazar el contenido de la pantalla.

7.5 Ejercicios resueltos

Ejercicio 7.1

¿Es siempre mejor usar sistemas de E/S por interrupciones que programados?

Solución

Generalmente, es mejor realizar E/S mediante interrupciones, ya que permite que, mientras se realiza la operación de E/S, el procesador pueda estar ejecutando el código de otros procesos, eliminando la espera activa. Sin embargo, si el tiempo que tarda en completarse la operación es significativamente pequeño (equivalente al tiempo que tardan en ejecutarse unas decenas de instrucciones), puede ser mejor usar E/S programada, ya que la infrautilización de recursos que supone la breve espera activa requerida es preferible a la sobrecarga que causa la E/S basada en interrupciones (hay que hacer un cambio de contexto a otro proceso, luego, en un breve plazo, se activará la rutina de interrupción que supondrá probablemente un cambio de modo del procesador con la sobrecarga correspondiente).

De todas formas, la solución más adecuada para la mayoría de los dispositivos es usar interrupciones. De hecho, cuando un determinado dispositivo con un tiempo de acceso significativo no proporciona interrupciones, el S.O. se las tiene que ingeniar para evitar tener que hacer espera activa. Así, una vez programada la operación, el S.O. puede hacer un cambio de contexto a otro proceso y muestrear el estado del dispositivo en cada activación del S.O.

Ejercicio 7.2

¿Qué problemas plantea a los usuarios la E/S bloqueante? ¿Y la no bloqueante? Proponga ejemplos donde sea preferible usar E/S no bloqueante.

Solución

El principal problema de la E/S bloqueante es que no permite que un programa pueda continuar su ejecución mientras se realiza una operación de E/S solicitada por el mismo, reduciendo, por tanto, el paralelismo. En cuanto a la E/S no bloqueante, aunque sí permite el paralelismo entre la realización de la operación de E/S y la ejecución del programa, plantea un modelo de programación más complejo y propenso a errores, puesto que el programador debe de tener en cuenta la circunstancia de que la operación de E/S se está realizando en paralelo.

A continuación, se plantean dos ejemplos en los que puede ser preferible usar E/S no bloqueante:

* Un programa que se encarga de supervisar un conjunto de terminales serie, recibiendo información de los terminales y mandándola también a los mismos. El programa no puede quedarse bloqueado mientras transmite un dato a un terminal, ni esperando datos de un determinado terminal, puesto que tiene que supervisar continuamente todo el conjunto de terminales. La E/S no bloqueante permite realizar esta monitorización continua.

* Un programa que lee datos de múltiples conexiones de red, realiza con ellos un tratamiento complejo y escribe los resultados en una cinta. La E/S no bloqueante permite que el programa no tenga que estar bloqueado esperando que lleguen datos por una determinada conexión o que termine la operación de escritura en la cinta, pudiendo, por tanto, dedicarse a realizar el tratamiento de los datos mientras se realiza la E/S.

Hay que resaltar que el uso de los procesos ligeros ha eliminado muchas de las desventajas de la E/S bloqueante, ya que, aunque se bloquee un *thread* debido a una operación de E/S, el resto de los procesos ligeros del programa pueden seguir trabajando. Por tanto, el uso de procesos ligeros con E/S bloqueante proporciona una solución satisfactoria, ya que, por un lado, permite paralelismo entre el procesamiento del programa y su E/S, y, por otro, proporciona un modelo de programación más sencillo que la E/S no bloqueante. En los ejemplos propuestos previamente, se pueden plantear soluciones basadas en procesos ligeros con E/S bloqueante. En el primero, puede haber un *thread* por cada terminal, mientras que en el segundo, puede existir un *thread* por cada conexión, otro que se encargue de la cinta y uno (o incluso varios si se usa un multiprocesador) dedicado al procesamiento de los datos.

Ejercicio 7.3

¿En qué componentes del sistema de E/S se llevan a cabo las siguientes tareas?

a) Traducción de bloques lógicos a bloques del dispositivo.

b) La gestión del espacio libre del disco.

c) La gestión de las particiones del disco.

d) Mantener una cache de bloques de E/S.

Solución

a) Traducción de bloques lógicos a bloques del dispositivo.

El sistema de archivos maneja bloques lógicos que tienen un tamaño independiente del tamaño del bloque físico del dispositivo subyacente. De esta forma, se uniformiza la visión que tiene el sistema de archivos de los distintos dispositivos. Asimismo, permite que el sistema de archivos elija un tamaño de bloque lógico adecuado para sus necesidades. Las peticiones que realiza el sistema de archivos al manejador de un dispositivo corresponden, por tanto, con bloques lógicos. Será el manejador el que se encargue de traducir la petición expresada en bloques lógicos a los bloques físicos específicos del dispositivo en cuestión.

b) La gestión del espacio libre del disco.

Hay que tener en cuenta que el concepto de espacio libre no tiene sentido en el nivel del manejador del disco. Para el manejador, un disco es un vector de bloques, sin importarle qué tipo de información hay almacenada en cada uno. Nótese que un bloque se considera libre cuando no contiene información de ningún archivo ni directorio (ni tampoco información sobre metadatos del sistema de archivos). Por tanto, es el sistema de archivos el que maneja el concepto de bloque libre u ocupado.

c) La gestión de las particiones del disco.

De esta labor se encarga el manejador del dispositivo. El sistema de archivos no distingue si el dispositivo con el que está trabajando es una partición de un disco o es directamente un disco completo sin particiones. Para crear la abstracción de una partición, cuando el sistema de archivos le especifica un determinado bloque de una partición, el manejador sólo tiene que sumar al número de bloque el desplazamiento correspondiente al inicio de la partición, información que ha obtenido inicialmente de la tabla de particiones del disco situada en el *Master Boot Record*.

d) Mantener una cache de bloques de E/S.

Aunque sería razonable que cada manejador de dispositivo usara una zona de memoria como una cache de bloques de los dispositivos que gestiona, la mayoría de los sistemas operativos optan por usar una cache única para todos los dispositivos. El carácter global de esta cache hace que tenga que gestionarla el sistema de archivos. Nótese que el uso de una única zona como cache proporciona un mejor aprovechamiento de la memoria del sistema. Si hubiera una zona de cache por dispositivo, en los momentos cuando el dispositivo apenas se está usando, esta memoria se desaprovecharía

Ejercicio 7.4

¿Tiene sentido usar un disquete para dar soporte a la memoria virtual de una computadora?, ¿Y una cinta?

Solución

No tiene sentido usar un disquete debido a que tiene una capacidad reducida y un tiempo de acceso elevado. Con respecto a la cinta, tampoco tiene sentido ya que se trata de un dispositivo que, debido a su carácter secuencial, no proporciona acceso directo a los datos en un tiempo razonable.

Ejercicio 7.5

Suponga que un manejador de disco recibe, en el orden especificado, peticiones de bloques de disco para las siguientes pistas: 2, 35, 46, 23, 90, 102, 3, 34. Además, suponga que la última tanda de peticiones que sirvió el disco correspondió a las pistas 42 y 45. Calcule cuántas pistas se recorrerán para los algoritmos de planificación de disco SSF, FCFS, SCAN y CSCAN. Para estos dos últimos algoritmos utilice la versión optimizada en la que el servicio en una determinada dirección termina cuando se sirve la última petición que exista en ese sentido y no cuando se llega a la pista final en el sentido de servicio.

Solución

A continuación, se muestra el resultado para cada uno de los algoritmos planteados:

* **SSF**. Dado que el disco está en la pista 45, se producirá la siguiente traza:

1. Pista 46: desplazamiento 1.
2. Pista 35: desplazamiento 11.
3. Pista 34: desplazamiento 1.
4. Pista 23: desplazamiento 11.
5. Pista 3: desplazamiento 20.
6. Pista 2: desplazamiento 1.
7. Pista 90: desplazamiento 88.

8. Pista 102: desplazamiento 12.

   Total: 145 pistas

- **FCFS**. Dado que el disco está en la pista 45 y la lista de peticiones se ha especificado en el orden de llegada de las peticiones, se producirá la siguiente traza:

1. Pista 2: desplazamiento 43.
2. Pista 35: desplazamiento 33.
3. Pista 46: desplazamiento 11.
4. Pista 23: desplazamiento 13.
5. Pista 90: desplazamiento 67.
6. Pista 102: desplazamiento 12.
7. Pista 3: desplazamiento 99.
8. Pista 34: desplazamiento 31.

   Total: 309 pistas

- **SCAN**. Dado que las dos peticiones previas han correspondido con las pistas 42 y 45, el algoritmo está dando servicio en el sentido creciente de las pistas:

1. Pista 46: desplazamiento 1.
2. Pista 90: desplazamiento 44.
3. Pista 102: desplazamiento 12.
4. Pista 35: desplazamiento 67.
5. Pista 34: desplazamiento 1.
6. Pista 23: desplazamiento 11.
7. Pista 3: desplazamiento 20.
8. Pista 2: desplazamiento 1.

   Total: 157 pistas

- **CSCAN**. Dado que el algoritmo siempre proporciona servicio en el mismo sentido, se producirá la siguiente traza::

1. Pista 46: desplazamiento 1.
2. Pista 90: desplazamiento 44.
3. Pista 102: desplazamiento 12.
4. Pista 2: desplazamiento 100.
5. Pista 3: desplazamiento 1.
6. Pista 23: desplazamiento 20.
7. Pista 34: desplazamiento 11.
8. Pista 35: desplazamiento 1.

   Total: 190 pistas

Hay que resaltar que los resultados obtenidos con una determinada traza no significan, evidentemente, que un algoritmo es mejor que otro. De hecho, para un sistema de propósito general, el algoritmo más adecuado es el CSCAN, ya que no produce hambruna y proporciona un el tiempo de espera uniforme (véase el ejercicio 7.24).

Ejercicio 7.6

Sea un disco con 63 sectores por pista, intercalado simple de sectores, tamaño de sector de 512 bytes y una velocidad de rotación de 3.000 RPM. ¿Cuánto tiempo costará leer una pista completa de forma ordenada desde el sector lógico 1 hasta el 63? Tenga en cuenta el tiempo de latencia.

Solución

Dado que el disco gira a 3.000 RPM, tarda un tiempo de 200 ms. en dar una vuelta:

3.000 revoluciones por min. → 50 revoluciones por seg.

Tiempo de una revolución: 1/50 seg. = 20 milisegundos.

Cuando las cabezas lleguen a la pista solicitada, tendrá una latencia media que corresponde con el tiempo que tarda en dar media revolución (100 ms.).

En ese momento empieza a leer el sector lógico 1. Debido al uso del intercalado simple, cuando haya completado una vuelta y esté otra vez sobre el sector 1, sólo habrá leído los 32 primeros sectores lógicos. Téngase en cuenta que el sector lógico 2 se almacena sobre el sector físico 3, el sector lógico 3 se almacena sobre el sector físico 5, y así sucesivamente, hasta el sector lógico 32 que se almacena en el último sector físico (el 63). En la segunda vuelta se leerán los siguientes sectores lógicos: desde el 33 (que se almacena en el sector físico 2) hasta el 63 (que se almacena en el sector físico 62).

Por tanto, el tiempo total corresponderá a 2 revoluciones y media: 2 de transferencia y media de latencia. Aunque, para ser precisos, habría que descontar el tiempo correspondiente a la lectura de un sector en la última vuelta, ya que la operación termina al leer el sector físico 62, no el 63. Con esta última matización, el resultado sería:

Tiempo total = 100 (latencia) + 200 (primera vuelta) + 200*(62/63) (segunda vuelta incompleta) ≈ **496,83 milisegundos**.

Hay que resaltar, por último, que se ha considerado que el disco no usa una cache de pista, como tienen muchos discos reales. En caso de tenerla, no haría falta una segunda vuelta, ya que en este caso los sectores que pasan por debajo de la cabeza se leen y guardan en la cache de pista aunque no hayan sido solicitados.

Ejercicio 7.7

Suponga que durante una escritura en almacenamiento estable se produce un corte de corriente que deja la operación sin completar. Analice qué casos se pueden presentar cuando al volver a arrancar la máquina se pretenda reparar la operación interrumpida.

Solución

Como se explicó en la revisión teórica previa, el almacenamiento estable usa dos discos, tal que, cuando se realiza una operación de escritura, primero se escribe en uno y luego en otro. A continuación, se plantean los distintos casos que pueden aparecer si una escritura en almacenamiento estable ha quedado interrumpida sin completarse, analizando cómo se repara la situación para asegurar el comportamiento atómico (o se completa la operación o no se lleva a cabo, pero no puede quedar a medias) característico del almacenamiento estable.

La situación es la siguiente: se ha caído la máquina durante la escritura de un bloque en almacenamiento estable, se ha vuelto a arrancar la máquina y se ha procedido a leer el bloque afectado en los discos que forman el almacenamiento estable. Se presentan las siguientes posibilidades:

- La lectura del bloque en el primer disco da un error, mientras que la lectura en el segundo funciona correctamente. Esto significa que la caída se produjo durante la escritura en el primer disco, que no pudo ser completada (por eso da un error ya que no se habrá podido actualizar correctamente el código CRC del bloque). La solución es copiar el segundo bloque en el primero, con lo que, a todos los efectos, es como si nunca se hubiera realizado la escritura, manteniéndose en almacenamiento estable el valor previo.

- La lectura del bloque en el primer disco funciona correctamente, mientras que la lectura en el segundo da un error. Esto indica que la caída se produjo durante la escritura en el segundo disco. La solución es copiar el primer bloque, que contiene el valor actualizado, en el segundo, con lo que se ha completado satisfactoriamente la escritura en almacenamiento estable.

- Las dos lecturas funcionan correctamente pero devuelven valores diferentes. Esta situación implica que dio tiempo a completarse la escritura en el primer disco, pero no se pudo empezar la del segundo. La solución es la misma que en el caso anterior: copiar el primer bloque, que contiene el valor actualizado, en el segundo disco, con lo que se ha completado satisfactoriamente la escritura en almacenamiento estable.

Ejercicio 7.8

¿Es lo mismo un disco RAM que una cache de disco? ¿Tienen el mismo efecto en la E/S? Razone la respuesta.

Solución

En ambos casos se trata de una parte de la memoria del sistema que se dedica a guardar información sobre archivos. Sin embargo, su funcionalidad y utilidad es radicalmente distinta.

En cuanto al disco RAM, funciona como un dispositivo de bloques de baja capacidad, muy rápido, pero volátil. Puede ser útil, por ejemplo, para dar soporte a una partición dedicada a almacenar archivos temporales.

Por lo que se refiere a la cache de bloques, se trata de un almacenamiento intermedio de los últimos accesos a los dispositivos de bloques (incluidos los accesos al propio disco RAM) que permite agilizar los accesos a los archivos.

Nótese que la cache de bloques es un elemento fundamental en el rendimiento del sistema, mientras que el disco RAM es una entidad que puede tener una cierta utilidad en el sistema, pero es prescindible.

Ejercicio 7.9

En algunos sistemas, como por ejemplo Linux, se almacena en una variable el número de interrupciones de reloj que se han producido desde el arranque del equipo, devolviéndolo en la llamada `times`. Si la frecuencia de reloj es de 100 Hz y se usa una variable de 32 bits, ¿cuánto tiempo tardará en desbordarse ese contador? ¿Qué consecuencias puede tener ese desbordamiento?

Solución

Una frecuencia de interrupción de 100 Hz implica que se produce una interrupción de reloj cada 10 milisegundos. Por otro lado, una variable de 32 bits permite almacenar valores hasta 2^{32}-1. Por tanto, la variable usada para contar las interrupciones de reloj desde el arranque del sistema tiene capacidad para contar 2^{32}-1 interrupciones de reloj, lo que significa que el contador se desbordará cuando el sistema lleve arrancado el tiempo que corresponde con esa cantidad, que en días sería:

$(2^{32}$-1)inter./(24horas/día*60min./hora*60seg./min.*100inter./seg.) $\approx 497,10$ días

Si la máquina permanece encendida más de ese tiempo, el contador de interrupciones se desbordará comenzando de nuevo por 0. Como consecuencia de esta anomalía, un proceso que esté calculando cuánto tiempo pasa entre dos eventos invocando a este servicio en los momentos correspondientes (que es la manera habitual de usar este servicio) obtendrá un valor negativo si la toma de medidas coincide con el desbordamiento, lo que, evidentemente, hará que el proceso tenga un comportamiento erróneo.

Ejercicio 7.10

¿Qué distintas cosas puede significar que una función obtenga un valor elevado en un perfil de ejecución de un programa?

Solución

El perfil de ejecución de un programa representa un muestreo periódico de qué partes del mismo se están ejecutando. Si una determinada función obtiene un valor alto en el perfil, significa que un apreciable número de veces el muestreo ha encontrado que el programa estaba ejecutando dicha función. Cuando analiza el perfil de ejecución obtenido, el programador detectará que la función ocupa una parte apreciable del tiempo de ejecución total del programa y, por tanto, puede decidir que debe optimizarla para que repercuta positivamente en la ejecución del programa. Sin embargo, únicamente con el dato obtenido en el perfil, el programador no tiene una información adecuada sobre cómo atacar el problema, puesto que el valor elevado obtenido por la función dentro del perfil puede deberse tanto a que se trata de una función que se invoca muchas veces durante la ejecución del programa, aunque su tiempo de ejecución pueda ser corto, como a que se trata de una función con un tiempo de ejecución muy largo, aunque puede que se invoque muy pocas veces. El poder obtener información adicional, como un contador del número de invocaciones de cada función, complementaría al perfil, permitiendo obtener una visión más precisa de cómo se comporta el programa. Nótese que este tipo de información, a diferencia de los perfiles, no necesita soporte del sistema operativo, sino que puede gestionarla el código generado por el compilador o una biblioteca de usuario.

Ejercicio 7.11

Proponga un método que permita a un sistema operativo proporcionar un servicio que ofrezca temporizaciones de una duración menor que la resolución del reloj.

Solución

Dado que no existe una señal física que proporcione la escala de tiempos requerida, la única forma de conseguir temporizaciones de una duración menor que la resolución del reloj del sistema es ejecutar un determinado fragmento de código cuyo tiempo de ejecución es predecible y conocido. Nótese que se trata de una temporización basada en espera activa, pero, dado que debe usarse sólo para plazos de tiempo muy pequeños (podría usarse en una operación de E/S programada, tal como se plantea en el ejercicio 7.1), no afectaría significativamente en el rendimiento del sistema.

Dado que el tiempo que tarda en ejecutarse el fragmento de código que sirve como patrón dependerá de las prestaciones del procesador, en el arranque del sistema, el S.O. ejecutará repetidamente ese fragmento para calibrar su tiempo de ejecución.

Ejercicio 7.12

Algunos sistemas permiten realizar perfiles de ejecución del propio sistema operativo. ¿De qué partes del código del sistema operativo no podrán obtener perfiles?

Solución

Dado que los perfiles consisten en muestras periódicas de la ejecución de un programa (en este caso, el sistema operativo) tomadas desde el código de la rutina de interrupción de reloj, no puede obtenerse información sobre la ejecución de rutinas de interrupción que tengan una prioridad mayor o igual que la interrupción de reloj.

Ejercicio 7.13

Escriba el pseudo-código de una rutina de interrupción de reloj.

Solución

A continuación, se muestra de forma simplificada qué operaciones se realizan en la rutina de interrupción de reloj:

- Ajustar la hora del sistema.
- Gestionar los temporizadores activos. Debe comprobarse si se han cumplido uno o más temporizadores. En caso afirmativo, se ejecutará la acción asociada al mismo. Por ejemplo, en el caso de un sistema POSIX y de que se trate de una temporización solicitada por un proceso de usuario mediante la llamada `alarm`, el cumplimiento del temporizador llevaría asociada una rutina del S.O. que genera una señal `SIGALRM` para el proceso.
- Actualizar estadísticas del proceso y del sistema. Entre las del proceso, se incrementaría el contador que mantiene el tiempo que lleva en ejecución dicho proceso distinguiendo si el proceso estaba en modo usuario o en modo sistema.
- En un sistema que establezca límites en el consumo de procesador de un proceso, comprobar que no se ha superado ese límite.
- Si el proceso estaba ejecutando en modo usuario y tiene activa la función de perfil, teniendo en cuenta el valor del contador de programa del proceso interrumpido, ajustar las estadísticas del perfil.

- Si el proceso estaba ejecutando en modo sistema y el sistema operativo tiene activa la función de perfil, teniendo en cuenta el valor del contador de programa en el momento de la interrupción, ajustar las estadísticas del perfil del S.O.

- Acciones vinculadas con la planificación de procesos. Casi todos los algoritmos de planificación de procesos tienen en cuenta el paso del tiempo, por lo que es necesario realizar algún tipo de acción dentro de la rutina de interrupción del reloj. Así, por ejemplo, en el caso de un algoritmo de tipo *round-robin*, si se detecta que el proceso ha consumido su rodaja de ejecución, esto provocará un cambio de contexto.

Hay que resaltar que en la mayoría de los sistemas operativos sólo una parte de estas operaciones se realiza directamente en la rutina de tratamiento de la interrupción de reloj. El resto se posponen llevándose a cabo dentro de una rutina de menor prioridad. Para ello, la rutina de reloj sólo ejecuta las operaciones más urgentes y rápidas, y activa una interrupción software. Dentro de la rutina de tratamiento de esta interrupción software, que tiene baja prioridad, se realizan las restantes operaciones (por ejemplo, la gestión de temporizadores).

Ejercicio 7.14

Suponga un sistema que no realiza la gestión de temporizadores directamente desde la rutina de interrupción sino desde una rutina que ejecuta con menor prioridad que las interrupciones de todos los dispositivos. ¿En qué situaciones puede tomar un valor negativo el contador de un temporizador?

Solución

Como se planteó en el ejercicio anterior, algunas operaciones vinculadas con la interrupción del reloj no se llevan a cabo directamente en la rutina de tratamiento de la misma, sino que se posponen ejecutándose en una rutina de menor prioridad. Puede ocurrir, por tanto, una situación en la que, después de ejecutarse la rutina de interrupción del reloj, pero antes de que se ejecute la rutina de baja prioridad que gestiona los temporizadores, ocurra una segunda interrupción de reloj. Este retraso en la ejecución de la rutina de baja prioridad puede deberse a la activación de distintas rutinas de interrupción que tienen prioridad sobre la misma. Si sucede esta situación, cuando la rutina de baja prioridad analiza el estado de los temporizadores, puede encontrar que alguno ya se había cumplido con la primera interrupción de reloj. Si la implementación de los temporizadores se realiza con contadores que se van decrementando cada vez que se produce una interrupción de reloj y que se cumplen cuando el contador llega a 0, en la situación planteada en la que se produce una segunda interrupción de reloj, al ajustar el valor del contador dentro de la rutina de baja prioridad, habrá que restarle 2, lo que puede hacer que tome un valor negativo.

Ejercicio 7.15

Analice para cada uno de estos programas si en su consumo del procesador predomina el tiempo gastado en modo usuario o en modo sistema.

- Un compilador
- Un programa que copia un archivo
- Un intérprete de mandatos
- Un programa que comprime un archivo
- Un programa que resuelve una compleja fórmula matemática

Solución

A continuación, se analizan los distintos programas planteados:

- Un compilador. Se trata de un programa en el que predomina el tiempo gastado en modo usuario, a no ser que el programa que se pretende compilar sea trivial. Aunque el compilador lee los archivos fuente y escribe los archivos objeto, la mayor parte del tiempo está en modo usuario traduciendo el programa.

- Un programa que copia un archivo. La mayor parte del tiempo estará en modo sistema realizando las llamadas de lectura y escritura sobre los archivos.

- Un intérprete de mandatos. La mayor parte del tiempo estará en modo sistema realizando llamadas para crear procesos, establecer redirecciones, etc.

- Un programa que comprime un archivo. Se trata de un programa en el que predomina el tiempo gastado en modo usuario, ya que, aunque el compresor lee los archivos originales y escribe el archivo comprimido, la mayor parte del tiempo está en modo usuario aplicando el algoritmo de compresión.

- Un programa que resuelve una compleja fórmula matemática. En este caso, evidentemente, el tiempo de ejecución dominante es en modo usuario.

Ejercicio 7.16

Enumere algunos ejemplos de situaciones problemáticas que podrían ocurrir si un usuario cambia la hora del sistema retrasándola. ¿Podría haber problemas si el cambio consiste en adelantarla?

Solución

Si se retrasa el reloj, sucederá que los eventos que han ocurrido después del ajuste se van a considerar más antiguos que los eventos que sucedieron antes del reajuste. Este cambio puede hacer que se comporten erróneamente algunas aplicaciones. Por ejemplo, una herramienta que realiza una copia de respaldo incremental, puede considerar erróneamente que un archivo no ha sido modificado desde la última copia de respaldo, ya que su fecha de modificación es anterior a la de dicha copia. De manera similar, el mandato `make`, que, a la hora de generar un ejecutable, permite recompilar sólo los archivos necesarios, puede considerar erróneamente que no hace falta compilar un archivo fuente ya que es más antiguo que el objeto, cuando realmente no es así.

En cuanto a adelantar la hora, no es tan problemático. Sin embargo, puede afectar negativamente a ciertas aplicaciones. Por ejemplo, si está planificado hacer todos los días una copia de respaldo a las 12 de la noche y un día el administrador del sistema adelanta el reloj 10 minutos a las 12 menos 5, ese día no habrá copia de respaldo. Este cambio también confundiría a un programa que lea la hora en dos instantes distintos para calcular el paso del tiempo.

Ejercicio 7.17

Escriba el pseudo-código de las funciones de lectura, escritura y manejo de interrupciones para un terminal serie con un modo de operación orientado a líneas (elaborado o canónico).

Solución

El manejador para este tipo de terminales gestiona habitualmente dos listas de caracteres: una de entrada (`lista_entrada`), donde se almacena la información recibida pero que no ha sido leída por las aplicaciones, y una de salida (`lista_salida`), donde se almacena la información pendiente de escribir en el terminal.

A continuación, se muestra, de forma simplificada, para un manejador de un terminal serie en modo elaborado, qué operaciones se realizan en la función de lectura y de escritura, así como en las rutinas de interrupción correspondientes a que el controlador ha recibido un carácter (`int_recibido`) y que se ha terminado la transmisión de un carácter (`int_transmitido`).

```
/* En la función de escritura hay que enviar los datos al ritmo que marca
las interrupciones. El propio dispositivo se encarga de procesar los
caracteres (p.ej. secuencias de escape, carácter campanada, etc.) */
escritura(){
    Copiar de buffer de usuario a lista_salida (véase ejerc. 7.21)
    Mientras (longitud(lista_salida)!=0) {
        /* es improbable pero hay que asegurarse de que no llega una
        inter. antes de que el proceso se haya bloqueado para evitar
        condición de carrera */
        Inhibir interrupción de transmisión del terminal;
```

```
                    Programar la operación de escritura en UART;
                    /* Bloquear_proceso realiza el c. de contexto con lo que las
                    inter. se restauran como las tenía el nuevo proceso */
                    Bloquear_proceso(cola_esperando_transmisión);
                    /* Al volver a ejecutar, estaba inhabilitada la inter. */
                    Habilitar interrupción de transmisión del terminal;
                    Extraer de lista_salida el carácter ya escrito;
            }
}
int_transmitido() {
        Comprobar si la operación se realizó correctamente;
        Desbloquear_proceso(cola_esperando_transmisión);
}
lectura() {
        /* Para evitar condición de carrera hay que asegurarse de que no llega
        una inter. antes de que el proceso se haya bloqueado */
        Inhibir interrupción de recepción de datos del terminal;
        Mientras (numero_de_líneas==0) {
                    /* Bloquear_proceso realiza el c. de contexto con lo que las
                    inter. se restauran como las tenía el nuevo proceso */
                    bloquear_proceso(cola_esperando_entrada);
                    /* Al volver a ejecutar, estaba inhabilitada la inter. */
                    Habilitar interrupción de recepción del terminal;
                    /* el nº de caracteres copiados será el mínimo entre el tamaño
                    de línea y el nº de datos pedidos por aplicación */
                    Copiar línea de lista_entrada a buffer de usuario;
                    Eliminar de lista_entrada los caracteres ya copiados;
                    Si (copiada una línea completa)
                            numero_de_líneas--;
            }
}

int_recibido() {
        Leer carácter del controlador del dispositivo;
        Si (especial(carácter))
            tratar_carácter_especial(carácter);
        Sino {
            Copiar carácter a lista_entrada;
            Si (eco_activado)
                Copiar carácter a lista_salida;
        }
}
/* Realiza todo el tratamiento de los caracteres especiales. Por
simplicidad, sólo se comentan algunos casos */
tratar_carácter_especial(carácter){
        /* Si salto de línea o EOF (Crtl-D), hay una línea disponible*/
        Si ((carácter=='\n') || (carácter==EOF)) {
            numero_de_líneas++;
            /* La diferencia entre ambos es que el salto de línea lo
            recibirá la aplicación pero el EOF no */
            Si (carácter=='\n')
                Copiar carácter a lista_entrada;
            /* Si hay procesos esperando por datos de entrada, se
            desbloquea a todos */
            Si (longitud(cola_esperando_entrada)!=0)
                Desbloquear_procesos(cola_esperando_entrada);
        }
```

```
        /* Si es un carácter que permite el control de procesos, mandar la
        señal correspondiente (SIGINT, SIGQUIT, SIGSTOP) */
        Si ((carácter==intr) || (carácter==quit) || (carácter==stop))
            mandar_señal(num_señal);
        /* Si es un carácter de edición que borra el último carácter
        tecleado, hay que eliminarlo del buffer */
        Si (carácter==erase)
            Eliminar último carácter de lista_entrada;
        /* Si se trata del carácter de escape, activar una variable interna
        para saber que el próximo carácter no será tratado como especial
        aunque lo sea */
        Si (carácter==escape)
            EscapeActivo = true;
        /* Cada carácter especial tendría su tratamiento */
        ...........................................
        /* En cualquier caso, habría que hacer el eco específico del carácter
        especial, si es que éste tiene un eco asociado. Así, por ejemplo, el
        carácter de nueva línea, debería tener como eco un carácter de nueva
        línea + un retorno de carro. Como un ejemplo adicional, un carácter
        Crtl-C (habitualmente, configurado para que mande la señal SIGINT)
        podría tener como eco dos caracteres: '^' y 'C' */
        Si (eco_activado)
                realizar_eco_específico(carácter);
}
```

Nótese que hay un procesamiento relativamente complejo asociado a la interrupción del terminal que indica que se ha recibido un dato. Esto hace que la mayoría de los sistemas operativos no realicen este trabajo directamente en la rutina de interrupción, sino que lo pospone y lo ejecutan en una rutina de menor prioridad. Para ello, la rutina de interrupción sólo realiza el trabajo básico que asegura que no se pueda perder ningún carácter y activa una interrupción software. El procesamiento más complejo se realiza dentro de la rutina de tratamiento de la interrupción software, que tiene una prioridad más baja que las interrupciones de los dispositivos.

Ejercicio 7.18

Lo mismo que el ejercicio anterior pero en el caso de un terminal proyectado en memoria.

Solución

Existen muchas similitudes con el ejercicio anterior. Por tanto, esta solución sólo resalta los aspectos que diferencian al manejador del terminal proyectado en memoria con respecto al terminal serie.

En primer lugar, en este caso, el manejador sólo requiere una lista de caracteres para almacenar los datos que va recibiendo (lista_entrada). Además, sólo se usan interrupciones para la entrada de datos (véase el ejercicio 7.25), aunque, a diferencia del terminal serie, se produce una interrupción tanto cuando se pulsa una tecla como cuando se suelta.

A continuación, se muestra, de forma simplificada, las rutinas de lectura y de escritura, así como la rutina de interrupción (int_recibido).

```
/* En la función de escritura no se usan interrupciones, se escribe
directamente en la memoria de vídeo. El manejador debe encargarse de
procesar los caracteres que requieren un tratamiento específico (p.ej.
secuencias de escape, carácter campanada, etc.) */
escritura(){
    tam = número de caracteres que el programa pide escribir;
    Mientras (tam>0) {
        /* El manejador debe gestionar las secuencias de escape. Para
        ello, debe implementar una especie de autómata de estado, de
        manera que cuando llegue el carácter ESC considere el comienzo
        de una secuencia de escape, y según van llegando los siguientes
```

caracteres, el autómata vaya transitando por estados hasta que
detecte que ha terminado la cadena de escape. Por razones
obvias, no se detalla más sobre este tema */
Si (hay una secuencia de escape activa)
    Realizar procesamiento de la misma;
/* Algunos caracteres requieren un tratamiento específico. Así,
por ejemplo, el carácter campanada no precisa de un acceso a la
memoria de vídeo, sino programar el altavoz del sistema; el
carácter tabulador requiere escribir en memoria de vídeo el
número de espacios requerido (de hecho, el manejador debe
calcular cuántos espacios se requieren); el carácter de borrado
necesita escribir un espacio en la posición anterior a la que
indica el cursor; el carácter de fin de línea puede implicar
hacer un scroll, que requiere escribir en los registros del
controlador de vídeo, cuando la pantalla está llena ... */
Si (carácter precisa un tratamiento específico)
    Realizar dicho tratamiento;
/* La manera de visualizar el carácter depende de en qué modo
esté el terminal */
Si (modo alfanumérico)
    Copiar código de carácter en memoria de vídeo
Sino { /* modo gráfico */
/* Usar el mapa de la fuente de texto activa (es configurable)
para obtener el patrón que define la forma del carácter */
    patrón = obtener_patrón(carácter);
    Copiar patrón en memoria de vídeo;
}
    tam--;
    }
}
/* La función de lectura sería básicamente igual que en el ejercicio
anterior, por lo que no se reproduce de nuevo */
lectura() {
    /* Igual que en terminal serie */
}
/* Debe distinguir entre el tipo de interrupción. Asimismo, debe gestionar
las teclas modificadoras (Crtl, Alt, ...).
int_recibido() {
  Leer código de tecla del registro de datos del dispositivo;
  Leer registro de estado para determinar tipo de interrupción;
  Si (Interrupción por tecla pulsada) {
    /* Debe traducir del código de la tecla a carácter. Para ello
    usa un mapa de traducción de teclas configurable. Antes
    comprueba si se trata de una tecla modificadora ya que requiere
    un tratamiento especial */
    Si (tecla corresponde con modificador) {
      /* Si se ha pulsado un modificador, sólo hay que
      reflejarlo en una variable interna, pero no se genera un
      carácter */
      Si (Alt) AltActivo=true;
      Si (Control) ControlActivo=true;
      Si (Shift) ShiftActivo=true;
      /* no hay nada más que hacer */
      return;
    }

```
        /* La función "traducir" devuelve el ASCII del código de la
        tecla teniendo en cuenta el estado de las teclas modificadoras
        y el mapa de traducción del teclado */
        carácter = traducir(tecla);
        Si (especial(carácter))
            tratar_carácter_especial(carácter);
        Sino {
            Copiar carácter a lista_entrada;
            /* Puesto que la salida no es bloqueante, como ocurre con
            el terminal serie, se puede invocar directamente la
            función de escritura para hacer el eco */
                Si (eco_activado)
                    escritura(carácter);
        }
    }
    Sino { /* Interrupción por soltar la tecla */
        /* Sólo hay que hacer algo si es una tecla modificadora */
        Si (tecla corresponde con modificador) {
            /* Si se ha soltado una tecla modificadora, sólo hay que
            reflejarlo en una variable interna */
            Si (Alt) AltActivo=false;
            Si (Control) ControlActivo=false;
            Si (Shift) ShiftActivo=false;
        }
    }
}
/* Realiza todo el tratamiento de los caracteres especiales. Esta función
sería básicamente igual que en el ejercicio anterior */
tratar_carácter_especial(carácter){
        /* Igual que en terminal serie */
}
```

Ejercicio 7.19

Enumere ejemplos de tipos de programas que requieran que el terminal esté en modo carácter (modo crudo).

Solución

A continuación, se plantean varios ejemplos:

- Un editor de texto. Este tipo de programas requiere poder tener un control total de lo que teclea el usuario para poder llevar a cabo su labor.
- Un programa que usa algún tipo de menú alfanumérico, que requiera que el usuario pueda seleccionar opciones pulsando únicamente un carácter.
- Un intérprete de mandatos avanzado, puesto que requiere tener acceso a lo que va tecleando el usuario para implementar funcionalidades avanzadas, tal como la posibilidad de completar mandatos (véase el ejercicio 7.28).
- En el caso de que en el puerto serie no esté conectado un terminal convencional, sino otro tipo de dispositivo (por ejemplo, un vídeo que se pretende controlar desde una computadora). El programa que controla ese dispositivo quiere enviar y recibir información sin que el manejador del terminal haga ningún tratamiento con la misma.

Ejercicio 7.20

Escriba un programa usando servicios POSIX que lea un único carácter del terminal.

Solución

El siguiente programa lee un único carácter del teclado y si es la letra 's' termina. Para ello debe poner el terminal en modo no canónico (modo no orientado a líneas) usando `tcgetattr`, de forma que la entrada no se agrupe en líneas.

```c
#include <stdio.h>
#include <termios.h>
#include <unistd.h>

int main(int argc, char **argv)
{
    struct termios term_atrib;

    /* Obtiene atributos del terminal asociado a la entrada estándar.
       Si no se trata de un terminal, se producirá un error */
    if (tcgetattr(0, &term_atrib)<0)
    {
        perror("Error obteniendo atributos del terminal");
        exit(1);
    }

    /* Desactiva modo canónico (orientado a líneas). Con TCSANOW el
       cambio sucede inmediatamente */
    term_atrib.c_lflag &= ~ICANON;

    /* Especifica que una lectura se satisfará con un byte y no habrá
       "timeouts" */
    term_atrib.c_cc[VMIN]=1;
    term_atrib.c_cc[VTIME]=0;
    tcsetattr(0, TCSANOW, &term_atrib);

    do
        printf ("\nQuieres terminar el programa [s|n]?: ");
    while (getchar()!='s');

    printf ("\nAdios...\n");

    /* Reactiva el modo canónico. En caso contrario quedaría
       desactivado al terminar el programa */
    term_atrib.c_lflag |= ICANON;
    tcsetattr(0, TCSANOW, &term_atrib);
    exit(0);
}
```

Ejercicio 7.21

¿Por qué cree que es conveniente en los terminales serie copiar los datos que se desean escribir desde la memoria del proceso a una zona de almacenamiento intermedio en vez de enviarlos directamente desde allí?

Solución

La transmisión de un conjunto de caracteres por una línea serie lleva un tiempo apreciable. El copiar los datos que la aplicación ha solicitado escribir en un buffer interno del manejador simplifica el diseño del mismo. Si no se hiciera esta copia, en el momento que llegara una interrupción del puerto serie indicando que ha terminado la transmisión de un carácter, el manejador debería acceder nuevamente al buffer del proceso para obtener el siguiente carácter que se debe transmitir. El problema está en que la página que contiene el buffer puede haber sido reemplazada (al fin y al cabo, la transmisión serie es lenta y, por tanto, hace tiempo que el proceso está bloqueado), lo que provocaría un fallo de página que complicaría el diseño del manejador.

Ejercicio 7.22

Analice si es razonable permitir que múltiples procesos puedan leer simultáneamente del mismo terminal. ¿Y escribir?

Solución

Si hay varios procesos que leen del mismo terminal, no se puede predecir qué proceso recibirá lo que el usuario está tecleando. Con respecto a la escritura, si varios procesos escriben en el mismo terminal, su salida quedará mezclada en el mismo, lo que puede resultar bastante confuso, aunque en este caso es una cuestión estética más que de funcionalidad, como ocurre con la lectura.

Dentro de la funcionalidad de control de trabajos, POSIX intenta resolver estos problemas de la siguiente forma:

- Cuando un usuario interactivo trabaja con un *shell* tiene asociado un terminal de control (denominado `/dev/tty`).

- Sólo el proceso (o grupo de procesos, si se trata de una secuencia de mandatos conectados por tuberías) en *foreground* puede leer y escribir en el terminal de control.

- Si un proceso en *background* intenta leer del terminal de control, se genera la señal SIGTTIN que, por defecto, detiene su ejecución.

- Si un proceso en *background* intenta escribir en el terminal de control, dado el carácter menos problemático de las escrituras simultáneas, se permite, por defecto, que pueda hacerlo. Sin embargo, se puede configurar el terminal de manera que se genere la señal SIGTTOU ante la escritura de un proceso en *background*, de manera que se detenga su ejecución, usando el siguiente mandato:

      stty tostop

Ejercicio 7.23

Proponga métodos para intentar reducir el máximo posible el número de veces que se copia un mensaje tanto durante su procesamiento en la máquina emisora como en la máquina receptora.

Solución

En la operación de transferencia de un mensaje entre dos máquinas, el mensaje debe pasar, tanto en el emisor como en el receptor, por una serie de capas de protocolos que van añadiendo, en el caso del emisor, o eliminando, en el receptor, información de cada protocolo.

Cada capa de protocolo en el emisor va añadiendo cabeceras y colas al mensaje para incluir la información específica de dicho protocolo. Este añadido de información puede requerir copiar el mensaje a una nueva zona de mayor tamaño que la actual para poder habilitar espacio para la nueva información. Si en cada capa de protocolo es necesario hacer una copia del mensaje, el rendimiento del sistema de comunicación se vería seriamente afectado.

Una posible estrategia para evitarlo es reajustar las tablas de páginas del sistema operativo, de manera que, aunque la información de cabecera y el cuerpo del mensaje residan en zonas de memoria física que no están contiguas, sí lo estén en el mapa lógico.

Otra estrategia es permitir realmente que la información no esté contigua usando la técnica denominada *scatter/gather*. Esta técnica sería aplicable desde la aplicación al controlador de red hardware.

En el emisor, la aplicación puede solicitar el envío de información, aunque ésta no esté contigua en memoria, sino distribuida en varias zonas (en POSIX, llamada al sistema `writev`). Las distintas capas de protocolos pueden añadir cabeceras que no están contiguas y, por último, la tarjeta de red puede programarse especificando que el mensaje que se desea transmitir está distribuido en varias zonas de memoria.

En cuanto al receptor, se realiza la opción complementaria (el *scatter*). Se puede programar la tarjeta de red de manera que el mensaje que recibe por la red como algo contiguo, lo distribuya en varias zonas, separando de esta forma cabeceras y cuerpo del mensaje. Esto mismo se aplicaría en los distintos niveles de protocolo hasta la propia aplicación que podría especificar varias zonas de memoria diferentes para almacenar las distintas partes del mensaje leído (en POSIX, llamada al sistema `readv`)

Ejercicio 7.24

¿En qué aspecto mejora el algoritmo de planificación del disco CSCAN al SCAN?

Solución

El algoritmo CSCAN uniformiza el tiempo de espera de las peticiones con respecto al SCAN. Para justificar esta afirmación, se analiza cómo varía el tiempo de espera máximo con el algoritmo SCAN dependiendo de qué pistas se trate:

- En una pista central, en el peor de los casos, hay que esperar hasta que se termine de servir las peticiones que quedan hasta la pista más externa, cambie el sentido de servicio y se sirvan las peticiones desde la pista exterior hasta la pista central. En total se han atravesado tantas pistas como tiene el disco.

- En una pista exterior, en el peor de los casos, hay que esperar hasta que se sirvan todas las peticiones en el sentido de servicio que acaba de empezar, se cambie el sentido de servicio y se sirvan todas las peticiones de servicio en el sentido contrario. En total se han atravesado dos veces el número de pistas que tiene el disco.

- Por tanto, hay un mejor servicio (un mejor tiempo de espera medio) para las pistas centrales. Con el algoritmo CSCAN, gracias a que sólo hay un sentido de servicio, se uniformiza el tiempo de espera ya que en los dos casos planteados, pista central y pista externa, se tendrían que atravesar dos veces el número de pistas que tiene el disco.

Ejercicio 7.25

En el manejador de un terminal proyectado en memoria, ¿qué operación se realiza mediante interrupciones, la entrada o la salida de datos?, ¿y en uno de tipo serie?

Solución

En un terminal proyectado la salida de datos se realiza escribiendo directamente sobre la memoria de vídeo, lo que no requiere, evidentemente, interrupciones. En cuanto a la entrada de datos, el controlador de teclado genera una interrupción cada vez que se pulsa o se suelta una tecla.

Con respecto a los terminales serie, el controlador del puerto serie, típicamente una UART, genera una interrupción cada vez que recibe un carácter. Por tanto, la entrada está dirigida por interrupciones. Asimismo, cuando la UART termina de enviar un carácter, genera una interrupción para indicar que está dispuesta para transmitir más datos. Por tanto, la salida también está dirigida por interrupciones.

Ejercicio 7.26

¿Cuál de los siguientes algoritmos de planificación del disco puede producir mayor "hambruna"?

A.- FCFS.

B.- SCAN.

C.- CSCAN.

D.- *Shortest Seek First* (SSF).

Solución

El algoritmo FCFS no puede provocar hambruna, dado que realiza un tratamiento FIFO de las peticiones. Con respecto a SCAN y CSCAN, como van avanzando en el sentido de servicio, tampoco pueden producir hambruna, ya que tarde o temprano se llegará a toda petición. El algoritmo SSF sí puede producir hambruna ya que pueden llegar continuamente peticiones cercanas a la que se está sirviendo, de manera que una petición más alejada nunca será servida.

Ejercicio 7.27

Una vez determinado el número de bloque dentro del dispositivo, ¿cuál es el número máximo de operaciones sobre el disco que puede generar una petición de lectura de un bloque en UNIX teniendo en cuenta que se usa una cache de bloques?

Solución

Se pueden presentar tres casos:

- Que no haya accesos al dispositivo: En caso de que haya acierto en la cache de bloques.

- Que haya una lectura del dispositivo: En caso de que haya fallo en la cache y, o bien haya un bloque libre en la cache, o bien el bloque expulsado de la cache no esté modificado.

- Que haya una lectura y una escritura del dispositivo: En caso de que haya fallo en la cache, no haya un bloque libre en la cache y el bloque expulsado esté modificado, con lo que hay que escribirlo en el disco previamente.

Ejercicio 7.28

Se desea programar tres intérpretes de mandatos (**sh1**, **sh2**, **sh3**) en una máquina con un sistema operativo UNIX. Respecto a la entrada interactiva de mandatos estos intérpretes tienen las siguientes características:

- **sh1**. Intérprete convencional: líneas de mandatos terminadas con un fin de línea.

- **sh2**. Permite introducir mandatos y argumentos incompletos. Cuando se pulsa la tecla <ESC>, el intérprete intenta completar el mandato en curso.

- **sh3**. Además de completar mandatos, presenta facilidades avanzadas de edición (por ejemplo, introducir nuevos caracteres en medio del mandato) y la recuperación de las últimas líneas de mandatos ejecutadas usando las teclas de movimiento vertical del cursor.

Se pide responder razonadamente a las siguientes cuestiones:

a) ¿Cuál sería el modo de funcionamiento del terminal más adecuado para cada intérprete?

NOTA: Se debe seleccionar en cada caso aquel modo que, cumpliendo los requisitos correspondientes, libere al intérprete del mayor trabajo posible.

b) En algunos manejadores del terminal se puede especificar un carácter de fin de línea adicional (además del carácter **newline**). ¿Permitiría esta característica modificar alguna de las elecciones del apartado anterior?

c) En los tres casos se pretende que el intérprete termine cuando el usuario teclee un carácter EOF (normalmente CRTL-D) al principio de una línea. ¿Qué recibiría el **sh1** en esta situación? ¿Y el **sh3**?

d) ¿Qué ventajas y desventajas presenta la inclusión de más funcionalidad (por ejemplo, completar mandatos) en el manejador del terminal?

Solución

a) El intérprete **sh1** sólo necesita obtener los datos introducidos por el usuario cuando éste complete una línea. En este caso se puede utilizar el modo **elaborado** puesto que cumple el requisito. El manejador del terminal se ocupará de los aspectos de edición del mandato entregando líneas completas al intérprete.

El intérprete **sh2** necesita obtener los datos introducidos por el usuario cuando aparezca un carácter **newline** (línea de mandatos completa) o un carácter <ESC> (el usuario pretende que el intérprete intente completar el mandato en curso). En principio, se debería utilizar en este caso el modo **crudo** que permitiría al intérprete obtener los caracteres que introduce el usuario sin necesidad de que éste complete la línea, pudiendo así detectar cuando se pulsa el carácter <ESC>. Con esta solución el intérprete debe encargarse de todos los aspectos de edición del mandato por lo que la complejidad del código del intérprete aumenta considerablemente.

Existe, sin embargo, una segunda alternativa que permite usar el modo elaborado para el intérprete **sh2**. En modo elaborado el manejador del terminal pone a disposición del programa los datos introducidos por el usuario cuando recibe un **newline** o un EOF (por defecto CTRL-D). Una posible solución sería que el **sh2** usará un modo elaborado pero estableciendo, mediante una llamada **ioctl**, el carácter <ESC> como EOF. Esta solución liberaría al intérprete de los aspectos de edición del mandato. Sin embargo, si se desea que el carácter EOF sirva para que el usuario pueda terminar la ejecución del intérprete, como ocurre en este ejercicio, la situación resulta bastante confusa para el usuario, ya que el mismo carácter (<ESC>), dependiendo del contexto, indicará acciones totalmente diferentes: completar mandato o terminar la ejecución del intérprete.

El intérprete **sh3** debe utilizar el modo **crudo**. La segunda solución planteada para el **sh2** no sirve para este intérprete puesto que debe obtener los datos tecleados por el usuario no sólo cuando se pulsa el carácter <ESC> sino también con otros caracteres (por ejemplo, las teclas de movimiento vertical del cursor).

b) La posibilidad de poder definir un carácter de fin de línea adicional facilita la utilización del modo elaborado para el intérprete **sh2** ya que permite usar el carácter <ESC> sin necesidad de redefinir el carácter EOF que podría mantener su valor por defecto (CTRL-D).

c) Cuando el usuario teclea un CTRL-D al principio de una línea, el intérprete **sh1** obtiene una cuenta de 0 caracteres en la llamada **read**. Esta situación se toma como fin de la entrada de datos y el intérprete termina.

El intérprete **sh3**, en cambio, recibe el carácter CTRL-D, ya que utiliza el modo **crudo**. Debe ser el propio intérprete el que detecte que le ha llegado un carácter EOF al principio de la línea y termine su ejecución.

d) Como se ha comentado en los apartados anteriores, la inclusión de más funcionalidad en el manejador del terminal permite simplificar los programas disminuyendo su trabajo de edición de los datos de entrada.

Esta funcionalidad avanzada, sin embargo, complica considerablemente el manejador del terminal y, en muchos casos, puede ocurrir que los programas no hagan uso de ella por no encajar exactamente con sus necesidades.

Ejercicio 7.29

Cuando el terminal está en modo orientado a línea en POSIX (denominado habitualmente modo *elaborado*), el carácter de fin de línea (\n, ASCII 012) y el **EOF** (normalmente **Crtl-D**, ASCII 004) en la entrada marcan el final de la línea, haciendo que dicha línea quede disponible para poder leerse. Se debe analizar qué tratamiento realizará el manejador del terminal cuando el usuario teclea los mencionados caracteres respondiendo a las siguientes preguntas:

a) ¿Qué diferencias existen entre el tratamiento del carácter \n y el **Crtl-D**? ¿Por qué la aparición del **Crtl-D** al principio de una línea puede considerarse como una marca de fin de archivo (fin de la entrada de datos)?

b) Sea el mandato **cat_de_20_en_20** que va leyendo la entrada estándar 20 caracteres cada vez y los escribe en la salida estándar. Supongamos que se ejecuta el mandato **cat_de_20_en_20 > salida** estando el terminal en modo orientado a líneas y con la siguiente entrada:

aaaa\nbbbbbCrtl-D\nccCrtl-DCrtl-Ddddd\nCrtl-D

¿Cuántas lecturas realizará el mandato y qué obtendrá en cada una de ellas?, ¿Cuál será el contenido final de **salida**?

c) Responda a las preguntas del apartado anterior en el caso de que los caracteres ASCII correspondientes a la secuencia de entrada mostrada estuviesen almacenados en el archivo **entrada** y se ejecutase el mandato: **cat_de_20_en_20 < entrada > salida**.

d) ¿Qué debería hacer un programa que lee del terminal en modo orientado a líneas si desea continuar leyendo aunque el usuario teclee un **Crtl-D** al principio de una línea? Un posible ejemplo sería un *shell* interactivo del que sólo se puede salir con un mandato **exit** (**csh** con la opción **ignoreeof** activa).

e) ¿Cómo se puede detectar el fin de la entrada de datos con el terminal en modo orientado a carácter (denominado habitualmente modo *crudo*)?

Solución

a) En modo elaborado ambos caracteres indican el final de una línea de entrada. La principal diferencia es que el carácter \n queda incluido en dicha línea mientras que el **Ctrl-D** no.

Cuando al principio de una línea aparece un **Ctrl-D**, el programa que lee obtendrá una cuenta de 0 caracteres. La mayoría de los programas en UNIX interpretarán esta situación como fin de archivo (fin de la entrada de datos) por similitud con lo que ocurre en los archivos normales.

b) La secuencia de lecturas es la siguiente:

```
1ª lectura : aaaa\n (5 caracteres)
2ª lectura : bbbbb (5 caracteres)
3ª lectura : \n (1 carácter)
4ª lectura : cc (2 caracteres)
5ª lectura : (0 caracteres, se interpreta como fin de archivo)
```

El contenido del archivo **salida** es:

aaaa\nbbbbb\ncc

c) Cuando se accede a un archivo los caracteres \n y **Ctrl-D** no tienen un significado especial. La operación de lectura obtendrá el número de caracteres pedidos siempre que haya suficientes en el archivo.

```
1ª lectura : aaaa\nbbbbbCtrl-D\nccCtrl-DCtrl-Ddddd (20 carac.)
2ª lectura : \nCtrl-D (2 caracteres)
3ª lectura : (0 caracteres)
```

El contenido del archivo **salida** es:

aaaa\nbbbbbCtrl-D\nccCtrl-DCtrl-Ddddd\nCtrl-D

d) El programa debería continuar leyendo aunque la llamada **read** le devuelva una cuenta de 0. El programa terminará cuando lea una determinada secuencia de caracteres (p.ej. **exit**).

e) En modo orientado a carácter no se procesa el carácter **Ctrl-D**. La forma de indicar el fin de la entrada de datos será una convención del programa que realiza la lectura. Así, por ejemplo, cuando el editor **vi** está en modo inserción, el fin de la entrada de datos se indica mediante el carácter **escape**.

8. ARCHIVOS Y DIRECTORIOS

En este capítulo se muestran los problemas relacionados con archivos y directorios. El capítulo presenta problemas relacionados con conceptos básicos desde el punto de vista de usuario, con los servicios que ofrece el sistema operativo y con los aspectos básicos y de diseño de los sistemas de archivos y del servidor de archivos.

8.1 Conceptos básicos de archivos

Todos los sistemas operativos proporcionan una unidad de almacenamiento lógico, que oculta los detalles del sistema físico de almacenamiento, denominada **archivo**. *Un archivo es una unidad de almacenamiento lógico no volátil que agrupa un conjunto de información relacionada entre sí bajo un mismo nombre.* Desde el punto de vista del usuario, el archivo es la única forma de gestionar el almacenamiento secundario, por lo que es importante en un sistema operativo definir cómo se nombran los archivos, qué operaciones hay disponibles sobre los archivos, cómo perciben los usuarios los archivos, etc. Internamente, todos los sistemas operativos dedican una parte de sus funciones, agrupada en el **sistema de archivos**, a gestionar los archivos. En este componente del sistema operativo se define cómo se estructuran los archivos, cómo se identifican, cómo se implementan, acceden, protegen, etc.

Desde el punto de vista del sistema operativo, un archivo se caracteriza por tener una serie de atributos. Dichos atributos varían de unos sistemas operativos a otros, pero habitualmente incluyen los siguientes: nombre, identificador único, tipo de archivo, mapa del archivo, protección, tamaño del archivo, información temporal e información de control del archivo. El sistema operativo debe proporcionar, al menos, una estructura de archivo genérico que de soporte a todos los tipos de archivos mencionados anteriormente, un mecanismo de nombrado, facilidades para proteger los archivos y un conjunto de servicios que permitan explotar el almacenamiento secundario y el sistema de E/S de forma sencilla y eficiente. Dicha estructura debe incluir los atributos deseados para cada archivo, especificando cuáles son visibles y cuáles están ocultos a los usuarios.

Una de las características principales de un sistema operativo, de cara a los usuarios, es la forma en que se nombran los archivos. Todo objeto archivo debe tener un **nombre** a través del que se pueda acceder a él de forma inequívoca. Muchos sistemas operativos permiten añadir una o más **extensiones** al nombre de un archivo. Dichas extensiones se suelen separar del nombre con un punto (ejemplo .txt) y sirven para indicar al sistema operativo, a las aplicaciones, o a los usuarios, características del contenido del archivo. En UNIX y Windows-NT, un archivo puede tener cualquier número de extensiones y de cualquier tamaño.

Desde el punto de vista del usuario, la información de un archivo puede estructurarse como una lista de caracteres, un conjunto de registros secuencial o indexado, etc. Los sistemas operativos más populares, como UNIX o Windows, proporcionan una estructura interna de archivo y una interfaz de programación muy sencilla pero polivalentes, permitiendo a las aplicaciones construir cualquier tipo de estructura para sus archivos sin que el sistema operativo sea consciente de ello. La traslación desde las direcciones lógicas de un archivo a direcciones físicas de los dispositivos que albergan el archivo es distinta en cada sistema operativo, pero se basa en el **mapa del archivo** almacenado como parte de los atributos del archivo.

Para poder utilizar la información almacenada en un archivo, las aplicaciones deben acceder a la misma y almacenarla en memoria. Hay distintas formas de acceder a un archivo, pero dependiendo de que se pueda saltar de una posición a otra de un archivo, se distinguen dos métodos de acceso principales: acceso secuencial y acceso directo. El método de **acceso secuencial** sólo permite leer los bytes del archivo en orden, empezando por el principio. No puede saltar de una posición del archivo a otra o leerlo desordenado. Con el método de **acceso directo** o **aleatorio** el archivo se considera como un conjunto de registros, que se pueden acceder desordenadamente moviendo el apuntador de acceso al archivo a uno u otro registro.

El uso de cualquiera de las formas de acceso anteriores no resuelve el problema del uso concurrente de un archivo, sobre todo en el caso de que alguno de los procesos que lo accede esté modificando la información existente en dicho archivo. En situaciones de **coutilización** de un archivo, las acciones de un proceso pueden afectar a la visión que los otros tienen de los datos o a los resultados de su aplicación. La **semántica de coutilización** especifica qué ocurre cuando varios procesos acceden de forma simultánea al mismo archivo y especifica el momento en el que las modificaciones que realiza un proceso sobre un archivo pueden ser observadas por los otros. A continuación se describen las tres semánticas de coutilización más clásicas en los sistemas operativos actuales:

- La **semántica de UNIX** consiste en que cualquier lectura de archivo *vea* los efectos de todas las escrituras previas sobre ese archivo. En caso de accesos concurrentes de lectura, se deben obtener los mismos datos. En caso de accesos concurrentes de escritura, se escriben los datos en el orden de llegada al sistema operativo, que puede ser distinto al que piensan los usuarios. Con esta semántica cada proceso trabaja con su propia imagen del archivo y no se permite que los procesos independientes compartan el apuntador de posición dentro de un archivo. Este caso sólo es posible para procesos que heredan los archivos a través del servicio fork().
- La **semántica de sesión** permite que las escrituras que realiza un proceso sobre un archivo se hagan sobre su *copia* y que no sean visibles para los demás procesos que tienen el archivo abierto hasta que se cierre el archivo o se emita una orden de actualización de la imagen del archivo. Sólo en esas situaciones los cambios realizados se hacen visibles para futuras sesiones. El principal problema de esta semántica es que cada archivo tiene temporalmente varias imágenes distintas, denominadas **versiones**.
- La **semántica de archivos inmutables** se basa en que cuando un archivo es creado por su dueño no puede ser modificado nunca más. Para escribir algo en el archivo, es necesario crear uno nuevo y escribir en él los datos. Un archivo inmutable se caracteriza por dos propiedades: su nombre no puede ser reutilizado sin borrar previamente el archivo y su contenido no puede ser alterado. El nombre del archivo se encuentra indisolublemente ligado al contenido del mismo. Por tanto, esta semántica sólo permite accesos concurrentes de lectura.

8.2 Conceptos básicos de directorios

Un sistema de archivos puede ser muy grande. Para poder acceder a los archivos con facilidad, todos los sistemas operativos proporcionan formas de organizar los nombres de archivos mediante directorios. Un **directorio** es un *objeto que relaciona de forma unívoca el nombre de usuario de un archivo y el descriptor interno del mismo usado por el sistema operativo*. Los directorios sirven para organizar y proporcionar información acerca de la estructuración de los archivos en los sistemas de archivos. Para evitar ambigüedades, un mismo nombre no puede identificar nunca a dos archivos distintos, aunque varios nombres se pueden referir al mismo archivo. Habitualmente, un directorio contiene tantas entradas como archivos son accesibles a través de él, siendo la función principal de los directorios presentar una **visión lógica** simple al usuario, escondiendo los detalles de implementación del sistema de directorios.

Cuando se abre un archivo, el sistema operativo busca en el sistema de directorios hasta que encuentra la entrada correspondiente al nombre del archivo. A partir de dicha entrada, el sistema operativo obtiene el identificador interno del archivo y, posiblemente, algunos de los atributos del mismo. Esta información permite pasar del nombre de usuario al objeto archivo que maneja el sistema operativo.

Independientemente de cómo se defina la entrada de un directorio, es necesario organizar todas las entradas de directorio para poder manejar los archivos existentes en un sistema de almacenamiento de forma sencilla y eficiente. Actualmente los sistemas de directorios tienen una estructura de árbol, que representa todos los directorios y subdirectorios del sistema partiendo de un **directorio raíz**, existiendo un camino único (***path***) que atraviesa el árbol desde la raíz hasta un archivo determinado. Los nodos del árbol son directorios que contiene un conjunto de subdirectorios o archivos. Las hojas del árbol son siempre archivos. Normalmente, cada usuario tiene su propio directorio **home** a partir del cual se cuelgan sus subdirectorios y archivos y en el que le sitúa el sistema operativo cuando entra a su cuenta.

La estructura de árbol es muy general, pero no proporciona los servicios requeridos en algunos entornos. Por ejemplo, puede ser interesante que varios programadores trabajando en el mismo proyecto compartan archivos o subdirectorios llegando a los mismos por sus respectivos directorios de usuario para no tener problemas de seguridad y protección. Esta forma de acceso no existe en la estructura de árbol porque exige que a un archivo se llegue con único nombre. El modelo descrito, sin embargo, rompe la relación uno a uno entre el nombre y el archivo, al requerir que un mismo archivo pueda ser accedido a través de varios caminos. Este problema puede resolverse generalizando la estructura del árbol de directorio para convertirla en un **grafo acíclico** en el cual el mismo archivo o subdirectorio puede estar en dos directorios distintos, estableciendo una relación unívoca nombre-archivo. La forma más habitual de compartir archivos es crear un **enlace** al archivo compartido de uno de los dos tipos siguientes:

- **Físico**. Un apuntador a otro archivo o subdirectorio, cuya entrada de directorio tiene el mismo descriptor de archivo (en UNIX, el nodo-i) que el archivo enlazado. Ambos nombres apuntan al mismo archivo. Resolver cualquiera de los nombres de sus enlaces devuelve el descriptor del archivo.
- **Simbólico**. Un nuevo archivo cuyo contenido es el nombre del archivo enlazado. Resolver el nombre del enlace simbólico no da el descriptor del destino, sino el descriptor del archivo en el que está el nombre del destino. Para acceder al destino, hay que abrir el archivo del enlace, leer el nombre del destino y resolverlo.

Para tener constancia de los enlaces físicos que tiene un archivo, en UNIX se añade un nuevo atributo al nodo-i denominado **contador de enlaces**. Cuando se crea un enlace físico a un archivo, se incrementa en el nodo-i del archivo el contador de enlaces físicos. Cuando se rompe el enlace, se disminuye en uno dicho contador. La existencia de enlaces introduce varios problemas en este tipo de estructura de directorio:

- Existen varios nombres para el mismo archivo. Si se quiere recorrer todo el árbol es importante evitar los bucles.
- El borrado de archivos se complica, ya que un mismo archivo puede ser borrado por varios caminos. Es necesario pues determinar cuándo se puede borrar el archivo. En UNIX, el archivo no se borra hasta que no existe ninguna referencia al mismo, lo que significa que el valor del contador de enlaces es cero. Para ello, cuando se borra un archivo, se borra la entrada de directorio que referencia al archivo y se disminuye en uno su contador de enlaces. Sólo en el caso de que el contador de enlaces sea cero y de que nadie tenga abierto el archivo se borra el archivo realmente y se liberan sus recursos.

El **directorio de trabajo** es el directorio en el que un usuario se encuentra en un instante determinado. Para crear o borrar un archivo o directorio, se puede indicar su nombre relativo al directorio de trabajo o completo desde la raíz a las utilidades del sistema que llevan a cabo estas operaciones. La especificación del nombre de un archivo en un árbol de directorios, o en un grafo acíclico, toma siempre como referencia el directorio raíz (/ en UNIX, \ en Windows). A partir de este directorio, es necesario viajar por los sucesivos subdirectorios hasta encontrar el archivo deseado. Para ello el sistema operativo debe conocer el nombre completo del archivo a partir del directorio raíz. Hay dos posibles formas de obtener dicho nombre:

- Que el usuario especifique el nombre completo del archivo, denominado nombre absoluto.
- Que el usuario especifique el nombre de forma relativa, denominado nombre relativo, a algún subdirectorio del árbol de directorios.

El **nombre absoluto** de un archivo proporciona todo el camino a través del árbol de directorios desde la raíz hasta el archivo. El **nombre relativo** de un archivo sólo especifica una porción del nombre absoluto a partir de un determinado subdirectorio del árbol de nombres. Los nombres relativos no se pueden interpretar si no se conoce el directorio del árbol a partir del que empiezan, para ello existe un **directorio de trabajo**, o **actual**, a partir del cual se interpretan siempre los nombres relativos. Muchos sistemas operativos con directorios jerárquicos tienen dos entradas especiales, . y .. , en cada directorio para referirse a sí mismos y a su directorio padre en la jerarquía. Estas entradas especiales son muy útiles para especificar posiciones relativas al directorio actual y para viajar por el árbol.

8.3 Servicios de archivos y directorios

En esta sección se describen los principales servicios que ofrece el sistema operativo para manipular archivos y directorios.

8.3.1 Servicios POSIX para archivos y directorios

POSIX proporciona una visión lógica de archivo equivalente a una tira secuencial de bytes. Para acceder al archivo, se mantiene un apuntador de posición, a partir del cual se ejecutan las operaciones de lectura y escritura sobre el archivo. Para identificar a un archivo, el usuario usa nombres al estilo de UNIX, como por ejemplo `/users/miguel/datos`. Cuando se abre un archivo, se devuelve un descriptor de archivo, que se usa a partir de ese momento para identificar al archivo en otras llamadas al sistema. Estos descriptores son números enteros de 0 a n y son específicos para cada proceso. Cuando se realiza una operación `open()`, el sistema de archivos busca desde la posición 0 hasta que encuentra una posición libre, siendo esa la ocupada. Cuando se cierra un archivo usando el servicio `close()`, se libera la entrada correspondiente. En los sistemas UNIX, cada proceso tiene tres descriptores de archivos abiertos por defecto. Estos descriptores ocupan las posiciones 0 a 2 y reciben los siguientes nombres:

- Entrada estándar, descriptor `0`.
- Salida estándar, descriptor `1`.
- Error estándar, descriptor `2`.

El objetivo de estos descriptores estándar es poder escribir programas que sean independientes de los archivos sobre los que han de trabajar.

Usando servicios de POSIX, se pueden consultar los atributos de un archivo. Estos atributos son una parte de la información existente en el descriptor interno del archivo. Este descriptor en los sistemas UNIX se denomina **nodo-i**. Los principales atributos del nodo-i son los siguientes: el número de nodo-i, el sistema de archivos al que pertenece, su dispositivo, tiempos de creación y modificación, número de enlaces físicos, identificación de usuario y grupo, modo de protección, etc. El modo de protección es especialmente importante porque permite controlar el acceso al archivo por parte de su dueño, su grupo y el resto del mundo. En POSIX, estos permisos de acceso se especifican usando máscaras de 9 bits con el siguiente formato:

```
Dueño grupo  mundo
rwx   rwx    rwx
```

En POSIX se definen además los bits `setuid` y `setgid`. Si un archivo ejecutable tiene activo el bit `setuid` y es ejecutado por un usuario con permisos de ejecución, el proceso en ejecución resultante se ejecuta con los privilegios del propietario del archivo. El bit `setgid` tiene el mismo comportamiento y se aplica a grupos.

Los principales **servicios POSIX para archivos** son:

```
int creat(const char *path, mode_t mode);
```

Su efecto es la creación de un archivo con nombre `path` y modo de protección `mode`. Este servicio además abre el archivo para escritura devolviendo el descriptor a usar en las operaciones de escritura. En caso de que el archivo no pueda ser creado, devuelve -1 y pone el código de error adecuado en la variable `errno`.

```
int unlink(const char *path);
```

Este servicio permite borrar un archivo indicando su nombre. El argumento `path` indica el nombre del archivo a borrar.

```
int open(const char path, int oflag, /* mode_t mode */ ...);
```

Este servicio permite abrir un archivo indicando su nombre en el argumento `path`. El argumento `oflag` permite especificar qué tipo de operación se quiere hacer con el archivo: lectura (`O_RDONLY`), escritura (`O_WRONLY`), lectura-escritura (`O_RDWR`), añadir información nueva al final del archivo (`O_APPEND`), creación (`O_CREAT`), truncado (`O_TRUNC`), escritura no bloqueante (`O_NONBLOCK`), etc. En caso de que el segundo argumento incluya el valor `O_CREAT`, el tercer argumento debe incluir el modo de creación del archivo. Así, el valor `0700` definiría los bits `rwx --- ---`. La llamada devuelve, si se ejecutó con éxito, el descriptor de archivo a utilizar. Si el archivo no existe, no se puede abrir con las características especificadas o no se puede crear, la llamada devuelve -1 y un código de error en la variable `errno`.

```
int close(int fildes);
```

Esta llamada libera el descriptor de archivo obtenido cuando se abrió el archivo, dejándolo disponible para su uso posterior por el proceso.

```
ssize_t read(int fildes, void *buf, size_t nbyte);
ssize_t write(int fildes, const void *buf, size_t nbyte);
```

Estos servicios permiten a un proceso leer y escribir datos de un archivo, que debe abrirse previamente, y copiarlos a su espacio de memoria. El descriptor de archivo se indica en `fildes`, la posición de memoria donde copiar o de donde escribir los datos se especifica en el argumento `buf` y el número de bytes a leer, escribir, se especifica en `nbyte`. La lectura se lleva a cabo a partir de la posición actual del apuntador de posición del archivo. Si la llamada se ejecuta correctamente, devuelve el número de bytes leídos realmente, que pueden ser menos que los pedidos, y se incrementa el apuntador de posición del archivo con esa cantidad.

```
off_t lseek(int fildes, off_t offset, int whence);
```

Esta llamada permite cambiar el valor del apuntador de posición de un archivo abierto, de forma que posteriores operaciones de E/S se ejecuten a partir de esa posición. El descriptor de archivo se indica en `fildes`, el desplazamiento se indica en `offset` y el lugar de referencia para el desplazamiento se indica en `whence`. Los valores que puede tomar este último argumento son: `SEEK_SET` para indicar que el desplazamiento inicial se toma desde el inicio del archivo, `SEEK_CUR` para indicar que se toma desde la posición actual del apuntador y `SEEK_END` para indicar que el inicio del desplazamiento se toma desde el final del archivo.

```
int stat(const char *path, struct stat *buf);
int fstat(int fildes, struct stat *buf);
```

POSIX especifica los servicios `stat` y `fstat` para consultar los distintos atributos de un archivo, si bien en el caso de `fstat` dicho archivo debe estar abierto. Ambas devuelven una estructura de tipo `stat`. A continuación se muestran los atributos que se pueden consultar en dicha estructura:

- `st_mode`, indica el modo de creación del archivo, es decir, los bits de protección.
- `st_ino`, número identificador del archivo. En caso de UNIX es el número de nodo-i.
- `st_dev`, identificador del dispositivo que contiene el archivo.

- st_nlink, número de enlaces del archivo.
- st_uid, identificador de usuario del propietario del archivo.
- st_gid, identificador de grupo del grupo al que pertenece el propietario del archivo.
- st_size, tamaño en bytes del archivo.
- st_atime, fecha del último acceso.
- st_mtime, fecha de la última modificación.
- st_ctime, fecha del último cambio de estado.

A continuación se describen los principales **servicios POSIX para directorios**.

```
int mkdir (const char *path, mode_t mode);
```

El servicio mkdir permite crear un nuevo directorio. Esta llamada al sistema crea el directorio especificado en path con el modo de protección especificado en mode.

```
int rmdir (const char *path);
```

Permite borrar un directorio especificando su nombre. El directorio se borra únicamente cuando está vacío.

```
DIR *opendir(const char *dirname);
int closedir (DIR *dirp);
```

Abre el directorio de nombre especificado en la llamada y devuelve un identificador de directorio. El apuntador de posición indica a la primera entrada del directorio abierto. En caso de error devuelve NULL. Un directorio abierto, e identificado por dirp, puede ser cerrado ejecutando la llamada closedir.

```
struct dirent *readdir (DIR *dirp);
```

Este servicio permite leer de un directorio abierto, obteniendo como resultado la siguiente entrada del mismo. En implementaciones UNIX, la entrada de directorio contiene el nombre del archivo y su número de nodo-i.

En cuanto a los principales servicios POSIX relacionados con la protección y seguridad de archivo, los principales son los siguientes:

```
int access (const char *path, int amode);
```

Comprueba si un archivo está accesible con unos ciertos privilegios. Tienen en cuenta el uid y el gid real, no los efectivos. No es necesario tener el archivo abierto. El nombre del archivo se especifica en path. amode es el OR lógico de los permisos de acceso a comprobar o la constante F_OK si se quiere comprobar que el archivo existe. En caso de éxito devuelve un cero. En caso de error devuelve -1.

```
int chmod (const char *path, mode_t mode);
```

Cambia los derechos de acceso a un archivo. Sólo el dueño del archivo o el superusuario pueden ejecutar esta llamada. No es necesario tener el archivo abierto. Si algún proceso tiene el archivo abierto, esta llamada no afectará a sus privilegios de acceso hasta que lo cierre. El nombre del archivo se especifica en path. El argumento mode es el valor de los permisos de acceso a instalar. Por ejemplo, los bits rwxrx-r-- se indican en octal con los números 764. Permite cambiar los bits *setuid* y *setgid*. En caso de éxito devuelve un cero. En caso de error un -1.

```
int chown (const char *path, uid_t owner, gid_t group);
```

Cambia el propietario y el grupo de un archivo. Sólo el dueño del archivo, o el superusuario, puede cambiar estos atributos. No es necesario tener el archivo abierto. Si algún proceso tiene el archivo abierto, esta llamada no afectará a sus privilegios de acceso hasta que lo cierre. El nombre del archivo se especifica en path. owner y group son los identificadores numéricos del nuevo dueño y del nuevo grupo. En caso de éxito devuelve un cero. En caso de error devuelve -1 y no cambia nada.

```
mode_t umask (mode_t cmask);
```

La llamada umask permite a un usuario definir una máscara de protección que será aplicada por defecto a todos sus objetos creados a partir de ese instante. El parámetro cmask define el modo de protección por defecto. Cuando se crea un objeto y se define su modo de protección, por ejemplo mode1, el valor efectivo de protección resultante para el objeto es el resultado del OR exclusivo entre cmask y mode1.

POSIX permite que un archivo o directorio pueda ser accedido usando nombres distintos. Para ello, proporciona las llamadas link y symlink para enlazar un archivo o directorio a otro usando enlaces físicos o simbólicos, respectivamente. Sus prototipos son:

```
int link    (const char *existing, const char *new);
int symlink (const char *existing, const char *new);
```

La llamada link establece un enlace físico desde una nueva entrada de directorio, new, a un archivo ya existente, existing. Ambos nombres deben pertenecer al mismo sistema de archivos. En caso de éxito, crea la nueva entrada de directorio, incrementa el contador de enlaces del nodo-i del directorio o archivo existente y devuelve un cero.

La llamada symlink establece un enlace simbólico desde una nueva entrada de directorio, new, a un archivo ya existente, existing. No es necesario que ambos nombres pertenezcan al mismo sistema de archivos. En caso de éxito, crea la nueva entrada de directorio del enlace y devuelve un cero. En caso de error, las llamadas no crean el enlace y devuelven -1.

8.3.2 Servicios Win32 para archivos y directorios

Windows proporciona una visión lógica de archivo equivalente a una tira secuencial de bytes. Para acceder al archivo, se mantiene un apuntador de posición, a partir del cual se ejecutan las operaciones de lectura y escritura sobre el archivo. Para identificar a un archivo, el usuario usa nombres jerárquicos, como por ejemplo C:\users\miguel\datos. Cada archivo se define como un objeto dentro del núcleo de Windows. Por ello, cuando se abre un archivo, se crea en memoria un objeto archivo y se le devuelve al usuario un manejador (HANDLE) para ese objeto.

A continuación se muestran los **servicios de Win32 para gestión de archivos.** Como se puede ver, son similares a los de POSIX, si bien los prototipos de las funciones que los proporcionan son bastante distintos.

```
HANDLE   CreateFile(LPCSTR lpFileName, DWORD dwDesiredAccess,
         DWORD dwShareMode, LPVOID lpSecurityAttributes,
```

```
                DWORD CreationDisposition, DWORD dwFlagsAndAttributes,
                HANDLE hTemplateFile);
```

Su efecto es la creación, o apertura, de un archivo con nombre `lpFileName`, modo de acceso `dwDesiredAccess` (`GENERIC_READ`, `GENERIC_WRITE`) y modo de compartición `dwShareMode` (`NO_SHARE`, `SHARE_READ`, `SHARE_WRITE`).

```
    BOOL        DeleteFile(LPCTSTR lpszFileName);
```

Este servicio permite borrar un archivo indicando su nombre. El nombre del archivo a borrar se indica en `lpszFileName`.

```
    BOOL CloseHandle(HANDLE hObject);
```

La llamada `CloseHandle` libera el descriptor de archivo obtenido cuando se abrió el archivo, dejándolo disponible para su uso posterior.

```
    BOOL    ReadFile(HANDLE hFile, LPVOID lpBuffer,
            DWORD nNumberOfBytesToRead, LPDWORD lpNumberOfBytesRead,
            LPVOID lpOverlapped);
    BOOL    WriteFile(HANDLE hFile, LPVOID lpBuffer,
            DWORD nNumberOfBytesToWrite,
            LPDWORD lpNumberOfBytesWritten,
            LPVOID lpOverlapped);
```

Estos servicios permite a un proceso leer, escribir, datos de un archivo abierto y copiarlos a, desde, su espacio de memoria. El manejador del archivo se indica en `hFile`, la posición de memoria para los datos se especifica en el argumento `lpBuffer` y el número de bytes a leer, escribir, se especifica en `lpNumberOfBytesToRead`, `lpNumberOfBytesToWrite`.

```
    DWORD   SetFilePointer(HANDLE hFile, LONG lDistanceToMove,
            LONG FAR *lpDistanceToMoveHigh, DWORD dwMoveMethod);
```

Esta llamada permite cambiar el valor del apuntador de posición de un archivo abierto previamente, de forma que operaciones posteriores de E/S se ejecuten a partir de esa posición. El manejador de archivo se indica en `hFile`, el desplazamiento (positivo o negativo) se indica en `lDistanceToMove` y el lugar de referencia para el desplazamiento se indica en `dwMoveMethod`.

A continuación se describen los **servicios de Win32 para gestión de directorios**.

```
    BOOL        CreateDirectory(LPCSTR lpPathName,
                    LPVOID lpSecurityAttributes);
```

El servicio `CreateDirectory` permite crear en Win32 el directorio especificado en `lpPathName` con el modo de protección especificado en `lpSecurityAttributes`.

```
    BOOL        RemoveDirectory (LPCSTR lpszPath);
```

Permite borrar el directorio `lpszPath`, que se borra únicamente cuando está vacío.

En Win32 hay tres servicios que permiten leer un directorio: `FindFirstFile`, `FindNextFile` y `FindClose`. Su prototipos son:

```
HANDLE FindFirstFile(LPCSTR lpFileName,
                     LPWin32_FIND_DATA lpFindFileData);
BOOL   FindNextFile(HANDLE hFindFile,
                     LPWin32_FIND_DATA lpFindFileData);
BOOL   FindClose(HANDLE hFindFile);
```

`FindFirstFile` es equivalente al `opendir` de POSIX. Permite obtener un manejador para buscar en un directorio. Además busca la primera ocurrencia del nombre de archivo especificado en `lpFileName`. `FindNextFile` es equivalente al `readdir` de POSIX, permite leer la siguiente entrada de archivo en un directorio que coincida con el especificado en `lpFileName`. `FindClose` es equivalente a `closedir` de POSIX y permite cerrar el manejador de búsqueda en el directorio.

8.4 Sistemas de archivos

El sistema de archivos permite organizar la información dentro de los dispositivos de almacenamiento secundario en un formato inteligible para el sistema operativo. Habitualmente, cuando se instala el sistema operativo, los dispositivos de almacenamiento están vacíos. Por ello, previamente a la instalación del sistema de archivos es necesario dividir físicamente, o lógicamente, los discos en *particiones* o *volúmenes*. Una **partición** es una *porción de un disco a la que se la dota de una identidad propia y que puede ser manipulada por el sistema operativo como una entidad lógica independiente*. Este objeto no es utilizable directamente por la parte del sistema operativo que gestiona los archivos y directorios, que debe instalar un sistema de archivos dentro de dicha partición.

Una vez creadas las particiones, el sistema operativo debe crear las estructuras de los sistemas de archivos dentro de esas particiones. Para ello se proporcionan mandatos como `format` o `mkfs` al usuario. El siguiente mandato de UNIX crean un sistema de archivo dentro de una partición del disco duro a: `/dev/hda3`:

```
#mkfs  -c /dev/hda3 -b 8192 123100
```

El tamaño del sistema de archivos, por ejemplo `123310`, se define en bloques. Un **bloque** se define como una *agrupación lógica de sectores de disco y es la unidad de transferencia mínima que usa el sistema de archivos*. Se usan para optimizar la eficiencia de la entrada/salida de los dispositivos secundarios de almacenamiento. Aunque todos los sistemas operativos proporcionan un tamaño de bloque por defecto, en UNIX, los usuarios pueden definir el tamaño de bloque a usar dentro de un sistema de archivos mediante el mandato `mkfs`. Por ejemplo, `-b 8192` define un tamaño de bloque de 8 KB para `/dev/hda3`. El tamaño de bloque puede variar de un sistema de archivos a otro, pero no puede cambiar dentro del mismo sistema de archivos. En muchos casos, además de estos parámetros, se puede definir el tamaño de la **agrupación**, es decir *el conjunto de bloques que se gestionan como una unidad lógica de gestión del almacenamiento*. El problema que introducen las agrupaciones, y los bloques grandes, es la existencia de fragmentación interna. Por ejemplo, si el tamaño medio de archivo es de 6 KB, un tamaño de bloque de 8 KB introduce una fragmentación interna media de un 25%. Si el tamaño de bloque fuera de 32 KB, la fragmentación interna alcanzaría casi el 80%.

Todos los sistemas operativos de propósito general incluyen un componente, denominado **servidor de archivos**, que se encarga de gestionar todo lo referente a los sistemas de archivos.

8.4.1 Estructura del sistema de archivos

Cuando se crea un sistema de archivos en una partición de un disco, se crea una entidad lógica autocontenida con espacio para la información de carga del sistema de operativo, descripción de su estructura, descriptores de archivos, información del estado de ocupación de los bloques del sistema de archivos y bloques de datos. La Figura 8.1 muestra las estructuras de un sistema de archivos para MS-DOS, UNIX y Windows NT, así como la disposición de sus distintos componentes, almacenado en una partición.

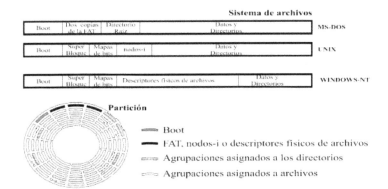

Figura 8.1 Estructura de distintos sistemas de archivos

En UNIX, cada sistema de archivos tiene un **bloque de carga** que contiene el código que ejecuta el programa de arranque del programa almacenado en la ROM del computador. Cuando se arranca la máquina, el iniciador ROM lee el bloque de carga del dispositivo que almacena al sistema operativo, lo carga en memoria, salta a la primera posición del código y lo ejecuta. Este código es el que se encarga de instalar el sistema operativo en el computador, leyéndolo desde el disco. No todos los sistemas de archivos necesitan un bloque de carga. En UNIX, por ejemplo, sólo los dispositivos de *sistema*, es decir aquellos que tienen el sistema operativo instalado contienen un bloque de carga válido. Sin embargo, para mantener la estructura del sistema de archivos uniforme, se suele incluir en todos ellos un bloque reservado para carga. El sistema operativo incluye un número, denominado **número mágico**, en dicho bloque para indicar que es un dispositivo de carga. Si se intenta cargar de un dispositivo sin número mágico, o con un valor erróneo del mismo, el monitor ROM lo detecta y genera un error.

A continuación del bloque de carga, está la metainformación del sistema de archivos (superbloque, nodos-i, ..). La **metainformación** describe el sistema de archivos y la distribución de sus componentes. Suele estar agrupada al principio del disco y es necesaria para acceder al sistema de archivos. El primer componente de la metainformación en un sistema de archivos UNIX es el **superbloque** (el Bloque de descripción del dispositivo en Windows), que contiene la información que describe toda la estructura del sistema de archivos. La información contenida en el superbloque indica al sistema operativo las características del sistema de archivos, dónde están los distintos elementos del mismo y cuánto ocupan. Para reducir el tamaño del superbloque, sólo se indica la información que no puede ser calculada a partir de otra. Por ejemplo, si se indica que el tamaño del bloque usado es 4 KB, que el sistema tiene 16 K nodos-i y que el nodo-i ocupa 512 bytes, es sencillo calcular que el espacio que ocupan los nodos-i en el sistema de archivos es 2048 bloques. La Figura 8.2 muestra una parte del superbloque de un sistema de archivos de LINUX. Como se puede ver, además de la información reseñada, se incluye información común para todos los sistemas de archivos que proporciona el sistema operativo y una entrada para cada tipo de archivos en particular (MINIX, MS-DOS, ISO, NFS, SYSTEM V, UFS, genérico, etc.). En este caso se incluye información de gestión tal como el tipo del dispositivo, el tamaño de bloque, número mágico, tipo de archivo, operaciones sobre el superbloque y de cuota de disco y apuntadores a los tipos de archivo que soporta. Para cada uno de ellos, se incluye una estructura de datos para su superbloque particular. el máximo tamaño de archivo posible, la protección que se aplica al sistema de archivos, etc. Además, para optimizar aspectos como la búsqueda de espacio libre, se incluye información sobre la situación del primer bloque libre y del primer descriptor de archivos libre. Como ejemplo de superbloque particular, se muestra el de MINIX.

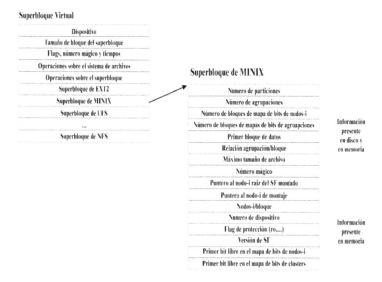

Figura 8.2 Superbloque de un sistema de archivos en MINIX

Cuando arranca el computador y se carga el sistema operativo, el superbloque del dispositivo de carga, o sistema de archivos *raíz*, se carga en memoria en la **tabla de superbloques**. A medida que otros sistemas de archivos son incorporados a la jerarquía de directorios (en UNIX se dice que son *montados*) sus superbloques se cargan en la tabla de superbloques existente en memoria.

Tras el superbloque, el sistema de archivos incluye **información de gestión de espacio** en el disco. Esta información es necesaria por dos razones: para permitir al servidor de archivos implementar distintas políticas de asignación de espacio y para reutilizar los recursos liberados para nuevos archivos y directorios. Normalmente, los sistemas de archivos incluyen dos mapas de espacio libre:

- Información de **bloques de datos**, en la que se indica si un bloque de datos está libre o no. En caso de que el espacio de datos se administre con agrupaciones para optimizar la gestión de espacio libre, esta información se refiere a las agrupaciones.
- Información de la **descripción física de los archivos**, como nodos-i en UNIX o registros de Windows NT, en la que se indica si un descriptor de archivo está libre o no.

Existen distintas formas de representar el espacio existente en un sistema de archivos. Las más populares son los mapas de bits y las listas de recursos libres. Estos mecanismos se estudian en detalle en una sección posterior.

Después de los mapas de recursos del sistema de archivos, se encuentran los **descriptores físicos de archivos**. Estos descriptores, sean nodos-i de UNIX o registros de Windows NT, tienen una estructura y tamaño variable dependiendo de cada sistema operativo. Por ejemplo, en LINUX ocupa 128 bytes y en Windows NT el registro ocupa todo un bloque de 4 KB. El tamaño del área de descriptores de archivo es fácilmente calculable si se conoce el tamaño del nodo-i y el número de nodos-i disponibles en el sistema de archivos. Normalmente, cuando se crea un sistema de archivos, el sistema operativo habilita un número de descriptores de archivo proporcional al tamaño del dispositivo. Por ejemplo, en LINUX se crea un nodo-i por cada 2 bloques de datos. Este parámetro puede ser modificado por el usuario cuando crea un sistema de archivos, lo que en el caso de UNIX se hace con el mandato mkfs.

El último componente del sistema de archivos son los **bloques de datos**. Estos bloques, bien tratados de forma individual o bien en grupos, son asignados a los archivos por el servidor de archivos, que establece una correspondencia entre el bloque y el archivo a través del descriptor del archivo. Tanto si se usan bloques individuales como *agrupaciones*, el tamaño de la unidad de acceso que se usa en el sistema de archivos es uno de los factores más importantes en el rendimiento de la entrada/salida del sistema operativo. Puesto que el bloque es la mínima unidad de transferencia que maneja el sistema operativo, elegir un tamaño de bloque pequeño, por ejemplo 512 bytes, permite aprovechar al máximo el tamaño del disco. Así, el archivo prueba de 1,2 KB ocuparía 3 bloques y sólo desperdiciaría ½ bloque o el 20% del espacio de disco si todos los archivos fuesen de ese tamaño. Si el bloque fuese de 32 KB, el archivo ocuparía un único bloque y desperdiciaría el 90% del bloque y del espacio de disco. Ahora bien, transferir el archivo prueba, en el primer caso, necesitaría la transferencia de 3 bloques, lo que significa buscar cada bloque en el disco, esperar el tiempo de latencia y hacer la transferencia de datos. Con bloques de 32 KB sólo se necesitaría una operación.

8.4.2 El servidor de archivos

Un servidor de archivos está compuesto por varias capas de software. Cada capa usa las características de los niveles inferiores para crear un nivel más abstracto, hasta llegar a los servicios que se proporcionan a los usuarios. La Figura 8.3 muestra la arquitectura de un servidor de archivos como el del sistema operativo LINUX.

Figura 8.3 Estructura de un servidor de archivos

El **sistema de archivos virtual** es el encargado de proporcionar la interfaz de llamadas de entrada/salida del sistema y de pasar al módulo de organización de archivos la información necesaria para ejecutar los servicios pedidos por los usuarios. Dentro de este nivel se suele incluir: el manejo de directorios, la gestión de nombres, algunos servicios de seguridad, integración dentro del servidor de archivos de distintos tipos de sistemas de archivos y servicios genéricos de archivos y directorios. Para ello, en casi todos los sistemas operativos se usa una estructura de información que incluye las características mínimas comunes a todos los sistemas de archivos subyacentes y que enlaza con un descriptor de archivo de cada tipo particular. Por ejemplo, en UNIX esta estructura se denomina **nodo-v** (por nodo virtual). El nodo virtual es un objeto que contiene información genérica útil, independientemente del tipo de sistema de archivos particular al que representa el objeto. Esta información incluye:

* Atributos, tales como estado, información de protección, contadores de referencia, información acerca del tipo de sistema de archivos subyacente al que en realidad pertenece el objeto, etc.

* Un apuntador al *nodo-i* real del objeto (existente en su sistema de archivos específico).

* Un apuntador a las funciones que realmente ejecutan los servicios específicos de cada sistema de archivos.

La Figura 8.4 muestra la estructura de la información dentro de un nodo-v. Dentro del sistema de archivos virtuales se incluyen operaciones que son independientes del tipo de sistema de archivos (SA en la figura), tales como el mantenimiento de una cache de nombres, gestión de nodos virtuales, gestión de bloques en memoria, etc. Cuando las operaciones son específicas del tipo de sistema de archivos subyacente, el sistema de archivos virtual se limita a traducir los parámetros necesarios y a llamar a la operación adecuada del tipo de archivos afectado, cuyo servicio es provisto por el módulo de organización de archivos.

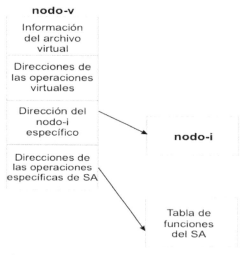

Figura 8.4 Organización de un nodo virtual (nodo-v)

El **módulo de organización de archivos** proporciona el modelo del archivo del sistema operativo y los servicios de archivos. Es en este nivel donde se relaciona la imagen lógica del archivo con su imagen física, proporcionando algoritmos para trasladar direcciones lógicas de bloques a sus correspondientes direcciones físicas. Además, en este nivel se gestiona el espacio de los sistemas de archivos, la asignación de bloques a archivos y el manejo de los descriptores de archivos (nodos-i de UNIX o registros de Windows NT). Puesto que un mismo sistema operativo puede dar servicio para varios tipos de archivos, existirá un módulo de este estilo por cada tipo de archivo soportado (UNIX, AFS, Windows NT, MS-DOS, EFS, MINIX, etc.). Dentro de este nivel también se proporcionan servicios para *pseudo-archivos*, tales como los del sistema de archivos *proc* de LINUX

Las llamadas de gestión de archivos y de directorios particulares de cada sistema de archivos se resuelven en el módulo de organización de archivos. Para ello, se usa la información existente en el *nodo-i* del archivo afectado por las operaciones. Para realizar la entrada/salida de datos a dispositivos de distintos tipos, este nivel se apoya en un servidor de bloques, que proporciona entrada/salida independiente de los dispositivos a nivel de bloques lógicos.

El **servidor de bloques**, se encarga de emitir los mandatos genéricos para leer y escribir bloques a los manejadores de dispositivo. La E/S de bloques de archivo, y sus posibles optimizaciones, se lleva a cabo en este nivel del servidor de archivos. Las operaciones se traducen a llamadas de los manejadores de cada tipo de dispositivo específico y se pasan al nivel inferior del sistema de archivos. Esta capa oculta los distintos tipos de dispositivos, usando nombres lógicos para los mismos. Por ejemplo, /dev/hda3 será un dispositivo de tipo *hard disk* (hd), cuyo nombre principal es a y en el cual se trabaja sobre su partición 3. Los mecanismos de optimización de la E/S, como la cache de bloques, se incluye en este nivel.

El nivel inferior incluye los **manejadores de dispositivo**. Existe un manejador por cada dispositivo, o clase de dispositivo, del sistema. Su función principal es recibir órdenes de E/S de alto nivel, tal como move_to_block 234, y traducirlas al formato que entiende el controlador del dispositivo, que es dependiente de su hardware.

La Figura 8.5 muestra el **flujo de datos en el servidor de archivos** debido a una llamada read(), así como las operaciones necesarias para generar dicho flujo. El usuario ve un vector de bytes, que son colectivamente descritos mediante un descriptor de archivo, un apuntador de posición en el archivo y el número de bytes a leer. Los datos a leer pueden no estar alineados con el principio de un bloque lógico y el número de bytes pedidos puede no ser múltiplo del tamaño de bloque lógico. Cuando el sistema de archivos virtual recibe la petición de lectura, comprueba el tipo de sistema de archivos al que pertenece el archivo (por ejemplo *FFS*) y llama a la rutina de lectura particular del mismo. El módulo servidor de FFS comprueba la dirección del apuntador y el tamaño del buffer y calcula los bloques a leer. Como puede verse en la figura, es habitual que sólo se necesite un fragmento del bloque inicial y final de la petición. Sin embargo, puesto que el sistema de archivos trabaja con bloques, es necesario leer ambos bloques completos. Una vez calculados los bloques, se envía la petición al servidor de bloques. A continuación se solicitan los bloques al manejador de disco. Una vez terminada la operación de lectura, los bloques se copian al espacio del usuario.

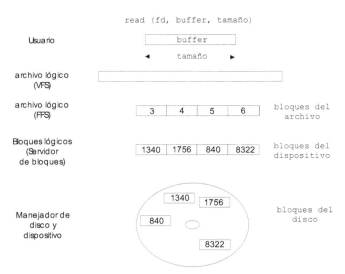

Figura 8.5 Flujo de datos en el servidor de archivos

8.4.3 Estructuras de datos asociadas con la gestión de archivos

Para crear un nuevo archivo, las aplicaciones llaman al sistema de archivos mediante la llamada al sistema creat(). Con esta llamada, el sistema crea un descriptor virtual para el nuevo archivo, en el que incluye la información de protección del mismo. El módulo de organización de archivos del tipo requerido, a petición del sistema de archivos virtual, se encarga de crear un descriptor de archivo de ese tipo, incluyendo en él la información recibida del nivel superior. A continuación, modifica la estructura de los directorios. Para ello, lee la información del directorio donde se quiere crear el archivo y la trae a memoria. Para ello llama al módulo de organización de archivos correspondiente al directorio (los directorios no son sino archivos especiales), que a su vez se encarga de llamar al gestor de bloques para leer los bloques del directorio a memoria. Si todo es correcto, la actualiza con la entrada del nuevo directorio y la escribe inmediatamente al disco. La escritura del directorio hace un recorrido similar al de la lectura, pero los bloques van de memoria al disco.

En este momento ya existe el nuevo objeto archivo. En el caso de UNIX, el archivo está vacío y, por tanto, no tiene ningún bloque asociado. En el caso de Windows NT, el archivo ya dispone de la parte de datos de su registro para almacenar información válida. El descriptor asignado al archivo es el primero que se encuentra libre en el mapa de bits, o en la lista de descriptores libres, del sistema de archivos al que pertenece el archivo creado. Para trabajar con dicho archivo es necesario empezar una sesión abriendo el archivo (open). La implementación de la llamada open() en un sistema operativo multiproceso, como UNIX, en el que varios procesos pueden abrir el mismo archivo simultáneamente, es más complicada que en sistemas operativos monoproceso como MS-DOS. Si los procesos pueden compartir un mismo archivo, ¿qué valor tendrá en cada momento el apuntador de posición del archivo? Si los procesos son independientes, cada uno debe tener su propio apuntador de posición. ¿Dónde se almacena dicho valor? La solución más obvia es ponerlo en el nodo-v que representa al archivo, dentro de la **tabla de nodos-v**. Dicha tabla almacena en memoria los nodos-v de los archivos abiertos. En ella se almacena la información del nodo-v existente en el disco y otra que se usa dinámicamente y que sólo tiene sentido cuando el archivo está abierto. El problema es que, si sólo hay un campo de apuntador, cada operación de un proceso afectaría a todos los demás. Una solución a este problema podría ser la inclusión de un apuntador por proceso con el archivo abierto. Pero entonces, ¿cuál sería el tamaño del nodo-v? Y ¿cuál debería ser el número de apuntadores disponibles? Se puede concluir que esa información no se puede incluir en el nodo-v sin crear problemas de diseño e implementación importantes en el sistema operativo. Parece pues necesario desacoplar a los procesos que temporalmente usan el objeto de la representación del objeto en sí.

Una posible solución para desacoplar a los procesos que usan el archivo de la representación interna del mismo podría ser incluir la información relativa al archivo dentro del **bloque de descripción del proceso** (BCP). En este caso, dentro del BCP de un proceso se incluiría una **tabla de archivos abiertos** (TDAA) con sus descriptores temporales y el valor del apuntador de posición del archivo para ese proceso. El tamaño de esta tabla define el máximo número de archivos que cada proceso puede tener abierto de forma simultánea. La Figura 8.6 muestra las tablas de descriptores de archivos abiertos por varios procesos en el sistema operativo UNIX. El descriptor de archivo fd indica el lugar de tabla. La TDAA se rellena de forma ordenada, de forma que siempre se ocupa la primera posición libre de la tabla. Cuando se realiza una operación open(), el sistema de archivos busca desde la posición 0 hasta que encuentra una posición libre, siendo esa la ocupada. Cuando se cierra un archivo (close), se marca como nula la correspondiente posición de la TDAA. En los sistemas UNIX cada proceso tiene tres descriptores de archivos abiertos por defecto. Estos descriptores ocupan las posiciones 0 a 2 y reciben los siguientes nombres: entrada estándar, salida estándar y error estándar.

El objetivo de estos descriptores estándar es poder escribir programas que sean independientes de los archivos sobre los que han de trabajar. En efecto, uno de los elementos del BCP que se conserva cuando se cambia el programa de un proceso (con el servicio POSIX exec) es la tabla de descriptores de archivos abiertos. Por tanto, basta con que un proceso coloque adecuadamente los descriptores estándar y que luego invoque la ejecución del mencionado programa, para que éste utilice los archivos previamente seleccionados.

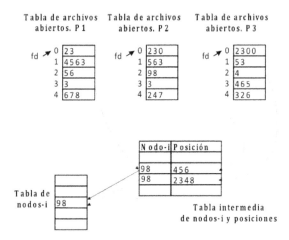

Figura 8.6 Tablas relacionadas con la gestión de archivos en el sistema operativo UNIX

Con la TDAA, el nodo-i queda libre de los problemas anteriores, pero surgen problemas cuando dos o más procesos comparten el mismo archivo y su apuntador de posición. Esta situación se da cuando se ejecuta una llamada `fork()` con semántica POSIX, llamada de la que nace un nuevo proceso hijo que comparte con el padre su TDAA, lo que debe incluir el apuntador de posición de los archivos. Ahora bien, al duplicar el BCP si el hijo y el padre hacen operaciones de E/S distintas, los apuntadores difieren porque cada uno tiene su propio apuntador. Para solucionar este problema, algunos sistemas operativos, como UNIX, introducen una **tabla intermedia** entre la tabla de archivos del BCP y la tabla de nodos-i (véase la Figura 8.6). Dicha tabla incluye, entre otras cosas:

- La entrada del nodo-i del archivo abierto en la tabla de nodos-i.
- El apuntador de posición correspondiente al proceso, o procesos, que usan el archivo durante esa sesión.
- El modo de apertura del archivo

La introducción de esta tabla permite resolver los problemas anteriores, ya que cada proceso puede tener sus propios descriptores de archivo, evitando tener dicha información en el nodo-i, y permite que varios procesos puedan compartir no sólo el mismo archivo, sino también el mismo apuntador de posición dentro de un archivo.

Cuando la aplicación quiere añadir información al archivo, el servidor de archivos debe decidir dos cosas:

1.- Cómo hacer corresponder los bloques de disco con la imagen del archivo que tiene la aplicación.

2.- Cómo asignar bloques de disco libres para almacenar la información del archivo.

A continuación se presentan las soluciones más frecuentes a estos dos problemas.

8.4.4 Mecanismos de asignación y correspondencia de bloques a archivos

Una de las cuestiones más importantes del diseño y la implementación de un servidor de archivos es cómo asignar los bloques de disco a un archivo y cómo hacerlos corresponder con la imagen del archivo que tiene la aplicación. Este problema se resuelve con lo que tradicionalmente se conoce como mecanismos de asignación. En distintos sistemas operativos se han propuesto varias políticas, existiendo dos variantes claras:

- Asignación de **bloques contiguos**. Con este método, un archivo de 64 KB ocuparía 16 bloques consecutivos en un sistema de archivos que use un tamaño de bloque de 4 KB. Es muy sencillo de implementar y el rendimiento de la E/S es muy bueno, pero si no se conoce el tamaño total del archivo cuando se crea, puede ser necesario buscar un nuevo hueco de bloques consecutivos cada vez que el archivo crece. Además, la necesidad de buscar huecos contiguos origina una gran fragmentación externa en el disco, ya que hay muchos huecos no utilizables debido a la política de asignación. Sería pues necesario *compactar* el disco muy frecuentemente. Debido a estas desventajas, ningún sistema operativo moderno usa este método, a pesar de que la representación interna del archivo es muy sencilla: basta con conocer el primer bloque del archivo y su longitud.

- Asignación de **bloques no contiguos**. Con este método, se asigna al archivo el primer bloque que se encuentra libre. De esta forma se elimina el problema de la fragmentación externa del disco y el de la búsqueda de huecos. Además, los archivos pueden crecer mientras exista espacio en el disco. Sin embargo, este método complica la implementación de la imagen de archivo que usa el servidor de archivos. La razón es que se pasa de un conjunto de bloques contiguos a un conjunto de bloques dispersos, debiendo conocer dónde están dichos bloques y en qué orden deben recorrerse.

Para resolver el problema de mantener el mapa de bloques no contiguos de un archivo, casi todos los sistemas operativos han propuesto usar una lista de bloques, una lista en combinación con un índice o un índice multinivel para optimizar el acceso. En una **lista enlazada** desde cada bloque de un archivo existe un apuntador al siguiente bloque del mismo. En el descriptor del archivo se indica únicamente el primer bloque del archivo. Este método tiene varias desventajas:

- No es adecuado para accesos aleatorios, ya que hay que leer todos los bloques para recorrer la cadena de enlaces hasta el destino.
- Puesto que el apuntador al bloque siguiente ocupa espacio (digamos 4 bytes) y están incluidos en el archivo, el cálculo de la longitud real del archivo es más complicado.
- La inclusión de los apuntadores en los bloques de datos hace que el tamaño de estos deje de ser múltiplo de 2 (cosa que ocurre habitualmente), complicando mucho el cálculo del número de bloque en el que está un determinado byte del archivo.
- Es muy poco fiable, ya que la pérdida de un bloque del archivo supone la pérdida de todos los datos del archivo que van detrás de dicho bloque.

Las desventajas de la lista enlazada se pueden eliminar si se quitan los apuntadores de los bloques del archivo y se almacenan en un **índice enlazado** gestionado por el servidor de archivos. Cuando se crea un sistema de archivos, se almacena en una parte especial del mismo una tabla que contiene una entrada por cada bloque de disco y que está indexada por número de bloque. Usando esta tabla, cada vez que se crea un archivo se incluye en su descriptor el descriptor de la tabla que apunta al primer bloque del archivo. A medida que se asignan nuevos bloques al archivo se apunta a ellos desde la última entrada de la tabla asociada al archivo. Esta es la solución usada en la FAT *(file allocation table)* de los sistemas operativos MS-DOS y OS/2, que se muestra en la Figura 8.7. La gran desventaja de esta solución es que la FAT puede ocupar mucho espacio si el dispositivo es grande. Por ejemplo, un disco de 4 GB, con 4 KB como tamaño de bloque, necesitaría una FAT con 1 Mega entradas. Si cada entrada ocupa 4 bytes, la FAT ocuparía 4 MB. Para buscar un bloque de un archivo muy disperso podría ser necesario recorrer toda la FAT y, por tanto, tener que traer todos los bloques de la FAT a memoria. Este método es pues inviable si la FAT no puede estar continuamente en memoria, lo cual ocurre en cuanto los dispositivos alcanzan un tamaño medio. Para aminorar este problema, los bloques se juntan en *agrupaciones*, lo que permite dividir el tamaño de la FAT. Si se usaran grupos de 4 bloques, el tamaño de la FAT anterior se reduciría a 1 MB.

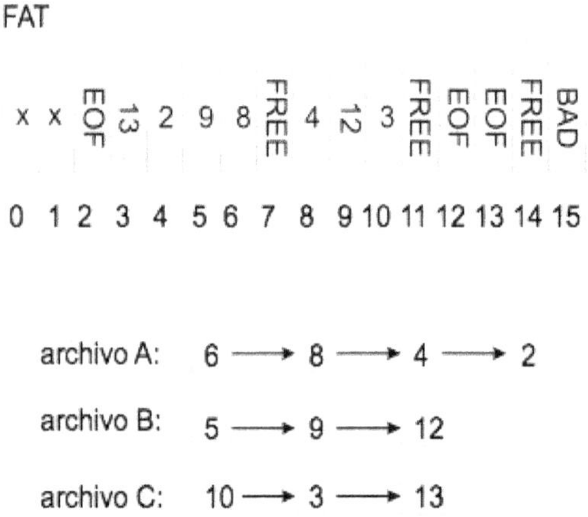

FAT

```
x  x  EOF  13  2  9  8  FREE  4  12  3  FREE  EOF  FREE  BAD
   0  1   2   3  4  5  6  7    8  9  10 11    12   13   14   15
```

archivo A: 6 ⟶ 8 ⟶ 4 ⟶ 2

archivo B: 5 ⟶ 9 ⟶ 12

archivo C: 10 ⟶ 3 ⟶ 13

Figura 8.7 Mapa de bloques en la FAT de MS-DOS

Los problemas anteriores se pueden resolver de forma eficiente mediante el uso de un **índice multinivel** cuyos bloques son apuntados desde el nodo-i que describe al objeto archivo, como los de UNIX y LINUX. Con esta solución, cada archivo tiene sus **bloques de índice** que incluyen apuntadores a los bloques de disco del archivo. El orden lógico se consigue mediante la inserción de los apuntadores en orden creciente, a partir del primero, en los bloques de índices. Por ejemplo, el byte 5672 de un archivo, almacenado en un sistema de archivos que usa bloques de 4 KB, se encontrará en el segundo apuntador del índice. La ventaja de usar índices es que basta con traer a memoria el bloque de índices donde está el apuntador a los datos para tener acceso al bloque de datos. Además, si un apuntador de bloque ocupa 4 bytes y el bloque es de 4 KB, con un único acceso a disco tendremos 1024 apuntadores a bloques del archivo. Existe sin embargo un problema: el espacio extra necesario para los bloques de índices. Imagine que un archivo tiene 1 byte. Necesita un bloque de índices asociado a su bloque de datos. Sin embargo, sólo usa una entrada del bloque de índices (4 bytes) y 1 byte del bloque de datos. Ese problema, fue resuelto en UNIX BSD combinando un sistema de índices puros con un sistema de índices multinivel, que es que se usa actualmente en UNIX y LINUX. La Figura 8.8 muestra un ejemplo del nodo-i de UNIX con sus bloques de índice. Como puede verse, cada descriptor de archivo (nodo-i) tiene varios apuntadores directos a bloques de datos y 3 apuntadores a bloques de índices de primero, segundo y tercer nivel. Este método tiene dos ventajas:

• Permite almacenar archivos pequeños sin necesitar bloques de índices.

• Permite accesos aleatorios a archivos muy grandes con un máximo de 3 accesos a bloques de índices.

Sin embargo, sigue teniendo una desventaja: hay que acceder al nodo-i para tener las direcciones de los bloques de disco y luego leer los datos. Los sistemas operativos tipo UNIX tratan de paliar este problema manteniendo los nodos-i de los archivos abiertos en una tabla en memoria.

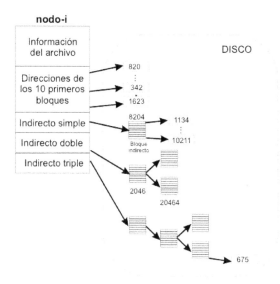

Figura 8.8 Mapa de bloques en un nodo-i

Para evitar ese acceso extra, Windows NT almacena datos en el mismo descriptor de archivo. De esta forma, muchos archivos pequeños pueden leerse completamente con un único acceso a disco. Para archivos más grandes, el servidor de archivos mantiene una estructura jerárquica en forma de árbol, donde en cada bloque se almacenan datos y apuntadores a los bloques siguientes. Si el archivo es muy grande, algunos de estos bloques pueden a su vez estar llenos de apuntadores a nuevos bloques. Este esquema permite un acceso muy rápido a los datos, ya que cada acceso trae datos, pero complica la implementación del modelo de archivos en el servidor de archivos porque el primer bloque necesita un cálculo de dirección especial.

8.4.5 Mecanismos de gestión de espacio libre

El espacio de los dispositivos debe ser asignado a los objetos de nueva creación y a los ya existentes que requieran más espacio de almacenamiento. Es pues necesario conocer el estado de ocupación de los bloques de los dispositivos para poder realizar las operaciones de asignación de forma eficiente. Por ello, todos los sistemas de archivos mantienen mapas de recursos, habitualmente construidos como mapas de bits o listas de recursos libres.

Los **mapas de bits**, o vectores de bits, incluyen un bit por recurso existente (descriptor de archivo, bloque o agrupación). Si el recurso está libre, el valor del bit asociado al mismo es 1, si está ocupado es 0. Por ejemplo, sea un disco en el que los bloques 2, 3, 4, 8, 9 y 10 están ocupados y el resto libres, y en el que los descriptores de archivo 2, 3 y 4 están ocupados. Sus mapas de bits de serían:

```
MB de bloques:      1100011100011....
MB de descriptores: 1100011...
```

La principal ventaja de este método es que es fácil de implementar y sencillo de usar. Además es muy eficiente si el dispositivo no está muy lleno o muy fragmentado, ya que se encuentran zonas contiguas muy fácilmente. Sin embargo, tiene dos inconvenientes importantes: es difícil e ineficiente buscar espacio si el dispositivo está fragmentado y el mapa de bits ocupa mucho espacio si el dispositivo es muy grande. Por ejemplo, un sistema de archivos de 4 GB, con un tamaño de bloque de 4 KB, necesita 1 Mbit para el mapa de bits de bloques. Para que la búsqueda sea eficiente, los mapas de bits han de estar en memoria, ya que sería necesario recorrer casi todo el mapa de bits para encontrar hueco para un archivo.

Las **listas de recursos libres** permiten resolver el problema de forma completamente distinta. La idea es mantener enlazados en una lista todos los recursos disponibles (bloques o descriptores de archivos) manteniendo un apuntador al primer elemento de la lista. Este apuntador se mantiene siempre en memoria. Cada elemento de la lista apunta al siguiente recurso libre de ese tipo. Cuando el servidor de archivos necesita recursos libres, recorre la lista correspondiente y desenlaza elementos, que ya no estarán libres. Como el lector puede comprender, este método no es eficiente, excepto para dispositivos muy llenos y fragmentados, donde las listas de bloques libres son muy pequeñas. En cualquier otro caso, recorrer las listas requiere mucha entrada/salida. La FAT del sistema operativo MS-DOS es una lista enlazada. La Figura 8.9 muestra un dispositivo cuyos bloques libres se mantienen en una lista con una entrada por bloque libre (caso A). Este método se puede optimizar incluyendo dentro de la lista la dirección de un bloque libre y el número de bloques consecutivos al mismo que también están libres. El caso B de la Figura 8.9 muestra la lista de bloques libres del mismo dispositivo anterior optimizada de la forma descrita.

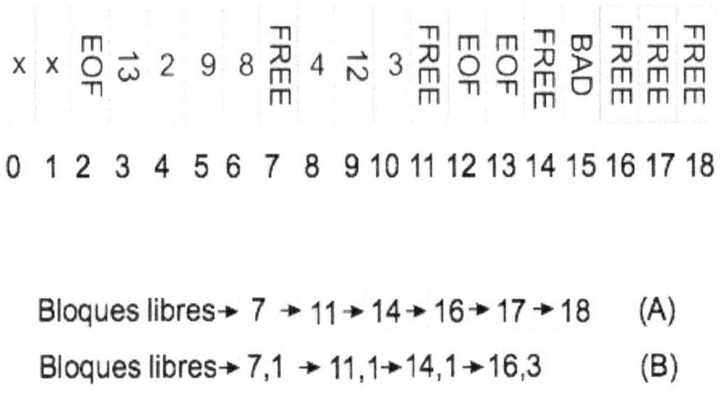

Bloques libres→ 7 → 11 → 14 → 16 → 17 → 18   (A)

Bloques libres→ 7,1 → 11,1 → 14,1 → 16,3   (B)

Figura 8.9 Gestión de espacio con listas de bloques libres

Una posible optimización de la gestión de bloques libres es reunir los bloques en **agrupaciones** y mantener mapas de bits o listas de recursos libres para ellas. Por ejemplo, si en el dispositivo anterior se usan agrupaciones de 64 KB (16 bloques), el mapa de bits se reduce a 8 KB.

8.4.6 Mecanismos de incremento de prestaciones

Los dispositivos de entrada/salida son habitualmente más lentos que la CPU y los accesos a memoria. Cada acceso a un dato en memoria cuesta pocos nanosegundos, mientras que acceder a un bloque de disco cuesta varios milisegundos. La mayoría de los servidores de archivos tratan de reducir esta diferencia, de 6 órdenes de magnitud, optimizando los mecanismos de que disponen para acceder a los datos. Prácticamente todos los parámetros del servidor de archivos son susceptibles de optimización. Ya se ha visto que la asignación de bloques libres se puede optimizar usando grupos de bloques, que las estructuras de datos en uso (como nodos-i o superbloques) se guardan en tablas de memoria y que la correspondencia de los bloques lógicos con los físicos se puede optimizar mediante el uso de índices de múltiple nivel. También se ha visto que existen diferentes estructuras de sistema de archivos que permiten optimizar distintos tipos de accesos.

Además de los métodos anteriores, los sistemas operativos incluyen mecanismos de incremento de prestaciones de la entrada/salida basados en el uso de **almacenamiento intermedio** de datos de entrada/salida en memoria principal. El principal mecanismo es el empleo de una **cache de datos**, instalada en secciones de memoria principal controladas por el sistema operativo, donde se almacenan datos para optimizar accesos posteriores. En importante observar que este mecanismo se basa en la existencia de **proximidad espacial y temporal** en las referencias a los datos de entrada/salida. Al igual que ocurre con las instrucciones que ejecuta un programa, el sistema operativo asume que los datos de un archivo que han sido usados recientemente serán reutilizados en un futuro próximo. Hay dos caches importantes dentro del servidor de archivos: **cache de nombres y cache de bloques**.

Una **cache de nombres** almacena las entradas de directorio de aquellos archivos que han sido abiertos recientemente. En UNIX, cada elemento de la cache es una pareja (nombre, nodo-i). Cuando se abre un archivo, las funciones que interpretan el nombre buscan en la cache para ver si los componentes del mismo se encuentran presentes. En caso positivo, no acceden a los bloques de directorio, obteniendo el nodo-i del archivo. En caso negativo, acceden a los bloques de directorio y, a medida que interpretan el nombre, incluyen los nuevos componentes en la cache.

La técnica más habitual para reducir el acceso a los dispositivos es mantener una colección de bloques leídos o escritos, denominada **cache de bloques**, en memoria principal durante un cierto periodo de tiempo. Aunque los bloques estén en memoria, el servidor de archivos considera su imagen de memoria válida a todos los efectos, por lo que es necesario mantener la **coherencia** entre dicha imagen y la del disco. Como se vio anteriormente, el flujo de datos de entrada/salida de los dispositivos de bloque pasa siempre a través de la cache de bloques. Cuando se lee un archivo, el servidor busca primero en la cache. Sólo aquellos bloques no encontrados se leen del dispositivo correspondiente. Cuando se escribe un archivo, los datos se escriben primero en la cache y posteriormente, si es necesario, son escritos al disco. La tasa de aciertos depende mucho del comportamiento de las aplicaciones que se ejecutan sobre el sistema operativo. Si estas no respetan la proximidad espacial o temporal de las referencias en sus patrones de acceso, o si ejecutan peticiones de entrada/salida tan grandes que sustituyen todos los bloques de la cache constantemente, la tasa de aciertos es tan baja que en muchas aplicaciones conviene desactivar la cache de bloques. Esta opción está disponible en los sistemas operativos de propósito general más populares, como UNIX o Windows. En el caso de UNIX, si se abre un dispositivo de bloques como si fuera de caracteres, los accesos a este dispositivo no pasan por la cache. En Windows, se puede especificar si se desea usar la cache, o no, en la llamada de creación y apertura del archivo.

La gestión de la cache se puede llevar a cabo usando varios algoritmos, pero lo habitual es comprobar si el bloque a leer está en la cache. En caso de que no esté, se lee del dispositivo y se copia a la cache. Si la cache está llena, es necesario hacer hueco para el nuevo bloque reemplazando uno de los existentes. Existen múltiples **políticas de reemplazo** que se pueden usar en una cache de bloques, tales como el FIFO (*First in First Out*), segunda oportunidad, MRU (*Most Recently Used*), LRU (*Least Recently Used*), etc. La política de reemplazo más frecuentemente usada es la **LRU**. Esta política reemplaza el bloque que lleva más tiempo sin ser usado, asumiendo que no será referenciado próximamente. Los bloques más usados tienden a estar siempre en la cache y, por tanto, no van al disco. La utilización estricta de esta política puede crear problemas de fiabilidad en el sistema de archivos si el computador falla. Imagine que se creó un directorio con 3 archivos que están siendo referenciados constantemente. El bloque del directorio estará siempre en la cache. Si el computador falla, esa entrada de directorio se habrá perdido. Imagine que el bloque se ha escrito, pero su imagen en la cache ha cambiado antes del fallo. El sistema de archivos queda inconsistente. Por ello, la mayoría de los servidores de archivos distinguen entre **bloques especiales y bloques de datos**. Los bloques especiales, tales como directorios, nodos-i o bloques de apuntadores, contienen información crucial para la coherencia del sistema de archivos, por lo que es conveniente salvaguardar la información en disco tan pronto como sea posible. Sin embargo con un criterio LRU puro, los bloques de este tipo que son muy usados irían a disco con muy poca frecuencia.

Para tratar de solventar el problema anterior, el sistema de archivos puede proporcionar distintas políticas de escritura a disco de los bloques de la cache que tienen información actualizada (se dice que están *sucios*). En el caso de MS-DOS, los bloques se escriben a disco cada vez que se modifica su imagen en la cache de bloques. Esta política de escritura se denomina de **escritura inmediata** (*write-

through). En el lado opuesto está la política de **escritura diferida** (*write-back*), en la que sólo se escriben los datos a disco cuando se eligen para su reemplazo por falta de espacio en la cache. Esta política optimiza el rendimiento de las escrituras, pero genera problemas de fiabilidad. Si el computador falla, los datos del archivo no copiados a disco se perderán.

Para tratar de establecer un compromiso entre rendimiento y fiabilidad, algunos sistemas operativos, como UNIX, usan una política de **escritura retrasada** (*delayed-write*), que consiste en escribir a disco los bloques de datos modificados en la cache de forma periódica cada cierto tiempo (30 segundos en UNIX). Además, para incrementar todavía más la fiabilidad, los bloques especiales se escriben inmediatamente al disco.

8.4.7 Montado de sistemas de archivos e interpretación de nombres.

Una vez descrita la arquitectura del servidor de archivos y sus mecanismos de asignación de bloques y de incremento de prestaciones, se puede pasar a estudiar en detalle cómo se interpreta un nombre y cómo se resuelve dicho problema cuando para interpretar el nombre hay que pasar a un sistema de archivos montado. Para ello, se usa como ejemplo el sistema operativo UNIX.

La Figura 8.10 muestra un ejemplo de montaje de un sistema de archivos en un directorio de otro sistema de archivos. Como se puede ver, en el montaje se usan dos estructuras de datos de forma primordial: la tabla de nodos-i y la tabla de superbloques del sistema. Esta última tabla contiene apuntadores a los superbloques de los sistemas de archivos montados y es fundamental para ocultar el punto de montaje de un dispositivo, como `/dev/hda3`, sobre un directorio, como `/home/root/distr/lib`.

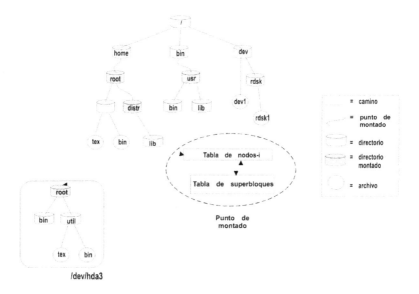

Figura 8.10 Montado de un sistema de archivos

Cuando se monta un sistema de archivos, se trae su superbloque a memoria y se colocan en él dos apuntadores: uno al nodo-i del directorio raíz del sistema de archivos montado y otro al nodo-i del directorio sobre el que está montado. Además, se indica en el nodo-i del directorio sobre el que se monta que tiene un sistema de archivos colgando de él y se incluye la entrada de la tabla de superbloques en la que se almacenó el superbloque del sistema de archivos montado. En la operación de desmontado, se desconectan dichos apuntadores.

Para poder acceder a cualquier archivo por su nombre, las facilidades de interpretación de nombres deben conocer los detalles anteriores. Así, cuando en el ejemplo de la figura se quiera acceder al archivo `/home/root/distr/lib/util/tex`, las funciones de interpretación del nombre llegarán al directorio `lib` y verán en su nodo-i que tiene un sistema de archivos montado y la entrada donde está su superbloque en la tabla de superbloques. A continuación acceden a dicha tabla y, en el superbloque del sistema de archivos montado, obtienen el apuntador al nodo-i de su raíz. Con este valor, ya pueden acceder al directorio raíz y buscar la entrada del directorio `util`, que incluye su número de nodo-i. En caso de que se usen nombres relativos que impliquen subir por el árbol de directorios, tal como `../../distr` a partir de `util`, la solución también funciona puesto que del nodo-i de la raíz del sistema de archivos montado se sube a la tabla de superbloques y desde aquí al nodo-i del directorio `lib`.

8.5 Ejercicios resueltos

Ejercicio 8.1

¿Cuál de las siguientes informaciones no aparece en el nodo-i del sistema operativo UNIX?

A.- Permisos de acceso al archivo.

B.- Nombre del archivo.

C.- Número de enlaces al archivo.

D.- Identificador del grupo del propietario.

E.- El identificador del dueño del archivo.

F.- El puntero a la posición actual de lectura-escritura.

G.- La fecha de creación del archivo.

H.- Los bits de protección (`rwx`).

Solución

El nodo-i de un archivo incluye los atributos del mismo, pero no incluye el nombre del archivo. El nombre junto con su número de nodo-i se encuentra en la entrada de directorio. Tampoco se encuentra en el nodo-i el puntero a la posición actual de lectura-escritura. Este apuntador se encuentra en la tabla intermedia situada entre la tabla de descriptores de archivos abiertos y la tabla de memoria con los nodos-i.

Ejercicio 8.2

El proceso A abre el archivo F1 (descriptor `fd1`) de 19000 bytes. Seguidamente ejecuta el servicio `fork()`, generando el proceso hijo B. Suponiendo que el proceso A ejecuta la llamada

        lseek(fd1, 805, SEEK_SET);

y que, posteriormente, el proceso B ejecuta la llamada

        lseek(fd1, 936, SEEK_SET);

Indique qué es cierto después de ejecutarse la segunda llamada `lseek()`.

A.- El puntero del archivo `fd1` queda apuntando a la posición 805.

B.- El puntero del archivo `fd1` queda apuntando a la posición 936.

C.- El puntero del archivo `fd1` queda apuntando a la posición 1741.

D.- El puntero del archivo `fd1` del proceso A queda apuntando a la posición 805 y el puntero del archivo `fd1` del proceso B queda apuntando a la posición 936.

Solución

Cuando un proceso crea un proceso hijo utilizando la llamada al sistema `fork()`, el nuevo proceso hijo mantiene abiertos todos los archivos abiertos en el proceso padre. Además, ambos procesos comparten el puntero de la posición, que se almacena en UNIX en la tabla intermedia situada entre las tablas de descriptores de archivos abiertos y la tabla de nodos-i. De acuerdo a esto, la respuesta correcta es la B, puesto que el puntero de posición está compartido por ambos procesos y la última llamada `lseek()` ejecutada indica un desplazamiento a la posición 936 desde el comienzo (`SEEK_SET`).

Ejercicio 8.3

Dado un proceso que ha creado un archivo en UNIX, ¿con cuál de estos procesos podría compartir el puntero de posición del archivo?

A.- Con su proceso padre.

B.- Con un proceso nieto.

C.- Con un proceso hermano.

D.- Con cualquier proceso del sistema.

Solución

En UNIX la única forma de compartir el puntero de posición de un archivo es a través del servicio `fork()`. Por tanto, un proceso que abre un archivo podrá compartir el puntero de posición del mismo con todos aquellos procesos que desciendan de él a través de la llamada `fork()`. Por tanto, la respuesta correcta en este caso es la B.

Ejercicio 8.4

Supóngase que `/etc/bin/enlace` es un enlace (*link*) simbólico que apunta a `/usr/bin/pepa` de nodo-i 74 del dispositivo `/dev/hd3` y que este último archivo no tiene ningún enlace real adicional. ¿Qué es cierto?

A.- Al borrar `/etc/bin/enlace` se decrementa el contador de enlaces del nodo-i 74 de `/dev/hd3`.

B.- Al borrar `/usr/bin/pepa` se borra el archivo realmente y se recupera el nodo-i 74 de `/dev/hd3`.

C.- Si se borra `/usr/bin/pepa`, se puede seguir accediendo al archivo a través del nombre `/etc/bin/enlace`.

D.- Aunque se desmonte `/dev/hd3` se puede seguir accediendo al archivo a través del nombre `/etc/bin/enlace`.

Solución

Como el archivo `/etc/bin/enlace` es un enlace simbólico, su contenido es el nombre del archivo al que apunta (`/usr/bin/pepa`). En este caso, ambos archivos son distintos, el primero contiene el nombre del segundo y el segundo los datos. El hecho de borrar el primer archivo no disminuye el contador de enlaces del segundo, lo que se disminuye es su contador de enlaces. Por tanto, la respuesta A es falsa. Si se borra el archivo `/usr/bin/pepa`, ya no se podrá acceder a su contenido puesto que el archivo no existe. Por tanto, la respuesta C también es falsa. Si se desmonta el dispositivo `/dev/hd3` no se puede acceder al archivo al que apunta `/etc/bin/enlace`, puesto que no existe forma de acceder a su enlace simbólico (`/usr/bin/pepa`). La respuesta D, por tanto, también es falsa.

La respuesta correcta es la B, ya que al borrar el archivo `/usr/bin/pepa`, se disminuye en uno su contador de enlaces y como el archivo no tiene ningún enlace real adicional, el contador de enlaces se hará cero y el archivo desaparecerá del sistema, liberándose el nodo-i número 74 que estaba asignado a este archivo.

Ejercicio 8.5

El archivo `pepe` tiene los permisos `rwxrwxrwx`. ¿Qué mandato debería usarse para que el archivo sólo pueda ser leído y ejecutado por el propietario y los miembros de su grupo?

A.- `chmod 766 pepe`

B.- `chmod +rx pepe`

C.- `chgrp rx pepe`

D.- `chmod 550 pepe`

Solución

La respuesta correcta es la D. Al ejecutarse este mandato, los permisos del archivo pasan a ser `r-xr-x---`. Estos permisos solo permiten leer y ejecutar el archivo al propietario y a los miembros de su grupo.

Ejercicio 8.6

¿Qué técnica es mejor para gestionar el espacio de un disco ocupado como media al 96%?

A.- Mapas de bits.

B.- Listas de bloques de nodos-i.

C.- Listas de bloques libres.

D.- Listas de bloques ocupados.

Solución

En un disco con una ocupación muy alta el número de bloques libres es muy pequeño. El empleo de mapas de bits sería poco eficiente ya que requeriría, en general, recorrer todo el mapa de bits para buscar bloques libres. La lista de bloques ocupados tampoco sería muy eficiente para buscar nuevos bloques libres, ya que lo que se quiere realmente es conocer los bloques libres. La respuesta B no tiene mucho sentido puesto que lo que se quiere conocer no son los bloques de nodos-i sino los bloques de datos. Por tanto, la respuesta más acertada es la C. En efecto, si gestionamos el espacio en disco con una lista de bloques libres, cuando el espacio libre es muy pequeño, como es el caso del enunciado, la lista de bloques libres será muy pequeña y, por lo tanto, será más eficiente buscar nuevos bloques libres en dicha lista.

Ejercicio 8.7

¿Qué contiene la entrada de directorio en el sistema operativo UNIX?

A.- Un nodo-i solamente.

B.- Un número de nodo-i solamente.

C.- Un nodo-i y un nombre de archivo.

D.- Un número de nodo-i y un nombre de archivo.

Solución

Una entrada directorio en UNIX permite asociar un nombre de archivo con su número de nodo-i. A partir de un nombre, se puede obtener su número de nodo-i asociado, y a partir de ese número de nodo-i se puede buscar el nodo-i correspondiente en el que se encuentran los atributos del mismo. Por tanto, la respuesta correcta es la D.

Ejercicio 8.8

¿Qué es cierto en la cache del sistema de archivos de UNIX?

A.- Los bloques de nodos-i no se mantienen en cache.

B.- Los bloques de directorio no se mantienen en cache.

C.- Acelera las lecturas pero no las escrituras.

D.- Aumenta las prestaciones y disminuye la fiabilidad del sistema.

Solución

El objetivo de la cache de UNIX es reducir el tiempo de acceso a bloques de disco, tanto de datos como de metadatos (bloques con mapas de bits, bloques de directorios, con nodos-i, etc.). Por tanto las respuestas A y B son falsas, los bloques de nodos-i y los bloques de directorios también se almacenan en la cache. La respuesta C también es falsa ya que la cache no solo mejora las lecturas sino también las escrituras, ya que las escrituras de bloques se hacen directamente sobre la cache. Hay que recordar que UNIX utiliza escritura retrasada (*delayed-write*), que consiste en dejar en la cache los bloques de datos que se escriben y copiarlos a disco de forma periódica cada cierto tiempo (típicamente cada 30 segundos). Este efecto mejora las prestaciones de las operaciones de escritura pero disminuye la fiabilidad del sistema, puesto que existe un periodo de tiempo en el que los datos más actuales se sitúan en la cache. Si ocurre un fallo en el sistema, los datos almacenados en la cache y no copiados a disco se perderán. Por tanto, la respuesta correcta es la D.

Ejercicio 8.9

En un proceso que realiza la escritura de un archivo byte a byte de forma secuencial, ¿cuál de los siguientes aspectos relacionados con una cache de bloques tiene una mayor repercusión positiva sobre el rendimiento del proceso?

A.- La cache no mejora el rendimiento para este tipo de accesos.

B.- La escritura inmediata.

C.- La escritura diferida.

D.- La lectura adelantada.

Solución

La única forma en la que una cache mejora el tipo de accesos que realiza el proceso del enunciado es cuando las escrituras se realizan directamente sobre la cache y se deja su escritura a disco para más adelante, es decir, cuando se utiliza escritura diferida (respuesta C). Si se utilizara escritura inmediata todos los accesos (cada byte) se realizarían de forma directa sobre el disco, no sirviendo en este caso para nada una cache de bloques.

Ejercicio 8.10

El incremento del tamaño del bloque en un sistema de archivos UNIX implica:

A.- La disminución de la fragmentación interna.

B.- El aumento de la fragmentación externa.

C.- La disminución del máximo tamaño alcanzable por un archivo.

D.- La disminución del tamaño del mapa de bloques libres.

Solución

Cuando se incrementa el tamaño del bloque aumenta la fragmentación interna, ya que para archivos pequeños se deja un mayor espacio sin utilizar en el bloque asignado al archivo. En UNIX no existe problema de fragmentación externa ya que la asignación de bloques se realiza de forma no contigua. Por tanto, las respuestas A y B son falsas. Por otra parte, aumentar el tamaño del bloque no disminuye el máximo tamaño alcanzable por un archivo, al revés, al aumentar el tamaño del bloque se aumenta el máximo tamaño alcanzable por un archivo.

La respuesta D es la correcta, ya que cuando se aumenta el tamaño del bloque, menos bloques libres habrá para un dispositivo dado y, por tanto, más pequeño será el mapa de bloques libres que habrá que mantener.

Ejercicio 8.11

¿Cuál de las siguientes afirmaciones es falsa?

A.- El número de enlaces de un archivo en UNIX se almacena en la entrada de directorio correspondiente.

B.- Crear un enlace simbólico a un archivo incrementa el número de nodos-i ocupados en el sistema.

C.- Crear un enlace físico a un archivo incrementa el número de enlaces del archivo.

D.- Todos los archivos de un sistema de archivos determinado utilizan el mismo tamaño de bloque.

Solución

La respuesta falsa en la A. En efecto, el número de enlaces de un archivo es un valor que se almacena en el nodo-i del archivo y no en la entrada de directorio. La entrada de directorio correspondiente solo almacena el nombre del archivo y su número de nodo-i. A partir de ese número de nodo-i, el sistema de archivos es capaz de localizar el nodo-i correspondiente.

Ejercicio 8.12

¿Cuál de las siguientes sentencias acerca de los enlaces a archivos es correcta?

A.- El espacio ocupado por un enlace simbólico es proporcional al tamaño del nombre del archivo al que apunta. El ocupado por un enlace no simbólico no.

B.- El espacio ocupado por un enlace, ya sea simbólico o no, es proporcional al tamaño del nombre del archivo al que apunta.

C.- El espacio ocupado por un enlace, ya sea simbólico o no, no depende del tamaño del nombre del archivo al que apunta.

D.- El espacio ocupado por un enlace no simbólico es proporcional al tamaño del nombre del archivo al que apunta. El ocupado por un enlace simbólico no.

Solución

La diferencia entre un enlace físico y uno simbólico es la siguiente:

- En un enlace físico, los archivos (el enlace y el enlazado) apuntan al mismo archivo (con el mismo nodo-i). Resolver cualquiera de los nombres de sus enlaces devuelve el descriptor del archivo.
- Un enlace simbólico es un archivo cuyo contenido es el nombre del archivo enlazado. Resolver el nombre del enlace simbólico no da el descriptor del destino, sino el descriptor del archivo en el que está el nombre del destino. Para acceder al destino, hay que abrir el archivo del enlace, leer el nombre del destino y resolverlo.

Como el contenido de un enlace simbólico es el nombre del archivo enlazado, el espacio ocupado por el enlace simbólico es proporcional al tamaño ocupado por el nombre del archivo, es decir, la respuesta correcta es la A.

Ejercicio 8.13

Un sistema UNIX tiene dos discos, hd1 (sistema de archivos raíz), hd2, con los siguientes contenidos iniciales:

```
hd1:   /    A    a1       hd2:      /    DA    da1
                 a2                            da2
                 a3                 DB    db1
            B    b1                            db2
                 b2
```

Se realiza la operación mount("/dev/hd2", "/B", RW). ¿Qué llamada al sistema dará un error al superusuario?

A.- open("/B/b1", R)

B.- symlink("/A/a2", "/B/DB/db3")

C.- creat("/B/b3", 0666)

D.- mount("/dev/hd3", "/B/DB", RW)

Solución

Al realizar la operación de montado, se monta el contenido del dispositivo `hd2` debajo del directorio `B`. Por tanto, se deja de tener acceso al contenido que el directorio `B` tenía en el dispositivo `hd1`. Por tanto, no se puede abrir el archivo `/B/b1` que pertenece al disco `hd1`. Los archivos que se pueden abrir a partir del directorio `B` son `/B/DB/db1`, `/B/DB/db2`, `/B/DA/da1` y `/B/DA/da2`. Por tanto, la respuesta correcta es la A.

La llamada de la respuesta B no dará error, puesto que se pueden establecer enlaces simbólicos entre archivos situados en discos distintos. La llamada de la respuesta C tampoco dará error, puesto que el superusuario tiene permisos para crear cualquier archivo. Tampoco dará un error la llamada de la respuesta D, siempre que exista el dispositivo `/dev/hd3`, puesto que el único que puede montar un dispositivo en UNIX es el superusuario.

Ejercicio 8.14

En UNIX, el usuario 2 pone un enlace físico a un archivo del que es propietario el usuario 1. A continuación, el usuario 1 borra el archivo. ¿Qué ocurre cuando el usuario 2 intenta abrir el archivo con el nombre del enlace y teniendo los permisos adecuados?

A.- No puede abrirlo, puesto que ha sido borrado.

B.- Puede abrirlo si antes se enmascara como usuario 1.

C.- No puede abrirlo porque, aunque no se ha borrado, está bloqueado.

D.- La operación será correcta puesto que el archivo no se borra mientras tenga algún enlace físico.

Solución

Cuando el usuario 2 pone un enlace físico a un archivo del que es propietario el usuario 1, se incrementa el contador de enlaces de este archivo. Cuando se borra el archivo, lo que se hace es disminuir en uno el contador de enlaces, pero en este caso no se hace cero y, por tanto, no se borra. La respuesta A, por tanto, es falsa. La respuesta B también es falsa puesto que el usuario tiene los permisos adecuados. La respuesta C también es falsa ya que un archivo no se bloquea cuando se borra.

La respuesta correcta es la D, es decir, la operación será correcta puesto que el archivo no se borra mientras tenga algún enlace físico.

Ejercicio 8.15

¿Cuál es la diferencia entre nombre absoluto y relativo? Indique dos nombres relativos para `/users/miguel/datos`. Indique el directorio respecto al que son relativos.

Solución

La especificación de un nombre de archivo en un árbol de directorios, o en un grafo acíclico, toma siempre como referencia el nodo raíz. A partir de este directorio es necesario viajar por los sucesivos subdirectorios hasta encontrar el archivo deseado. Para ello el sistema operativo debe obtener el nombre completo del archivo a partir del directorio raíz. Hay dos formas de obtenerlo:

- El usuario introduce el nombre completo del archivo (nombre absoluto).
- El usuario introduce el nombre de forma relativa (nombre relativo a algún subdirectorio)

El nombre absoluto proporciona todo el camino a través del árbol de directorios desde la raíz hasta el archivo. Es autocontenido pues proporciona toda la información necesaria para llegar al archivo, sin que se necesite ninguna información añadida por parte del entorno del proceso o interna al sistema operativo. Sin embargo, los nombres relativos sólo proporcionan un porción del camino, a partir de un determinado subdirectorio (el directorio actual de trabajo). Éstos no se pueden interpretar si no se conoce el directorio del árbol a partir del que empiezan, para ello existe el directorio actual o de trabajo, a partir del cual se interpretan siempre los nombres relativos. Para evitar errores es necesario que el usuario se coloque en el directorio de trabajo adecuado antes de usar nombres relativos al mismo. Por ejemplo:

- El nombre absoluto es `/users/miguel/datos`.

- El nombre relativo respecto al subdirectorio /users es miguel/datos.
- El nombre relativo respecto al subdirectorio /users/miguel es datos.

Ejercicio 8.16

En UNIX existe una aplicación mv que permite renombrar un archivo. ¿Hay alguna diferencia entre implementarla usando link y unlink y hacerlo copiando el archivo origen al destino y luego borrando éste último?

Solución

Con la primera opción el archivo renombrado seguiría teniendo el mismo número de nodo-i, puesto que se trata de un enlace al primero, esto es lo que pasa en UNIX. En este caso, tampoco se copian datos del origen al destino puesto que el nodo-i del destino es el mismo que utilizaba el nodo-i origen. Con la segunda opción, el archivo destino tendría un número de nodo-i distinto. Además, en este caso, sería necesario hacer una copia completa de todo el archivo origen al destino, lo que supondría un tiempo excesivo para renombrar archivos de gran tamaño.

Ejercicio 8.17

Implemente utilizando servicios POSIX el mandato cat de UNIX que muestra por la salida estándar el contenido de un archivo. Implemente este mandato en Windows utilizando servicios Win32.

Solución

La implementación utilizando servicios POSIX es la siguiente:

```
#include <sys/types.h>
#include <sys/stat.h>
#include <fcntl.h>
#include <stdio.h>

#define BUFFER_SIZE 1024

void main(int argc, char **argv)
{

    int fd_ent;
    char buffer[BUFFER_SIZE];
    int n_read;

    /* Se comprueba que el numero de argumentos sea el adecuado.
      En caso contrario, termina y devuelve un error*/
    if (argc != 3){
        fprintf(stderr, "Uso: copiar origen destino \n");
        exit(-1);
    }

    /* Se abre el archivo de entrada*/
    fd_ent = open(argv[1],O_RDONLY);
    if(fd_ent < 0){
        perror("open");
        exit(-1);
    }
```

```
/*Bucle de lectura*/
while ((n_read = read(fd_ent, buffer, BUFFER_SIZE)) > 0){
    write(1, buffer, n_read);
}

if(n_read < 0){
    perror("read");
    close(fd_ent);
    exit(-1);
}

/* Se cierra el archivo. Finalizacion correcta*/
close(fd_ent);
exit(0);

}
```

La implementación utilizando servicios Win32 es la siguiente:

```
#include <windows.h>
#include <stdio.h>

#define BUFFER_SIZE 1024

void main (int argc, LPTSTR argv [])
{
    HANDLE hEnt, hSal;
    DWORD nEnt, nSal;
    CHAR buffer [BUFFER_SIZE];
    BOOL result;

    if (argc != 2) {
        fprintf (stderr, "Uso: leer archivo1\n");
        return -1;
    }

     /* Se abre el archivo. Opción: OPEN_EXISTING */
    hEnt = CreateFile (argv [1], GENERIC_READ, FILE_SHARE_READ,
            NULL, OPEN_EXISTING, FILE_ATTRIBUTE_NORMAL, NULL);
    if (hEnt == INVALID_HANDLE_VALUE) {
        fprintf (stderr, "No se puede abrir el archivo.
                Error: %x\n", GetLastError ());
        return -1;
    }

    /* se abre la consola */
    hSal = CreateFile("CONOUT$", GENERIC_WRITE, 0 , NULL,
```

```
                    OPEN_ALWAYS, FILE_ATTRIBUTE_NORMAL, NULL);
    if( hSal == INVALIDE_HANDLE_VALUE){
        fprintf(stderr,"No    puede    abrirse    la    consola    para
escritura\n");
      return (1);
    }

    /* Bucle de lectura del archivo y escritura en la
       salida estándar.
       Se ejecuta mientras no se llegue al final del archivo  */
    while (ReadFile (hEnt, Almacen, TAMANYO_ALM, &nEnt, NULL)
             &&       nEnt > 0) {
       /* Sólo se escriben los datos que se han leído */

       result = WriteConsole (hSal, Almacen, nEnt, &nSal, NULL);
       if(! result){
           fprintf(stderr, "Error accediendo a la consola\n");
           return (1);
       }

       if (nEnt != nSal) {
           fprintf (stderr,
               "Error fatal de escritura. Error: %x\n",
               GetLastError ());
           return -1;
       }
    }
    CloseHandle (hEnt);
    CloseHandle (hSal);
    return result;
}
```

Ejercicio 8.18

Sea un sistema de archivos tipo UNIX. Suponiendo que se tiene en memoria solamente el superbloque, que los directorios son pequeños (caben en un bloque) y que todo el directorio involucrado está en el mismo volumen o partición, indique cuántos accesos a disco son necesarios en la operación siguiente: open("/etc/src/pepe/ajedrez.c",O_RDONLY);

Solución

Al ser los directorios pequeños (caben en un bloque), el número del bloque donde se encuentran las entradas de dicho directorio se almacenará en el primer bloque directo del nodo-i. Para abrir el archivo /etc/src/pepe/ajedrez.c es necesario obtener el nodo-i correspondiente al archivo ajedrez.c. Para obtener ese nodo-i se necesitan los siguientes accesos a disco (véase la Figura 8.11. Los números de nodo-i y de bloques son simplemente ilustrativos):

1. Lectura del nodo-i correspondiente al directorio raíz (su número de nodo-i es típicamente el 2) para encontrar el bloque donde se encuentra el directorio raíz.

2. Lectura del bloque (bloque 820) con el directorio raíz para encontrar la entrada etc y su número de nodo-i (número 27).

3. Lectura del nodo-i correspondiente a la entrada etc para encontrar el bloque donde se encuentran las entradas del directorio etc.

331

4. Lectura del bloque correspondiente al directorio `etc` (bloque 1000) para encontrar la entrada `src` y su número de nodo-i.

5. Lectura del nodo-i correspondiente al directorio `src` (nodo-i 35) para encontrar el bloque donde se encuentran las entradas del directorio `src`.

6. Lectura del bloque correspondiente al directorio `src` (bloque 4500) para encontrar la entrada `pepe` y su número de nodo-i (número 48).

7. Lectura del nodo-i 48 correspondiente a `pepe` para encontrar el bloque donde se encuentran las entradas del directorio `pepe`.

8. Lectura del bloque correspondiente al directorio `pepe` (bloque 756) para encontrar la entrada `ajedrez.c` y su número de nodo-i.

9. Lectura del nodo-i (nodo-i 100) correspondiente al archivo `ajedrez.c`.

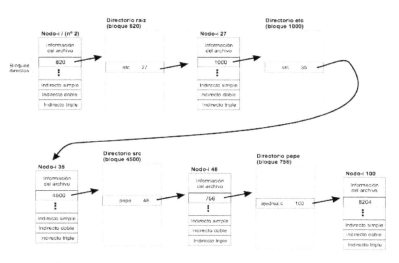

Figura 8.11 Resolución del nombre `/etc/src/pepe/ajedrez.c`

Ejercicio 8.19

En un sistema de archivos UNIX con un tamaño de nodo-i de 128 bytes, un tamaño de bloque de 1024 bytes y donde la zona de nodos-i ocupa 2048 bloques, ¿cuántos bloques ocupa el mapa de bits de nodos-i libres?

Solución

En primer lugar hay que calcular el número total de nodos-i. En un bloque caben 1024/128 = 8 nodos-i. Como hay 2048 bloques correspondientes a nodos-i, el número total de nodos-i será de 2024*8 = 16384 nodos-i. Como se utiliza una mapa de bits, se recurre a un bit para representar el estado de ocupación de cada nodo-i, es decir, se necesita almacenar 16384 bits de información. Cada bloque de datos permite almacenar 1024 * 8 = 8192 bits de información, por tanto, se necesitan 16384/8192 = 2 bloques.

Ejercicio 8.20

¿Cuántos nodos-i estarán ocupados en un sistema de archivos UNIX que contiene únicamente los siguientes archivos: "/f1", "/f2" (enlace simbólico a "/f1"), "/f3" (enlace no simbólico a "/f1"), y "/dir" que es un directorio vacío?

Solución

Se necesitan los siguientes nodos-i:

- Un nodo-i para el directorio raíz (directorio /).
- Un nodo-i para el archivo f1.
- Un nodo-i para el archivo f2 que es un enlace simbólico.
- El archivo f3 al ser un enlace físico a f1 utiliza el mismo nodo-i que f1.
- Un nodo-i para el directorio dir.

Por tanto se ocupan 4 nodos-i.

Ejercicio 8.21

En un sistema de archivos que utilice el método de asignación encadenada (enlazada), dado un archivo que ocupa 4 bloques, ¿cuántos accesos a los bloques del archivo serían necesarios para eliminar su segundo bloque?

Solución

Se necesitaría una lectura del primer bloque para conocer el segundo bloque. A continuación una lectura del segundo bloque para conocer el tercer bloque. Por último, una escritura en el primer bloque del siguiente bloque, que es el que se encontraba en la tercera posición. Por tanto se requieren dos lecturas y una escritura.

Ejercicio 8.22

Un sistema de archivos tipo UNIX tiene un tamaño de bloque de 2 KB y nodos-i con 12 direcciones directas, una indirecta simple, una indirecta doble y una indirecta triple. Además utiliza direcciones de bloques de 4 bytes. ¿Qué bloques son necesarios para representar un archivo de 2 MB?

Solución

Un archivo de 2 MB ocupa en este sistema de archivos 2 * 1024 / 2 = 1024 bloques. Cada bloque de direcciones permite almacenar 2048 / 4 bytes = 512 bloques. Por tanto se necesitan (véase la Figura 8.12):

- 12 bloques de datos para las direcciones directas.
- Un bloque indirecto simple.
- 512 bloques de datos cuyas direcciones se almacenan en el bloque indirecto simple.
- Un bloque doble indirecto.
- Un bloque indirecto simple cuya dirección se almacena en el bloque anterior.
- 500 bloques (los 500 bloques restantes, 1024-12-512) cuyas direcciones se almacenan en el bloque indirecto anterior.

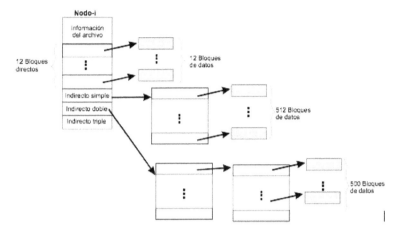

Figura 8.12 Bloques utilizados en el ejercicio 8.22

Ejercicio 8.23

En un sistema UNIX con bloques de 1KB hay un archivo denominado `datos`, cuyas características, obtenidas con el mandato `ls -lis datos`, son las siguientes:

i-node	blocks	flags	owner	group	bytes	file
87	12	rw-------	pepe	alumnos	12132	datos

Represente gráficamente el contenido de la entrada del directorio y del nodo-i correspondientes a este archivo. Elija arbitrariamente los parámetros que falten (por ejemplo, números de bloque o zona).

Solución

El esquema se puede apreciar en la Figura 8.13.

Figura 8.13 Solución del ejercicio 8.23

El archivo del enunciado necesita 12 bloques de datos. Las direcciones de los 10 primeros bloques se almacenan directamente en el nodo-i y los 2 restantes en un bloque indirecto. Se ha supuesto que el nodo-i tiene espacio para 10 bloques directos, uno indirecto simple, uno indirecto doble y un indirecto triple.

Sea un programa que ejecuta sobre una máquina UNIX y que realiza las siguientes operaciones sobre un determinado archivo:

```
int fd;
...
fd = creat( "shared", 0755 );
...
/* En este punto se crean dos procesos hijo */

/* Padre */
    write( fd, "Soy P\n", 6 );
    write( fd, "Adiós\n", 6 );
    exit(1);

/* Hijo 1 */
    write( fd, "Soy H1\n", 7 );
    lseek( fdm 1024, SEEK_CUR ); /* Desde posición actual */
    exit(1);

/* Hijo 2 */
    write( fd, "Soy H2\n", 7 );
    exit(1);
```

Conteste a las siguientes preguntas:

a) ¿Cuál sería el tamaño final del archivo? ¿Sería distinto si el `lseek` se realizara en último lugar?

b) ¿Cuál sería el contenido final del archivo (examine las diferentes posibilidades)?

c) Como habrá observado, en este ejemplo el `lseek` puede plantear un problema de confidencialidad de información, ¿cuál es?, ¿cómo se resuelve en UNIX?

d) ¿Qué estructuras de datos permiten relacionar los descriptores de archivo de los procesos con los nodos-i? Dibuje claramente estas estructuras reflejando los tres procesos y el archivo del ejemplo.

e) Suponga que en el esquema anterior el proceso Padre quiere que sus dos operaciones sobre el archivo se realicen de forma atómica. Indique posibles mecanismos que podrían añadirse para proporcionar la funcionalidad requerida.

Solución

a) El tamaño final del archivo serían 1050 bytes (6+6+7+1024+7) correspondientes a las 4 llamadas `write` más el desplazamiento de tamaño fijo que supone la llamada al sistema `lseek` desde la posición actual. Pero si tras el `lseek` no se realizara ninguna escritura, el tamaño resultante serían 26 bytes (6+6+7+7). Esto es debido a que la sentencia `lseek` tan sólo modifica el valor del puntero al archivo (almacenado en la tabla intermedia utilizada en UNIX y compartido por los tres procesos), esto es, la dirección sobre el archivo a partir de la cual tendrá lugar la siguiente operación de lectura o escritura.

El valor del tamaño del archivo está almacenado en su nodo-i, y sólo se modifica cuando se realizan llamadas de escritura.

b) El contenido final del archivo puede ser muy variado, dependiendo de la planificación que realice el sistema operativo de estos tres procesos, pero estará sujeta a las siguientes restricciones:

- Todas las sentencias de un proceso se realizan en estricta secuencia, por lo tanto podremos asegurar que "Soy P\n" aparecerá siempre antes que "Adiós\n", y de igual manera si aparecen 1024 caracteres nulos del lseek antes aparecerá "Soy H1\n".

- El espacio de 1024 ceros del lseek sólo aparecerá si a continuación se escribe algún carácter.

- El servidor de archivos de UNIX no es reentrante, por lo tanto no cabe posibilidad de que en el archivo aparezcan entremezclados los caracteres escritos por varias sentencias de escritura.

c) Dado que con la llamada lseek es posible avanzar el puntero del archivo más allá del final del mismo, podremos, a continuación realizar una escritura, actualizando su tamaño.

Al realizar esta operación el sistema de archivos solo actualiza el tamaño del archivo pero no reserva espacio físico para la zona intermedia. Si más tarde se intenta leer de esa zona, UNIX no lee de disco, simplemente devuelve datos rellenos a cero.

d) Para cada proceso, en la parte de la tabla de procesos que mantiene el sistema de archivos, existe un campo que es un array indexado por descriptor de archivo. Accediendo a este array con un descriptor de archivo obtenemos un índice con el que podemos acceder a la tabla de archivos intermedia. Esta tabla permite implementar la semántica de UNIX de que los procesos emparentados comparten puntero a los archivos abiertos antes del fork().

En esta tabla encontramos por tanto los siguientes campos:

- Puntero del archivo.
- Índice con el que acceder a la tabla de nodos-i.
- Contador de procesos que comparten el correspondiente descriptor.

Por fin, usando el segundo campo de esta estructura, podemos acceder al nodo-i del archivo que tenemos abierto, y con ello a toda la información sobre el mismo (tamaño, protecciones, propietario, etc) así como a los números de bloque donde están los propios datos contenidos en el archivo. Para el caso concreto del ejemplo, el contenido de estas estructuras sería el de la Figura 8.14.

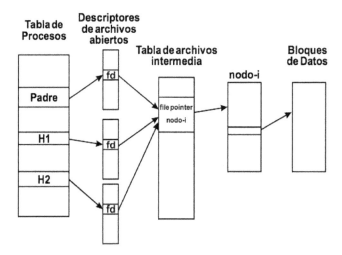

Figura 8.14 Estructura de datos del ejercicio 8.24

e) La atomicidad de las operaciones de escritura del proceso padre consiste en asegurar que en el archivo resultante de la ejecución de este programa no aparezca ningún carácter entre "Soy P\n" y "Adiós\n". Esto puede enfocarse de tres maneras distintas:

- Realizando sólo una llamada write(fd, "Soy P\nAdios\n", 12), en vez de dos.

- Estableciendo algún mecanismo de sincronización de la ejecución de estos tres procesos, mediante semáforos por ejemplo.

- Estableciendo algún mecanismo de sincronización en el acceso al archivo, mediante llamadas para bloqueo de archivos del tipo lock y unlock.

Ejercicio 8.25

¿Cuál es la diferencia entre la semántica de coutilización de UNIX y la de versiones? ¿Podría emularse la semántica UNIX con la de versiones?

Solución

La semántica UNIX consiste en que cualquier lectura de archivo vea los efectos de todas las escrituras previas sobre ese archivo. En caso de accesos concurrentes de lectura se deben obtener los mismos datos. En caso de accesos concurrentes de escritura, se escriben los datos en el orden de llegada que puede ser distinto al que piensan los usuarios. Con esta semántica cada proceso trabaja con su propia imagen de memoria del archivo y no se permite que los procesos independientes compartan el apuntador de posición del archivo.

El principal problema de la semántica de UNIX es la sobrecarga que genera en el sistema operativo, que debe usar cerrojos a nivel interno, para asegurar que las operaciones de un usuario no modifican los metadatos de otro y que las operaciones de escritura de los usuarios se realizan en su totalidad. La semántica de versiones permite que las escrituras que realiza un proceso en un archivo se hagan sobre su copia y que no sean visibles para los demás procesos que tienen el archivo abierto hasta que no se cierra el archivo o hasta que no se haga una actualización de la imagen del archivo. Solo en esas situaciones los cambios realizado se hacen visibles para futuras sesiones. Aquí reside la principal diferencia entre la semántica de coutilización de UNIX con la de versiones, que mientras en una cada proceso trabaja con su propia imagen del archivo, en otra se trabaja sobre su versión y no se modifica la imagen del archivo hasta que no se cierra o hasta que no se haga una actualización.

Para emular la semántica UNIX con la de versiones cada operación de lectura o escritura debería ir encerrada entre llamadas open y close, es decir, convertir cada acceso al archivo en una sesión.

Ejercicio 8.26

Se desea desarrollar un programa, utilizando los servicios del estándar POSIX, que indique si un determinado carácter se encuentra en un archivo. La sintaxis de este programa será la siguiente:

```
buscar   c      file
```

donde c es el carácter a buscar y file el nombre del archivo. El programa debe finalizar su ejecución en cuanto se encuentre el carácter en el archivo. En caso de que el carácter se encuentre en el archivo el programa indicará si está y en caso contrario el programa indicará que no está. El objetivo es determinar si el carácter se encuentra en el archivo, no cuántas veces aparece.

Se quiere mejorar el rendimiento del programa anterior desarrollando una versión paralela del mandato buscar, que denominaremos buscarpp. La sintaxis de este mandato será:

```
buscarpp     n c file
```

donde `file` será el nombre del archivo, `c` el carácter a buscar y `n` el número de procesos que debe crear el programa `buscarpp` para realizar la búsqueda en paralelo (véase la Figura 8.15). Este programa se encargará de:

1. Crear los procesos hijos encargados de realizar la búsqueda. Cada uno de estos procesos realizará la búsqueda en una porción del archivo (tal y como se muestra en la figura).

2. El programa debe finalizar en cuanto uno de los procesos encuentre el carácter en el archivo. En este caso deberá finalizar la ejecución el programa `buscarcpp` y todos sus hijos. Utilice para el desarrollo de este programa los mecanismos que considere oportunos.

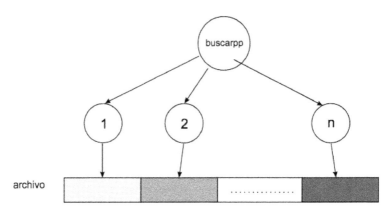

Figura 8.15 Búsqueda en paralelo en un archivo

Solución

La implementación del mandato `buscar c file` sería la siguiente:

```
#include <stdio.h>
#include <unistd.h>
#include <fcntl.h>

#define BUF_SIZE     8192

int main(int argc, char **argv)
{
    char c;
    int fd;
    int leidos;
    char buffer[BUF_SIZE];
    int i;

    if (argc != 3) {
        printf("Uso: buscar c file\n");
        exit(0);
    }
```

```
        fd = open(argv[2], O_RDONLY);
        if (fd < 0) {
            printf("Error, no se puede abrir %s\n", argv[2]);
            exit(1);
        }

        /* caracter a buscar */
        c = argv[1][0];

        while ((leidos = read(fd, buffer, BUF_SIZE)) > 0){
            for (i = 0; i< leidos; i++) {
                if (c == buffer[i]){
                    printf("Caracter %c encontrado\n", c);
                    exit(0);
                }
            }
        }
        printf("Caracter no encontrado\n");
        exit(0);
}
```

La implementación del mandato buscarpp n c file es la siguiente:

```
#include <sys/types.h>
#include <wait.h>
#include <stdio.h>
#include <stdlib.h>
#include <unistd.h>
#include <fcntl.h>

#define MAX_BUF     4096

void main(int argc, char **argv)
{
    char buffer[MAX_BUF];
    int fde;            /* descriptor del archivo de entrada */
    int n;              /* número de procesos */
    char c;             /* caracter a buscar */
    int size_of_file;   /* tamaño del archivo de entrada */
    int size_proc;      /* tamaño en el busca cada poroceso */
    int resto;          /* resto en el que busca el último proceso */
    int aux;            /* variables auxiliares */
    int leidos;
    int i, j;
    int status;         /* codigo de estado para wait */

    if (argc != 4){
```

```
            printf("Error, uso: buscarpp n c f2 \n");
            exit(0);
        }

        n = atoi(argv[1]);      /* numero de procesos */
        c = argv[2][0];             /* carácter a buscar */

        fde = open(argv[3], O_RDONLY); /* se abre el archivo de entrada
*/
        if (fde < 0) {
            perror("Error al abrir el archivo de entrada \n");
            exit(0);
        }

        /* obtener el tamaño del archivo en el que buscar */
        size_of_file = lseek(fde, 0, SEEK_END);

        /* calcular el tamaño que tiene que escribir cada proceso */
        size_proc = size_of_file / n;

        /* El último proceso escribe el resto */
        resto = size_of_file % n;

        /* el proceso padre cierra el archivo ya que no los necesita */
        /* cada uno de los procesos hijo debe abrir el archivo */
        /* para no compartir así el puntero de posición */
        close(fde);

        for (j = 0; j < n; j++) {
            if (fork() == 0) {
                /* se abre el archivo */
                fde = open(argv[3], O_RDONLY);
                if (fde < 0) {
                perror("Error al abrir el archivo de entrada \n");
                    exit(1);
                }

                /* Cada hijo sitúa el puntero en el lugar adecuado */
                lseek(fde, j * size_proc, SEEK_SET);

                /* el ultimo proceso busca en el resto */
                if (j == n - 1)  /* último */
                    size_proc = size_proc + resto;

                /* bucle de lectura */
                while (size_proc > 0) {
                    aux = (size_proc > MAX_BUF ? MAX_BUF : size_proc);
                        leidos = read(fde, buffer, aux);
                        for (i = 0; i < leidos; i++)
```

```
                               if (c == buffer[i])
                                    /* se encontró el carácter */
                                   exit(2);
                                      /* con 2 se informa al padre*/
                            size_proc = size_proc - leidos;
                    }
                    close(fde);
                    /* no se encontró, se sale con 0 */
                    exit(0);
            }
        }

        /* esperar la terminación de todos los procesos hijos */
        while (n > 0) {
            wait(&status);
            /* se consulta el código de salida del hijo */
            /* si es 1, hubo un error al abrir el archivo */
            /* si es 0, el hijo no encontró el carácter */
            /* si es 2, si lo encontró */

            if ( WEXITSTATUS(status) == 2) {
                printf("Se encontró el carácter\n");
                /* se aborta la ejecución de todos los procesos del */
                /* grupo, que incluye a los hijos */
                kill(0, SIGKILL);
            }

            n --;
        }
        exit(0);
    }
```

Ejercicio 8.27

Escriba un programa utilizando servicios POSIX que muestre diversas formas de obtener el tamaño de un archivo. ¿Cuál es la más eficaz?

Solución

```
    #include <sys/types.h>
    #include <sys/stat.h>
    #include <stdio.h>
    #include <unistd.h>
    #include <fcntl.h>

    #define BUF_SIZE     8192

    void main(int argc, char **argv)
    {
        int fd;
        long size;
```

341

```
char buf[BUF_SIZE];
long leidos;
struct stat attr;

if (argc != 2){
    printf("Error, CalcularTamaño <archivo>\n");
    exit(0);
}

/* primera forma */
/* abrir el archivo y leerlo hasta el final */
fd = open(argv[1], O_RDONLY);
if (fd < 0 ){
    perror("open");
    exit(0);
}

size = 0;
while ((leidos = read(fd, buf, BUF_SIZE)) > 0)
    size = size + leidos;

close(fd);
printf("El tamaño de %s es %d\n", argv[1], size);

/* segunda forma */
/* abrir el archivo y posicionarse al final */
fd = open(argv[1], O_RDONLY);
if (fd < 0 ){
    perror("open");
    exit(0);
}

size = lseek(fd, 0, SEEK_END);
if (size < 0) {
    perror("lseek");
    exit(0);
}

close(fd);
printf("El tamaño de %s es %d\n", argv[1], size);


/* tercera forma */
/* usar la llamada stat */
if (stat(argv[1], &attr) < 0){
    perror("stat");
    exit(0);
}
printf("El tamaño de %s es %ld\n", argv[1], attr.st_size);
```

```
/* cuarta  forma */
/* abrir el archivo y usar la llamada fstat */
fd = open(argv[1], O_RDONLY);
if (fd < 0 ){
    perror("open");
    exit(0);
}

if (fstat(fd, &attr) < 0){
    perror("stat");
    exit(0);
}
close(fd);
printf("El tamaño de %s es %ld\n", argv[1], attr.st_size);

exit(0);
}
```

La más ineficaz es claramente la primera, ya que requiere leer el contenido de todo el archivo. De las otras tres, la segunda y la cuarta implican una apertura del archivo. Esta apertura requiere:

1. Traer el nodo-i del archivo a memoria (a la tabla de nodos-i).
2. Reservar un nuevo descriptor en la tabla de descriptores de archivos del proceso.
3. Reservar una entrada en la tabla de archivos intermedia.
4. Enlazar todas las entradas anteriores.

La tercera forma, que usa la llamada stat(), no requiere todas las operaciones anteriores, solo acceder al nodo-i del archivo. Por tanto, es la más eficaz.

Ejercicio 8.28

En un directorio con estructura de grafo acíclico, como el de UNIX, se decide implementar los enlaces a archivos por medio de "apuntadores" que consistan en el nombre primario o camino único del archivo. ¿Como habrá que realizar en este sistema la operación de borrado de un archivo (y otras que se vean afectadas también) para que no se presenten problemas?

Solución

Una forma segura de realizar el borrado de archivos podría ser la siguiente:

- En el descriptor inicial de un archivo (el correspondiente a la creación) se incluye un contador que mantiene en todo momento el número de enlaces que apuntan a este archivo (incluyendo el enlace inicial).

- Cuando se quiera borrar un archivo que en realidad sea un enlace secundario se eliminará este enlace y se disminuirá el contador anterior en una unidad. Sólo si el contador toma un valor cero se borrará realmente el archivo en sí.

- Al borrar el archivo a través de su enlace inicial (primario) se disminuirá también el contador anterior en una unidad y se borrará el archivo sólo si el contador es cero. Borrarlo en otro caso podría causar perjuicios a los usuarios que lo abrieron de forma indirecta.

Otra solución podría ser prescindir del contador y, en su lugar, disponer de una lista doblemente encadenada que enlazará todos los descriptores (primario y secundarios) de un mismo archivo. Esta lista serviría para saber cuántos usuarios han establecido enlaces con el archivo y permitir el borrado del enlace primario, sustituyéndole por uno de los secundarios. Esta lista, con dos punteros por descriptor, no exigiría mantener en los descriptores campos de tamaño variable e impredecible. Su manipulación, sin embargo, afectaría a la mayor parte de las operaciones sobre archivos.

Evidentemente, extender estas soluciones a situaciones multivolumen o multipartición es bastante complicado, puesto que habría que restablecer los contadores en las operaciones de montado y desmontado. Por otro lado, la comprobación de la integridad del sistema de archivos sería difícil de asegurar, puesto que los contadores dependen de las particiones montadas.

Ejercicio 8.29

Dado un sistema de archivos UNIX donde el tamaño del bloque lógico es de 1KB y el tamaño de las direcciones a bloques de disco es de 32 bits. ¿Cuál será el número de accesos a disco necesario para abrir un archivo que se encuentra en el directorio de trabajo y acceder a los bytes 67.383.000 y al 67.393.250. Se debe suponer que: durante estas operaciones ningún otro proceso accede al sistema de archivos; que actualmente ningún proceso tiene abierto este archivo; y que el tamaño de la cache del sistema de archivos es de 10 bloques y se utiliza un algoritmo de reemplazo LRU (menos recientemente usado).

Solución

En primer lugar hay que indicar que cada bloque de índice permite guardar 1 KB / 32 bits = 256 bloques. Los bytes a leer se encuentran en los bloques 65803 y 65813, pues: 67.383.000/1024 = 65803,7109 y 67.393.250/1024 = 65813,720. Para direccionar estos bloques necesitaremos los punteros de triple indirección del nodo-i (con los de doble indirección se llega al bloque 10+256+256*256 = 65802).

Los accesos requeridos son los siguientes:

- Un acceso para acceder al bloque del directorio de trabajo donde encontrar numero-i de nuestro archivo (suponemos que la entrada al archivo se encuentra en el primer bloque del directorio).
- Un acceso para acceder al nodo-i del archivo.
- Tres accesos para acceder a los tres niveles de indirección.
- Un acceso para acceder el bloque donde se encuentra el primer byte.
- Un acceso para acceder al bloque donde se encuentra el segundo byte (los bloques de triple indirección de este byte son los mismos que los del primer byte y por tanto se encuentran ya en la cache).

Ejercicio 8.30

Determine el número de accesos físicos a disco necesarios, como mínimo, en un sistema UNIX, para ejecutar la siguiente operación:

```
fd = open ("lib/agenda/direcciones", RD_ONLY);
```

Suponga que la cache del sistema de archivos está inicialmente vacía.

Solución

Suponiendo que los directorios son pequeños, como mínimo habrá que hacer 6 accesos. Éstos son:

- Traer el primer bloque del directorio de trabajo para conocer el nodo-i de ./lib.
- Leer el nodo-i de ./lib.
- Traer el primer bloque del directorio ./lib para conocer el nodo-i de agenda.
- Leer el nodo-i de ./lib/agenda.
- Traer el primer bloque del directorio ./lib/agenda para conocer el nodo-i de direcciones.
- Leer el nodo-i de ./lib/agenda/direcciones.

Ejercicio 8.31

Dos esquemas típicos para gestionar el espacio libre en disco son: el de UNIX que usa un mapa de bits y el de UNIX que utiliza una lista enlazada de bloques conteniendo los números de los bloques libres. En el mapa de bits, cada bit indica si el bloque correspondiente está libre o no y en la lista enlazada de bloques se almacenan los números de los bloques libres y se utiliza un puntero al principio de la lista para obtener bloques libres y para liberar bloques. Se pide:

a) Si tenemos que acceder de forma secuencial a dos tipos de archivos cuya asignación de bloques ha sido hecha por los dos esquemas. ¿Cuál de los dos tipos de archivos ofrecerán mejor rendimiento?

b) ¿Podríamos mejorar el rendimiento anterior correspondiente al método de lista enlazada si en vez de tener un puntero al principio de la lista, tuviéramos dos punteros: uno que apunte al principio de la lista y otro que apunte al final de la lista? Explique cómo lo haría y el trabajo adicional de mantenimiento que tendría que hacer el sistema de vez en cuando para que el método conserve sus ventajas.

c) En MS-DOS el mecanismo de las FAT también se utiliza para la gestión del espacio libre de disco. ¿Cuál es mejor a efectos de eficiencia en la obtención de bloques libres: este método o el de UNIX de lista enlazada?

Solución

a) A efectos de eficiencia en el acceso secuencial a un archivo lo que interesa es que los bloques que lo componen se encuentren lo más contiguos posibles en el disco, de esta manera el tiempo del movimiento de las cabezas del disco se reduce considerablemente y por tanto el tiempo medio de acceso al disco.

La forma en que afecta el algoritmo de asignación de bloques libres en un sistema de archivos es precisamente el grado de contigüidad con que concede estos bloques a un archivo dado.

En el caso de usar el mapa de bits la información de los bloques libres la tenemos estructurada según su orden lógico que como sabemos está estrechamente ligado a su orden físico. En un esquema como éste es fácil seleccionar bloques libres que estén lo más cerca unos de otros. Tan solo tenemos que seguir la tabla de bits e ir eligiendo los primeros que encontremos libres. En cambio, con el sistema de lista enlazada, las tablas de bloques libres almacenan estos de manera no ordenada. Esto es debido a que aunque las tablas de la lista enlazada estuvieran ordenadas al principio del uso de ese sistema de archivos, éstas se irían desordenando ya que utilizamos el principio de la lista tanto para asignar como para dejar bloques libres.

Por tanto a efectos del acceso secuencial de los archivos es más eficiente el método de asignación de espacio libre por mapa de bits.

b) Si tuviéramos dos punteros, uno al principio y otro al final de la lista de bloques libres se podría mejorar la contigüidad de los bloques asignados.

La idea consistiría en tener inicialmente ordenada las tablas de bloques libres siguiendo su orden lógico. Luego, a la hora de asignar bloques libres estos se asignarían por el principio de la lista (que estarán ordenados), y a la hora de liberar bloques, estos se introducirían por el final de la lista. De esta manera se va desordenando el final de la lista.

Tarde o temprano el desorden introducido por el final de la lista llegará al principio, eliminando los beneficios de este método. Este no es un problema serio ya que las tablas de bloques de la lista pueden ordenarse de vez en cuando por algún demonio del sistema. La periodicidad de esta ordenación podría encontrarse probablemente en el orden de decenas de días o meses por lo que no sería muy oneroso.

c) A efectos del tiempo necesario para asignar un nuevo bloque, el método de UNIX de lista enlazada de bloques libres es mejor ya que en el primer bloque de la lista ya tenemos disponibles directamente una gran cantidad de bloques libres. En cambio en la FAT de MS-DOS la información de bloques libres y ocupados va mezclada por lo que si queremos encontrar un bloque libre tendremos que ir recorriendo la FAT hasta que encontremos una entrada correspondiente a un bloque que esté señalado como libre.

A efectos del espacio ocupado no es fácil compararlos ya que en el caso de la FAT se mezcla la gestión del espacio libre con la del espacio ocupado por archivos.

Ejercicio 8.32

Sea un servicio de archivos, similar al de UNIX, con las siguientes características:

- Representación de archivos mediante nodos-i con 10 bloques directos y direccionamiento de bloques indirectos mediante números de 4 bytes.
- Cache para 16 bloques con política de gestión LRU.

Sobre un sistema de archivos que maneja tamaños de bloque de 4 KB y cuyo primer bloque de datos es el 10, se quiere programar una aplicación que realice la siguiente secuencia de operaciones:

1. **creación de un archivo** de nombre "prueba",
2. **escritura completa** de 34 bloques de dicho archivo,
3. **lectura directa,** con posicionamiento al principio del archivo y lectura bloque a bloque hasta el final del mismo y, por último,
4. **lectura inversa** bloque a bloque desde el final al principio del archivo.

Se pide:

a) Escriba el programa descrito indicando claramente las llamadas al sistema de archivos.

b) Para cada una de las funciones **escritura completa**, **lectura directa** y **lectura inversa**, escriba una traza de los bloques que se acceden.

c) Para cada una de las funciones **escritura completa**, **lectura directa** y **lectura inversa**, calcule el número de fallos de bloque en la cache.

Solución

a)

```
#define TAM_BLOQUE 4096

main ()
{
    int fd;
    int i, cnt;
    char buffer [TAM_BLOQUE];

    if ((fd = creat ("prueba", 0700)) == -1) {
        perror ("No se puede crear el archivo");
        exit(1);
    }

    /* escritura de los 34 bloques del archivo */
    for (i=0; i<34; i++) {
        cnt = write(fd, buffer, TAM_BLOQUE);
        if (cnt != TAM_BLOQUE){
            perror ("No se puede escribir el archivo");
            exit(1);
        }
    }

    /* lectura del archivo completo */
    lseek (fd,0,SEEK_SET); /* posición inicial */
    while ((cnt=read(fd,buffer,TAM_BLOQUE)) != 0) {
        if (cnt != TAM_BLOQUE){
            perror ("No se puede escribir el archivo");
            exit(1);
        }
    }
```

```
/* lectura inversa del archivo completo */
lseek (fd,-TAM_BLOQUE,SEEK_END); /* posición inicial */
while ((cnt=read(fd,buffer,TAM_BLOQUE)) != 0) {
    if (cnt != TAM_BLOQUE){
        perror ("No se puede escribir el archivo");
        exit(1);
    }
    lseek (fd,-2*TAM_BLOQUE,SEEK_CUR);
}
```

b) La traza de bloques que se acceden en la **escritura** de los 34 bloques es la siguiente:

Bloques directos:

10	11	12	13	14	15	16	17	18	19

Bloques Indirectos: En este caso es necesario acceder al bloque de índice (que será el 20) para obtener el número de cada bloque indirecto. La traza sería de la siguiente manera:

20	21	20	22	20	23	20	24	20	25
20	26	20	27	20	28	20	29	20	30
20	31	20	32	20	33	..	..	20	44

La traza de bloques en el caso de **lectura directa** es idéntica a la anterior.

La traza de bloques en el caso de **lectura inversa** se describe en las tabla siguiente:

20	44	20	43	20	42	20	41	20	40
20	39	20	38	20	37	20	36	20	35
20	34	..	..	20	23	20	22	20	21
19	18	17	16	15	14	13	12	11	10

c) Suponiendo que la cache está totalmente vacía, los fallos de cada procedimiento son los siguientes:

- **Escritura**. 10 directos, 1 índice, 24 indirectos. Total: **35** fallos.
- **Lectura directa**. 10 directos, 24 indirectos. Total: **34** fallos. (El índice todavía se encuentra en la cadena).
- **Lectura inversa**. (15 y el índice se encuentran en la cache), fallan 9 indirectos y 10 directos. Total: **19** fallos.

Ejercicio 8.33

Indique si para mantener los mapas de bloques es mejor la utilización de la técnica de los mapas de bits o por el contrario la de las listas de bloques libres. ¿Cuál es la que menos espacio de almacenamiento requiere?

Solución

La técnica de los mapas de bits es más fácil de implementar y sencilla de usar, y es muy eficiente si el dispositivo que representa no es muy grande o no está muy lleno, ya que en ese caso, la búsqueda de espacio libre se complicaría.

Por otro lado, almacenar los bloques libres en una lista de recursos libres del dispositivo facilita el acceso a huecos libres en el mismo, y si el dispositivo está lleno o fragmentado, es muy eficiente, ya que la lista es pequeña y se recorre fácilmente.

Por lo tanto, ambas técnicas tienen sus ventajas e inconvenientes, dependiendo de la cantidad de datos que contenga el dispositivo. Si el dispositivo está muy lleno o muy fragmentado, entonces la utilización de la lista se impone, debido al fácil acceso a los bloques libres que se tiene con ella, cosa que no ocurre con el mapa de bits.

La técnica que menos espacio de almacenamiento requiere es el mapa de bits, ya que solo requiere un bit por bloque, mientras que en la lista de bloques libres, por cada bloque se necesita un número, que ocupa varios bits.

Ejercicio 8.34

¿Qué problema tiene usar bloques grandes o agrupaciones? ¿Cómo puede solucionarse?

Solución

El problema que introducen los bloques grandes o agrupaciones es el de la fragmentación interna. Por ejemplo si el tamaño medio del archivo es de 6 KB, cuando se usan bloques de 8 KB se produce una fragmentación interna media de 25%. Si el tamaño del bloque fuera de 32 KB la fragmentación alcanzaría casi un 80%.

Para solventar el problema se puede usar el esquema seguido en el sistema de archivos *Fast File System*, que introduce el concepto de fragmento de bloque.

Un fragmento es una porción de bloque del sistema de archivos que se puede asignar de forma independiente. Cuando hay fragmentos, la unidad mínima de asignación no es necesariamente un bloque. Por ello es necesario gestionar los fragmentos:

*   Si el archivo no tiene ningún bloque fragmentado, los datos ocupan un bloque o más por lo que se le asignan bloques completos. Si los datos se ajustan al tamaño de bloques la operación termina aquí, si no, si al final queda una porción menor que un bloque, se asigna al archivo los fragmentos de bloque que necesite para almacenar dicha porción de datos.
*   El archivo tiene un bloque fragmentado al final. En este caso, si los datos ocupan más que el tamaño del bloque restante, se asigna al archivo un nuevo bloque, se copian los fragmentos al principio del bloque y los datos restantes a continuación. En esta situación ya se puede aplicar el caso 1. En caso de que los datos a almacenar no llenen un bloque, se asignan más fragmentos al archivo.

Observamos, por tanto, que un archivo solo puede tener un bloque fragmentado al final, ya que el último será el único bloque sin rellenar completamente.

Ejercicio 8.35

Sea el archivo correspondiente al buzón de correo del usuario `pepe`, que es su dueño, y cuyo nombre absoluto se representa mediante el camino `/var/spool/mail/alumnos/bupepe`. Suponiendo que el nodo-i del directorio raíz (`/`) está en memoria, responda a las siguientes preguntas:

a) ¿Qué numero de accesos a disco serán necesarios para interpretar el nombre de ese archivo (obtener su nodo-i) si las entradas del nombre se encuentran siempre en el primer bloque del directorio excepto `alumnos` que se encuentra en el tercero y `bupepe` que se encuentra en el segundo?

b) ¿Qué llamada al sistema permitiría obtener las características del archivo `bupepe` si no está abierto? ¿Y si ya está abierto? Explique sus respuestas.

c) El usuario `juan`, del grupo de `pepe`, quiere leer el buzón `bupepe`. Suponiendo que el archivo `bupepe` tiene los permisos `rwxr-x-x` y un tamaño de 64 KB, realice un programa que examine las características del archivo, vea si `juan` lo puede leer y, en caso positivo, lea los 22 primeros KB usando un buffer de 1 KB. En caso negativo debe devolver un mensaje de error y terminar.

Solución

a) Para obtener el número total de accesos a disco hay que considerar:

*   `/` está en memoria. `var` está en el primer bloque de datos, se necesita un acceso a disco para obtener su entrada más un acceso a disco para obtener nodo-i de `var`.

- Un acceso a disco para obtener el bloque datos de var más un acceso a disco para obtener nodo-i de spool.

- Un acceso a disco para obtener el bloque datos de spool más un acceso a disco para obtener nodo-i de mail.

- Tres accesos a disco para obtener el bloque datos de mail más un acceso a disco para obtener nodo-i de alumnos.

- Dos accesos a disco para obtener el bloque datos de alumnos más un acceso a disco para obtener nodo-i de bupepe.

En total: **13 accesos a disco.**

b) Si no está abierto se usa la llamada stat:

```
ret = stat (nombre, &estado);
```

Donde nombre es el nombre del archivo y estado es una estructura de tipo struct stat en la que devuelve la información de estado del archivo.

Si está abierto se usa la llamada fstat:

```
ret = fstat (fd, &estado);
```

Donde fd es el descriptor del archivo abierto y estado es una estructura de tipo struct stat en la que devuelve la información de estado del archivo.

c) No hace falta usar stat ni fstat, aunque se podría. La razón es que la llamada open cuando se piden los parámetros adecuados de operaciones devuelve un fallo si no se pueden hacer esas operaciones sobre el archivo. En este caso, pepe es del grupo de juan y el archivo tiene permisos ·rwxr-xr-x, lo que significa que los usuarios del grupo de juan lo pueden leer y ejecutar sin problemas. Por tanto la solución sería como la siguiente:

```
void main (int argc, char **argv)
{
    int fd, leidos, i;
    char buffer[1024];

    fd = open("/var/spool/mail/alumnos/bupepe", O_RD);
    if (fd < 0){
        println("error al abrir el archivo \n");
        exit (-1);
    }
    for (i = 0; i < 21; i++) {
        leidos = read(fd, buffer, 1024);
        if (leidos != 1024){
            println("error al leer el archivo \n");
            exit (-1);
        }
    }
    close (fd);
```

}

Ejercicio 8.36

Se quiere diseñar un sistema de archivos para un sistema operativo que ejecutará en un entorno del que se sabe que:

- El tamaño medio de los archivos de 1.5 KB.
- El número medio de bloques libres es del 6.25% del total.
- Se usan 16 bits para direccionar un bloque.

Para este sistema se seleccionará un disco duro con bloques físicos de 1024 bytes y con capacidad igual al máximo direccionable. Teniendo en cuenta que se debe optimizar la utilización del espacio y la velocidad de acceso (por ese orden de importancia) y que la memoria principal de que se dispone es suficiente, contestar razonadamente:

a) ¿Cuál será el tamaño más adecuado de bloque lógico?

b) ¿Cuál será el método más adecuado para llevar el control de los bloques libres del disco?

Solución

a) Es imprescindible elegir un bloque lógico múltiplo del físico. Los candidatos son 1 KB y 2 KB. Tamaños mayores implicarían desperdiciar mucho espacio. Dado que el tamaño medio de los archivos es 1.5 KB, el espacio que se desperdicia es el mismo. Se perderán una media de 0.5 KB por archivo. De cara a la velocidad de acceso, es preferible tener un bloque lógico mayor. Por tanto, la mejor elección será un bloque lógico de 2 KB.

b) En primer lugar se calculará el número de bloques para cada uno de los métodos. Como se usan 16 bits para direccionar un bloque, el número máximo de bloques direccionables es de $2^{16} = 65536$ bloques.

Utilizando un mapa de bits son necesarios 2^{16} bits. En cada bloque de 2 KB se pueden almacenar $2 * 1024 * 8 = 16384$ bits, por tanto se necesitan $65536 / 16384 = 4$ bloques para los mapas de bits.

Para la lista de bloques libres: en un bloque lógico de 2 KB se pueden almacenar 1024 direcciones de bloques libres de 16 bits. Como el número total de bloques direccionables es de 65536, se necesitan $65536 / 1024 = 64$ bloques para la lista de bloques libres.

El método más adecuado en principio, sería el de los mapas de bits que requieren menos bloques. Por otro lado, el número medio de bloques libres es el 6.25 %, lo que supone 4096 bloques libres, que se pueden almacenar en 4 bloques. En discos como el del enunciado en los que el espacio libre es muy pequeño suele ser preferible utilizar listas de bloques libres ya que la búsqueda de nuevos bloques en esta lista es más eficiente que la búsqueda en un mapa de bits.

Ejercicio 8.37

El sistema operativo UNIX (V7 y posteriores) permite compartir archivos, en el sentido de permitir en un sistema de archivos, la existencia de un archivo con varios nombres. Conteste razonadamente a las siguientes cuestiones:

a) ¿Cómo pueden los usuarios compartir archivos?

b) Explique esquemáticamente cómo se implementa esta funcionalidad.

c) Comente brevemente las ventajas e inconvenientes del enfoque utilizado en el sistema operativo UNIX para compartir archivos.

Solución

a) Los usuarios pueden compartir archivos con la llamada al sistema:

```
link(fich1, fich2);
```

De esta forma se consigue tener un archivo accesible con dos nombres distintos.

b) Los datos con la información de un archivo se encuentran en una estructura llamada nodo-i. Un directorio es una estructura compuesta por pares (Nombre de archivo, número de nodo-i), que permiten acceder con el nombre al archivo identificado por el número de nodo-i. Mediante la llamada al sistema link se añade un par a un directorio que determina un nombre nuevo para referirse a este archivo.

En el nodo-i se mantiene el número de enlaces que se han asociado con el archivo. Este contador permite saber cuando se puede borrar el archivo.

c) Ventajas e inconvenientes de la solución de UNIX.

- **Ventajas**: el mecanismo para acceder al archivo es el mismo, independientemente de que se haga con el enlace establecido al crearle o uno establecido con link.

- **Inconvenientes:** si un archivo tiene enlaces de varios usuarios, aunque el propietario borre toda referencia al archivo, continuará apareciendo como su propietario. Cualquier mecanismo de coutilización de archivos puede introducir problemas, por existir varios nombres para el mismo archivo, cuando se realizan operaciones con todos los archivos de un determinado directorio, como *backups* o copias de archivos. No permite establecer enlaces de este tipo desde directorios que se encuentran en un sistema de archivos distinto del que contiene el archivo.

Ejercicio 8.38

Un proceso de usuario que ejecuta sobre el sistema operativo UNIX pide los siguientes bloques de disco:

1, 2, 3, 4, 1, 3, 10, 2, 3, 2, 10, 1

Suponiendo que en la cache de bloques de disco de UNIX sólo caben 4 bloques, que la cache está vacía inicialmente y que la política de reemplazo es LRU. Se pide:

a) Haga una traza de la situación de los bloques en la cache para cada petición de bloque del proceso. Indique claramente la posición de cada bloque en la estructura de datos de la cache respecto a la política de reemplazo que utiliza UNIX.

b) ¿Qué operaciones de gestión de cache de bloques de UNIX se utilizan en cada paso de la traza anterior?

c) ¿Qué operaciones de entrada/salida a dispositivos se utilizan en el sistema de archivos de UNIX para cada paso de la traza anterior?

Solución

a) UNIX utiliza una política de reemplazo LRU (*Least recently Used*). Según esta política, cuando hace falta espacio para un bloque nuevo en la cache se sustituye el que lleva más tiempo sin ser usado.

Paso	-0	1	2	3	4	5	6	7	8	9	10	11	12
Bloque	-	1	2	3	4	1	3	10	2	3	2	10	1
LRU	-	-	-	-	1	2	2	4	1	1	1	1	3
Fallos		*	*	*	*			*	*				

b) Sólo tenemos operaciones de lectura, según se indica en el enunciado. Las llamadas a operaciones de manejo de cache en lectura de bloques dependen de si el bloque está ya asignado al archivo y contiene información o no:

En caso de que no exista, hay que obtener un bloque entero de la cache sin leer del disco y rellenarlo con ceros.

En caso de que ya exista, basta con emitir la misma llamada con los parámetros adecuados.

Por último, se hace una operación que permita fijar la información del bloque en la cache. Si el bloque no está sucio, la operación no hace nada. Estas operaciones se realizan en todos los pasos de la lectura de bloques.

c) Podemos suponer que el dispositivo del que leemos es un disco normal, y que no se trata como un dispositivo especial. Por tanto, sólo hay operaciones de entrada/salida cuando el bloque que se pide no está en la cache y hay que traerlo desde el disco.

Estas operaciones se ejecutan en los pasos 1, 2, 3, 4, 7 y 8.

La rutina entrada/salida que se ejecuta sobre un bloque se lleva a cabo en dos ocasiones:

- Para guardar la información del bloque que se expulsa de la cache por LRU si dicho bloque ha sido actualizado desde la última escritura (está sucio). Operación de escritura.
- Para leer la información del bloque pedido desde el disco. Operación de lectura.

Ejercicio 8.39

Un sistema de archivos similar al de UNIX, presenta las siguientes características:

- Representación de archivos mediante nodos-i con 12 direcciones directas a bloque, un indirecto simple, un indirecto doble y un indirecto triple y direcciones de bloques de 4 bytes. El tamaño del bloque del sistema de archivos es de 4 KB y se utiliza un mapa de bits para la gestión del espacio libre.
- El sistema de archivos emplea un cache de 2 MB con una política de reemplazo LRU y una política de actualización *write-through* (escritura inmediata) para bloques especiales (superbloques, mapas de bits, bloques de nodos-i, bloques indirectos y bloques de directorio) y *delayed write* (escritura diferida) para bloques de datos.

Sobre este sistema de archivos se ejecuta el siguiente fragmento de código:

```
#define DATA_SIZE     1024
char buffer[DATA_SIZE];
int fd, i;

fd = creat("archivo", 0666);
for(i=0; i<1000; i++)
        write(fd, buffer, DATA_SIZE);
close (fd);
```

Teniendo en cuenta que la cache se encuentra inicialmente vacía y que no se realiza ninguna operación de volcado (*flush*) durante la ejecución del mencionado programa, se pide:

a) Describa los principales pasos que lleva a cabo el sistema de archivos para la ejecución de la llamada al sistema `write`.

b) Calcule el tamaño final del archivo y realice una figura con todos los componentes físicos asociados al mismo.

c) Indique los tipos de bloque que se escriben realmente a disco durante la ejecución del bucle `for`. Especifique el número de bloques de cada tipo que se escriben durante esta ejecución. Indique también si existe algún tipo de bloque que se escribirá más tarde al disco.

d) Sin modificar la política de gestión de la cache, ni el tamaño de las operaciones write, ¿de qué forma se podría reducir el número de escrituras a disco?

Observación: Considérese que el proceso sólo requiere acceso a un único bloque del mapa de bits.

Solución

Una vez ejecutada la llamada al sistema `creat()` las estructuras de datos que utiliza el sistema para el acceso al archivo quedan en la situación que se muestran en la Figura 8.16.

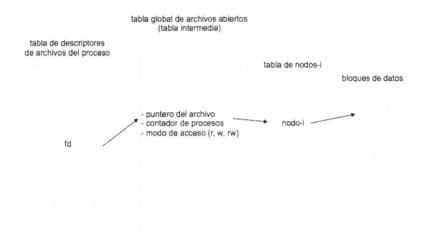

Figura 8.16 Estructura de datos del ejercicio 8.39

La tabla de archivos abiertos (tabla intermedia) presenta los siguientes campos:

- Puntero que indica la posición dentro del archivo donde debe realizarse la siguiente operación de lectura o escritura. El valor inicial será 0.
- Índice que permite acceder a la tabla de nodos-i.
- Contador de procesos que comparten el correspondiente archivo.
- Modo en el que se ha abierto el archivo. Para este archivo el modo será lectura-escritura.

a) Los pasos que realiza el sistema de archivos para ejecutar la llamada al sistema `write(fd, buf, nbytes)` son los siguientes:

- Se obtiene la entrada de la tabla de archivos abiertos utilizando para ello el descriptor de archivo `fd`.
- Se comprueba si se puede realizar la operación utilizando el modo de apertura del archivo que se encuentra en la tabla de archivos abiertos. Si no se puede realizar el acceso, la operación retorna devolviendo el error.
- Se obtiene el nodo-i de la tabla de nodos-i que se encuentra en memoria y se bloquea para asegurar que el acceso se realiza de forma exclusiva.
- Se obtiene el puntero de la posición del archivo de la tabla de archivos abiertos.
- Mientras el número de bytes a escribir (*nbytes*) sea mayor que 0:

- o Dado el puntero de la posición del archivo y el tamaño del bloque, se calcula el bloque lógico donde debe realizarse la operación (el bloque lógico se calcula dividiendo el puntero de la posición del archivo por el tamaño del bloque del sistema de archivos).
- o Se accede al nodo-i para obtener el bloque físico asignado a dicho bloque lógico. En este paso puede ser necesario acceder a los bloques de indexación.
- o Si no existe ningún bloque físico asignado, entonces se asigna uno accediendo al mapa de bits y se disminuye en uno el contador de bloques libres existente en el superbloque. En caso necesario habrá que asignar bloques de indexación. Si no existen bloques libres se retorna devolviendo el número de bytes escritos.
- o Si el bloque ha sido asignado al archivo por primera vez, se solicita un bloque de la cache (sin leerlo) y se pone a 0. En caso contrario, si el bloque se va a escribir de forma completa se solicita un bloque a la cache sin leerlo de disco. Si la escritura va a ser parcial se lee el bloque a través de la cache.
- o Una vez obtenido el bloque de la cache, se copian los datos del buffer de usuario al lugar correspondiente en el bloque de la cache.
- o Se actualiza el puntero de la tabla de archivos abiertos de acuerdo a los bytes copiados, se decrementa *nbytes* y se incrementa la posición en el buffer de usuario.
- o Se libera el bloque de la cache.
- Se actualiza el tamaño y la fecha de acceso del nodo-i y se desbloquea.
- Se devuelve el número de bytes escritos.

b) El tamaño final del archivo será 1000 * 1024 = 1000 KB. Dado que el tamaño del bloque del sistema de archivos es de 4 KB, el número de bloques de datos que requerirá el archivo será 1000 / 4 = 250.

Con las 12 primeras direcciones directas a bloque que se encuentran en el nodo-i se pueden representar archivos de hasta 12*4 = 48 KB. Cada bloque de indexación permite almacenar 4096/4 = 1024 direcciones de bloque. Por tanto este archivo necesitará un bloque de indexación simple para almacenar 250 - 12 = 238 bloques de datos.

En la Figura 8.17 se muestran los componentes físicos asociados a este archivo una vez ejecutado el bucle `for`, así como la estructura lógica que liga a los mismos.

Obsérvese que aunque el tamaño lógico del archivo es de 1000 KB, físicamente se requieren 251 bloques (250 bloques de datos más uno de indexación simple) para representar el archivo. Asimismo se requiere espacio en el disco para almacenar el nodo-i correspondiente al archivo.

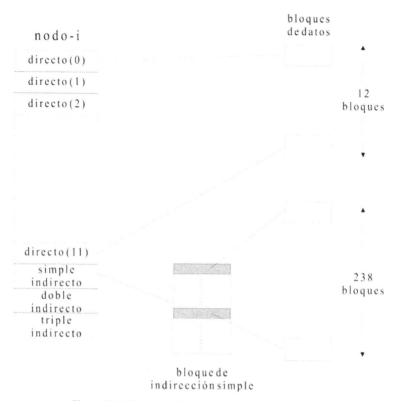

Figura 8.17 Bloques utilizados en el ejercicio 8.39

c) Los bloques a los que se accede durante la ejecución del bucle anterior son los siguientes:

- El bloque que contiene el superbloque. Este se modifica cada vez que debe asignarse un bloque al archivo para decrementar el número de bloques libres disponibles.
- El bloque que almacena el mapa de bits cada vez que se asigna un nuevo bloque al archivo. Según el enunciado sólo se utiliza un bloque.
- El bloque de indexación simple que se utiliza para el acceso a los últimos 238 bloques de datos del archivo.
- 250 bloques de datos.
- El bloque que almacena el nodo-i y que en este caso se modifica en cada llamada al sistema `write()`.

El número total de bloques distintos que se acceden durante la ejecución del bucle `for` son por tanto 254. Dado que la cache se encuentra inicialmente vacía y que el número de bloques que permite almacenar en la misma es de 512, la ejecución del bucle *for* no llenará la cache y no será por tanto necesario realizar el reemplazo de ningún bloque.

Según el enunciado los bloques que realmente se escriben a disco durante la ejecución del bucle *for* son los siguientes:

- El superbloque 251 veces, cada vez que se asigna un nuevo bloque al archivo.

- El mapa de bits 251 veces (250 para los bloques de datos y una vez más para la asignación del bloque de indexación simple).
- El bloque de indexación simple 238 veces, cada vez que se asigna un nuevo bloque a este.
- El bloque donde se almacena el nodo-i 1000 veces, una vez cada llamada `write()`.

Por tanto el número total de bloques que se escriben a disco durante la ejecución del bucle `for` es 251+251+238+1000 = 1740.

Los 250 bloques de datos, debido a que siguen una política de actualización *delayed-write*, no se escribirán a disco durante la ejecución del bucle `for` dado que no se realiza ninguna operación de volcado. Estos bloques se escribirán a disco cuando sean reemplazados por otros bloques o en la siguiente operación de volcado a disco, típicamente cada 30 segundos, pero esto ocurrirá con posterioridad a la ejecución del bucle `for`.

d) Durante la ejecución del bucle `for` solamente se escriben a disco los bloques especiales que se manipulan durante la ejecución de la llamada al sistema `write()`. El número de bloques especiales que se escribe depende de:

- La política de actualización *write-through*, que obliga a escribir de forma inmediata los bloques especiales que han sido modificados.
- El tamaño del bloque del sistema de archivos Este tamaño determina el número de bloques que requiere el archivo, así como el número de bloques de indexación necesarios.
- La política de asignación de espacio que emplea UNIX. Esta política de asignación es dinámica: los datos se van asignando a los archivos en bloques a medida que se necesitan.

Dado que la política de gestión de la cache no puede ser cambiada, las dos únicas formas de reducir el número de escrituras a disco durante la ejecución del bucle *for* son las siguientes:

- Aumentar del tamaño del bloque del sistema de archivos De esta forma se reduce el número de bloques asignados al archivo y por tanto el número de veces que debe escribirse el superbloque y el mapa de bits, así como el bloque de indexación simple. Por ejemplo, si el tamaño del bloque hubiese sido de 8 KB, el número de bloques que se hubieran escrito habría sido:
  - o 126 veces el superbloque.
  - o 126 veces el mapa de bits.
  - o 1000 veces el nodo-i.
  - o 113 el bloque de indexación simple.
  - o En total 1365.
- Asignar espacio no de forma dinámica sino por adelantado. Esta solución requiere el diseño de una llamada especial al sistema de archivos que permita preasignar espacio para un archivo sin necesidad de realizar ninguna escritura sobre el mismo. Con esta solución se reduciría el número de escrituras a uno por cada clase de bloque.

Ejercicio 8.40

Un sistema de archivos similar al de UNIX, presenta las siguientes características:

- Representación de archivos mediante nodos-i con 12 direcciones directas a bloque, un indirecto simple, un indirecto doble y un indirecto triple y direcciones de bloques de 4 bytes. El tamaño del bloque del sistema de archivos es de 8 KB.
- El sistema de archivos emplea un cache de 4 MB con una política de reemplazo LRU.

Sobre este sistema de archivos se ejecuta el siguiente fragmento de código:

```
#define DATA_SIZE     2048
#define N             5000
char buffer[DATA_SIZE];
int fd, i;
```

```
fd = open("archivo", O_RDWR);
for (i = 0 ; i < N; i++)
    write(fd, buffer, DATA_SIZE);
lseek(fd, 0, SEEK_SET);
for (i = 0 ; i < N; i++)
    read(fd, buffer, DATA_SIZE);
    close(fd);
```

Teniendo en cuenta que el archivo tiene un tamaño inicial de 16 MB, que la cache se encuentra inicialmente vacía y que no se realiza ninguna operación de volcado (*flush*) durante el mencionado programa, se pide:

a) ¿Cuántos accesos a disco se producen durante los bucles de lectura y escritura utilizando una política de actualización *write-through* (escritura inmediata)?

b) ¿Cuántos accesos se producirían si se utilizase una política de actualización *write-back* (escritura diferida)?

c) Calcule la tasa de aciertos a la cache que se produce durante el bucle de lectura.

d) Calcule en función de N, siendo N la constante definida en el programa, la tasa de aciertos a la cache que se produce durante el bucle de lectura. Supóngase que como mucho se accede a los 16 MB que ocupa el archivo.

NOTA: Considere que no se actualiza ninguna de las fechas que aparecen en el nodo-i del archivo hasta que se realiza la operación close().

Solución

Aunque el archivo tiene un tamaño de 16 MB, los bucles de lectura y escritura sólo acceden a 5000*2 KB = 10 MB. Durante el bucle de escritura se sobrescribirán los datos que tenía el archivo inicialmente, y durante el bucle de lectura se accederá a estos últimos datos escritos.

El número de bloques que se manipulan durante ambos bucles es de 10 MB / 8 KB = 1250. Dado que con las 12 primeras direcciones directas a bloque que se encuentra en el nodo-i, se pueden representar archivos de hasta 12*8 = 96 KB, se necesitan bloques de indirección para acceder al resto de bloques. En este sistema de archivos cada bloque de indirección permite almacenar hasta 8192 / 4 = 2048 direcciones de bloque, por tanto, será suficiente con un bloque de indirección simple para almacenar todo el archivo.

a) Utilizando una política de actualización *write-through*, cada vez que se modifica un bloque en la cache, debe actualizarse el bloque a disco.

La primera operación write() del bucle de escritura requiere la lectura del primer bloque del archivo a la cache. Esta lectura es necesaria ya que se va a sobrescribir parcialmente el bloque. A continuación se modificarán los dos primeros KB del bloque, y debido a la política de actualización empleada, éste tendrá que ser escrito también a disco. Las tres siguientes operaciones de escritura encuentran el bloque en la cache, pero en cada una de ellas tendrá que escribirse de nuevo el bloque completo a disco.

Este proceso se repite durante todo el bucle de escritura. Por tanto, los accesos que se producen a disco durante este bucle son los siguientes:

- Lectura previa a la cache de los 1250 bloques de datos que se van a escribir durante el bucle.

- 5000 accesos de escritura, uno por cada operación write().

- Lectura del bloque de indirección simple, necesario para obtener los bloques del archivo.

Dado que el archivo tiene espacio asignado antes de comenzar la ejecución del programa, el bloque de indirección no será modificado en ninguna operación. Además se utilizará en cada llamada write() a partir de los 96 KB del archivo. Como la política de reemplazo utilizada es LRU, este bloque nunca será expulsado de la cache durante el bucle de escritura.

El número total de accesos a disco durante el bucle de escritura es de $1250 + 1 + 5000 = 6251$.

Antes de comenzar el bucle de lectura, el programa realiza una llamada al sistema `lseek()` para situar el puntero de lectura-escritura al comienzo del archivo. Dado que el número de bloques que puede albergar la cache es 4 MB / 8 KB = 512 y el acceso al archivo en los bucles de lectura y escritura se realiza de forma secuencial, ninguno de los bloques existentes en la cache, a excepción del bloque de indirección simple, será encontrado en la misma durante del bucle de lectura. El bloque de indirección permanece en la cache debido a la política LRU.

El número de accesos durante el bucle de lectura será por tanto de 1250. La primera de cada cuatro operaciones trae el bloque a la cache (se produce un fallo) y las tres siguientes acceden con éxito a la misma.

b) Utilizando una política de actualización *write-back*, los bloques escritos en la cache no se actualizan en disco hasta que no sean reemplazados de la misma o escritos por efecto de una operación de volcado de la cache, operación que no se realiza durante la ejecución del programa.

Durante el bucle de escritura, por tanto, se producen los siguientes accesos a disco:

- Lectura previa de los 1250 bloques de datos.
- Lectura del bloque de indirección simple.
- Escritura de $1250 - 511 = 739$ bloques de datos como consecuencia del reemplazo de los bloques. Téngase en cuenta que el bloque de indirección simple permanece en la cache por efecto de la política LRU y nunca es expulsado.

El número total de accesos durante el bucle de escritura en este caso es $1250 + 1 + 739 = 1990$. Cuando finaliza el bucle de escritura, en la cache se encuentra el bloque de indirección simple y 511 bloques de datos modificados. Estos bloques serán expulsados durante el bucle de lectura. Los accesos que tienen lugar durante este bucle son:

- 511 escrituras como consecuencia del reemplazo de bloques de la cache.
- 1250 lecturas de los bloques de datos.

En total $511 + 1250 = 1761$ accesos.

c) Para calcular la tasa de aciertos a la cache durante el bucle de lectura, habrá que contabilizar el número total de accesos a la misma y el número de ellos que producen acierto. El número total de accesos es:

- 5000, uno por cada iteración del bucle.
- $5000 - 48 = 4952$ accesos al bloque de indirección simple (los primeros 48 accesos acceden a las direcciones directas que se encuentran en el nodo-i).

En total 9952.

Para los bloques de datos, se produce un fallo cada cuatro operaciones `read()`. La primera trae el bloque a la cache, y las tres siguientes lo encuentran en la misma. El número de aciertos para bloques de datos es por tanto de $1250*3 = 3750$.

En cuanto al bloque de indirección, éste se encuentra en la cache desde el bucle de escritura, por tanto todos los accesos al mismo son aciertos, 4952.

El número total de aciertos es $4952 + 3750 = 8702$, y la tasa de aciertos es $(8702 / 9952)*100 = 87\%$.

d) Si N es el número de accesos, el número de bloques de datos involucrados es N/4. Si el número de bloques que se escribe durante el bucle de escritura cabe perfectamente en la cache (cuyo tamaño es de 512 bloques) entonces la tasa de aciertos durante el bucle de lectura será del 100%.

El número máximo de bloques que se puede escribir durante el primer bucle sin que se tenga que expulsar ninguno es 511, puesto que es necesario un bloque para albergar el de indirección. De esta forma si $N \leq 4*511 = 2044$, la tasa de aciertos es del 100 %

En caso contrario la tasa de aciertos se calculará de forma similar al apartado anterior, ya que como mucho se accederá a los 16 MB que ocupa el archivo. El número total de accesos es:

- N accesos a bloques de datos.

- N–48 accesos al indirecto simple (los primeros 48 accesos se traducen directamente con las direcciones directas situadas en el nodo-i).

El número de aciertos es $N*3/4 + N - 48$. La tasa de aciertos, por tanto, viene dada por la siguiente expresión:

$$(3/4*N + N - 48) / (2N - 48) \ \mathbf{100} = \mathbf{(7/4*N} - 48) / (2N - 48) * 100 \ \%$$

Resumiendo:

- Si $N \leq 2044$, $Ta=100 \%$
- Si $N > 2044$, $Ta=(7/4*N - 48) / (2N - 48) * 100 \%$

Ejercicio 8.41

El mandato mv de UNIX permite renombrar archivos y directorios. Básicamente el mandato crea un nuevo enlace al archivo y, a continuación, borra el antiguo. Así la ejecución del mandato `mv f1 f2` implica, entre otras, las llamadas al sistema `link(f1,f2)` y `unlink(f1)`.

Se pide responder razonadamente a las siguientes cuestiones:

a) ¿Qué ocurriría si se ejecuta el mandato `mv f1 f2` en las siguientes situaciones?

- Existía previamente un enlace al archivo `f1`.
- Existía previamente un enlace simbólico al archivo `f1`.
- Un proceso tenía previamente el archivo `f1` abierto

b) El archivo del mandato pertenece al superusuario y tiene activo el bit `setuid` ya que, en caso contrario, un usuario normal no podría renombrar directorios debido a que en UNIX sólo el superusuario puede hacer enlaces normales a directorios. ¿Cuáles pueden ser las razones de esta restricción?

c) El mandato `mv` no permite mover el archivo entre dos sistemas de archivos. ¿Cuál es el motivo de esta restricción? ¿Se eliminaría dicha restricción si se usase en el mandato `mv` la llamada `symlink(f1,f2)` (enlace simbólico) en vez de `link(f1,f2)`?

d) En el caso de que el archivo que se mueve es un directorio, el mandato `mv` debe realizar algunas operaciones adicionales. Para entender esta necesidad, se pide analizar qué ocurriría con las entradas . y .. cuando se mueve un directorio usando el esquema básico planteado en el enunciado. ¿Qué llamadas al sistema debe incluir el mandato para actualizar estas entradas apropiadamente?

NOTA: Un mandato sólo puede cambiar el contenido de un directorio mediante llamadas al sistema.

Solución

a1) Si se mueve un archivo sobre el que había previamente un enlace normal, dicho enlace no se verá afectado por la operación.

Un enlace normal a un archivo es una entrada en un directorio que apunta al nodo-i de dicho archivo. Como la operación `mv` no afecta al nodo-i, el enlace seguirá siendo válido.

a2) Si existía previamente un enlace simbólico al archivo, dicho enlace pasará a apuntar a un archivo que no existe.

Un enlace simbólico es un archivo que contiene el nombre del archivo al que apunta el enlace. Después de la operación `mv` el nombre del archivo ya no existe y, por lo tanto, posteriores intentos de acceder al archivo a través del enlace simbólico fallarán.

a3) Si un proceso tenía el archivo abierto previamente, podrá continuar accediendo a los datos del archivo después del mandato `mv`.

Cuando un proceso abre un archivo, el sistema operativo obtiene el nodo-i del mismo. Una vez abierto, el sistema operativo no usa el nombre sino el nodo-i para resolver los accesos a los datos del archivo.

b) Si se permitiese que un usuario normal pudiera hacer enlaces normales a un directorio, se podrían crear ciclos en la estructura jerárquica de archivos. La existencia de ciclos (distintos a los asociados a las entradas . y ..) puede llevar a que los mandatos que descienden a través de la jerarquía de archivos nunca terminen (p.ej. `find`).

c) El mandato `mv` no permite mover un archivo desde un sistema de archivos a otro. Esta restricción se debe a que en UNIX un enlace normal no puede atravesar sistemas de archivos. Nótese que una entrada de un directorio relaciona un nombre con un nodo-i que está en el mismo sistema de archivos que el nodo-i el directorio padre.

Los enlaces simbólicos pueden atravesar sistemas de archivos ya que lo que se almacena es el nombre del archivo. Sin embargo, este tipo de enlace no sirve para construir el mandato `mv` ya que, como se analizó en el apartado a2, cuando se borra el archivo original (al final del `mv`), se elimina el archivo y los enlaces simbólicos se quedan apuntando a un archivo que ya no existe.

d) La entrada de un directorio . apunta al nodo-i del propio directorio. Dicha entrada, por lo tanto, no se verá afectada cuando se mueve el directorio.

La entrada .. de un directorio apunta al nodo-i del directorio padre. Cuando se mueve un directorio será necesario actualizar esta entrada para que apunte al nuevo directorio padre.

Para actualizar esta entrada sería necesario, en primer lugar, eliminar la asociación entre la entrada y el directorio padre antiguo. A continuación, se debe enlazar dicha entrada con el nuevo directorio padre.

Así, el mandato `mv f1 f2` debería incluir, entre otras, las siguientes llamadas al sistema (suponemos que el directorio `f2` no existe).

```
link(f1,f2)
Si EsDirectorio (f1)
    unlink (f1/..)
    link (dirname (f2),f1/..)
unlink(f1)
```

Donde la función `dirname` elimina del nombre de un archivo el último componente (esta función tendría un comportamiento similar al mandato `dirname` de UNIX).

Ejercicio 8.42

Se pretende incluir en un sistema de archivos un mecanismo simplificado de cerrojos para permitir a procesos cooperantes sincronizar las actualizaciones de un archivo. Este mecanismo tendrá las siguientes características:

• Granularidad a nivel de archivo (los cerrojos afectan a todo el archivo).

• Hay dos tipos de cerrojos: compartidos y exclusivos. Se permite que varios procesos mantengan un cerrojo de tipo compartido sobre un archivo. Sin embargo, sólo puede existir un único proceso manteniendo un cerrojo de tipo exclusivo.

• Cuando un proceso pide un cerrojo de un determinado tipo para un archivo que tiene ya un cerrojo de un tipo incompatible (pide compartido y tiene exclusivo, o pide exclusivo y tiene compartido o exclusivo) el proceso se bloquea hasta que pueda adquirir el cerrojo.

- Para manejar los cerrojos se incluirá una llamada al sistema `file_lock` cuyos parámetros serán el descriptor de archivo sobre el que se llevará a cabo la operación y el tipo de mandato: establecer cerrojo exclusivo, establecer cerrojo compartido o liberar cerrojo. Si el proceso tenía previamente un cerrojo sobre ese archivo del mismo tipo que el pedido, la operación no tiene ningún efecto. Si es de diferente tipo, el resultado de la operación sería equivalente a liberar el cerrojo previo y establecer un cerrojo del nuevo tipo.

Para incluir este nuevo mecanismo se añaden a cada nodo-i abierto dos listas:

- Una lista que especifica qué procesos tienen activo un cerrojo sobre este archivo y de qué tipo es el cerrojo.

- Una lista que especifica qué procesos están bloqueados debido a que su petición de establecer un cerrojo no puede satisfacerse y de qué tipo es su petición.

Además en la tabla de procesos se añaden un nuevo estado correspondiente a proceso bloqueado en un cerrojo y un apuntador al nodo-i sobre el que se ha bloqueado.

Se pide:

a) Especificar qué pasos llevará a cabo el sistema operativo y qué estructuras de datos del sistema de archivos manejará cuando un proceso pide un cerrojo exclusivo sobre un archivo. Se debe analizar las distintas situaciones que se pueden presentar dependiendo del estado previo del archivo respecto a los cerrojos.

b) Lo mismo para el caso de un proceso que libera un cerrojo compartido que había establecido previamente.

Solución

a) Usando el descriptor de archivo que recibe la llamada `file_lock` como parámetro, el sistema operativo accede a la tabla de los archivos abiertos y desde allí, a través de la tabla global de archivos (tabla intermedia), accede al nodo-i del archivo. La lista de peticiones de cerrojo concedidas asociada al nodo-i determinará si hay algún cerrojo activo sobre el archivo y si el proceso que ha hecho la petición ya tenía un cerrojo sobre el archivo. Dependiendo de estos valores se presentan los casos que, junto con las acciones correspondientes, se exponen a continuación:

- El archivo no tiene ningún cerrojo activo (lista de peticiones concedidas vacía).
    o Se incluye el proceso y el tipo de cerrojo (exclusivo) en la lista de peticiones concedidas.
- El archivo tiene uno o más cerrojos de tipo compartido pero ninguno corresponde al proceso que ha hecho la petición.
    o Se añade el proceso y el tipo de cerrojo a la lista de peticiones pendientes.
    o Se pone el proceso en estado de bloqueado en un cerrojo incluyéndose en la tabla de procesos una referencia al nodo-i.
- El archivo tiene un cerrojo de tipo exclusivo pero que no pertenece al proceso que ha hecho la petición.
    o Igual que el caso 2.
- El archivo tiene un único cerrojo de tipo compartido que pertenece al proceso que ha hecho la petición.
    o Se cambia el tipo de cerrojo en la lista de concedidos de compartido a exclusivo.
- El archivo tiene más de un cerrojo de tipo compartido uno de los cuales corresponde al proceso que ha hecho la petición.
    o Se elimina de la lista de concedidos al proceso y se le añade a la de pendientes.
    o Se pone el proceso en estado de bloqueado en un cerrojo y se incluye en la tabla de procesos una referencia al nodo-i.
- El archivo tiene un cerrojo de tipo exclusivo activo que pertenece al proceso que ha hecho la petición.

o La operación no tiene ningún efecto.

b) Siguiendo el mismo procedimiento que el apartado anterior, el sistema operativo accederá al nodo-i correspondiente y consultará la lista de peticiones de cerrojo concedidas. Se pueden presentar los siguientes casos:

- El archivo no tiene activo ningún cerrojo de tipo compartido que pertenezca al proceso que ha hecho la petición.

  o Se devuelve un error ya que se está liberando un cerrojo que no se había obtenido previamente.

- El archivo tiene un cerrojo compartido que pertenece al proceso que ha hecho la petición.

  o Se elimina el proceso de la lista de concedidos.

  o Si se queda vacía la lista y hay algún proceso en la lista de peticiones pendientes (que estará intentando establecer un cerrojo exclusivo), se desbloquea dicho proceso moviéndolo de la lista de peticiones concedidas.

Ejercicio 8.43

En la mayoría de las implementaciones de UNIX existe una **cache de nombres** almacenada en memoria cuya función es agilizar el proceso de traducciones de nombres de archivos (*pathnames*). Cada entrada de la cache puede facilitar la traducción de un componente de un *path*. Una entrada de la cache tiene la estructura [número-i_padre, nombre, número-i_hijo], lo que indica que el directorio cuyo número de nodo-i es número-i_padre (por simplicidad no se considera el dispositivo) incluye un archivo (o subdirectorio) de nombre nombre cuyo número de nodo-i es número-i_hijo. La cache se irá rellenando con las traducciones de componentes de *paths* que se vayan realizando. Suponiendo que la cache proporciona las siguientes operaciones:

- introducir(número-i_padre, nombre, número-i_hijo): añade una nueva entrada.

- buscar(número-i_padre, nombre): busca la entrada adecuada y devuelve el número-i correspondiente.

- borrar(número-i_padre, nombre): borra la entrada correspondiente.

Se pide responder razonadamente a las siguientes cuestiones:

a) Analice cómo afectaría la existencia de este mecanismo al proceso de traducción de un *path* absoluto especificando qué operaciones de la cache se usarían y de qué forma. ¿Qué parte del proceso de traducción se optimiza usando este mecanismo?

b) ¿Qué operaciones de la cache estarían involucradas en el procesamiento de la llamada unlink de un archivo? ¿Y en el caso de la llamada rmdir? Téngase en cuenta en este último caso los posibles problemas asociados a las entradas "." y ".." del directorio.

c) Dado un sistema de archivos que contiene únicamente los siguientes archivos y directorios:

```
/              número-i    2
/dir1          número-i    3
/dir1/f1       número-i    4
/dir1/dir2     número-i    5
```

Suponiendo que la cache de nombres está inicialmente vacía, que no se llenará durante el ejemplo y dada la siguiente secuencia de llamadas al sistema:

1. open("/dir1/f1", O_RDONLY)

2. link("/dir1/f1", "/dir1/f2")

3. unlink("/dir1/f1")

4. chmod("/dir1/dir2/../dir2", 0777)

5. chown("/dir1/dir2/.", 0, 0)

6. rmdir("/dir1/dir2")

Explique qué operaciones de la cache se usarán en cada una de ellas y cómo quedará la cache después de cada llamada.

Solución

a) La traducción de un *path* en UNIX es un proceso iterativo que va tratando sucesivamente cada componente del nombre. En cada iteración se toma como punto de partida el nodo-i de un directorio, que está almacenado en la tabla de nodos-i residente en memoria, y el componente que proceda, y se obtiene una copia en la tabla de nodos-i del nodo-i del archivo (o directorio) que corresponde a dicho componente. Para ello se debe leer el contenido del directorio hasta encontrar la entrada correspondiente al componente, obtener de ella el número de nodo-i y llevar dicho nodo-i, a continuación, a la tabla de nodos-i. En el caso de un camino absoluto, la primera iteración consiste en buscar el primer componente en el directorio raíz, cuyo nodo-i siempre permanece en la tabla de nodos-i (típicamente se trata del nodo-i número 2).

El uso de la cache de nombres descrita en el enunciado no modifica apenas el algoritmo de traducción. Como puede observarse en el esquema adjunto, únicamente será necesario incluir una llamada a la función buscar pasándole como argumento el número-i y la componente que se estén tratando en la iteración en curso. En el caso de que dicha función no encuentre la traducción solicitada, se llevará a cabo el proceso de traducción convencional, almacenando el resultado del mismo en la cache mediante la función introducir. Nótese que, en vez de almacenar sólo esta traducción, una posible alternativa sería insertar en la cache las traducciones correspondientes a las entradas del directorio que se van accediendo hasta llegar a la requerida (o, incluso, todas las entradas del directorio). Una vez obtenido el número-i correspondiente, ya sea a través de la cache o por el proceso convencional, se procede a leer el nodo-i. Obsérvese que, aunque se use la cache, esta operación es siempre necesaria para poder, entre otras cosas, comprobar si el usuario tiene los permisos necesarios.

Traducción de un path absoluto ("/C1/C2/.../Ck")
```
      número-i_actual=número-i_dir_raíz
      Por cada componente Cj
          buscar(número-i_actual, Cj) que devuelve número-i_siguiente
            Si no encontrado
                Leer directorio hasta encontrar Cj obteniendo nodo-
                    i_siguiente
                    introducir(número-i_actual, Cj, número-i_siguiente)
            Fin Si
            Leer Nodo-i(número-i_siguiente)
            nodo-i_actual=nodo-i_siguiente
      Fin Por
```

El uso de este mecanismo acelera el proceso de traducción eliminando, en caso de acierto en la cache, la operación de lectura y procesado de los bloques del directorio, lo cual sería especialmente efectivo si estos bloques no estuvieran en la cache de bloques y hubiese, por lo tanto, que haberlos leído del dispositivo. La efectividad de la cache de nombres dependerá de la tasa de aciertos obtenida que, según estudios experimentales, está entre el 70 y el 80%.

b) La llamada unlink elimina una entrada de un directorio. Para ello, en primer lugar, precisa averiguar el número-i del directorio del que se va a borrar la entrada. Esto se conseguirá usando el proceso de traducción, comentado en el apartado anterior, aplicado al *path* resultante de considerar todos los componentes del *path* que recibe como parámetro excepto el último. En este proceso se usarán las operaciones de buscar y, si es necesario, introducir. Si el *path* original sólo tiene un componente, no se realizará este proceso y se deberá usar el número-i del directorio de trabajo actual (que está ya en la tabla de nodos-i). Si no se produce ningún error y el usuario posee los permisos adecuados, se precisará obtener el nodo-i del archivo para decrementar el número de enlaces y eliminarlo si dicho contador pasa a valer 0. Para conseguir el número-i del archivo se consultará en primer lugar la cache con la función buscar pasándole como parámetros el número-i del directorio y el último componente del *path*. Si no se produce acierto, se procederá a leer los bloques del directorio buscando dicho componente pero, una vez encontrado, no se insertará en la cache puesto que ese enlace va a desaparecer. En caso de acierto, se deberá eliminar de la cache dicha entrada usando la función borrar. El esquema siguiente muestra el conjunto de operaciones implicadas en la llamada unlink.

```
unlink (path)
    Si número de componentes del path mayor que 1
        número-i_direct=Traducción de path sin el último componente
    Si no
        número-i_direct=número-i del directorio de trabajo actual
    Fin Si
    buscar(número-i_direct, último componente)
    Si encontrado
        borrar(número-i_direct, último componente)
    Si no
        Leer directorio número-i_direct hasta encontrar el último
componente
        obteniendo número-i_archivo (pero sin usar introducir)
    Fin Si
    Leer Nodo-i(número-i_ archivo)
    Decrementar número de enlaces y eliminar nodo-i si pasa a valer 0
```

La llamada rmdir borra un directorio vacío, o sea, que sólo contenga las entradas ". " y ". ." . El tratamiento de esta llamada es muy similar al de unlink. Al igual que en unlink, es preciso obtener tanto el nodo-i del directorio del que se va borrar la entrada como el del directorio que se va a borrar (número-i_directorio) al que se deberá acceder para comprobar que está vacío (sólo "." y ".."). Se usarán, por lo tanto, las mismas operaciones de la cache que en el caso anterior. Adicionalmente será necesario asegurar que no quedan en la cache entradas correspondientes a las entradas "." y ". ." del directorio que se va borrar, ya que en caso contrario podrían existir problemas de coherencia cuando se reutilice el nodo-i del directorio. Para ello se usarán las siguientes operaciones:

```
buscar(número-i_directorio, ".")
Si encontrado
    borrar(número-i_directorio, ".")
buscar(número-i_directorio, "..")
Si encontrado
    borrar(número-i_directorio, "..")
```

Nótese que se podría considerar que la función borrar está programada de manera que, si se invoca con unos datos que no se corresponden con ninguna entrada de la cache, no realiza ninguna acción. De esta forma se evitaría tener que llamar a buscar antes de invocarla. En aras de la simplicidad, para la realización del siguiente apartado se va a suponer este comportamiento.

c) A continuación se detallan las operaciones de la cache implicadas en cada llamada y el estado de la cache una vez finalizado el tratamiento asociado a la llamada en curso.

1. open("/dir1/f1", O_RDONLY)

Esta operación implica una traducción del *path* recibido como parámetro lo que da lugar a las siguientes operaciones sobre la cache:

Operaciones:

```
Traducción de "/dir1/f1":
    buscar(2, dir1)-> FALLO
        introducir(2, dir1, 3)
    buscar(3, f1)-> FALLO
```

```
introducir(3, f1, 4)
```

El contenido de la cache después de procesar esta llamada será:

```
2 dir1   3     3     f1     4
```

2. link("/dir1/f1", "/dir1/f2")

Esta operación crea un enlace no simbólico a un archivo existente (primer parámetro). En primer lugar, debe traducir el *path* correspondiente al primer parámetro para obtener su nodo-i. A continuación, de forma similar a lo que ocurría con unlink, debe obtener el nodo-i del directorio donde se incluirá el nuevo enlace ("/dir1"). Antes de realizar el enlace se debe comprobar que no existe ya en dicho directorio una entrada con el mismo nombre ("f2"). Para ello se consultará tanto la cache con buscar, que no debería "acertar", como el propio directorio. Una vez que se cumplen todos los requisitos, se creará el nuevo enlace y se insertará esa entrada en la cache para facilitar futuras traducciones. Nótese que, al tratarse de un enlace simbólico, la nueva entrada apuntará al mismo nodo-i que el primer parámetro, incrementándose además el contador de enlaces del nodo-i.

Operaciones:

```
Traducción de "/dir1/f1":
    buscar(2, dir1)-> 3
    buscar(3, f1)-> 4
Traducción de "/dir1":
    buscar(2, dir1)-> 3
Comprobar que "f2" no existe:
    buscar(2, f2)-> FALLO
Insertar en cache nuevo enlace:
    introducir(3, f2, 4)
```

El contenido de la cache después de procesar esta llamada será:

```
2     dir1   3
3     f1     4
3     f2     4
```

3. unlink("/dir1/f1")

Como se explicó en el segundo apartado, hay que obtener los nodos-i del directorio donde se borrará la entrada y del propio archivo para, si se cumplen los requisitos, eliminar la entrada.

Operaciones:

```
Traducción de "/dir1":
    buscar(2, dir1)-> 3
Buscar nodo-i de archivo:
    buscar(3, f1)-> 4
Eliminar entrada:
    borrar(3, f1)
```

El contenido de la cache después de procesar esta llamada será:

```
2     dir1   3
3     f2     4
```

4. chmod("/dir1/dir2/../dir2", 0777)

Esta operación implica una traducción del *path* recibido como parámetro lo que da lugar a las siguientes operaciones sobre la cache:

Operaciones:

```
Traducción de "/dir1/dir2/../dir2":
    buscar(2, dir1)-> 3
    buscar(3, dir2)-> FALLO
        introducir(3, dir2, 5)
    buscar(5, ..)-> FALLO
        introducir(5, .., 3)
    buscar(3, dir2)-> 5
```

Nótese que como especifica el enunciado también se introduce en la cache la entrada "..".

El contenido de la cache después de procesar esta llamada será:

```
2       dir1    3
3       f2      4
3       dir2    5
5       ..      3
```

5. chown("/dir1/dir2/.", 0, 0)

Esta operación implica una traducción del *path* recibido como parámetro lo que da lugar a las siguientes operaciones sobre la cache:

Operaciones:

```
Traducción de "/dir1/dir2/."
    buscar(2, dir1)-> 3
    buscar(3, dir2)-> 5
    buscar(5, .)-> FALLO
    introducir(5, ., 5)
```

Nótese que como especifica el enunciado también se introduce en la cache la entrada ".".

El contenido de la cache después de procesar esta llamada será:

```
2       dir1    3
3       f2      4
3       dir2    5
5       ..      3
5       .       5
```

6. rmdir("/dir1/dir2")

Como se explicó en el segundo apartado, hay que obtener los nodos-i del directorio donde se borrará la entrada y del directorio que se borrará para, si se cumplen los requisitos, proceder a su eliminación. Asimismo, si están presentes en la cache las entradas "." y "..", se borrarán. Obsérvese que, siguiendo la consideración realizada al final del segundo apartado, se ha aplicado directamente la operación `borrar` sobre ellas.

Operaciones:

```
Traducción de "/dir1":
    buscar(2, dir1)-> 3
Buscar nodo-i de directorio:
    buscar(3, dir2)-> 5
Eliminar entrada:
    borrar(3, dir2)
Eliminar entradas "." y "..":
    borrar(5, .)
    borrar(5, ..)
```

El contenido de la cache después de procesar esta llamada será:

```
2    dir1   3
3    f2     4
```

Ejercicio 8.44

Sea un sistema de archivos similar al de UNIX con un tamaño de bloque de 4KB y un nodo-i con 10 punteros directos, 1 indirecto simple, 1 doble y 1 triple. Sin embargo, a diferencia del sistema de archivos de UNIX, este sistema usa *write-through* en todas las operaciones de escritura en el disco, tanto para la metainformación como para los propios datos. Se pretende analizar en este sistema qué zonas de una partición son actualizadas por las distintas llamadas al sistema. Para ello se considerarán las siguientes zonas:

- Mapa de bloques libres (**MB**).

- Mapa de nodos-i libres (**MN**).

- Bloques con nodos-i (**BN**).

- Bloques de datos (**BD**).

Dado el siguiente fragmento de programa:

```
mkdir("/dir", 0755);          /* llamada 1 */
fd=creat("/dir/f1", 0666);    /* llamada 2 */
write(fd, buf, 4096);         /* llamada 3 */
lseek(fd, 40960, SEEK_SET);   /* llamada 4 */
write(fd, buf, 4096);         /* llamada 5 */
close(fd);                    /* llamada 6 */
symlink("/dir/f1","/dir/f2"); /* llamada 7 */
unlink("/dir/f1");            /* llamada 8 */
```

Suponiendo que no se produce ningún error en la ejecución de dicho fragmento, se pide especificar qué zonas son actualizadas en cada llamada explicando razonadamente el motivo de dicha actualización.

Solución

a) Llamada mkdir:

Suponiendo que hay espacio suficiente en el directorio raíz para incluir esta nueva entrada, esta llamada implica las siguientes operaciones:

1. Reservar un nodo-i para el nuevo directorio (actualizar **MN** para marcar un nodo-i libre como ocupado).

2. Reservar un bloque de datos (actualizar **MB** para marcar un bloque libre como ocupado) para que contenga las entradas del nuevo directorio (inicialmente "." y "..").

3. Escribir sobre el nuevo nodo-i reservado (**BN**) toda la información del directorio creado (*uid*, *gid*, permisos, tamaño, dirección del primer bloque, etc.).

4. Escribir en el bloque de datos reservado (**BD**) las entradas iniciales del nuevo directorio (".") y "..").

5. Escribir en el bloque de datos del directorio raíz (**BD**) la nueva entrada (dir + número del nuevo nodo-i reservado).

6. Actualizar el nodo-i del directorio raíz (**BN**), puesto que después de incluir la nueva entrada se ha modificado parte de la información de este nodo-i (por ejemplo, la fecha de última modificación).

En el caso de que no hubiese espacio en el directorio raíz, habría que asignarle un nuevo bloque al directorio. Dependiendo de qué tipo de puntero se viera afectado por la expansión, se presentarían distintas posibilidades:

- Si se trata de un puntero directo, únicamente habría que reservar un nuevo bloque para almacenar la nueva entrada (**MB**). La escritura correspondiente a la quinta operación anteriormente especificada se realizará sobre este nuevo bloque. Asimismo, durante la actualización del nodo-i raíz realizada en el paso sexto, se incluirá en dicho nodo-i una referencia al nuevo bloque. Nótese que, en caso de necesitarse la expansión, lo más probable es que se trate de este caso, o sea, que sólo se vean afectados los punteros directos, ya que normalmente el tamaño de un directorio no será mayor de 40 KB.

- Si se ven implicados los punteros indirectos, sería necesario reservar, además del bloque de datos, los bloques de índices necesarios (**MB**) dependiendo del nivel de indirección alcanzado y escribir en esos bloques la información de direccionamiento correspondiente (**BD**). En la quinta llamada planteada en el problema se analizará un caso similar a éste.

b) Llamada creat:

En este caso estamos seguros de que hay espacio en el directorio dir ya que se acaba de crear. Por lo tanto, esta llamada implica las siguientes operaciones:

1. Reservar un nodo-i para el nuevo archivo (**MN**).

2. Escribir sobre el nuevo nodo-i reservado (**BN**) toda la información del archivo creado (*uid*, *gid*, permisos, tamaño, etc.).

3. Escribir en el bloque de datos del directorio dir (**BD**) la nueva entrada (f1 + número del nuevo nodo-i reservado).

4. Actualizar el nodo-i del directorio dir (**BN**), puesto que después de incluir la nueva entrada se ha modificado parte de la información de este nodo-i (por ejemplo, la fecha de última modificación).

c) Llamada write:

Esta llamada implica las siguientes operaciones:

1. Como el archivo está inicialmente vacío, hay que reservar espacio para satisfacer esta petición. Dado que los datos a escribir ocupan 4 KB, sólo es necesario reservar un bloque (**MB**) para copiar en él los datos.

2. Escribir los datos en el bloque reservado (**BD**).

3. Actualizar el nodo-i del archivo (**BN**) para reflejar los cambios producidos en el mismo (tamaño, dirección del primer bloque, fecha de última modificación, etc.).

e) Llamada lseek:

Esta llamada no produce la actualización de ninguna de las zonas del disco, ya que lo único que hace es fijar un nuevo valor para el puntero de posición del archivo (lo coloca en el byte 40960) y esta información no está almacenada en disco sino en la tabla de archivos intermedia que reside en memoria. Nótese que el archivo no sufre ningún cambio debido a esta llamada. Solamente se verá afectado cuando realmente se produzca una escritura sobre el mismo.

f) Llamada write:

Como el puntero de posición del archivo está colocado en el byte 40960, esta escritura afecta al undécimo bloque del archivo. Dado que sólo existen 10 punteros directos, se verá implicado el puntero indirecto simple. Nótese que en UNIX no se asigna espacio a los huecos intermedios que pueden quedar en un archivo (en este caso desde el segundo hasta el noveno). Una lectura de uno de estos bloques devolvería ceros. La asignación de espacio se posterga hasta que se produzca una escritura sobre el bloque. Por lo tanto, esta llamada implicaría las siguientes operaciones:

1. Hay que reservar espacio para satisfacer esta petición. Dado que los datos a escribir ocupan 4 KB y se ve implicado por primera vez el puntero indirecto simple, será necesario reservar dos bloques (**MB**): uno que corresponderá con el bloque de índices y otro para copiar en él los datos.

2. Escribir en la primera posición del bloque de índices la dirección del bloque reservado para almacenar los datos (**BD**).

3. Escribir los datos en el bloque reservado (**BD**).

4. Actualizar el nodo-i del archivo (**BN**) para reflejar los cambios producidos en el mismo (tamaño, dirección del bloque indirecto simple, fecha de última modificación, etc.).

g) Llamada close:

Esta llamada no produce la actualización de ninguna de las zonas del disco ya que, como se usa *write-through*, la copia del nodo-i en disco estará actualizada. Sólo, en el caso de que no haya ninguna apertura del archivo activa, se liberará la copia en memoria del nodo-i.

h) Llamada *symlink*:

Un enlace simbólico es un tipo de archivo especial que almacena como datos la ruta de acceso para llegar a otro archivo (que puede no existir). Nótese que no implica ninguna actualización (ni siquiera consulta) de la información relacionada con el archivo f1. Por lo tanto, el número de enlaces asociado al archivo f1 sigue valiendo 1 (el enlace original). Esta llamada implicaría las siguientes actualizaciones:

1. Reservar un nodo-i para el nuevo archivo (**MN**).

2. Reservar un bloque de datos (**MB**) para almacenar en él la ruta dir/f1.

3. Escribir dicha ruta en el bloque de datos reservado (**BD**).

4. Escribir sobre el nuevo nodo-i reservado (**BN**) toda la información del archivo creado (tipo enlace simbólico, *uid*, *gid*, permisos, dirección del primer bloque, tamaño, etc.).

5. Escribir en el bloque de datos del directorio dir (**BD**) la nueva entrada (f2 + número del nuevo nodo-i reservado).

6. Actualizar el nodo-i del directorio dir (**BN**), puesto que después de incluir la nueva entrada se ha modificado parte de la información de este nodo-i (por ejemplo, la fecha de última modificación).

i) Llamada unlink:

Esta llamada decrementa el número de enlaces del archivo f1 y, si el valor llega a 0, libera el archivo. Si suponemos que ningún otro programa ha creado un enlace físico al archivo, el contador llegará a 0 produciéndose el borrado del archivo que implicaría las siguientes operaciones:

1. Escribir en el bloque de datos del directorio dir (**BD**) para eliminar la entrada correspondiente a f1.

2. Actualizar el nodo-i del directorio dir (**BN**), puesto que después de eliminar la entrada se ha modificado parte de la información de este nodo-i (por ejemplo, la fecha de última modificación).

3. Liberar el nodo-i de f1 (**MN**).

4. Liberar los tres bloques del archivo (**MB**): dos bloques de datos y el indirecto simple.

Ejercicio 8.45

Sea un sistema de archivos tipo UNIX que utiliza escritura inmediata (*write-through*) para todas las actualizaciones en el disco (mapa de bloques, mapa de nodos-i, nodos-i y bloques de datos de directorios), excepto en el caso de los bloques de datos de archivos ordinarios para los que usa escritura diferida. Dado que la mayoría de los servicios del sistema de archivos implican una secuencia de actualizaciones de distintas zonas del disco, se pretende analizar cómo afecta el orden en que se realice dicha secuencia sobre la coherencia de la metainformación ante una caída repentina del sistema.

Se quieren estudiar las siguientes llamadas:

1) `write` de un bloque a un archivo vacío.

2) `link` (por simplicidad, téngase en cuenta sólo el caso en el que haya espacio en el directorio para almacenar la nueva entrada).

3) `creat` sobre un archivo que no existe previamente (por simplicidad, téngase en cuenta sólo el caso en el que haya espacio en el directorio para almacenar la nueva entrada).

4) `ftruncate` (esta llamada trunca un archivo a la longitud especificada) sobre un archivo que ocupa un solo bloque para dejarlo con una longitud igual a 0.

5) `unlink` sobre un archivo vacío cuyo contador de enlaces es igual a 1.

Se debe analizar cada una de estas llamadas de forma independiente y, para cada una de ellas, responder razonadamente a las tres cuestiones siguientes:

a) ¿Qué operaciones de escritura inmediata sobre el dispositivo implica la llamada en cuestión?

b) ¿Cuál de estas operaciones de escritura inmediata identificadas en el apartado anterior sería más problemática para la coherencia del sistema de archivos si se ejecuta en último lugar? Para responder a esta cuestión, analice qué problemas de coherencia aparecerían si se cae el sistema justo antes de llevar a cabo esta operación y se arranca la máquina sin reparar esta situación errónea.

c) ¿Cómo detectaría un programa de reparación del sistema de archivos esta situación anómala? ¿Qué acciones debería llevar a cabo para solventarla?

Solución

1) `write` de un bloque a un archivo vacío.

a) Esta llamada implica operaciones de escritura inmediata al mapa de bloques (para marcar como ocupado el bloque seleccionado para el archivo) y al nodo-i del archivo (para que referencie al nuevo bloque, además de modificar otros campos como la fecha de última modificación del archivo o el tamaño). Nótese que la escritura de los datos en el bloque no conlleva una escritura inmediata al disco.

b) Si en primer lugar se escribe en el nodo-i y, a continuación, se cae el sistema antes de marcar como ocupado el bloque, quedará un archivo que apunta a un bloque libre. Si se arrancase la máquina sin reparar esta situación, se podría asignar dicho bloque a otro archivo con lo que existirían dos archivos que comparten inadvertidamente un bloque.

Esta situación es más problemática que el caso de que las operaciones se hubieran realizado en el orden inverso, puesto que con ese orden lo único que ocurriría es que se habría marcado como ocupado un bloque que no pertenece a ningún archivo y, al rearrancar la máquina sin reparar la situación, el bloque quedaría permanentemente sin utilizarse.

c) El programa de reparación del sistema de archivos debería acceder a cada uno de los nodos-i del sistema de archivos para comprobar que los bloques referenciados desde el mismo están marcados en el mapa de bloques como ocupados. Ésto no sería así si se hubiera producido la situación errónea anteriormente descrita. Para resolverla, debería simplemente modificar el mapa de bloques para indicar que dicho bloque está ocupado.

2) `link`

a) Esta llamada implica operaciones de escritura inmediata al nodo-i del archivo al que referencia al enlace (para incrementar su contador de enlaces), al bloque correspondiente del directorio que contendrá el nuevo enlace (para incluir en él la nueva entrada que representa al enlace) y al nodo-i de este directorio (para modificar su fecha de última modificación). Dado que esta última operación no afecta a la coherencia de la metainformación del sistema de archivos, en el siguiente apartado sólo hay que analizar las dos operaciones restantes.

b) La situación más problemática se presenta si se realiza en último lugar la actualización del contador de enlaces, ya que si se cae la máquina antes de llevar a cabo esta operación, el contador de enlaces quedaría con un valor inferior en una unidad al número de enlaces reales. Si se reinicia la máquina sin reparar esta situación, el nodo-i podría alcanzar un contador de enlaces igual a cero aunque exista todavía un enlace al mismo. Esto significaría que el sistema consideraría que el nodo-i está libre y liberaría todos los bloques del archivo pudiendo asignar ese nodo-i a un nuevo archivo. Como resultado de esta secuencia de eventos, dos archivos tendrían asignado el mismo nodo-i.

Si en cambio se deja para el final la escritura de la nueva entrada, el problema que surgiría al caerse la máquina y arrancar sin reparación sería que el número de enlaces al archivo es menor en una unidad que el reflejado por el contador de enlaces. Esto implicaría que el nodo-i quedase permanentemente inutilizado ya que nunca se liberaría.

c) El programa de reparación del sistema de archivos debería recorrer todos los directorios para hacer un recuento de cuántas entradas apuntan a cada nodo-i. Una vez realizado, debería comprobar si ese valor coincide con el almacenado en el contador de enlaces del nodo-i. Si se produce la situación descrita en el apartado anterior, el nodo-i afectado tendría un contador de enlaces inferior en una unidad al número de entradas que referencian al archivo. Para solventar el problema, únicamente habría que incrementar el valor del contador.

3) `creat` sobre un archivo que no existe previamente.

a) Esta llamada implica operaciones de escritura inmediata al mapa de nodos-i (para marcar como ocupado el nodo-i seleccionado para el nuevo archivo), al nodo-i del nuevo archivo (para inicializar sus campos con el *uid*, tamaño, ...), al bloque correspondiente del directorio que contendrá el nuevo archivo (para incluir en él la nueva entrada) y al nodo-i de este directorio (para modificar su fecha de última modificación). Como en el caso anterior, esta última operación no afecta a la coherencia de la metainformación del sistema de archivos, por lo que en el siguiente apartado sólo hay que analizar las operaciones restantes.

b) La situación menos problemática se presenta si se realiza en último lugar la escritura de la nueva entrada. El problema que surgiría al caerse la máquina y arrancar sin reparación sería que se habría marcado como ocupado un nodo-i que no está asociado a ningún archivo. Esto implicaría que el nodo-i quedase permanentemente inutilizado ya que nunca se liberaría.

Si en cambio se deja para el final la actualización del mapa de nodos-i y se cae la máquina antes de llevarla a cabo, quedaría como libre el nodo-i asignado al archivo. Esto implicaría que, al rearrancar la máquina sin llevar a cabo una reparación, ese nodo-i podría asignarse a otro archivo.

Aunque para la solución del problema se va a considerar la situación que acaba de describirse como la más problemática, hay que tener en cuenta qué ocurriría en el caso de que se establezca como última operación la inicialización del nodo-i. Una caída previa a la inicialización implicaría que la entrada del directorio apunta a un nodo-i cuyos campos no tienen los valores correspondientes (por ejemplo, el propietario del archivo o la protección). La repercusión de esta situación dependerá de si, cuando se liberó previamente el nodo-i, se *limpió* (poniendo en sus campos valores adecuados como, por ejemplo, un 0 en los bits de protección) o no. En caso de que se *limpiase* en la liberación, la entrada del directorio quedará apuntando a un archivo vacío que no es del usuario que lo creó pero sobre el que no puede realizar ninguna operación. En caso contrario, las repercusiones podrían ser mayores. Por ejemplo, el nodo-i original podría pertenecer al superususario y tener permiso de escritura para todo el mundo. No hace falta comentar las repercusiones que tendría esta situación. De todas formas, como se comentó previamente, para esta solución, se ha elegido como situación más problemática la anteriormente descrita.

c) El programa de reparación del sistema de archivos debería recorrer cada uno de los directorios para comprobar que sus entradas apuntan a nodos-i que están marcados en el mapa como ocupados. Si se produce la situación descrita en el apartado anterior, la entrada correspondiente referenciaría a un nodo-i marcado como libre. Para solventar el problema, únicamente habría que marcarlo como ocupado.

4) `ftruncate` sobre un archivo que ocupa un solo bloque para dejarlo con una longitud igual a 0.

a) Se puede considerar que esta llamada es justo la opuesta a la primera (`write` de un bloque a un archivo vacío). Por lo tanto, implica las operaciones inversas a las allí analizadas: escritura inmediata al mapa de bloques (para marcar como libre el bloque del archivo) y al nodo-i del archivo (para que deje de referenciar al bloque, además de modificar otros campos como la fecha de última modificación del archivo o el tamaño).

b) Si en primer lugar se actualiza el mapa de bloques y, a continuación, se cae el sistema antes de actualizar el nodo-i, quedará un archivo que apunta a un bloque libre. Si se arrancase la máquina sin reparar esta situación, se podría asignar dicho bloque a otro archivo con lo que existirían dos archivos que comparten inadvertidamente un bloque.

Esta situación es más problemática que el caso de que las operaciones se hubieran realizado en el orden inverso, puesto que con ese orden lo único que ocurriría es que se habría dejado como ocupado un bloque que no pertenece a ningún archivo y, al rearrancar la máquina sin reparar la situación, el bloque quedaría permanentemente sin utilizarse.

c) La detección y reparación de este problema sería idéntica a la explicada para la llamada `write`.

5) `unlink` sobre un archivo vacío cuyo contador de enlaces es igual a 1.

a) Esta llamada implica operaciones de escritura inmediata al mapa de nodos-i (para marcar como libre el nodo-i del archivo), al nodo-i del archivo (para disminuir el valor del contador de enlaces dejándolo a cero), al bloque correspondiente del directorio que contiene el archivo (para eliminar la entrada) y al nodo-i de este directorio (para modificar su fecha de última modificación). Tanto la operación de actualización del nodo-i del directorio como la del nodo-i del archivo no afectan a la coherencia de la metainformación del sistema de archivos y, por lo tanto, en el siguiente apartado sólo hay que analizar las dos operaciones restantes. Nótese que, aunque se pierda la operación de actualización del contador de enlaces, no habría problemas con el nodo-i afectado puesto que ya está marcado como libre y, cuando posteriormente sea asignado a otro archivo, se inicializarán todos sus campos.

b) La situación más problemática se presenta si se realiza en último lugar la eliminación de la entrada ya que quedaría una entrada que referencia un nodo-i marcado como libre. Esto implicaría que, al rearrancar la máquina sin llevar a cabo una reparación, ese nodo-i podría asignarse a otro archivo.

Si en cambio se deja para el final la actualización del mapa de nodos-i y se cae la máquina antes de llevarla a cabo, el problema que surgiría al caerse la máquina y arrancar sin reparación sería que quedaría marcado como ocupado un nodo-i que no está asociado a ningún archivo. Esto implicaría que el nodo-i quedase permanentemente inutilizado ya que nunca se liberaría.

c) El programa de reparación del sistema de archivos debería recorrer cada uno de los directorios para comprobar que sus entradas apuntan a nodos-i que están marcados en el mapa como ocupados. Si se produce la situación descrita en el apartado anterior, la entrada correspondiente referenciaría a un nodo-i marcado como libre y cuyo contador de enlaces valdría cero. Para solventar el problema, únicamente habría que marcarlo como ocupado e incrementar el contador de enlaces.

Ejercicio 8.46

Se plantean tres cuestiones independientes sobre el sistema de archivos de UNIX:

a) Para realizar su labor, el código del sistema de archivos debe llevar a cabo numerosos cálculos aplicando diversas fórmulas. Suponiendo los siguientes parámetros genéricos:

- **TB**: tamaño del bloque en bytes; **TI**: tamaño del nodo-i en bytes (divisor exacto de **TB**).

- Nodo-i con **D** punteros directos, un indirecto simple y uno doble (por simplicidad, no hay indirecto triple). Un puntero a un bloque ocupa **P** bytes.

- El mapa de bloques libres está almacenado a partir del bloque **MB** (recuerde que este mapa sólo guarda el estado de bloques de datos) y el de nodos-i libres a partir de **MI** (recuerde que no existe el nodo-i 0).

- Los nodos-i están almacenados en el disco a partir del bloque **BI** y los datos a partir del bloque **BD**.

A partir de dichos parámetros, se pide especificar las siguientes fórmulas:

a.1) Dado un número de nodo-i (**I**), desarrolle las fórmulas que calculan en qué bloque de disco (**B**) se encuentra y a partir de qué byte (**b**) dentro de dicho bloque se almacena el nodo-i.

a.2) Dado un número de bloque de datos (**X**), calcule en qué bloque del disco (**B**) se encuentra su información de estado (libre/ocupado) y, además, de qué bit (**b**) dentro de ese bloque se trata.

a.3) Igual que el apartado anterior pero siendo **X** el número de un nodo-i.

a.4) Dado un determinado byte (**b**) de un archivo, calcule, en primer lugar, a qué número de bloque (**BF**) del archivo pertenece. A continuación, especifique la fórmula que, dado un número de bloque dentro del archivo (**BF**) y su nodo-i asociado (**I**), determina en qué bloque de disco (**BD**) está almacenado. Esta fórmula se descompondrá en varias subfórmulas dependiendo de a qué intervalo pertenezca el bloque del archivo. Se deben especificar los rangos de los distintos intervalos basándose en los parámetros del sistema de archivos y detallar la subfórmula aplicable a cada uno. Para ello, se utilizará la siguiente notación:

- **I[X]**: corresponde con el puntero a bloque almacenado en la posición **X** del vector de punteros incluido en el nodo-i.

- **B(X)**: bloque **X** del disco.

- **B(X)[Y]**: dentro del bloque **X** del disco (que será un bloque de índices), corresponde con el puntero almacenado en la posición **Y**.

¿Encuentra alguna similitud entre este proceso de traducción y el usado en alguna otra parte del sistema operativo?

a.5) Dada la petición general `read(d,buf,tam)` y tomando como base las fórmulas anteriores, explique cómo se determina, a partir de los parámetros de la llamada, la lista de bloques del archivo involucrados y, a continuación, la lista de bloques de discos implicados. Se deberá explicar qué estructuras en memoria del sistema operativo se consultan, cómo se tiene acceso a ellas y qué datos se extraen de las mismas.

b) Supóngase que el tamaño del bloque es de 4096 bytes, que el número de enlaces directos es 12 y que existe un archivo de 81.940 (4096 * 20 + 20) bytes. Se plantean dos formas de leer completamente el archivo:

1) 20 lecturas de 4096 bytes y una final de 20 bytes.
2) 1 primera lectura de 20 bytes y 20 de 4096 bytes.

Suponiendo que en la cache de bloques no hay ninguna información sobre ese archivo, calcule para cada caso cuántos accesos a la cache del sistema de archivos se producen y cuál es el porcentaje de aciertos, así como cuántos accesos al disco se realizan. Compare la eficiencia de estas estrategias.

c) En un sistema con tamaño de bloques de 4096 bytes existe un archivo de tamaño 8192. Suponiendo que en la cache de bloques no hay ninguna información sobre ese archivo, analice qué operaciones sobre la cache y sobre el disco produciría una petición de escritura sobre ese archivo que involucrase desde el byte 1.000 hasta el 10.000 (recuerde que la cache de bloques de UNIX no usa *write-through*).

Solución

a) En este apartado se utilizarán los operadores aritméticos de C, teniendo en cuenta que / y % sobre enteros tienen el mismo significado que en C, o sea, división entera con truncamiento y resto de la división, respectivamente.

a.1) Dado un número de nodo-i **I** y teniendo en cuenta que el primer nodo-i es el 1, las fórmulas que calculan el bloque de disco **B** donde se encuentra y el byte (**b**) dentro de dicho bloque son:

- `B= BI + ((I-1) * TI) / TB`
- `b= ((I-1) * TI) % TB`

a.2) A partir del número de bloque de datos **X**, las fórmulas que calculan el bloque de disco **B** donde se encuentra su información de estado y el bit **b** dentro de dicho bloque son:

- `B= MB + X / (TB * 8)`
- `b= X % (TB * 8)`

a.3) A partir del número de nodo-i **X**, las fórmulas que calculan el bloque de disco **B** donde se encuentra su información de estado y el bit **b** dentro de dicho bloque son:

- `B= MI + (X-1) / (TB * 8)`
- `b= (X-1) % (TB * 8)`

a.4) En primer lugar, se presenta la fórmula que calcula el bloque del archivo **BF** a partir de un determinado byte (**b**) del mismo:

$$BF= b / TB$$

A continuación, se plantea la fórmula que, dado un número de bloque dentro del archivo **BF** y su nodo-i asociado **I**, determina el bloque de disco (**BD**) donde está almacenado. Esta fórmula se descompone en tres subfórmulas dependiendo de si el bloque dentro del archivo corresponde con un bloque directo, un indirecto simple o un indirecto doble, respectivamente.

- `Si BF < D -> I[BF]`
- `Si D ≤ BF < (D + TB/P) -> B(I[D])[BF-D]`
- `Si (D + TB/P) ≤ BF < (D + TB/P + (TB/P)`^{2}`) ->`
    - o `B(B(I[D+1])[`<u>`(BF-D-TB/P)/(TB/P)`</u>`])[(BF-D-TB/P)%(TB/P)]`

Nótese en la última subfórmula, que corresponde con el caso donde el bloque **BF** está referenciado a través del puntero indirecto doble (`D+1`), que la expresión subrayada se usa para indexar dentro del bloque de primer nivel, mientras que la expresión en cursiva se usa para acceder al segundo.

Este proceso de traducción presenta una apreciable similitud con el proceso de traducción utilizado en un sistema con paginación. Para ello, hay que resaltar la siguiente equivalencia matemática:

- Si X es un número de N bits tal que $X=2^K$ ->
    - o `Y%X` = K bits de menor peso de X.
    - o `Y/X` = N-K bits de mayor peso de X.

Para ver la similitud, nótese, en primer lugar, que generalmente el valor de **TB** será una potencia de 2 (**TB** = 2^t) y, por tanto, suponiendo que la dirección de un byte del archivo **b** usa **n** bits, la primera fórmula de este apartado sería equivalente a:

- `BF= b/TB ->` n-t bits de mayor peso de b.
  - o Los t bits de menor peso corresponden con el desplazamiento dentro del bloque.

Como se puede observar, es el mismo proceso que se realiza en un sistema de paginación. En un sistema de paginación con un solo nivel, los bits de mayor peso (el equivalente a nuestro **BF**) se usan para indexar la tabla de páginas del proceso. En el caso del sistema de archivos de UNIX, si **BF** se corresponde con un bloque directo o indirecto simple, este valor se usa para acceder a la tabla de punteros directos en el nodo-i o al bloque indirecto simple.

El acceso a bloques asociados al indirecto doble es similar a un sistema de paginación con dos niveles. En este caso, a partir del valor de **BF**, una vez ajustado (hay que restarle D+TB/P bloques que quedan cubiertos por los punteros directos y el indirecto simple), se calcula cómo acceder a los dos niveles de índices. Para ello, se usa el valor TB/P que representa cuántas entradas caben en el bloque de índices de segundo nivel. Dado que **TB** es potencia de 2 (2^t) y, normalmente, también P (2^k), el valor de la división también lo será (**TB/P**=2^{t-k}=2^e). El cálculo es el siguiente:

- Para acceder al primer nivel se divide el valor de **BF** ajustado, que ocupa n-t bits, entre TB/P -> (n-t)-e bits de mayor peso de dicho valor ajustado.
- Para acceder al segundo nivel se calcula el resto entre el valor de **BF** ajustado y TB/P -> e bits de menor peso de dicho valor ajustado.

Nótese que cuando **BF** corresponde con el puntero indirecto doble es muy similar al proceso de traducción en un sistema con 2 niveles: la dirección del byte **b** dentro del archivo, después del ajuste debido a la existencia de punteros directos y el indirecto simple, se descompone en tres partes:

- Los t bits de menor peso corresponden con el desplazamiento dentro del bloque.
- Los e bits intermedios con el desplazamiento dentro del bloque de punteros de segundo nivel.
- Los (n-t)-e bits de mayor peso con el desplazamiento dentro del bloque de punteros de primer nivel.

Si se hubiera planteado un nodo-i más realista con un indirecto triple, se mantendría la analogía correspondiendo con un sistema de paginación de tres niveles.

Resumiendo, la traducción usando el nodo-i es similar a la usada en los sistemas de paginación, pero resultando un híbrido de sistemas con distintos niveles. En cualquier caso, es importante resaltar que una diferencia significativa es que el proceso de traducción de un sistema de memoria se realiza por hardware, ya que se debe aplicar a cada referencia a memoria, mientras que la traducción de archivos la hace el sistema operativo, dado que sólo se aplica en los accesos a archivos.

Hay que hacer notar, por último, que, gracias a que los tamaños de distintos elementos del sistema de archivos son potencias de 2, el sistema operativo puede realizar más eficientemente las operaciones de división y resto requeridas por la traducción.

a.5) A partir de la petición `read(d,buf,tam)`, la lista de bloques de disco implicados se determina de la siguiente forma:

- Se accede al BCP del proceso y dentro de éste a la tabla de descriptores abiertos, concretamente, a la posición *d* de esa tabla.
- En esa posición se almacena qué entrada de la tabla intermedia de archivos (tabla *filp* de UNIX) corresponde con ese descriptor. En dicha entrada se almacena, entre otras cosas, la posición actual (*offset*) dentro del archivo y una referencia al nodo-i *I*, que estará almacenado en la tabla de nodos-i en memoria, puesto que el archivo se abrió previamente.

- El rango de bytes que hay que leer corresponden con el intervalo [*offset*, *offset+tam-1*]. Aplicando a los valores extremos de ese rango la primera fórmula del apartado anterior, se obtendrá el primer (BF_{ini}) y último bloque (BF_{fin}) del archivo que hay que leer, con lo que el intervalo resultante será: [BF_{ini}, BF_{fin}].
- Por último, usando el nodo-i *I*, habrá que aplicar a cada uno de los bloques de esa lista la segunda fórmula del apartado anterior (la que relaciona bloques de archivo y bloques de disco), obteniendo la lista de bloques de disco.

b) Dado que se pretenden comparar dos formas de acceso a un archivo, nos vamos a centrar en la lectura propiamente dicha, puesto que la parte de apertura y cierre del archivo será común en ambas estrategias.

b.1) Hay que leer 21 bloques que producirán los siguientes accesos a la cache:

- Las 12 primeras lecturas, que implican los bloques directos, generan 12 accesos a la cache, con los consiguientes 12 fallos, puesto que la cache no tiene información del archivo.
- Las 9 lecturas restantes involucran al bloque indirecto simple. Por tanto, cada lectura implica dos accesos a la cache: uno para acceder al bloque indirecto y otro para leer el propio bloque de datos.
    o La primera de estas lecturas causa dos fallos.
    o Las 8 restantes sólo generan fallo para acceder al bloque de datos ya que el indirecto ya está en la cache.

Nótese que la última lectura, aunque sea de sólo 20 bytes, implica los mismos accesos a la cache que las lecturas anteriores.

En resumen:

- Número de accesos a la cache: 30
- Número de aciertos: 8; porcentaje: 8/30 = 26,67%.
- Número de fallos (por tanto, accesos al disco): 22.

b.2) Hay que leer 21 bloques que producirán los siguientes accesos a la cache:

- La primera lectura de 20 bytes provoca un acceso a la cache con un fallo que trae el primer bloque.
- Las 11 siguientes lecturas generan cada una dos accesos a la cache puesto que involucran dos bloques:
    o El primer bloque implicado se trajo en el acceso anterior produciéndose, por tanto, un acierto.
    o El segundo bloque requerido provoca un fallo ya que no está en la cache.
- La decimotercera lectura implica a dos bloques que corresponden a rangos de cobertura del nodo-i diferentes:
    o El primer bloque implicado corresponde con un bloque directo, que se trajo en el acceso anterior produciéndose, por tanto, un acierto.
    o El segundo bloque requerido corresponde con un bloque indirecto, produciéndose, por tanto, dos accesos a la cache (el bloque indirecto y el propio dato), generando ambos un fallo.
- Cada una de las 8 lecturas restantes involucra a dos bloques generando 4 accesos:
    o El primer bloque implicado provoca un primer acierto en el acceso al bloque indirecto y un segundo acierto al acceder al propio bloque de datos, ya que se trajo en el acceso anterior.
    o El segundo bloque requerido provoca un primer acierto en el acceso al bloque indirecto, pero un fallo al acceder al propio bloque de datos.

En resumen:

- Número de accesos a la cache: 58.
- Número de aciertos: 36; porcentaje: 36/58 = 62,07%.
- Número de fallos (por tanto, accesos al disco): 22.

Comparando los resultados, se puede ver que el número de accesos al disco es el mismo, lo cual es lógico puesto que hay que traer la misma información, y el número de llamadas al sistema es también igual. Sin embargo, se produce un número considerablemente mayor de accesos a la cache con la segunda estrategia, lo que conlleva un peor tiempo de acceso al archivo. Esto se notaría sobretodo en sistemas con discos de altas prestaciones donde la sobrecarga del acceso a la cache sería más significativa.

c) Aplicando la primera fórmula del apartado a.4, el rango del archivo afectado por la lectura corresponde con los tres primeros bloques del mismo, generando, por tanto, tres accesos a la cache:

- Primer bloque (bytes desde 1000 hasta 4095). Como se trata de una escritura incompleta, que no afecta a todo el bloque, hay que leer el bloque antes de modificarlo. Puesto que no está en la cache, hay que leerlo del disco.
- Segundo bloque (bytes desde 4096 hasta 8191). Al tratarse de una escritura completa, que involucra a todo el bloque, no es necesario leer el bloque antes de sobre-escribirlo. Simplemente, se reserva un buffer en la cache y se copian en él los datos de la escritura.
- Tercer bloque (bytes desde 8192 hasta 10000). Esta escritura causa que crezca el archivo. Hay que buscar en el mapa de bloques uno libre, reservarlo y asignarlo al archivo en su nodo-i. Nótese que, aunque se trata de una lectura incompleta, no hay que leer el nuevo bloque del disco puesto que su contenido previo no es significativo. Como en el caso anterior, basta con reservar un buffer en la cache y copiar en él los datos de la escritura.

Hay que resaltar que, dado que no se usa *write-through*, las escrituras en los tres bloques no causan escrituras inmediatas en el disco, sino que éstas se diferirán hasta que el bloque sea expulsado o se cumpla el plazo de volcado periódico. Asimismo, nótese que en cualquiera de los tres accesos, a la hora de reservar un buffer libre en la cache, podría haberse requerido una expulsión de otro bloque que estuviese modificado, produciéndose, en ese caso, una escritura en disco.

Ejercicio 8.47

Sean dos sistemas de ficheros que manejan ambos bloques de 4 Kbytes y direcciones de bloques de 32 bits. El primero de los sistemas representa los ficheros de forma interna mediante nodos-i al estilo UNIX (10 bloques directos y 3 niveles de indirección). El segundo usa una tabla FAT al estilo de MS-DOS. Cada uno de ellos maneja un disco de 64 Mbytes donde existe un fichero de 4 Mbytes, denominado fichunix y fichdos respectivamente. Se pide contestar a las siguientes preguntas:

a) ¿Cuántos accesos a disco son necesarios, en el peor caso, en cada sistema de ficheros para acceder al byte situado en la posición 3 Mbytes?. Suponer que el nodo-i y la entrada de directorio de MS-DOS son los únicos datos existentes en memoria.

b) Suponga que un usuario quiere escribir en la posición 8 Mbytes del fichero, lo que origina un hueco en el fichero. ¿Es esta operación posible en UNIX? ¿Es posible en MS-DOS? En el caso de que sea posible, indique cómo y qué operaciones deberían hacerse sobre el nodo-i y la tabla FAT respectivamente.

c) Se quiere ampliar el esquema de nombres del sistema de ficheros de MS-DOS para introducir enlaces simbólicos. ¿Qué habría que modificar en la estructura de directorio de MS-DOS? ¿Y si quisiéramos introducir enlaces físicos al estilo UNIX? Indique, en cada caso, los problemas de integridad de datos que pueden surgir con estos esquemas en MS-DOS.

Solución

a) Puesto que los bloques son de 4 Kbytes y cada descriptor de bloque ocupa 4 bytes, en cada bloque puede haber hasta 1024 descriptores. Este cálculo es válido tanto para UNIX como para MS-DOS.

En el caso del sistema de ficheros de UNIX, se quiere acceder a la posición 3 Mbytes del fichero *fichunix*. Haciendo unos simples cálculos que involucran a la posición deseada y al tamaño de bloque, se ve que se debe acceder al bloque 768:

$$3 * (2^{20}) / 4 * (2^{10}) = (3/4) * (2^{10}) = 768.$$

Ahora bien, puesto que tenemos sólo 10 bloques directos, hemos de averiguar hasta que nivel de indireccion hemos de acceder:

$$4 * (2^{10}) \text{ bytes } / 4 \text{ (bytes/bloque)} = 1024 \text{ descriptores por bloque.}$$

Luego, para tener los datos nos basta con **2 accesos** a disco en el peor caso: primer nivel de indirección y bloque datos.

En el caso del sistema de ficheros de MS-DOS, lo peor que nos puede pasar es que no haya ningún bloque de la tabla FAT en memoria y que tengamos que recorrerla entera para llegar a la posición 3 Mbytes. Calcularemos pues cuanto ocupa la FAT de un disco de 64 Mbytes y bloques de 4 Kbytes:

$$64 * (2^{20}) \text{ bytes } / 4 * (2^{10}) \text{ bytes/bloque} = 16 * (2^{10}) \text{ bloques.}$$

$$16 * (2^{10}) \text{ bloques } * 4 \text{ bytes/bloque} = 64 \text{ kbytes}$$

Luego la tabla FAT completa ocupa 64 kbytes, es decir 16 bloques de 4 Kbytes como mucho.

Por tanto, en el caso peor nos harán falta **17 accesos** a disco: 16 bloques de la FAT y el bloque de datos.

b) Para escribir en la posición 8 Mbytes de *fichunix* no hay ningún problema, solamente hay que localizar en el nodo-i la entrada correspondiente a esa posición, asignar un bloque libre y escribir en él. Los entradas del nodo-i existentes entre las posiciones 4 Mbytes y 8 Mbytes se ponen a cero en el nodo-i, pero no se asignan bloques libres del sistema de ficheros.

Para escribir en la posición 8 Mbytes de *fichdos* no hay tampoco problema, pero la operación es mucho más pesada que en UNIX ya que no hay un concepto de nodo-i y, por tanto, no puede haber huecos. En esta caso si hay que buscar bloques libres dentro del sistema de ficheros e incluirlos en la FAT a medida que se avanzan las posiciones de escritura. Por supuesto, hay que enlazar el fichero completo al estilo MS-DOS. En total tendríamos que asignar 1024 bloques nuevos. Por cuestiones de seguridad podrían ponerse a ceros, aunque esta operación podría ser retrasada hasta que fueran a usarse de verdad.

c) Para tener **enlaces simbólicos** en MS-DOS no hay que modificar la estructura del directorio. Vale tal como está. En realidad habría que modificar las rutinas de decodificación de nombres para que entendieran un nuevo atributo (SYM_LINK por ejemplo) y supieran que el contenido del bloque al que apunta el directorio es el nombre de otro fichero (al igual que ocurre en UNIX).

Para tener **enlaces físicos** al estilo UNIX habría que introducir en el directorio un **contador de enlaces** para poder saber cuantos enlaces existen para un mismo fichero. Los problemas de borrado del fichero podrían resolverse como en UNIX, es decir, hasta que el contador no es cero no se borra el contenido del fichero. Existe sin embargo un problema grave en el mantenimiento de la integridad de los datos de los directorios, ya que al no existir el concepto de nodo-i, existiría una entrada de directorio por cada nombre enlazado al fichero y un contador de enlaces en cada entrada. Por tanto, cada vez que se cree un nuevo enlace o se borre uno habrá que recorrer los directorios buscando los otros enlaces al fichero y cambiar de forma atómica todos los contadores. Este problema de coherencia del contador no tiene una solución fácil, por lo que sería más factible introducir una estructura intermedia a la que apuntaran las entradas de directorio enlazadas a un fichero. En dicha estructura se podría mantener de forma consistente el contador de enlaces. Para ello habría que introducir en el directorio un apuntador a dicha estructura.

Ejercicio 8.48

Los procesos en UNIX tienen acceso al Sistema de Ficheros mediante los denominados "descriptores de fichero", aunque no siempre un descriptor está asociado a un fichero ordinario (FO).

Existen otros tipos de objetos manejables a través del Sistema de Ficheros de UNIX.

Se pide que conteste a las siguientes preguntas distinguiendo claramente el apartado de que se trata. Si procede, distinga el caso general y los casos atípicos.

a) Describa brevemente cada uno de los tipos de objeto que conozca que existen en un Sistema de Ficheros UNIX.

b) Para cada tipo de objeto, enumere las llamadas al sistema que no pueden ser utilizadas (dan error) con él.

c) Para cada tipo de objeto, indique qué llamada al sistema devuelve un descriptor asociado a (abre) un objeto de dicho tipo. En caso de que no exista tal llamada indique porqué.

d) Indique la secuencia de pasos de la llamada READ, desde que el Sistema Operativo recibe el descriptor hasta que el Sistema de Ficheros consigue identificar el tipo concreto de objeto al que se refiere la llamada.

Detalle las estructuras de datos del sistema operativo/sistema de ficheros que son accedidas y el contenido de las mismas.

Solución

a) Para cada tipo de objeto:

Fichero ordinario (FO): es el soporte para el almacenamiento de datos de cualquier tipo.

```
-rw-r--r--   2 root     root         568 Apr  6 18:01 /etc/passwd
```

Directorio (D): almacena entradas de directorio (también denominadas enlaces físicos) que asocian un nombre de fichero a un nodo-i. Son el soporte para un servicio de nombres jerárquicos.

```
drwxr-xr-x   5 root     root        1024 Apr  5 19:06 /home
```

Enlace físico (EF): es la denominación que reciben las entradas de los directorios. No son propiamente un objeto en sí. Todos los enlaces que apuntan a un mismo objeto son de igual entidad. No hay uno más principal que los otros.

```
-rw-r--r--   2 root     root         568 Apr  6 18:01 /tmp/passwd
```

Enlace simbólico (ES): es un objeto cuyo contenido es el camino a otro objeto al que apunta.

```
lrwxrwxrwx   1 jc   jc  11 Apr 28 17:46 pw -> /etc/passwd
```

Pipe (P): es un mecanismo de comunicación entre procesos. No aparecen en el espacio de nombres. La llamada que lo crea no recibe un "*path*". Por lo tanto un pipe sólo puede ser usado por el proceso que lo crea y por procesos derivados de este mediante la llamada FORK.

Fichero especial orientado a carácter (C): es la interfaz de acceso a un dispositivo puramente secuencial, esto es, que no soporta accesos aleatorios.

```
crw-------   1 root     root       4,   7 May  5 1998 /dev/tty7
```

Fichero especial orientado a bloque (B): es la interfaz de acceso a un dispositivo que soporta accesos aleatorios.

```
brw-rw-rw-   1 root     floppy     2,   0 Jan  7 20:16 /dev/fd0
```

Pipe con nombre (F): en algunos sistemas UNIX existen este objeto en el espacio de nombres. Puede ser abierto para escritura y/o para lectura, y su comportamiento es el de un pipe, esto es, lo que los procesos escriben en él es leído por los procesos que leen de él.

```
prw-r-----   1 jc   jc          0 Apr 28 17:47 fifo
```

Socket UNIX (S): en algunos sistemas UNIX existe la posibilidad de crear sockets de tipo UNIX, que aparecen como entradas de este tipo en el espacio de nombres.

```
srwxrwxrwx   1 root     root         0 Apr 23 22:48 /tmp/.X11-
unix/X0
```

b) Para cada tipo de objeto:

Fichero ordinario (FO): es el caso más general. Pueden ser usadas todas las llamadas relativas al Servicio de Ficheros.

Directorio (D): un directorio puede ser leído usando las llamadas OPENDIR, READDIR y CLOSEDIR. Pero no puede ser modificado su contenido de forma explícita mediante el uso de WRITE. Su contenido cambia de forma implícita con el uso de las llamadas CREAT, MKDIR, LINK, SYMLINK y UNLINK.

Enlace físico (EF): depende del nodo-i al que apunte.

Enlace simbólico (ES): si se hace OPEN, se abre el objeto al que apunta, no el enlace simbólico.

Pipe (P): no presenta un nombre, luego no puede ser abierto mediante un OPEN. Tampoco soporta la llamada LSEEK.

Fichero especial orientado a carácter (C): por definición son dispositivos de acceso exclusivamente secuencial, luego no soporta la llamada LSEEK.

Fichero especial orientado a bloque (B): en algunos caso existe la restricción de que sólo pueden ser accedidos en tamaños múltiplos de 512 bytes.

Pipe con nombre (F): aparecen en el espacio de nombres, luego son abiertos mediante la llamada OPEN, pero, al igual que con los pipes, no soportan la llamada LSEEK.

Socket UNIX (S): son abiertos con la llamada SOCKET, no con la llamada OPEN. Tampoco soportan la llamada LSEEK.

c) Para cada tipo de objeto:

Fichero ordinario (FO): OPEN o CREAT.

Directorio (D): OPENDIR.

Enlace físico (EF): depende del nodo-i al que apunte.

Enlace simbólico (ES): no existe tal llamada.

Pipe (P): PIPE.

Fichero especial orientado a carácter (C): OPEN.

Fichero especial orientado a bloque (B): OPEN.

Pipe con nombre (F): OPEN.

Socket UNIX (S): SOCKET.

d) Con el identificador del proceso que realiza la llamada (PID), el Sistema Operativo localiza en la Tabla de Procesos (TP) la entrada correspondiente a dicho proceso (Descriptor de Proceso o DP).

El Descriptor de Proceso contiene tantos campos como información guarda el Sistema Operativo sobre los procesos. En concreto un campo del Descriptor de Proceso es la Tabla de Descriptores de Fichero (TDF).

Con el descriptor de fichero pasado como argumento a la llamada READ se indexa en la Tabla de Descriptores de Fichero del proceso y se obtiene un índice a la Tabla de Punteros de Ficheros (FILP).

La Tabla FILP contiene el modo de apertura de los ficheros, la posición sobre el mismo y un índice a la Tabla de Nodos-i (TI).

Siguiendo este último índice se accede al nodo-i del fichero asociado con el descriptor. Uno de los campos del nodo-i ("st_mode") nos informa de qué tipo de objeto se trata (man 2 stat).

9. PROGRAMACIÓN DE SHELL SCRIPTS

En este capítulo se presentan los problemas relacionados con la programación de shell-scripts. El capítulo tiene como objetivos básicos que el alumno aprenda a manejar los elementos básicos relacionados con shell scripts a través de la resolución de problemas prácticos reales. Los problemas están graduados de menor a mayor complejidad, de forma que se puedan adaptar a distintos niveles de conocimiento.

9.1 Conceptos básicos de Shell Scripts

El intérprete de mandatos de UNIX se denomina shell dado que, como una concha, envuelve al núcleo del sistema operativo ocultándolo al usuario. Puesto que el shell es un programa como otro cualquiera, a lo largo de la historia de UNIX ha habido muchos programadores que se han decidido a construir uno de acuerdo con sus preferencias personales. A continuación destacaremos aquellos que han alcanzado mayor difusión: el shell de Bourne (`sh`), el C-shell (`csh`), shell de Korn (`ksh`) y el shell de GNU (`bash`: *Bourne-Again SHell*). A lo largo de esta capítulo usaremos el shell de Bourne (`sh`), shell original de UNIX. Se trata de un intérprete que ofrece al usuario una herramienta de programación poderosa. Su principal defecto es la falta de ayuda al usuario interactivo para facilitarle la labor de introducir mandatos. No incluye, al menos originalmente, facilidades para el control de trabajos.

9.1.1 Estructura de los mandatos

Cada mandato es una secuencia de palabras separadas por espacios tal que la primera palabra es el nombre del mandato y las siguientes son sus argumentos. Así, por ejemplo, para borrar los archivos `arch1` y `arch2` se podría especificar el mandato siguiente:

```
rm arch1 arch2
```

Donde `rm` es el nombre del mandato y `arch1` y `arch2` sus argumentos.

Una vez leído el mandato, el shell iniciará su ejecución en el contexto de un nuevo proceso (*sub-shell*) y esperará la finalización del mismo antes de continuar (modo de ejecución *foreground*).

La ejecución de un mandato devuelve un valor que refleja el estado de terminación del mismo. Por convención, un valor distinto de 0 indica que ha ocurrido algún tipo de error (valor `falso`). Así, en el ejemplo anterior, si alguno de los archivos especificados no existe, `rm` devolverá un valor distinto de 0. Como se verá más adelante, este valor puede ser consultado por el usuario o por posteriores mandatos.

Si una línea contiene el carácter `#`, esto indicará que el resto de los caracteres de la misma que aparecen a partir de dicho carácter se considerarán un comentario y, por lo tanto, el shell los ignorará. Aunque se pueden usar comentarios cuando se trabaja en modo interactivo, su uso más frecuente es dentro de *shell scripts*.

9.1.2 Agrupamiento de mandatos

Los shells de UNIX permiten que el usuario introduzca varios mandatos en una línea existiendo, por lo tanto, otros caracteres, además del de fin de línea, que delimitan donde termina un mandato o que actúan de separadores entre los mandatos. Esta posibilidad va a permitir que el usuario pueda expresar operaciones realmente complejas en una única línea. Cada tipo de carácter delimitador o separador tiene asociado un determinado comportamiento que afecta a la ejecución del mandato o de los mandatos correspondientes. El valor devuelto por una lista será el del último mandato ejecutado (excepto en el caso de una lista asíncrona que devuelve siempre un 0). Dependiendo del delimitador o separador utilizado se pueden construir los siguientes tipos de listas de mandatos:

- Lista con tuberías (carácter separador). Se ejecutan de forma concurrente los mandatos incluidos en la lista de tal forma que la salida estándar de cada mandato queda conectada a la entrada estándar del siguiente en la lista mediante un mecanismo denominado tubería (*pipe*).

- Lista O-lógico (carácter separador). Se ejecutan de forma secuencial (de izquierda a derecha) los mandatos incluidos en la lista hasta que uno de ellos devuelva un valor igual a 0 (por convención, `verdadero`).

- Lista Y-lógico (carácter separador). Se ejecutan de forma secuencial (de izquierda a derecha) los mandatos incluidos en la lista hasta que uno de ellos devuelva un valor distinto de 0 (por convención, `falso`).

- Lista secuencial (carácter delimitador). Se ejecutan de forma secuencial (de izquierda a derecha) todos los mandatos incluidos en la lista. El resultado es el mismo que si cada mandato se hubiera escrito en una línea diferente.

- Lista asíncrona (carácter delimitador). Se inicia la ejecución de cada mandato de la lista, pero el shell no se queda esperando su finalización sino que una vez arrancados continúa con su labor (modo de ejecución *background*).

Los diversos tipos de listas se pueden mezclar para crear líneas más complejas. Cada tipo de delimitador o separador tiene asociado un orden de precedencia que determina cómo interpretará el shell una línea que mezcle distintos tipos de listas. En el caso de la misma precedencia, el análisis de la línea se hace de izquierda a derecha. El orden de precedencia, de mayor a menor, es el siguiente: listas con tuberías, listas Y y O (misma preferencia), lista asíncronas y secuenciales (misma preferencia).

Existe la posibilidad de agrupar mandatos para alterar las relaciones de precedencia entre los separadores y delimitadores. Se usan paréntesis o llaves:

- `(lista)`: Los mandatos de la lista no los ejecuta el shell que los leyó sino que se arranca un subshell para ello. Como se verá más adelante esto tiene repercusiones en el uso de variables y mandatos internos.

- `{ lista;}`: Los mandatos de la lista los ejecuta el shell que los leyó. La principal desventaja de esta construcción es que su sintaxis es algo irritante (nótese el espacio que aparece antes de la lista y el punto y coma que hay después).

9.2 Mandatos compuestos y funciones

El shell es una herramienta de programación y como tal pone a disposición del usuario casi todos los mecanismos presentes en un lenguaje de programación convencional. Así, proporciona una serie de mandatos compuestos que permiten construir estructuras de ejecución condicionales y bucles. Asimismo, permite definir funciones que facilitan la modularidad de los programas de mandatos. En todas las construcciones que se presentarán a continuación, el valor devuelto por las mismas será el del último mandato ejecutado.

9.2.1 El mandato condicional if

Esta construcción ejecutará un mandato o no dependiendo del estado de terminación de otro mandato que ha ejecutado previamente. Su sintaxis es la siguiente:

```
if lista1
then
    lista # si verdadero lista1
elif lista2
then
    lista # si falso lista1 y verdadero lista2
else
    lista # si falso lista1 y lista2
fi
```

9.2.2 El mandato condicional case

Este mandato condicional compara la palabra especificada con los distintos patrones y ejecuta el mandato asociado al primer patrón que se corresponda con dicha palabra. La comparación entre la palabra y los distintos patrones seguirá las mismas reglas que se usan en la expansión de nombres de archivos que se verá más adelante. Su sintaxis es la siguiente:

```
case palabra in
    patrón1) lista1;;  # ejecutada si palabra encaja en patron1
    patrón2|patrón3) lista2;; # ejecutada si palabra encaja en
                             # patron2 o patron3
esac
```

9.2.3 El bucle until

Esta construcción ejecutará un mandato hasta que la ejecución de otro mandato devuelva un valor igual a verdadero. Su sintaxis es la siguiente:

```
until lista1
do
    lista # ejecutada hasta que lista1 devuelva verdadero
done
```

9.2.4 El bucle while

Esta construcción ejecutará un mandato mientras que la ejecución de otro mandato devuelva un valor igual a verdadero. Su sintaxis es la siguiente:

```
while lista1
do
    lista # ejecutada mientras verdadero lista1
done
```

9.2.5 El bucle for

En cada iteración de este tipo de bucle se ejecutará el mandato especificado tomando la variable el valor de cada uno de los sucesivos elementos que aparecen en la lista de palabras. Su sintaxis es la siguiente:

```
for VAR in palabra1 ... palabran
do
    lista # en cada iteración VAR toma valor de sucesivas palabras
done
```

9.2.6 Funciones

La definición de una función permite asociar con un nombre especificado por el usuario un mandato (simple, lista de mandatos o mandato compuesto). La invocación de dicho nombre como si fuera un mandato simple producirá la ejecución del mandato asociado que recibirá los argumentos especificados. Más adelante, en el apartado dedicado a los parámetros, se tratará en detalle este tema. El valor devuelto por la función será el del último mandato ejecutado dentro de la misma (por legibilidad, se suele usar el mandato interno return para terminarla). La sintaxis para definir una función es la siguiente:

```
nombre_funcion() lista
```

Por motivos de legibilidad, se usan normalmente las llaves para delimitar el cuerpo de la función. Así, la estructura resulta similar a la del lenguaje C.

```
nombre_funcion()
{
    lista
}
```

En cuanto a la invocación de la función, como se comentó antes, se realiza utilizando el nombre de la misma como si fuera un mandato simple:

```
nombre_funcion arg1 arg2 ... argn
```

9.3 Redirecciones

El shell permite al usuario redirigir la entrada y salida que producirá un mandato durante su ejecución. Con este mecanismo, el usuario puede invocar un mandato especificando, por ejemplo, que los datos que lea el programa los tome de un determinado archivo en vez del terminal. Normalmente, este mecanismo se usa para redirigir alguno de los tres descriptores estándar.

La mayoría de los mandatos y, en general, de los programas de UNIX leen sus datos de entrada del terminal y escriben sus resultados y los posibles mensajes de error también en el terminal. Para simplificar el desarrollo de estos programas y permitir que puedan leer y escribir directamente en el terminal sin realizar ninguna operación previa (o sea, sin necesidad de realizar una llamada OPEN), los programas reciben por convención tres descriptores, normalmente asociados al terminal, ya preparados para su uso (esto es, para leer y escribir directamente en ellos): entrada estándar (descriptor 0), de donde el programa puede leer sus datos, salida estándar (descriptor 1), donde el programa puede escribir sus resultados, error estándar (descriptor 2), donde el programa puede escribir los mensajes de error.

9.3.1 Redirección de salida

El usuario puede redirigir la salida estándar de un programa a un archivo usando el carácter > delante del nombre del archivo. En general, la expresión `n> arch` permite redirigir el descriptor de salida n al archivo `arch`.

Si el usuario quiere que tanto la salida estándar como la salida de error de un mandato se redirijan a un archivo, puede usar la siguiente línea:

```
mandato > archivo 2>&1
```

Para añadir la salida de un mandato al final de un archivo ya existente se usa la sintaxis:

```
Mandato >> archivo
```

9.3.2 Redirección de entrada

De manera similar a lo visto para la salida, el usuario puede redirigir la entrada estándar de un programa a un archivo usando el carácter < delante del nombre del archivo. En general, la expresión `n< arch` permite redirigir el descriptor de entrada n al archivo `arch`.

A continuación se muestra un ejemplo en el que se redirigen los tres descriptores del mandato `sort` para ordenar los datos contenidos en el archivo `entrada` dejando el resultado en el archivo `salida` y almacenando los posibles mensajes de error en el archivo `error`:

```
sort > salida < entrada 2> error
```

9.4 Quoting

El mecanismo de *quoting* permite que el usuario especifique que el shell no procese un determinado carácter (o secuencia de caracteres), a pesar de que éste tenga un significado especial para el shell. Para ello usará a su vez un metacarácter de protección:

- Colocará el símbolo `backslash` delante del carácter que pretende proteger.
- Encerrará entre comillas simples o dobles la secuencia de caracteres que pretende proteger. Las comillas simples proporcionan una protección total.

9.5 Sustitución de mandatos

Este mecanismo permite que el usuario especifique que en una línea se reemplace un determinado mandato por la salida que produce su ejecución. Para ello el mandato debe estar encerrado entre `. Cuando el shell detecta esta construcción durante el tratamiento de una línea, ejecuta el mandato afectado por la misma y sustituye en la línea original el mandato por la salida que éste produce al ejecutarse.

9.6 Expansión de nombres de archivos

El shell facilita la labor de especificar un nombre de archivo proporcionando al usuario un conjunto de caracteres que actúan como comodines (*wildcards*):

- El carácter * representa a cualquier cadena de cero o más caracteres dentro del nombre de un archivo.
- El carácter ? se corresponde con un único carácter sea éste cuál sea.
- Una secuencia de caracteres encerrada entre llaves cuadradas se corresponde con único carácter de los especificados, excepto si el primer carácter de la secuencia es !, que corresponde con cualquier carácter a excepción de los especificados, o si aparece un - entre dos caracteres de la secuencia, que corresponde con cualquier carácter en el rango entre ambos.

9.7 Parámetros

Dado que el shell es una herramienta de programación, además de proporcionar los mecanismos para estructurar programas que se presentaron previamente, ofrece al usuario la posibilidad de utilizar variables, que en este entorno se las suele denominar de forma genérica como parámetros. Para obtener el valor almacenado en un parámetro se debe colocar un $ delante del nombre del mismo (o delante del nombre encerrado entre llaves). Hay tres tipos de parámetros: parámetros posicionales, parámetros especiales y variables propiamente dichas.

9.7.1 Parámetros posicionales

Se corresponden con los argumentos con los que se invoca un script o una función. Su identificador es un número que corresponde con su posición. Así, $1 será el valor del primer argumento, $2 el del segundo y, en general, $i se referirá al i-ésimo argumento. El usuario no puede modificar de forma individual un parámetro posicional, aunque puede reasignar todos con el mandato interno set. Después de ejecutar este mandato, los parámetros posicionales toman como valor los argumentos especificados en el propio mandato set.

9.7.2 Parámetros especiales

Se trata de parámetros mantenidos por el propio shell por lo que el usuario no puede modificar su valor. A continuación se muestran algunos de los más frecuentemente usados:
- 0: Nombre del script
- #: Número de parámetros posicionales
- : Lista de parámetros posicionales
- : Valor devuelto por el último mandato ejecutado
- $: Identificador de proceso del propio shell
- !: Identificador de proceso asociado al último mandato en background arrancado

9.7.3 Variables

Este tipo de parámetros se corresponden con el concepto clásico de variable presente en los lenguajes de programación convencionales, pero dada la relativa simplicidad de este entorno, la funcionalidad asociada a las variables es reducida. En primer lugar, las variables no se declaran, creándose cuando se les asigna una valor usando la construcción variable=valor (o con el mandato interno read). No existen diferentes tipos de datos: todas las variables son consideradas del tipo cadena de caracteres. Cuando se intenta acceder a una variable que no exista, no se producirá ningún error sino que simplemente el shell la expandirá como un valor nulo.

Otro aspecto importante relacionado con las variables es su posible exportación a los procesos creados por el propio shell durante la ejecución de los distintos mandatos. Por defecto, las variables no se exportan y, por lo tanto, los procesos creados no obtienen una copia de las mismas. Si el usuario requiere que una variable sea exportada a los procesos hijos del shell, debe especificarlo explícitamente mediante el mandato interno export. Nótese que, aunque una variable se exporte, las modificaciones que haga sobre ella el proceso hijo no afectan al padre ya que el hijo obtiene una copia de la misma.

El shell durante su fase de arranque crea una variable por cada una de las definiciones presentes en el entorno del proceso que ejecuta el shell. Estas variables se consideran exportadas de forma automática. Como ejemplo típico de este tipo de variables, podemos considerar la variable HOME, que contiene el nombre del directorio base del usuario, y la variable PATH, que representa la lista de directorios donde el shell busca los mandatos.

9.8 Mandatos del *shell*

En esta sección se muestran algunos de los mandatos del shell de uso más frecuente. El lector se deberá remitir a las páginas correspondientes del manual o algunos de los referencias incluidos en la bibliografía para obtener más información de los mismos.

* `awk`: Lenguaje de procesamiento y búsqueda de patrones
* `basename`: Imprime nombre de archivo eliminando información de directorio
* `cd`: Cambia el directorio de trabajo actual
* `cat`: Concatena e imprime archivos
* `chmod`: Cambia el modo de protección de un archivo
* `cp`: Copia archivos
* `date`: Imprime la fecha y la hora
* `dd`: Copia un archivo realizando conversiones
* `echo`: Escribe sus argumentos por la salida estándar
* `expr`: Evalúa sus argumentos como una expresión
* `find`: Encuentra los archivos que cumplan una condición
* `grep`: Busca las líneas de un archivo que sigan un patrón
* `head`: Imprime las primeras líneas de un archivo
* `lpr`: Manda un archivo a la impresora
* `ls`: Lista el contenido de un directorio
* `man`: Manual del sistema
* `mkdir`: Crea un directorio
* `mv`: Mueve o renombra un archivo
* `printf`: Escribe con formato
* `ps`: Muestra el estado de los procesos del sistema
* `read`: Lee una línea de entrada estándar asignando a variables lo leído
* `rm`: Borra un archivo
* `sed`: Editor no interactivo
* `set`: Establece valor de opciones y de parámetros posicionales
* `shift`: Desplaza a la izquierda parámetros posicionales (1, ...)
* `sleep`: Suspende la ejecución durante un intervalo de tiempo
* `sort`: Ordena un archivo
* `tail`: Imprime las últimas líneas de un archivo
* `test`: Evalúa expresiones condicionales
* `trap`: Permite el manejo de señales
* `wc`: Cuenta el número de caracteres, palabras y líneas de un archivo

9.9 Ejercicios resueltos

Ejercicio 9.1

Mandato que imprima los usuarios que están utilizando el sistema en orden alfabético.

Solución

```
who | sort
```

Ejercicio 9.2

Línea de mandatos que imprima en orden alfabético aquellas líneas que, estando entre las 10 primeras del archivo `carta`, contengan la cadena de caracteres `Juan`.

Solución

```
head -10 carta | grep Juan | sort | lpr
```

Ejercicio 9.3

Mandato que imprima un `archivo` sólo si no es un directorio.

Solución

```
test -d archivo || lpr archivo
```

Ejercicio 9.4

Mandato que imprima un `archivo` sólo si se trata de un archivo ordinario.

Solución

```
test -f archivo && lpr archivo
```

Ejercicio 9.5

Intercambie el nombre de dos archivos usando repetidamente el mandato `mv`.

Solución

```
mv arch1 aux; mv arch2 arch1; mv aux arch1
```

Ejercicio 9.6

Escriba un mandato que permita seguir trabajando con el shell mientras se compilan (mandato `cc`) dos programas muy largos.

Solución

```
cc programa_muy_largo_1.c & cc programa_muy_largo_2.c &
```

Ejercicio 9.7

Escriba un mandato que imprime dentro de una hora, en orden alfabético, de entre las primeras 100 líneas de `arc` las que contengan la palabra `Figura`, comprobando antes si `arc` es accesible.

Solución

```
(sleep 3600; test -r arc && head -100 arc | grep Figura | sort | lp)&
```

Ejercicio 9.8

Escriba un mandato que imprima el archivo sólo si se trata de un archivo ordinario. En caso contrario, debe mostrar por la pantalla un mensaje de error.

Solución

```
if test -f archivo
then
   lpr archivo
else
   echo "Error: Se ha intentado imprimir un archivo no regular!"
```

```
fi
```

Ejercicio 9.9

Escriba un mandato que ejecute en background un bucle `until` que supervise cada 5 segundos la llegada de un mensaje en cuya cabecera aparezca la palabra URGENTE. Cuando se detecte, se escribirá un pitido y se terminará el bucle.

Solución
```
until mail -H | grep URGENTE && printf '\a'
do
    sleep 5
done &
```

Ejercicio 9.10

Escriba un mandato que use un bucle for para realizar una copia de seguridad (con la extensión .bak) de un conjunto de archivos determinado.

Solución
```
for ARCHIVO in m1.c m2.c cap1.txt cap2.txt resumen.txt
do
    test -f $ARCHIVO && cp $ARCHIVO $ARCHIVO.bak
done
```

Ejercicio 9.11

Escriba una función que reciba como argumentos un conjunto de archivos y que, de forma similar al ejemplo anterior, realice una copia de seguridad de cada uno de ellos. Se debe evitar sacar copias de seguridad de las propias copias.

Solución
```
copia_seguridad()
{
    for ARCHIVO
    do
        case $ARCHIVO in
            *.BAK|*.bak) ;;
            *) test -f $ARCHIVO && cp $ARCHIVO $ARCHIVO.bak;;
        esac
    done
}
```

La función se invocaría como si fuera un mandato simple, especificando los archivos de los que se quiere sacar una copia de seguridad:
```
copia_seguridad m1.c m2.c cap1.txt cap2.txt resumen.txt
```

Ejercicio 9.12

Especifique un mandato que borre todos los archivos del directorio actual que contengan la cadena de caracteres CADENA.

Solucion

388

```
rm -f `grep -l CADENA *`
```

Ejercicio 9.13

Especifique un mandato que borre los archivos del directorio actual cuyo nombre comience y termine por A (incluido el archivo AA), aquéllos cuyo nombre empieza por la letra p seguida de otros cuatro caracteres cualquiera, los que tengan un nombre de dos caracteres ambos comprendidos entre la a y la z minúsculas y, por último, los archivos cuyo nombre tenga una longitud de al menos dos caracteres tal que el primer carácter sea 1 o 2 y el segundo no sea numérico.

Solucion

```
rm -f A*A p???? [a-z][a-z] [12][!1-9]*
```

Ejercicio 9.14

Desarrolle un script, denominado masnuevo, que reciba como argumentos un conjunto de archivos y escriba por su salida estándar el nombre del archivo cuya fecha de última modificación sea más reciente.

Solucion

```
#!/bin/sh
ls -t $* | head -1
```

Ejercicio 9.15

Suponiendo que se usa el siguiente formato, con campos separados por comas, para almacenar una lista de notas de alumnos (dos notas por cada uno):

```
        SANCHO SANCHEZ,2,2
        LOPE LOPEZ,5,5
        FERNANDO FERNANDEZ,3,6
        ALVARO ALVAREZ,7,2
        RODRIGO RODRIGUEZ,3,3
    MARTIN MARTINEZ,4,5
```

Desarrolle un script que reciba como único argumento el nombre del archivo de notas y que imprima la nota total de cada alumno como la suma de las dos notas.

Solucion

```
#!/bin/bash
# El script calcula la nota total de cada alumno como la suma de dos
# notas e imprime el resultado.

test $# -eq 1 && test -r $1 ||
        { echo "Uso: `basename $0` archivo"; exit 1;}
while IFS=, read ALUMNO NOTA1 NOTA2
do
        echo "$ALUMNO `expr $NOTA1 + $NOTA2`"
done < $1
```

Ejercicio 9.16

Cree un mandato UNIX que permita contar el número de procesos que hay en la máquina.

Solucion

```
ps -ax | wc -l
```

Ejercicio 9.17

Escriba un script que permita mostrar los diez primeros procesos de la máquina que más CPU están consumiendo.

Solución

```
#!/bin/sh
# Se guarda en un archivo temporal el resultado de ps
ps -aux > /var/tmp/temp
# Se muestra por pantalla la cabecera
grep PID /var/tmp/temp
# 1. Se extrae el contenido del archivo temporal salvo la cabecera.
# 2. Se ordena de forma inversa segun el segundo campo numerico.
# 3. Se muestran las diez primeras lineas.
grep -v PID /var/tmp/temp | sort -t +2n -3 -r | head -10
# Se borra el archivo temporal
rm /var/tmp/temp
```

Ejercicio 9.18

Escriba un script que permita mostrar los diez primeros procesos de la máquina que más memoria están consumiendo.

Solución

```
#!/bin/sh
# Se guarda en un archivo temporal el resultado de ps
ps -aux > /var/tmp/temp
# Se muestra por pantalla la cabecera
grep PID /var/tmp/temp
# 1. Se extrae el contenido del archivo temporal salvo la cabecera.
# 2. Se ordena de forma inversa según el tercer campo numérico.
# 3. Se muestran las diez primeras líneas.
grep -v PID /var/tmp/temp | sort -t +3n -4 -r | head -10
# Se borra el archivo temporal
rm /var/tmp/temp
```

Ejercicio 9.19

Realice una copia de respaldo, usando el mandato cpio, en el dispositivo /dev/rst4 de todos los archivos modificados en la última semana que están ubicados a partir del directorio /home. A contiuación, repita el proceso tal que la copia de respaldo se cree en el dispositivo /dev/rst4 de una máquina remota denominada "rem_host" suponiendo que en ella se posee una cuenta denominada "usuario". Use para ello el mandato rsh.

Solución

Si el dispositivo /dev/rst4 está conectado físicamente a nuestra máquina:

```
cd /home
```

```
find . -mtime -7 -print | cpio -o > /dev/rst4
```

En el otro caso, se debe hacer de forma remota:

```
cd /home
find . -mtime -7 -print | cpio -o | rsh -l usuario rem_host dd
    of=/dev/rst4
```

Para que funcione, necesariamente se debe configurar la cuenta `usuario` de la máquina para permitir la ejecución remota de mandatos (`archivo .rhosts`).

Ejercicio 9.20

Escriba un script que permita cambiar en un archivo los caracteres específicos del castellano (acentos, la letra 'ñ', ...) que aparezcan codificados al estilo html por su representación habitual en Latin1 (ISO 8859-1). Por ejemplo, "á" se debe sustituir por 'á'.

Solución

```
#!/bin/sh

for i in *.html
do

sed
's/\&aacute\;/á/g;s/\&eacute\;/é/g;s/\&iacute\;/í/g;s/\&oacute\;/ó/g;s/\&ua
cute\;/ú/g;s/\&Aacute\;/Á/g;s/\&Eacute\;/É/g;s/\&Iacute\;/Í/g;s/\&Oacute\;/
Ó/g;s/\&Uacute\;/Ú/g;s/\&ntilde\;/ñ/g;s/\&Ntilde\;/Ñ/g;s/\&uuml\;/ü/g;s/\&U
uml\;/Ü/g;' < $i > arch.tmp
//g;s/\./\.<p>/g;s/\;/\;<P>/g;' < $i > arch.tmp
mv arch.tmp $i

done
```

Ejercicio 9.21

Escriba un mandato que renombre todos los archivos html del directorio actual y cambie su extensión por txt.

Solución

```
#!/bin/sh

for j in *.html
do
  nuevo=`echo $j | sed 's/htm/txt/g'`
  echo $nuevo
  mv $j $nuevo
done
```

Ejercicio 9.22

Los directorios /var/preserve, /var/tmp, /tmp se utilizan para crear archivos temporales y archivos temporales de ediciones abortadas. En estos directorios se van quedando archivos que no son útiles, pero que ocupan espacio en disco. Escriba un script que permita borrar todos aquellos archivos y subdirectorios vacíos que estén en estos tres directorios, o que tengan una antiguedad mayor a cinco días, o bien que su tamaño sea mayor a 10 Kb y que no pertenezcan a un usuario privilegiado. Si el archivo es menor de 10 Kb no se borrará y se generará su nombre por la salida estándar.

Solución

```
#!/bin/sh
cd /var/preserve
find . -size 0  -exec rm -f {} \;
find . -mtime +5 -exec rm -f {} \;
find . \( -size +10k  \! -user root \) -exec rm -f {} \;
find . -size -10k
#
cd /var/tmp
find . -size 0  -exec rm -f {} \;
find . -mtime +5 -exec rm -f {} \;
find . \( -size +10k  \! -user root \) -exec rm -f {} \;
find . -size -10k
#
cd /tmp
find . \( -size 0 \) -exec rm -f {} \;
find . -size 0  -exec rm -f {} \;
find . -mtime +5 -exec rm -f {} \;
find . \( -size +10k  \! -user
root \) -exec rm -f {} \;
find . -size -10k
```

Ejercicio 9.23

El directorio /var/spool/pcnfs se utiliza para mandar trabajos de impresión por NFS. En este directorio habrá un subdirectorio por máquina que pueda poner trabajos de impresión. Debido a fallos en el sistema de impresión pueden quedar archivos en estos directorios. Escriba un mandato que permita borrar todos aquellos archivos que tengan una antigüedad mayor a un día y cuyo nombre empiece por default seguido de un digito decimal y una cadena de caracteres.

Solución

```
cd var/spool/pcnfs

find . \( -mmin +10 -a -name "default?*" \) -exec rm -f {} \;
```

Ejercicio 9.24

Se desea poder realizar una gestión del borrado de trabajos de impresión más flexible que la proporcionada por el mandato lpq de UNIX. Un usuario podrá borrar sus trabajos de impresión más todos aquellos que provengan de las máquinas listadas en el archivo /lpr/<usuario>. Se debe desarrollar un script que reciba un conjunto de identificadores de trabajos de impresión y borre todos aquellos que pertenezcan al usuario que invoca al script, así como los que hayan sido enviados desde máquinas que aparezcan en el archivo /lpr/<usuario> correspondiente a dicho usuario. Por ejemplo, si el contenido del archivo /lpr/jperez contiene las siguientes líneas: pitera, tedera, el usuario jperez además de poder borrar sus trabajos, podrá eliminar aquellos trabajos que provengan de dichas máquinas. Si el archivo contiene la palabra "todas", podrá borrar cualquier trabajo. Nótese que para poder llevar a cabo esta labor, este script debería pertenecer al superusuario y tener activo el bit SETUID.

Solución

```
#!/bin/sh
#
# Elimina de la cola de impresion un trabajo no lanzado desde esta
# maquina.
# El usuario tendra permiso:
#   1. Si existe un archivo con su mismo nombre en directorio DIREC.
#   2. Dicho archivo contine el nombre de la maquina desde donde se
#      lanzo el trabajo de impresion,
#   3. Contiene la linea "todas" (permiso para "todas las maquinas").
#

_todas_="0"
DIREC="/lpr/"
clave="todas"

#
# Comprueba si el usuario tiene archivo de permisos asociado
#
if (test -f "${DIREC}${USER}")
then
        echo
else
        echo $USER no tiene permisos para quitar el trabjo de la cola
        exit
fi

#
# Comprueba si el usuario tiene permiso para todas las colas de
impresion
#
if (test "`fgrep -x ${clave} ${DIREC}${USER} | wc -l`" -eq "1")
then
        _todas_="1"
fi

#
# Para cada trabajo de impresion ($num), comprobar que existe,
# obtener el nombre de la maquina desde donde se lanzo y eliminarlo
# en caso de que tenga permisos el usuario.
#
for num in $*
do
##   Comprueba que exite el trabajo y obtiene la maquina
     if (test "`lpq | grep \" ${num} \" | wc -l`" -eq "1")
     then
         maquina="`lpq | grep \" ${num} \" | awk '{print $2}'`"
     else
         echo "No existe el trabajo:" $num
```

```
            exit
        fi

    ## Si maquina no contiene un nombre y no se tiene permiso total: FIN
        if ((test "`echo ${maquina} | wc -w`" -ne "1") && \
            (test "${_todas_}" -ne "1"))
        then
            echo trabajo $num : $USER no tiene permisos \(1\)
            exit
        fi

    ## Si maquina no contenida en el archivo del usuario y
    ## no se tiene permiso total: FIN
        r="`grep "${maquina}" ${DIREC}$USER`"
        if ((test "`grep ${maquina} ${DIREC}${USER} | \
            wc -l`" -eq "0") && (test "$_todas_" -ne "1"))
        then
            echo trabajo $num : $USER no tiene permisos \(2\)
            exit
        else
    ### Si maquina contenida en el archivo del usuario o se tiene
permiso
    ### total se elimina el trabajo de impresion
            if ((test "${r}" -eq "${maquina}") || (test "${_todas_}" -eq
"1"))
            then
                echo "El trabajo ${num} se quita de la cola"
                lprm $num >/dev/null
            else
                echo trabajo $num : $USER no tiene permisos \(3\)
            fi
        fi
    done
```

Ejercicio 9.25

Escriba un script, denominado listdir, que muestre el contenido de un directorio usando un bucle en vez del mandato ls. Los nombres correspondientes a subdirectorios deben escribirse con un carácter '/' al final.

Solución

```
#!/bin/sh
# Este script imprime el contenido de un directorio escribiendo un "/"
# al final de los nombres de los subdirectorios.
#       - Argumento: el nombre de un directorio
# Control de errores:
#       - Debe comprobarse que se recibe un solo argumento y que
#         este es un directorio.
#     Si no es asi se imprime un mensaje de error y termina
```

394

```
#          devolviendo un 1.

# Funcion que imprime un mensaje de error y termina.
Error()
{
       echo "Uso: `basename $0` directorio">&2
       exit 1
}


# Si el numero de argumentos no es 1 o el argumento no es un
# directorio, llama a Error
test $# -eq 1 && test -d $1 || Error
# Obtiene el nombre del directorio
DIRECTORIO=$1
# Bucle que hace una iteracion por cada archivo existente (*) en
# DIRECTORIO.
for ARCHIVO in $DIRECTORIO/*
do
       if test -d $ARCHIVO
       then
               echo "$ARCHIVO/"
       else
               echo "$ARCHIVO"
       fi
done
```

Ejercicio 9.26

Escribir un script, denominado `endir`, que compruebe si en un determinado directorio, especificado como primer argumento, están presentes una serie de archivos que se le pasan como los siguientes argumentos. Deben comprobarse los distintos errores que pueden aparecer en los argumentos especificados dándoles el tratamiento que se considere oportuno.

Solución

```
#!/bin/sh
# Este script determina si un archivo esta presente en un
# directorio.
#    - Primer argumento: el nombre de un directorio
#    - Argumentos restantes: los archivos que debe comprobarse
# Control de errores:
#    - Debe comprobarse que al menos se reciben dos argumentos.
#      Si no es asi se imprime un mensaje de error y termina
#      devolviendo un 1.
#    - Debe comprobarse que el primer argumento es un directorio.
#      Si no es asi se imprime un mensaje de error y termina
```

```
#        devolviendo un 2.
#  - Si alguno de los archivos recibidos como argumentos no existen
#    en el directorio o existiendo no son archivos regulares,
#    se imprime un mensaje de error y se continua
#    con el resto. Al final el script devolvera 3.

# Funcion que imprime un mensaje de error y termina. Recibe como
# parametro el valor que devolvera
Error()
{
   echo "Uso: `basename $0` directorio archivo ...">&2
   exit $1
}


# Si el numero de argumentos es menor que 2, llama a Error (valor=1)
test $# -lt 2 && Error 1
# Si el primer argumento no es un directorio, llama a Error (valor=2)
test -d $1 || Error 2
# Variable que mantiene el valor que devolvera el script
ESTADO=0
# Obtiene el nombre del directorio
DIRECTORIO=$1
# Desplaza los argumentos mediante el mandato interno shift:
# $2->$1, $3->$2, ...
shift
# Bucle que hace una iteracion por cada archivo recibido como
# argumento. En cada una, ARCHIVO contiene dicho argumento
for ARCHIVO
do
   # Si el nombre del archivo contiene informacion del path
   # (p.ej. /etc/passwd) la elimina (dejaria passwd)
   ARCHIVO=`basename $ARCHIVO`
   # Comprueba si existe un archivo regular con ese nombre
  if test -f $DIRECTORIO/$ARCHIVO
   then
      echo "$DIRECTORIO: $ARCHIVO"
   else
      echo "$DIRECTORIO: $ARCHIVO no existe o no es regular">&2
      ESTADO=3
   fi
done
exit $ESTADO
```

Ejercicio 9.27

Escriba una script, denominado `elige1`, que escriba los argumentos que recibe y permita que el usuario elija uno de ellos tecleando el número que le corresponde.

Solución

```
#!/bin/sh
# Este script escribe por la pantalla sus argumentos y permite que
# el usuario seleccione interactivamente uno de ellos.
# El dialogo con el usuario esta asociado directamente al terminal
# (/dev/tty) de esta forma se asegura que, aunque se redirija
# el script, el dialogo sera con el terminal.
# Comprueba que al menos recibe un argumento
test $# -ge 1 || exit 1
# Bucle que imprime los argumentos recibidos
NUMERO=0
for i
do
   NUMERO=`expr $NUMERO + 1`
   echo "$i ($NUMERO)" > /dev/tty
done
ENTRADA=0
while test $ENTRADA -lt 1 || test $ENTRADA -gt $NUMERO
do
   echo -n "Elige introduciendo el numero correspondiente: ">/dev/tty
   read ENTRADA < /dev/tty
done
# imprime por la salida estandar el argumento seleccionado
shift `expr $ENTRADA - 1`
echo $1
```

Ejercicio 9.28

Escriva un script denominado `revisar_cuenta` que se encargue de verificar la integridad y coherencia de los datos de la cuenta de un usuario. Este mandato se usará de la siguiente forma:

```
revisar_cuenta opción archivo_cuentas usuario1 ... usuarioN
```

El script recibirá como argumentos una opción de validación, que se explicará a continuación, un archivo de cuentas y la lista de cuentas de usuario que se pretenden revisar. Con respecto a esta lista, si no se especifica ningún usuario, el script revisará las cuentas de todos los usuarios que aparecen en el archivo de cuentas especificado. Por lo que se refiere a la opción, este argumento representa qué tipo de comprobación se desea realizar. Sólo podrá aparecer una única opción, que, siguiendo la tradición UNIX, se especificará con un guión y una única letra. Las opciones disponibles se corresponden con las 6 situaciones siguientes, potencialmente conflictivas, así como una séptima opción -t que activa todas las comprobaciones.

1. Opción -c. Comprobar que la cuenta tiene contraseña.
2. Opción -g. Comprobar que la cuenta tiene GID con un valor razonable.

3. Opción -i. Comprobar que la cuenta tiene especificado un intérprete de mandatos y que éste existe en el sistema.

4. Opción -d. Comprobar que la cuenta tiene especificado un directorio base y que éste existe en el sistema.

5. Opción -n. Comprobar el nombre de usuario para comprobar que no hay nombres duplicados.

6. Opción -u. Comprobar que la cuenta tiene UID con un valor razonable y, además, que no está duplicado.

7. Opción -t. Comprobar todo.

Solución

```
#!/bin/bash

uso() {
    echo "Uso: $0 opcion archivo_cuentas [ usuario ... ]" >&2
    exit $1
}

validar_args() {
    test $# -lt 2 &&  uso 1
}

validar_fcuentas () {
    test -r $1 ||  uso 2
}

validar_opcion()
{
    OPCION=$1
    case $OPCION in
        -c) OPCIONC=1 ;;
        -g) OPCIONG=1 ;;
        -i) OPCIONI=1 ;;
        -d) OPCIOND=1 ;;
        -n) OPCIONN=1 ;;
        -u) OPCIONU=1 ;;
        -t) OPCIONC=1 OPCIONG=1 OPCIONU=1 OPCIONI=1 OPCIOND=1 OPCIONN=1;;
        *) uso 1 ;;
    esac
}

imprime_error () {
    printf "$1 $2\n"

}

validar_password () {
    test ! "$2" && imprime_error $1 "sin clave"
```

```
}

validar_shell () {
    test ! "$2" && { imprime_error $1 "sin shell"; return; }
    test -x "$2" || { imprime_error $1 "shell invalido"; return;}
}

validar_home () {
    test ! "$2" && { imprime_error $1 "sin home"; return; }
    test -d "$2" || { imprime_error $1 "home invalido"; return;}
}

validar_nombre () {
    USU=$1
    LINEA=$2

    LINAUX=0
    while IFS=: read NOMBRE RESTO
       do
         LINAUX=`expr $LINAUX + 1`
         test $LINAUX -le $LINEA && continue
         if test "$NOMBRE" = $USU
         then
               imprime_error $USU "nombre duplicado $LINAUX"
         fi
    done < $3
}

validar_gid () {

    test ! "$2" && { imprime_error $1 "sin GID"; return; }
    test "$2" -ge 0 > /dev/null 2>&1 || { imprime_error $1 "GID invalido";
return; }
}




validar_uid () {

    USU=$1
    LINEA=$2
  . USID=$4

    test ! "$USID" && { imprime_error $1 "sin UID"; return; }
    test "$USID" -ge 0 > /dev/null 2>&1 || { imprime_error $1 "UID
invalido"; return; }

    LINAUX=0
    while IFS=: read KK KK U_ID RESTO
```

```
        do
          LINAUX=`expr $LINAUX + 1`
          test $LINAUX -eq $LINEA && continue
          if test "$U_ID" = $USID
          then
               imprime_error $USU "UID duplicado $LINAUX"
          fi
     done < $3
}

validar_usuario() {
     USU=$1
     LINEA=1
     FCUENTAS=$2
     while IFS=: read NOM PASS USID GRID DESC HOME SHELL RESTO
     do
          test "$NOM" = $USU && break
          LINEA=`expr $LINEA + 1`
     done < $FCUENTAS
     if test "$NOM" != $USU
     then
          LINEA=
          echo "$USU no existe"
     else
          if test $OPCIONC
          then
               validar_password $USU "$PASS"
          fi
          if test $OPCIONG
          then
               validar_gid $USU "$GRID"
          fi
          if test $OPCIONI
          then
               validar_shell $USU "$SHELL"
          fi
          if test $OPCIOND
          then
               validar_home $USU "$HOME"
          fi
          if test $OPCIONN
          then
               validar_nombre $USU $LINEA $FCUENTAS
          fi
          if test $OPCIONU
          then
               validar_uid $USU $LINEA $FCUENTAS $USID
          fi
     fi
```

```
}

lista_cuentas() {
    while IFS=: read NOM RESTO
    do
        echo $NOM
    done < $FCUENTAS
}


# programa principal (main)

validar_args $*
OPCION=$1
FCUENTAS=$2
shift 2
validar_opcion $OPCION
validar_fcuentas $FCUENTAS
if test $# -eq 0
then
    set `lista_cuentas $FCUENTAS`
fi
for USUARIO
do
    validar_usuario $USUARIO $FCUENTAS
done
```

Ejercicio 9.29

Escribir un shell script que permita añadir cuentas en la máquina. Dicho script debe pedir única y exclusivamente, el nombre de usuario, el grupo primario. El directorio de trabajo del usuario siempre será /home/grupo/usuario. Si no existe el grupo, deberá crearlo. Nótese que para facilitar la gestión, el script debe calcular cuál es el identificador a asignar. Por defecto se asignará el /bin/csh como intérprete de mandatos.

Solución

```
#!/bin/sh
#  Procedimiento para abrir nuevas cuentas.
# UID y GID Maximas
MAX_UID=65534
MAX_GID=65534

echo ""
echo "*****  APERTURA DE CUENTAS  *****"
echo ""
# Bucle para abrir nuevas cuentas.
CONTINUAR=yes
```

```
while test $CONTINUAR
do
# Nombre de la cuenta
    again=yes
    while test $again
    do
        echo "Nombre de la cuenta ?"
        read user
        if test "${user}"
        then
        ## Si la cuenta ya existe se vuelve a pedir otra.
            grep "^${user}:" /etc/passwd > /dev/null
            if test $? -eq 0
            then
                echo "Ya existe la cuenta $user"
            else
                again=""
            fi
        else
        ## Si no se da nombre de cuenta: fin.
            echo "*****   FIN APERTURA DE CUENTAS   *****"
            exit 0
        fi
    done
# Grupo de la cuenta.
    again=yes
    while test $again
    do
        gagain=yes
        while test $gagain
        do
            echo "Que grupo le corresponde al usuario $user ?"
            read newgroup
            if test ${newgroup}
            then
                gagain=""
            fi
        done
#   GID del usuario
        gid=`grep "^${newgroup}:" /etc/group | awk -F: '{print $3}' `
        if test $gid
        then
            again=""
```

```
    else
        echo ""
        echo "Grupo $newgroup desconocido."
        echo "Grupos conocidos:"
        awk -F: '{print $1}' /etc/group | pr -t -l1 -4
        ynagain=yes
        while test $ynagain
        do
            ynagain=""
            echo "Quiere incluir el grupo $newgroup [s/n] ?"
            read addgroup
            case $addgroup in
            [sS]*)
                addgroup=y
                ;;
            [nN]*)
                ;;
            *)
                ynagain=y
                ;;
            esac
        done
        if test $addgroup = y
        then
            # Crear nuevo grupo
            echo "Creando nuevo grupo ..."
# Coger GID para un nuevo grupo. Ordenar /etc/group por gid,
# tomar el mayor, validarlo, y sumarle 1.
            gid=`sort -nt: +2 -3 /etc/group | tail -2 | sed 1q | \
                awk -F: '{print $3}' | sed -n '/[0-9][0-9]*/p'`
            # Es valido el GID
            if test $gid
            then
                ok=true
            else
              echo "El archivo /etc/group puede estar corrompido!!"
              echo "Fin de $0. No se ha creado el usuario !!"
              exit 2
            fi
            if test $gid -lt $MAX_GID
            then
                ok=true
            else
```

```
                    echo "Encontrado un GID mayor que ${MAX_GID}"
                    echo "Fin de $0. No se ha incluido el grupo !!"
                    exit 3
                fi
                gid=`expr $gid + 1`
                grep -v "+" /etc/group > /tmp/group
                echo "${newgroup}:*:$gid:" >> /tmp/group
                cp /tmp/group /etc/group
                rm /tmp/group
                echo "+:" >> /etc/group
                mkdir /home/${newgroup}
                chmod 0755 /home/${newgroup}
                echo "Nuevo grupo creado"
                again=""
            else
                # Preguntar por el grupo otra vez.
                again=yes
            fi
        fi
    done
    parent=/home/${newgroup}
#
    echo "Creando nuevo usuario ..."
# Coger UID para un nuevo usuario. Ordenar /etc/passwd por uid,
# tomar el mayor, validarlo, y sumarle 1.
    uid=`sort -nt: +2 -3 /etc/passwd | tail -2 | sed 1q | \
        awk -F: '{print $3}' | sed -n '/[0-9][0-9]*/p'`
# Es valido el UID
    if test $uid
    then
        ok=true
    else
        echo "El archivo /etc/passwd puede estar corrompido !!"
        echo "Fin de $0. No se ha creado el usuario !!"
        exit 2
    fi
    if test $uid -lt $MAX_UID
    then
        ok=true
    else
        echo "Encontrado un UID mayor que ${MAX_UID}"
        echo "Fin de $0. No se ha incluido el usuario !!"
        exit 3
```

404

```
    fi
    uid=`expr $uid + 1`
# Incluir el usuario al archivo de password
    grep -v "+" /etc/passwd > /tmp/passwd
    echo "$user::$uid:$gid:$name:${parent}/${user}:/bin/tcsh" >>
/tmp/passwd
    cp /tmp/passwd /etc/passwd
    rm /tmp/passwd
    echo "+::0:0:::" >> /etc/passwd
    mkdir ${parent}/${user} ${parent}/${user}/bin
    cp /usr/lib/Cshrc ${parent}/${user}/.cshrc
    cp /usr/lib/Login ${parent}/${user}/.login
    cp /.mwmrc ${parent}/${user}/.mwmrc
    cp /.twmrc ${parent}/${user}/.twmrc
    cp /.xsession ${parent}/${user}/.xsession
    chmod 0750 ${parent}/${user} ${parent}/${user}/bin \
        ${parent}/${user}/.cshrc ${parent}/${user}/.login \
        ${parent}/${user}/.xsession ${parent}/${user}/.twmrc
    chgrp $newgroup ${parent}/${user} ${parent}/${user}/bin \
        ${parent}/${user}/.cshrc ${parent}/${user}/.login \
        ${parent}/${user}/.xsession ${parent}/${user}/.twmrc \
        ${parent}/${user}/.mwmrc
    chown ${user} ${parent}/${user} ${parent}/${user}/bin \
        ${parent}/${user}/.cshrc ${parent}/${user}/.login \
        ${parent}/${user}/.xsession ${parent}/${user}/.twmrc \
        ${parent}/${user}/.mwmrc
    echo "La nueva cuenta se ha creado sin password."
    echo ""

    again=yes
    while test $again
    do
        again=""
        echo "Quiere crear otra cuenta [s/n] ?"
        read newcount
        case $newcount in
        [sS]*)
            ;;
        [nN]*)
            echo "*****  FIN APERTURA DE CUENTAS  *****"
            exit 0
            ;;
        *)
```

```
            again=yes
            ;;
        esac
    done
done
exit 0
```

Ejercicio 9.30

Desarrolle un script denominado `dirmix` que lleve a cabo la unión del contenido de un conjunto de directorios. El script recibirá como argumentos un criterio de selección, cuyo objetivo se explicará un poco más adelante, un directorio destino y un conjunto de directorios. Después de la ejecución de `dirmix`, en el directorio destino habrá una copia de todos los archivos (sólo de los archivos, no de los directorios) de los directorios especificados, teniendo en cuenta también los contenidos inicialmente en el propio directorio destino. Cada copia debe preservar las características del archivo original, tales como su propietario o las fechas asociadas al mismo (mandato `cp -p`). En el caso de que exista un archivo con el mismo nombre en dos o más de los directorios (incluyendo también el directorio destino), se aplicará el criterio de selección, que se recibe como primer argumento, para determinar cuál de ellos se copia al directorio destino. De esta forma, el criterio de selección no está incluido en el script, sino que se trata de un programa que éste recibe como argumento (se podrían usar los scripts desarrollados en los ejercicios 14 y 27 como criterios de selección).

El mandato `dirmix` se usará de la siguiente forma:

```
dirmix criterio dir_dest dir_org1 ... dir_orgN
```

Como se explicó antes, después de la ejecución de este mandato, en el directorio `dir_dest` deberá quedar una copia de todos los archivos que había inicialmente en cada `dir_orgI` junto con los que había en `dir_dest`, habiéndose aplicado el mandato criterio para determinar cuál debe copiarse en caso de coincidencia de nombres. El script deberá:

- Comprobar que el número de argumentos recibidos es mayor o igual que 3 y que el segundo es un directorio. Si no se cumple alguna de estas dos condiciones, el programa deberá terminar inmediatamente imprimiendo un mensaje de error por la salida de error estándar y devolviendo un valor igual a 1.
- Si durante el procesado de un argumento correspondiente a un directorio origen se detecta que no es un directorio, se mostrará un mensaje de error por la salida de error estándar y se continuará con el procesado de los siguientes. Al final el programa deberá devolver un valor igual a 2.
- En el caso de que, a la hora de copiar un archivo, exista un directorio con el mismo nombre en el directorio destino, no se realizará la operación, se imprimirá un mensaje de error y se continuará tratando el siguiente archivo. En este caso, el programa no devolverá al final ningún valor de error (o sea, devolverá un 0).
- Cuando se precise aplicar el criterio de selección para determinar qué archivo se debe copiar, se invocará al programa recibido como primer argumento pasándole como argumentos los archivos que se quieren comparar. El programa escribirá por su salida estándar el nombre del archivo elegido.

El lector puede organizar el script como prefiera. El esquema más intuitivo, aunque no más eficiente, sería ir procesando cada directorio origen realizando la copia de los archivos que cumplan las condiciones. Este esquema puede implicar copiar un archivo que luego se sobreescribe por otro de un directorio posterior. Una versión optimizada sólo realizaría la copia si el archivo correspondiente es el que finalmente quedará en el directorio destino.

Solucion

Se presentarán las dos versiones de la práctica. En primer lugar, la solución más intuitiva que realiza copias innecesarias.

```sh
#!/bin/sh
# dirmix version 1: Realiza copias innecesarias
#
# Comprueba que al menos hay dos argumentos y el primero
# es un directorio

# Variable que mantiene el valor que devolvera el script
ESTADO=0

# Comprueba que el numero de argumentos es al menos 3 y el segundo es un
# directorio
test $# -ge 3 && test -d $2 ||
    { echo "Uso: `basename $0` criterio dirdst dirorg1 ...">&2; exit 1;}

# Obtiene el mandato que va a actuar como critero de seleccion
SELECCION=$1
shift
# Obtiene el directorio que sera destino de la union
DESTINO=$1
shift

# Bucle que en cada iteracion trata un directorio origen
for DIRORG
do
    # Comprueba que se trata de un directorio
    if test -d $DIRORG
    then
        # Bucle que recorre todos los archivos del directorio en curso
        for FICH in $DIRORG/*
        do
            # si es un directorio no se hace nada
            test -d $FICH && continue

            # Si nombre del archivo contiene informacion del path
            # (p.ej. /etc/passwd) la elimina (dejaria passwd)
            NOMBRE=`basename $FICH`

            # comprueba si existe un directorio en destino con
            # el mismo nombre que el archivo -> Aviso de error
            if test -d $DESTINO/$NOMBRE
            then
                echo "AVISO: En $DESTINO ya hay un directorio con
nombre $NOMBRE">&2

                # comprueba si existe un archivo en destino con
```

```
                # el mismo nombre que el archivo
                elif test -f $DESTINO/$NOMBRE
                then
                        # aplica el criterio de seleccion
                        FICHORG=`$SELECCION $DESTINO/$NOMBRE $FICH`
                else
                        FICHORG=$FICH
                fi

                # si el seleccionado es el del directorio destino
                # nos ahorramos la copia
                test $FICHORG = $DESTINO/$NOMBRE ||
                                cp -p $FICHORG $DESTINO
        done
    else
        echo "AVISO: $DIRORG no es un directorio">&2
        ESTADO=2
    fi
done
# termina el script devolviendo el valor correspondiente
exit $ESTADO
```

A continuación, se muestra la solución optimizada para evitar copias superfluas.

```
#!/bin/sh
# dirmix version 2: Versión optimizada, sólo copia un archivo si
# realmente es la version final
#
# Comprueba que al menos hay dos argumentos y el primero
# es un directorio

# Variable que mantiene el valor que devolvera el script
ESTADO=0

# Comprueba que el numero de argumentos es al menos 3 y el segundo es un
# directorio
test $# -ge 3 && test -d $2 ||
        { echo "Uso: `basename $0` criterio dirdst dirorg1 ...">&2; exit
1;}

# funcion que lista los archivos regulares de los directorios que recibe
# como argumentos. Por cada archivo imprime su nombre y su path
lista_dirs()
{
# Bucle que en cada iteracion trata un directorio origen
for DIRORG
do
    # Comprueba que se trata de un directorio
    if test -d $DIRORG
    then
```

408

```
        # Bucle que recorre todos los archivos del directorio en curso
        for FICH in $DIRORG/*
        do
            # si es un directorio no se hace nada
            test -d $FICH && continue

            # elimina informacion del path
            NOMBRE=`basename $FICH`

            echo "$NOMBRE $FICH"
        done
    else
        echo "AVISO: $DIRORG no es un directorio">&2
        ESTADO=2
    fi
done | sort
}

# Obtiene el mandato que va a actuar como critero de seleccion
SELECCION=$1
shift
# Obtiene el directorio que sera destino de la union
DESTINO=$1

# El resultado de la funcion lista_dirs se convierte en los nuevos
argumentos
# del script ($*)
set `lista_dirs $*`

# Bucle que trata los argumentos en parejas (nombre, path). Se repite
# hasta que esten todos procesados
while test $# -gt 0
do

    # Obtiene
    NOMBRE=$1
    ARCHIVO=$2
    LISTA=$ARCHIVO
    shift 2

    # Bucle que construye una lista de los archivos con el mismo nombre
    while test x$NOMBRE = x$1
    do
        LISTA="$LISTA $2"
        shift 2
    done
    # comprueba si existe un directorio en destino con
    # el mismo nombre que el archivo -> Aviso de error
    if test -d $DESTINO/$NOMBRE
```

409

```
    then
        echo  "AVISO:  En  $DESTINO  ya  hay  un  directorio  con  nombre
$NOMBRE">&2
    else
        # aplica el criterio de seleccion
        FICHORG=`$SELECCION $LISTA`

        # si el seleccionado es el del directorio destino
        # nos ahorramos la copia
        test $FICHORG = $DESTINO/$NOMBRE ||  cp -p $FICHORG $DESTINO
    fi
done

# termina el script devolviendo el valor correspondiente
exit $ESTADO
```

10. CONCLUSIÓN

Los sistemas operativos son una parte esencial de cualquier sistema de computación, por lo que todos los planes de estudio de Informática incluyen uno o más cursos sobre sistemas operativos. Hay buenos libros de teoría general y aspectos de diseño, pero no así libros de problemas que muestren los aspectos más prácticos relacionados con la teoría. Este libro está pensado como un complemento para el libro de texto "Sistemas Operativos: una visión aplicada", si bien se puede usar como un libro independiente para complementar cualquier otro libro de texto de sistemas operativos. Para ello, se incluyen en el libro las siguientes características para reforzar los contenidos teóricos:

- **Teoría**. Cada capítulo incluye una breve introducción a la teoría necesaria para realizar los problemas. Obviamente, este apartado no sirve como suplente de un libro de texto general de Sistemas Operativos.
- **Problemas**. Cada capítulo incluye problemas y ejercicios resueltos con diferentes grados de dificultad para adecuarse a los distintos tipos de cursos en que se puede usar este libro. Estos ejercicios hacen énfasis en los aspectos teóricos más importantes.
- **Figuras**. Allá donde es necesario la resolución de los problemas se complementa con figuras aclaratorias.
- **Interfaz de programación** de sistemas operativos para POSIX y Windows NT/2000, con ejemplos de uso de las mismas. Esta solución permite que el lector, no sólo conozca los principios teóricos, sino como se aplican en sistemas operativos reales.
- **Página Web** para el libro, situada en la dirección: http://arcos.inf.uc3m.es/~ssoo-va. En esta página Web se puede encontrar información sobre tres libros de los mismos autores dedicados a los sistemas operativos (teoría, prácticas y problemas) que se han pensado como un conjunto completo para permitir la docencia de cursos de Sistemas Operativos. En dicha página encontrará el siguiente material: información sobre el libro, información de los autores, material para el profesor (figuras del libro, transparencias, soluciones de ejercicios y problemas propuestos y material de prácticas) y Material para el estudiante (código fuente de los programas, figuras en PowerPoint, capítulos en PDF, problemas propuestos de sistemas operativos, etc.).